造价 Construction Cost 法律

实务问答

Questions and Answers on Construction Cost Legal Practice

张雷　著

法律出版社 LAW PRESS·CHINA

——北京——

凡　例

一、法律法规

本书所涉我国的法律及法规名称中带有“中华人民共和国”字样的，均统一省去，简写为《××法》《××条例》，例如，《中华人民共和国民法典》简称为《民法典》，《中华人民共和国招标投标法实施条例》简称为《招标投标法实施条例》。

二、机构名称全称与简称对照

最高人民法院	最高院
高级人民法院	高院
中级人民法院	中院
仲裁委员会	仲裁委
住房和城乡建设部	住建部
国家发展和改革委员会	发改委
建设行政主管部门	建设主管部门
住房和城乡建设厅	住建厅

三、各类文件全称与简称对照

《最高人民法院关于适用〈中华人民共和国民事诉讼法〉的解释》	《民诉解释》
《最高人民法院关于审理建设工程施工合同纠纷案件适用法律问题的解释（一）》法释〔2020〕25号	《建设工程司法解释一》

续表

《建设工程工程量清单计价规范》GB－50500－2013	《清单计价规范》
《建设工程施工合同（示范文本）》GF－2017－0201	《施工合同示范文本》
《建设项目工程总承包合同（示范文本）》GF－2020－0216	《工程总承包合同示范文本》
《建设工程造价鉴定规范》GB/T 51262－2017	《造价鉴定规范》

contents 简目

Chapter 01

招标与投标 第一章

一、招标发包 / 001
二、招标控制价 / 005
三、招标工程量清单 / 011
四、投标文件 / 017
五、清标 / 025
六、现场踏勘 / 028

Chapter 02

计价方式 第二章

一、定额计价 / 031
二、下浮率 / 036
三、总价合同 / 038
四、施工图总价 / 044
五、清单总价 / 046
六、单价合同 / 046
七、成本 + 酬金 / 048
八、平方米单价 / 051
九、甲供材料 / 052
十、EPC 计价 / 054
十一、限额设计 / 066

Chapter 03

第三章

造价构成

一、农民工工资 / 073
二、材料价格 / 074
三、安全文明施工措施费 / 082
四、措施项目费 / 084
五、暂估价 / 093
六、计日工 / 099
七、规费和税金 / 101
八、其他造价 / 107

Chapter 04

第四章

价格调整

一、法律法规变化 / 121
二、人工费调整 / 124
三、物价波动 / 130
四、特征描述不符 / 137
五、清单缺项 / 141
六、工程量偏差 / 147
七、计价风险 / 150

Chapter 05

第五章

计量与支付

一、工程量 / 153
二、据实结算 / 155
三、进度款 / 159
四、不平衡报价 / 164

Chapter 06

第六章

变更

一、按约施工 / 170
二、设计变更 / 176
三、合同变更 / 186

四、变更估价 / 196
五、施工方案改变 / 203
六、删减工作 / 206
七、合同担保 / 213
八、合同转让 / 216

Chapter 07
签证与索赔 第七章
一、签证 / 220
二、索赔 / 228

Chapter 08
工期与造价 第八章
一、合同工期 / 234
二、开工日期 / 235
三、工期顺延 / 237
四、工期延误 / 241
五、竣工时间 / 242
六、赶工费 / 245
七、缺陷责任期 / 253

Chapter 09
结算 第九章
一、送审价 / 260
二、审减费 / 268
三、结算依据 / 270
四、结算协议 / 279
五、以房抵债 / 284

Chapter 10
审计 第十章
一、审计报告 / 286
二、审计调查 / 290

Chapter 11 第十一章
合同文件
一、合同文件 / 293
二、专用条款 / 297
三、综合单价分析表 / 298
四、施工组织设计 / 301
五、专项施工方案 / 303

Chapter 12 第十二章
合同效力
一、有效合同 / 313
二、合同相对性 / 317
三、背靠背条款 / 320
四、内部承包 / 324
五、联合体 / 327
六、施工资质 / 328
七、串通投标 / 330
八、黑白合同 / 332
九、挂靠与转包、违法分包 / 343
十、重大误解 / 355
十一、强制性国家标准 / 356

Chapter 13 第十三章
解释规则与漏洞填补
一、漏洞填补 / 360
二、解释规则 / 371

Chapter 14
第十四章
合同解除
一、合同解除的后果 / 374
二、已完工程计价 / 377

Chapter 15
第十五章
法律责任
一、优先受偿权 / 394
二、发包人违约责任 / 395
三、承包人违约责任 / 404
四、违约金调整 / 422
五、双方责任 / 427
六、第三方责任 / 429
七、免责条款 / 432
八、政府行为 / 439
九、不可抗力 / 441

Chapter 16
第十六章
造价鉴定
一、鉴定机构 / 450
二、共同委托 / 453
三、鉴定申请 / 456
四、证据材料 / 460
五、现场勘验 / 467
六、鉴定程序 / 469

contents 详 目

Chapter 01

第一章 招标与投标

一、招标发包

001 依法应当招标的项目在招拍挂后仍要通过招投标程序确定施工单位 / 001

002 招标工程量清单漏项部分达到必须进行招标的金额，应当依法重新招标 / 002

003 合同履行过程中正当的设计变更无须再行招投标 / 003

004 中标人放弃中标项目，应当依法承担违约责任 / 004

二、招标控制价

005 招标控制价仅能控制总价，无法控制某项单价 / 005

006 投标限价是招投标阶段对合同总价的限制 / 006

007 投标人对招标文件有疑问的，应及时提请澄清 / 007

008 招标控制价的设定不合理不是调价依据 / 009

三、招标工程量清单

009 编制招标用模拟清单时，也要注意与实际工程量相符 / 011

010 招标人应当提醒投标人注意招标文件中的特别说明 / 012

011 招标文件不合理时，可依据诚信原则全面理解 / 014

012 招标文件重复列项时，应当按实际完成的工程量结算 / 015

013 投标人对招标工程量为 0 的项目实际施工，一般应当按实计量 / 016

四、投标文件

014 中标通知书到达中标人时生效 / 017

015 投标文件应当与招标清单一致 / 018

016 当事人可以自行约定计价方法 / 020

017 投标时增补的清单项经招标人同意构成合同 / 021

018 未完全按照定额投标，结算时可主张据实结算 / 022
五、清标
019 清标是对不平衡报价的调整，而非背离合同实质性内容修改价款 / 025
020 招标人和中标人不得再行订立背离合同实质性内容的其他协议 / 027
六、现场踏勘
021 建设单位应当保证地质勘察资料的准确、完整，否则无权要求施工方承担责任 / 028

Chapter 02
第二章
计价方式

一、定额计价
022 清单计价与定额计价的联系和区别 / 031
023 在借用定额时，一般应全面借用定额的取费标准 / 033
024 一般模板单价不再根据实际厚度而做调整 / 034
二、下浮率
025 下浮率可由当事人约定，但要考虑工程的完成情况 / 036
三、总价合同
026 总价合同首先考虑总价对应的范围，量、价调整均有不同规则 / 038
027 固定总价合同人工、材料费调整有约定从约定，无约定适用漏洞填补规则 / 039
028 固定总价合同发生签证变更时，也应当相应调整合同价款 / 041
029 总价合同总价范围内无须鉴定，超出总价范围外可以进行鉴定 / 042
030 固定总价合同结算时不再据实调整 / 043
四、施工图总价
031 施工图总价一般不再调整，只有清单总价才会据实调整 / 044
五、清单总价
032 清单模式的总价合同可以对工程量的风险分担作出约定 / 046
六、单价合同
033 单价合同以当事人约定的工程量清单及综合单价结算 / 046

034 单价合同结算时以工程量清单及其综合单价为依据 / 047

七、成本 + 酬金

035 应急工程可以采用成本加酬金方式确定合同价款 / 048

八、平方米单价

036 外墙保温层面积应计入建筑面积，除非合同另有约定 / 051

九、甲供材料

037 甲供材料的管理费和利润正常结算 / 052

038 甲供材料数量无法确定时，可以参考定额决定 / 053

十、EPC 计价

039 价格清单区别于工程量清单，主要用作变更估价时的参考依据 / 054

040 总承包合同中，承包人应当按照《发包人要求》的内容进行施工 / 057

041 为履行工程总承包合同支付的正常费用不再调整 / 062

042 签约合同价不一定就是最终的合同价格 / 064

十一、限额设计

043 总价合同的变更也可以调整价格 / 066

044 施工单位应当满足限额设计的要求才能开始施工 / 067

045 限额是对工程预算的控制，超过限额视合同决定是否调整价格 / 070

046 工程优化设计结余资金分配有约定从约定，否则一般归施工单位 / 071

Chapter 03 第三章 造价构成

一、农民工工资

047 农民工工资由建设单位支付 / 073

二、材料价格

048 工程材料认质认价，一般认为不再参与下浮 / 074

049 合同约定发生冲突时，适用合同漏洞填补规则处理 / 076

050 合同对材料品牌进行变更后应当重新调价 / 077

051 合同对价款没有约定，可以采购价作为调价依据 / 079

052 当期信息价缺失时，可通过市场询价确认 / 080

三、安全文明施工措施费
053 单价合同解除后项目的结算视违约方而定／082
054 鉴定机构在计取费用时，应考虑等价有偿原则／083
四、措施项目费
055 措施项目变化引起价格的调整应公平分担／084
056 措施项目无论是否实际发生，建设单位应当支付相应价款／087
057 围栏属临时设施，其费用包含在安全文明施工费之中／090
058 场外道路、场内道路以及临时道路都有所区别／091
五、暂估价
059 依法应当进行招标的暂估价工程必须依法招标／093
060 投标人某项零报价视为已包含在其他项目中／096
061 暂估价项目的价格应遵照诚信原则协商确认／097
六、计日工
062 投标人在投标时自行确定的计日工单价对双方具有约束力／099
七、规费和税金
063 施工合同价款里的税金与税务机关收取的税金不同／101
064 实际施工人没有规费证，规费计取有约定从约定，没有约定一般也支持／103
065 投标时没有计入总价部分的税金无须支付／104
066 结算时规费的扣除视当地规定与当事人约定而定／105
八、其他造价
067 施工现场砂石属国家所有，建设单位只有使用权／107
068 赶工费只有在发包人明确要求赶工时才会由发包人予以支付／109
069 监测可由建设单位委托第三方或施工单位自行完成／112
070 建设单位委托检测机构进行检测的费用由其自行承担／113
071 消纳费并非当然由施工单位自行承担／114
072 资料管理费用在合同未明确约定时由建设单位承担／115
073 承包人未按合同约定办理保险，应当承担由此给发包人造成的损失／117
074 绿化工程的养护费用一般包含在投标报价中，不再另行调整／119

Chapter 04

第四章 价格调整

一、法律法规变化

075 政府正常执法行为不属于合同履行中的法律变化 / 121

076 当事人可以对政策性调价文件的效力在合同中予以明确约定 / 123

二、人工费调整

077 人工费调整文件不属于政策性调整 / 124

078 施工过程中发布的计价文件可以用来调整人工费 / 125

079 人工费的调整要依据其形成方式决定 / 127

080 新旧两版定额在调整人工费时不能直接相互套用 / 129

三、物价波动

081 总价合同也能依市场波动调整合同价格 / 130

082 基准日期的确定以合同约定为准，任何人不能擅自变更 / 131

083 合同对工程量没有约定时应当据实结算，确有困难则参照定额 / 132

084 合同中没有约定的材料，价格调整与否应视涨幅而定 / 133

085 EPC 总价合同可通过价格指数法调整材差 / 134

086 发包人原因导致工期延误，价格调整时应采有利承包人的价格 / 136

四、特征描述不符

087 招标清单可以表示土方运距自行考虑 / 137

088 工作内容不同于项目特征，通常不是投标报价的依据 / 139

五、清单缺项

089 清单缺项时，按照变更估价原则调整合同价款 / 141

090 出现清单漏项时应当据实结算 / 142

091 对清单中缺漏的措施项目，由发包人承担相应责任 / 144

092 基底钎探应在清单中列明，否则按清单漏项处理 / 145

六、工程量偏差

093 设计变更与工程量偏差的区别 / 147

094 当事人对工程量偏差范围的约定合法有效 / 149

七、计价风险

095 合同约定材料费一概不调是无限风险条款，但该条款仍然有效 / 150

096 建筑材料毁损灭失的风险在交付前由出卖人承担 / 150
097 地质条件发生重大变化的风险一般应由发包人承担 / 151

Chapter 05

第五章 计量与支付

一、工程量
098 当事人可以通过估算或签证资料等证明工程量 / 153
099 在合同没有明确约定价格形式时，应当按照实际工程量结算 / 155
二、据实结算
100 除了约定可以调整的情形外，总价合同一般不予调整，审计无权干涉 / 155
101 固定单价合同的工程量要据实计算 / 158
三、进度款
102 建设单位应及时支付工程进度款 / 159
103 合同主体不得滥用民事权利损害他人利益 / 160
104 建设单位应按照每一期批准的进度款金额及时支付，逾期应当支付利息 / 161
105 工程进度款的支付可以由当事人在合同中约定 / 162
四、不平衡报价
106 不平衡报价是一种合法的报价手段，行政审计无权推翻投标报价 / 164
107 工程量变化幅度超 15% 部分应重新组价 / 166
108 施工单位未按图施工要承担违约责任 / 168

Chapter 06

第六章 变更

一、按约施工
109 承包人应按发包人要求履行合同义务 / 170
110 初步设计图纸的完整性和准确性由招标人负责 / 173
二、设计变更
111 固定总价合同发生设计变更，固定总价也可做相应调整 / 176
112 总价合同中建设单位要求的深化设计应当调整合同价款 / 177

113 发生施工工艺的改变时，承包人可以据此调整措施项目费 / 178
114 合同变更引起措施项目的变化，应当按实调整价格 / 179
115 总承包合同中发包人要求发生改变，需重新调整合同价格 / 181
116 应建设单位要求完成的设计变更，增加费用由建设单位承担 / 183
117 设计变更导致措施项目发生变化的，双方可以调整合同价款 / 185

三、合同变更

118 重新签认的价格不能对投标单价构成实质性变更 / 186
119 施工单位无权自行变更施工材料 / 187
120 履行合同过程中的合法调整可以按合同变更或补充协议处理 / 189
121 规划调整的情况下，双方可以通过补充协议调整价款 / 190
122 工程重大变更应重新绘图、审查 / 190
123 发包人有权对合同的非实质性内容提出变更 / 192
124 政府投资项目中的重大变更都应及时上报 / 193
125 新增项目属合同变更，应重新调整合同价款 / 195

四、变更估价

126 合同履行过程中发生变更应及时申请变更估价 / 196
127 变更估价时的类似项目一般是指仅材质或施工图发生改变 / 198
128 投标人在投标时自主确定投标报价 / 200
129 类似项目的变更按约定不再调整管理费及利润 / 201

五、施工方案改变

130 工程变更应当调整价款，施工方案改变本身不属于工程变更 / 203
131 施工方法改变是否构成合同变更应视实际情况决定 / 204

六、删减工作

132 初步设计图纸还不足以构成施工图总价 / 206
133 投标文件属合同组成部分，对当事人具有约束力 / 208
134 建设单位删减工作，应赔偿承包人因此遭受的损失 / 209

135　因设计变更导致工程量增减超过15%以上，工程款应重新计算 / 210
136　合同履行过程中不正当的变更应承担违约责任 / 212
七、合同担保
137　保证责任需要保证人明确的意思表示 / 213
138　当事人可在合同中自由约定是否提供支付担保 / 214
八、合同转让
139　建设工程施工合同也能发生债权转让 / 216
140　工程转让的三方协议有效不影响在先的施工单位承担质保责任 / 217

Chapter 07
第七章
签证与索赔

一、签证
141　发包人迟延批准签证时，可类推适用沉默规则确认其已认可签证内容 / 220
142　签证本身是一种合同，决定其能否作为鉴定依据的权力在法院而不在鉴定机构 / 221
143　业主盖章的签证是合法有效的补充协议，也是具有证明力的证据 / 223
144　建设单位不能擅自变更签证内容 / 224
145　未取得建设单位确认的签证并不当然无效 / 225
146　签证具有证据效力，绝不能伪造 / 226
二、索赔
147　承包人能够证明在合同约定期限内申请过工期顺延的，应予支持 / 228
148　存在不利物质条件时，承包人应采取合理措施减损 / 229
149　索赔期限并不等同于诉讼时效和除斥期间，即使经过也不必然丧失索赔权 / 231
150　当事人破产重整不影响其承担违约责任 / 233

Chapter 08

工期与造价 第八章

一、合同工期

151 违约的工期等于实际工期减去合同工期，与定额无关 / 234

二、开工日期

152 因发包人原因延误开工，对价格的调整视情况而定 / 235

三、工期顺延

153 设计变更导致工程量大幅增加，应当相应顺延工期 / 237

154 发包人要求暂停施工，应承担因此增加的费用和延误的工期 / 239

155 因发包人原因导致的工期延误，承包人有权主张索赔 / 240

四、工期延误

156 任何人不能因自己的违约行为而受益 / 241

五、竣工时间

157 部分工程单独发包，竣工时间仅指该部分工程完工时间 / 242

六、赶工费

158 建设单位要求提前竣工应当重新调整合同价款 / 245

159 承包人有权向发包人主张应发包人提前竣工要求而赶工的费用 / 247

160 发包人要求提前竣工增加的费用由发包人承担 / 249

161 建设单位要求提前竣工，对措施费应当按实结算 / 250

七、缺陷责任期

162 保修期自竣工验收之日起算，不因质量问题而重新起算 / 253

163 平行发包的情况下，保修期自竣工之日起算更为公平合理 / 254

164 质量保证金在缺陷责任期满后予以返还 / 256

165 质量保修期不同于缺陷责任期 / 258

Chapter 09

结算 第九章

一、送审价

166 合同理解发生争议，可以考虑条款设置的目的来确定 / 260

167 竣工结算是承包人的法定义务 / 261

168 建设单位收到竣工结算文件一定期限内不予答复，视为认可／263
169 接受工程款是承包人的受领义务，迟延履行应当承担继续履行的违约责任／264
170 鉴定机构应独立客观地作出鉴定结论／266
171 财政无权要求施工方报送结算额必须小于概算／267
二、审减费
172 审计费用的承担主体可以由合同约定／268
三、结算依据
173 发改委的调价文件不是政策，只有在双方明确约定的前提下才能作为调价依据／270
174 发、承包人间的结算协议对实际施工人并非当然适用／271
175 措施项目费的结算以合同为依据，与定额文件无关／273
176 框架协议可以作为结算依据／275
177 造价咨询合同并非一定按照属地定额结算／276
178 总价包干的合同对变更后的建筑物保护费不再另行结算／278
四、结算协议
179 室内精装修工程属于建设工程合同，结算协议对当事人具有约束力／279
180 造价咨询单位和建设单位之间成立承揽合同关系／280
181 合同约定单方结算一般应认定为无效／281
182 双方结算后，发包人仍有可能向承包人主张违约金／282
五、以房抵债
183 在认定以物抵债协议的效力时，应注重利益平衡／284

Chapter 10
审计 第十章
一、审计报告
184 不得以审计结论作为结算依据，除非合同明确约定／286
185 审计机关无须审计施工单位是否盈利／287
186 审计部门应当尊重当事人的合同约定／288

二、审计调查
187 审计部门对不具有真实性的材料可以依法予以调查 / 290
188 审计机构可以调查价款合理性，但无权直接否定合同效力 / 291

Chapter 11 第十一章 合同文件

一、合同文件
189 已标价工程量清单构成合同，应该严守 / 293
190 招标文件不是合同，但工程量清单应当依照规范制作 / 294
191 对合同的理解产生争议时，应依据诚信原则作出合理解释 / 296
二、专用条款
192 专用合同条款的编号应与相应的通用合同条款的编号一致 / 297
三、综合单价分析表
193 建设单位一般不能以综合单价分析表为由约束施工单位 / 298
194 综合单价分析表一般并不作为对双方有约束力的合同文件 / 300
四、施工组织设计
195 只有工程变更引起的施工组织设计变化才需要变更估价 / 301
五、专项施工方案
196 投标人在投标时的施工组织设计方案对双方当事人有约束力 / 303
197 支护工程属于分部分项工程，招标清单中应列明项目特征 / 305
198 合同履行过程中确认危大工程，应相应作出价格调整 / 307
199 合同履行过程中新增危大工程措施项目，应当重新调整价款 / 310

Chapter 12

第十二章

合同效力

一、有效合同

200 合同当事人应严守合同约定 / 313

201 合同约定质量保证金比例超3%并不一定导致合同无效 / 314

202 当事人可以通过补充协议变更合同，原则上成立即生效 / 315

203 当事人对计价方法有约定的按约定结算 / 316

二、合同相对性

204 合同仅对当事人具有法律约束力 / 317

205 总包人破产重整，承包人有权行使不安抗辩权 / 318

206 合同没有约定过程审计费用，应由建设单位承担 / 319

三、背靠背条款

207 合同约定的背靠背条款合法有效 / 320

208 背靠背条款对结算价约定不明，可直接依据定额结算 / 322

四、内部承包

209 当事人之间的内部承包协议合法有效 / 324

210 内部承包合同与背靠背条款并不当然无效 / 326

五、联合体

211 项目建设或者运营过程中，联合体成员发生变更应当承担违约责任 / 327

六、施工资质

212 施工单位超越资质导致合同无效，不影响合同价款结算 / 328

213 总包人无消防资质，由其对外分包对建设单位更有利 / 329

七、串通投标

214 串通投标的合同无效，但承包人可以验收合格主张折价补偿 / 330

八、黑白合同

215 合同实质性内容是不确定的概念，需要法院个案具体化 / 332

216 招投标文件与实际签订的合同不一致，应以招投标文件内容为准 / 333

217 经过招投标的施工合同，再行签订调整材料范围的补充协议构成黑白合同 / 334
218 因客观情况变化签订的补充协议有效 / 335
219 当事人不得再行订立背离合同实质性内容的其他协议 / 337
220 当事人不得另行订立背离实质性内容的合同 / 338
221 合同履行过程中因客观情况变化可以另行订立补充协议 / 339
222 对工程进度款支付方式的变更属合同实质性内容变更 / 341

九、挂靠与转包、违法分包

223 挂靠合同是无效合同，合同主体可以请求折价补偿 / 343
224 劳务分包只含劳务，企业没有劳务资质并不一定导致合同无效 / 346
225 违法转包合同无效，实际施工人可以主张折价补偿 / 347
226 合同主体一般只能向相对人主张权利 / 349
227 转包、违法分包和挂靠的情形下，实际施工人的法律地位以事实为准 / 350
228 只有实际施工人才有权突破合同相对性向发包人主张工程价款 / 351
229 支解就是将单位工程的分部工程单独发包 / 353
230 转包人与实际施工人之间的管理费不属于工程造价 / 354

十、重大误解

231 不平衡报价属重大误解时可撤销，否则按工程量偏差结算 / 355

十一、强制性国家标准

232 使用国有资金投资的建设项目采用总价合同形式并不必然导致合同无效 / 356

Chapter 13 第十三章

解释规则与漏洞填补

一、漏洞填补

233 合同约定竣工决算之日付款，可以参照约定不明或阻止条件成就的规定 / 360
234 合同价款约定不明，可以按漏洞填补或变更估价确定价格 / 362

235 合同仅对当事人有约束力，没有约定时适用漏洞填补规则 / 364
236 依法应招投标的项目没有进行招投标，可以按定额结算 / 366
237 合同价款约定不明，法官通常采信息价作为合同价格 / 368
238 施工过程中可以通过补充协议或诉讼、仲裁等方式主张调价 / 370
二、解释规则
239 合同约定不明确时，应依据诚信原则合理确定 / 371
240 当事人对合同条款的理解有争议的，要遵照诚信原则明确意思表示的含义 / 372

Chapter 14
第十四章
合同解除
一、合同解除的后果
241 因承包人原因导致合同解除时，发包人可以主张合同约定的违约金和实际损失 / 374
242 工程无法继续施工时，守约方应当争夺合同解除权 / 375
243 合同解除并不阻碍建设单位请求施工方承担质量责任 / 376
二、已完工程计价
244 合同一般不因变更而解除 / 377
245 合同解除后应考虑实际履行情况、过错等要素进行结算 / 378
246 合同解除前投入的措施项目费用承担，应视违约方而定 / 381
247 合同解除不影响结算条款的效力 / 383
248 对未完工程的结算应视违约方进行扣减 / 384
249 合同解除后已完工程部分可按合同约定或定额结算 / 386
250 合同解除后对未完工程的结算要视违约方而定 / 387
251 单价合同的解除首先应当确认违约方，以此采用不同鉴定方法 / 389
252 合同解除后不影响原合同结算条款效力及违约责任承担 / 391
253 合同解除后未完工程的扣减费用要视违约方而定 / 393

Chapter 15

第十五章

法律责任

一、优先受偿权

254 优先受偿权自工程价款应付之日起算，不损害他人利益时可协议延长应付款时间／394

二、发包人违约责任

255 合同履行过程中发包人另行指定供应商的，承包人有权拒绝／395

256 发包人负责提供施工所需的条件，否则要承担必要的费用／396

257 只有守约方可以解除合同，请求违约方承担责任／399

258 利息约定不明，可以参照同期同类贷款利率／400

259 发包人原因导致工期延误，应向承包人赔偿损失／403

三、承包人违约责任

260 以模拟清单计价的总价合同，也要考虑总价对应的范围／404

261 施工合同中约定的罚款应当视为违约金条款／406

262 合同终止不影响结算条款的效力／407

263 施工单位不能擅自变更施工方式／409

264 合同履行过程中可以更换项目经理但最好不要轻易更换／410

265 造价咨询单位只需审核甲方提供的材料，真实性由监理人负责／412

266 施工单位未按图施工，应依具体情况判断属合同变更还是违约行为／413

267 安措费通常按合同约定结算，而不再据实计算／415

268 建设单位的验收并不能免除施工单位的违约责任／417

269 施工人未按要求施工应承担违约责任／418

270 材料档次过低不能实现合同目的时需要承担违约责任／419

271 工程质量不合格而产生的修复费用由施工单位承担／421

四、违约金调整

272 合同约定违约金过高时，当事人可以请求调整／422

273 合同可以约定逾期竣工违约金的上限，与民间借贷利率无关／424

274 施工单位应当赔偿因违约给建设单位造成的损失并承担继续履行义务 / 425

五、双方责任

275 因双方原因导致竣工结算未完成，应各自承担相应的责任 / 427

六、第三方责任

276 民扰问题导致的损失要视其形成原因及当事人约定来判断责任归属 / 429

277 造价咨询单位履行咨询合同无过错时，无须承担违约责任 / 431

七、免责条款

278 故意或重大过失造成对方财产损失的免责条款无效 / 432

279 合同中因故意或重大过失造成对方财产损失的免责条款无效 / 434

280 勘察责任一般由勘察人承担，合同另有约定的除外 / 437

八、政府行为

281 政府行为是否构成不可抗力视当事人有无在合同中作特别约定而定 / 439

282 合同可以约定将政府行为纳入不可抗力的范畴 / 440

九、不可抗力

283 临时设施所有权归施工人，发生不可抗力时风险由其承担 / 441

284 因不可抗力导致工期顺延的停工损失应由双方合理分担 / 443

285 发生不可抗力时，双方都应采取措施避免损失扩大 / 445

286 因不可抗力不能履行合同的，承包人应采取合理措施减少损失 / 446

287 承包人自行放弃部分承包内容应承担违约责任 / 448

Chapter 16 第十六章

造价鉴定

一、鉴定机构

288 从事工程造价司法鉴定，必须取得工程造价咨询资质 / 450

289 鉴定机构应区分法院审判和鉴定人员鉴定 / 451

二、共同委托

290　双方共同委托鉴定，一方当事人可以申请重新鉴定，有单独约定的除外 / 453

291　承包人对自己主张的建设工程价款承担举证责任 / 454

三、鉴定申请

292　工程造价鉴定既有量的鉴定也有价的鉴定 / 456

293　施工单位存在工程质量违约，建设单位可以请求质量鉴定 / 458

四、证据材料

294　证据材料能否作为鉴定依据，应该由法院来决定 / 460

295　缺乏书证时，实物证据、视听资料、勘验笔录等也可以作为证据 / 462

296　证据应当依法提供，不得擅自修改 / 464

297　只有以一般人的思维都能了解的事实才属免证事实 / 465

298　委托人就同一委托鉴定事项补充了新的证据材料，应补充鉴定 / 466

五、现场勘验

299　当事人不配合勘验，不影响勘验的进行 / 467

六、鉴定程序

300　鉴定机构认为无法鉴定时，当事人可以另行委托 / 469

第一章 招标与投标

Chapter 01

一、招标发包

001 依法应当招标的项目在招拍挂后仍要通过招投标程序确定施工单位

A公司通过土地公开出让摘牌方式，取得B政府某地块的国有建设用地使用权，同时负责该地块的公园绿地建设项目的代建。A公司与B政府指定的C部门签订了代建协议，但未在代建协议中明确施工单位确定方式，代建项目具体内容等问题。后C部门确定了该地块具体的代建内容。明确了A公司要负责该项目的工程设计、工程施工、设备材料选购及给排水、电力管线等市政配套工程。

请问，现在A公司是否可以直接确定符合工程建设条件要求及施工资质的企业承担本工程施工任务？还是也需要通过招投标的方式再确定施工企业？若是后者，通过二次招标确定施工企业，那么第一次通过公开方式确定代建公司岂不是没有意义了，土地招拍挂时就以公开方式直接确定施工单位岂不是更方便？

关键词：委托合同、代建协议、招投标

《民法典》第919条规定："委托合同是委托人和受托人约定，由受托人处理委托人事务的合同。"实务中的委托代建有两种类型：一种类型是纯粹的代建公司，也就是项目管理公司。该公司是建设单位所委托的并以建设单位的名义对外招标和签订施工合同的代建单位，其实际的法律关系是建立在业主和第三方之间。另一种类型是建设单位把工程交由代建单位来做，同时设定一个最高造价目标。例如，建设单位要求代建单位在1亿元的价款范围内完成工程，如果实际施

工只花费了8000万元，其中2000万元的差价就由代建单位赚取。

关于代建协议，不能仅看合同的名称，而要根据合同的实质性内容来判断代建单位的性质，究竟是只以代理人的身份参与项目还是作为实际的施工单位成为一方当事人。在这两种情形下，代建单位所承担的责任形式有很大差别。

案例中的项目是一项国有投资项目，最终要建成一个绿地公园。A公司取得政府某地块的国有建设用地使用权，负责该地块的公园绿地建设项目的代建。使用国有资金进行的工程建设，这类项目应该属于法定招标的范围，也达到了法定招标的标准，因此应该通过招投标程序确定最终的施工单位。土地招拍挂时是价高者得，而招投标则是价低者得，这是两种完全不同的方式。因此，在土地招拍挂时是不能够直接确定施工单位的，只能再通过招投标程序确定最终的施工单位。

002 招标工程量清单漏项部分达到必须进行招标的金额，应当依法重新招标

总包已经招标完成，合同价1亿元，施工中有深化设计部位的材料（抗震支架），但招标工程量清单未列此项。该项造价260万元以变更的形式计入是否妥当？该部分是否需要招标？

关键词： 工程招标、合同变更

《施工合同示范文本》第1.13条规定："除专用合同条款另有约定外，发包人提供的工程量清单，应被认为是准确的和完整的。出现下列情形之一时，发包人应予以修正，并相应调整合同价格：（1）工程量清单存在缺项、漏项的；（2）工程量清单偏差超出专用合同条款约定的工程量偏差范围的；（3）未按照国家现行计量规范强制性规定计量的。"《清单计价规范》第4.1.2条规定："招标工程量清单必须作为招标文件的组成部分，其准确性和完整性应由招标人负责。"第9.5.1条规定："合同履行期间，由于招标工程量清单中缺项，新增分部分项工程清单项目的，应按照本规范第9.3.1条的规定确定单价，并调整合同同价款。"根据上述条款，如果是工程量清单存在缺项、漏项的情形，发包人应该及时予以修正，可以直接调整合同价款。

《必须招标的工程项目规定》第5条规定："本规定第二条至第四条规定范围内的项目，其勘察、设计、施工、监理以及与工程建设有关的重要设备、材料

等的采购达到下列标准之一的，必须招标：……（二）重要设备、材料等货物的采购，单项合同估算价在200万元人民币以上……”材料价格超过200万元的属于依法必须进行招标的项目。另外，《招标投标法》也明确规定了禁止任何规避招标的行为。《招标投标法》第4条规定：“任何单位和个人不得将依法必须进行招标的项目化整为零或者以其他任何方式规避招标。”案例中260万元的项目在清单中漏项了，也就意味着这个项目在招标环节没有招标。试想，如果一个项目清单中漏项了5000万元的工程没有经过招标程序，无形中就架空了《招标投标法》的规定。回到这个案例中，也可以推导出应该严格遵守《招标投标法》的强制性规定重新进行招标，而不应该简单地以变更的形式计入工程价款。

深化设计其实不足以作为不进行招标的理由。如果原项目没有达到依法必须进行招标的金额，但是深化设计之后增加新的项目或采用新的材料后达到必须招标的标准，这时候该项目显然应该重新进行招标。招标投标的功能本身也是为了保护国有资产以及保护公共利益，从这个角度分析，当施工过程中增加了这样的一个项目，应该将其作为一个独立的情况看待，依法重新招标。

003 合同履行过程中正当的设计变更无须再行招投标

电梯设备采购及安装招标，中标后电梯厂家经过现场复核发现招标文件中技术参数要求有误，与现场实际情况不符，故提出变更供货电梯规格（变更电梯数量较大），请问变更部分电梯是否需要重新招标？

关键词：合同变更

《招标投标法》第46条第1款规定：“招标人和中标人应当自中标通知书发出之日起三十日内，按照招标文件和中标人的投标文件订立书面合同。招标人和中标人不得再行订立背离合同实质性内容的其他协议。”现场复核时，中标人发现招标文件中技术参数的要求与现场实际情况不符，只能变更供货电梯的规格。合同的标的发生变化，这显然构成了对原中标合同的实质性变更。

《招标投标法实施条例》第81条规定：“依法必须进行招标的项目的招标投标活动违反招标投标法和本条例的规定，对中标结果造成实质性影响，且不能采取补救措施予以纠正的，招标、投标、中标无效，应当依法重新招标或者评标。”

《建设工程司法解释一》第 23 条规定："发包人将依法不属于必须招标的建设工程进行招标后，与承包人另行订立的建设工程施工合同背离中标合同的实质性内容，当事人请求以中标合同作为结算建设工程价款依据的，人民法院应予支持，但发包人与承包人因客观情况发生了在招标投标时难以预见的变化而另行订立建设工程施工合同的除外。"条款但书部分之前，体现的都是《招标投标法》以及《招标投标法实施条例》保护投标人公平竞争的权利；但书部分明确了，在因客观情况发生了在招标投标时难以预见的变化时，当事人可以另行订立合同。

在《最高人民法院建设工程施工合同司法解释的理解与适用》一书中，难以预见的情况包括材料价格大幅上涨、人工单价发生重大变化以及工程规划设计发生重大变化等。在本案中，因为在合同履行过程中发现的实际情况与招标文件存在巨大差异，施工单位需要根据重新出具的设计文件重新调整现场的施工，这显然属于一种正当的设计变更。在正当的设计变更中，由于既没有违反《招标投标法》的强制性规定，也不存在架空招标投标程序、躲避监管等行为，因而法律是允许根据情况的变化由双方当事人协商一致变更合同内容的，这里也就不存在必须重新招标的情形。

总结来说，只要没有违反《招标投标法》的原则和规定，法律尊重当事人自由变更合同的权利，只是这种权利基于所有投标人公平竞争的基础上。在这个案例中，当事人在签订合同后发现招标文件参数与现场实际情况不一致，是可以直接变更合同内容的，而无须再重新进行招标。

004 中标人放弃中标项目，应当依法承担违约责任

一设备采购及安装项目，招投标已经结束，中标通知书已经下发，合同未签订。现因为设计方案大幅变动，导致招标设备参数几乎全部需要变更，而且造价翻倍。请问这种情况该怎么处理？

关键词：中标通知书

根据《招标投标法》第 46 条的规定，招标人和中标人应当自中标通知书发出之日起 30 日内，按照招标文件和中标人的投标文件订立书面合同。招标人和中标人不得再行订立背离合同实质性内容的其他协议。招标文件要求中标人提交

履约保证金的，中标人应当提交。可知，中标通知书对招标人和中标人是具有法律约束力的。

在《招标投标法（修订草案公开征求意见稿）》之前，如果甲方未签订合同无须承担任何法律后果，但是根据最新的《招标投标法（修订草案公开征求意见稿）》第52条的规定，中标人公示结束且无尚未处理的异议后，招标人应当向中标人发出中标通知书，并同时将中标结果通知所有未中标的投标人。依法必须进行招标的项目，招标人应当自中标通知书发出之日起3日内在发布招标公告的媒介公告中标结果。中标通知书对招标人和中标人具有法律效力。中标通知书到达中标人后，招标人改变中标结果的，或者中标人放弃中标项目的，都应当依法承担违约法律责任。

本案例中甲方能否要求解除合同?《全国法院民商事审判工作会议纪要》第48条规定："违约方不享有单方解除合同的权利。但是，在一些长期性合同如房屋租赁合同履行过程中，双方形成合同僵局，一概不允许违约方通过起诉的方式解除合同，有时对双方都不利。在此前提下，符合下列条件，违约方起诉请求解除合同的，人民法院依法予以支持：（1）违约方不存在恶意违约的情形；（2）违约方继续履行合同，对其显失公平；（3）守约方拒绝解除合同，违反诚实信用原则。人民法院判决解除合同的，违约方本应当承担的违约责任不能因解除合同而减少或者免除。"由于建设单位并不存在恶意违约的情形，该条款赋予了建设单位解除合同的权利。

二、招标控制价

005 招标控制价仅能控制总价，无法控制某项单价

招标文件内容说明招标控制单价在下浮30或上浮20内均可以，超出部分应在合同总价款控制内，经评标委员会等人员确定新的单价进行结算。现在的问题是，结算审计发现某淤泥土方开挖单价招标控制单价15，实际合同价32，审计认为应在招标控制价120%内结算，超出部分予以核减。这样的结论正确吗?

关键词：招标控制价

招标控制价的作用是在投标中限制最高价，如果没有最高投标限价，投标人的报价可能会远远超过招标人的预算。另外，招标控制价主要控制的是总价，可以作为限制投标人不平衡报价的一种手段，防止投标人通过不平衡报价的方式导致某些单价过高。比如，招标工程量清单中写明已完工程保护费用为总价措施项目，结算时价格一律不予调整，通常这种情况下投标人会对此类项目投报较高的价格以赚取高额利润。本案例中招标单位显然是想通过招标控制价来防止不平衡报价，但由于评标过程中的疏忽，实际签订的合同价格超过了招标控制价单价。还能否按照超过招标控制价的价格进行结算呢?

回顾一下《民法典》中关于合同生效的要件以及即将生效的新版《招标投标法》，可以明确的是，中标通知书对招标人和中标人具有法律效力。中标通知书到达中标人后，招标人改变中标结果的，或者中标人放弃中标项目的，应当依法承担违约责任。虽然招标文件中列明了一些限制性的内容，但投标文件和中标通知书才是构成合同的要约和承诺，因此中标通知书到达中标人后，中标人投报的 32 的合同价款就已经生效了。

《民法典》第 119 条规定："依法成立的合同，对当事人具有法律约束力。"第 465 条规定："依法成立的合同，受法律保护。依法成立的合同，仅对当事人具有法律约束力，但是法律另有规定的除外。"所以审计人员要求在招标控制价的范围内扣除多出的价款是没有法律依据的，最后应该按照投标人投报的 32 的合同价款进行结算。从这个问题中也可以看出，招标控制价仅能控制总价。在实践中，由于评标过程中不可避免的疏忽，很难通过招标控制价对单价进行严格把控。

006 投标限价是招投标阶段对合同总价的限制

招标清单逐项限价，而断桥隐框玻璃幕墙限定的综合单价很低，严重低于成本价，中标价格贴近限定综合单价。可否对幕墙子目重新组价（体量大）？再如，清单"1000mm × 500mm × 900mm 厚整打芝麻灰光面条石"招标限价综合单价为 98.49 元/立方米，现询得条石市场价 3200 元/立方米。请问，作为施工单位如何争取此部分的差价?

关键词：投标限价、工程结算

这个问题主要还是关于最高投标限价的问题。通常最高投标限价都是对于总价的限制，全国范围内也有个别地区对单个项目进行限价的情况，如重庆和四川地区。如果逐项限价的项目在招标时给定的限价非常低，投标人为了中标也只能投报较低的价格，这种情况即便在施工阶段，也很难推翻原投标价格重新组价。根据《清单计价规范》第 2.0.45 条的规定，招标控制价是指招标人根据国家或省级、行业建设主管部门颁发的有关计价依据和办法，以及拟定的招标文件和招标工程量清单，结合工程具体情况编制的招标工程的最高投标限价。最高投标限价通常是采用定额和当时的信息价进行编制的，没有法律或者相关部门发布的文件中规定采用双控的方式提供招标控制价，在实务中，招标单位通常也只限制招标总价。

《清单计价规范》第 5.1.4 条规定："招标控制价应按照本规范第 5.2.1 条的规定编制，不应上调或下浮。"《吉林省建筑工程最高投标限价（招标控制价）管理规定》第 9 条规定："招标人设有最高投标限价的不得只公布总价，应同时公布各单位工程的分部分项工程费、措施项目费、其他项目费、规费和税金。最高投标限价（招标控制价）不应上调或下浮。"在各地招标项目中，通常只要求招标人提供总价的招标控制价即可，也有部分地区（如吉林）还要求招标人提供各类明细的限制价。

对于案例中招标人给出的招标控制价明显低于市场价的情形，投标人在投标时就应该及时提出异议并要求招标人作出澄清或者修改招标限制价。如果已经中标并且签订了合同，再调整合同价款的难度就比较大了，所以只能按照合同价格结算。

007 投标人对招标文件有疑问的，应及时提请澄清

某设计采购施工（Engineering Procurement Construction，EPC）项目采用固定总价模式，招标文件给出了详细的发包人要求和交付标准，对品牌与档次也均有严格限定。中标后发现招标限价与发包人要求和标准并不匹配。经测算，发包人要求标准远远高于招标限价，而且项目批复概算价格较低，虽然招标限价在批复概算内，但招标的档次要求却很高，招标文件限价不能跟概算价匹配。此种情况应如何与业主协商处理？

关键词： 招标限价

虽然发包人要求的标准超出了其给出的招标限价，但是投标人在招标限价的范围内给出了自己的投标价。从民法的角度来看，投标行为是投标人自由决定后做出的，因此在中标后也应该对自己作出的行为负责，理应受到已给出投标价的约束。

至于在案例中的情形下，如何与发包人协商处理，可以从以下几个方面来考虑。《房屋建筑和市政基础设施项目工程总承包计价计量规范（征求意见稿）》第5.1.1条规定："国有资金投资的建设工程总承包项目招标，招标人应编制最高投标限价。"第5.1.4条规定："招标人应在发布招标文件时公布最高投标限价。投标人的投标报价高于最高投标限价的，其投标报价应视为无效。"设置最高投标限价的目的是防止投标人围标，如果一个100万元的项目在招标过程中，投标人串通抬高报价，最后即便最低的价格也高出100万元好几倍，显然会严重影响招标人的利益。设置最高投标限价能够防止对招标人极其不利情形的发生，如果投标人的报价高于最高投标限价，评标委员会会否决该笔投标。

案例中投标人只能是在最高投标限价以下投标，但发包人的要求又超过该限价水平能够达到的标准。这种情况下，根据《房屋建筑和市政基础设施项目工程总承包计价计量规范（征求意见稿）》第6.1.3条的规定，投标人应认真阅读招标文件，如发现对招标文件有疑问的或有可能影响报价的地方不清楚的，应按照招标文件的规定，在投标截止之日前提请招标人澄清。投标人对于招标文件中有疑问和认为不妥当的地方，应当及时要求招标人进行澄清。一般在投标阶段，招标人的澄清是非常重要的环节，尤其是在施工总承包的计价模式下，招标人对清单准确性更应当承担较高的责任。如果招标人给出了存在错误的清单，就是给了投标人可以不平衡报价的机会。但是在工程总承包计价模式下，包括设计和施工在内的所有工作都是由承包人负责完成的，因此甲方（招标方）对招标文件中一些具体错误所要负担的责任会相对较轻一些。

《房屋建筑和市政基础设施项目工程总承包计价计量规范（征求意见稿）》第6.2.3条规定："项目清单中需要填写的规格/品牌等项目，需要投标人根据自行的报价依据进行填写，如该规格/品牌与品牌建议表中不符的，应予以明示。"不同于施工总承包项目投标，在工程总承包项目中，投标人的价格清单与招标人的项目清单是可以不一致的。结合本案例，如果投标人认为招标人要求的质量品牌远远超过其给出的招标限价，可以不按照项目清单报价。但中标以后，中标人再要求发包人修改招标控制价，显然是没有理由的。从民法的角度来看，中标通知书发出以后，投标文件及中标通知书的内容就都成为合同文件的组成部分。根据《民法典》第119条规定，依法成立的合同，对当事人具有法律约束力。根据第465条第1款的规定，依法成立的合同，受法律保护。既然已经签订了总价形式的总承包合同，承包人就应该受到该合同价款的约束并履行相应的合同义务。

008 招标控制价的设定不合理不是调价依据

（1）施工期间，拟清标前要求业主提供控制价的编制说明以保持各方面口径一致，而业主却遮遮掩掩；后收到一份明显是经过二次改动（删减）的文档说明，施工方认真按说明采用的定额套用招标工程量清单，发现比控制价高出近10%。由于控制价是委托咨询公司按业主要求编制，且再经过财政评审的结果为标准，招标人公布的控制价也只是一个数额，在已签订合同后至结算定案前，施工方主张复核（经业主和财政评审确定的）招标控制价是否有违规嫌疑？

（2）某市政道路工程为全额政府资金投资项目。在编制招标控制价时建设单位委托咨询公司编制，并进行了人为下浮，降低了招标控制价，招投标顺利进行，所有投标单位未在开标前按内蒙古自治区定额规定提出质疑，施工合同已经顺利签订（固定总价合同），本工程项目结算时施工方能否主张调整人为未按内蒙古自治区定额执行强制下调的控制价差价？

关键词：招标控制价、价格调整

这两个案例都是关于调整招标控制价的问题。在第一个案例中，发包人制作招标控制价时下浮了10%，施工方结算时要求复核招标控制价意在调回10%的价款，显然施工方的主张并不能成立。《招标投标法实施条例》第27条第3款规定：“招标人设有最高投标限价的，应当在招标文件中明确最高投标限价或者最高投标限价的计算方法。”《清单计价规范》第5.1.4条规定：“招标控制价应按照本规范第5.2.1条的规定编制，不应上调或下浮。”还有一个完全相反的案例：建设单位做招标控制价时多做了5000万元，投标人没有提出异议，当然也不会提出异议，投标人在中标后把这5000万元平均分摊到每一个专家项目，显然最后结算的价格会很高。在这个案例中，甲方认为招标控制价做高了想要往下调，而乙方（招标方）认为招标控制价被调低了想调高回去。虽然《清单计价规范》第5.1.4条规定了招标控制价不应上调或下浮，但这并不是法律的强制性规定，只是国家标准，因此违反该规定并不会产生行为无效的法律后果。

《清单计价规范》第5.2.1条规定的招标控制价编制依据中包含国家或省级、行业建设主管部门颁发的计价定额和计价办法，以及工程造价管理机构发布的工程造价信息等，所以招标控制价本质上也是从定额套出来的。第5.3.1条规定："投标人经复核认为招标人公布的招标控制价未按照本规范的规定进行编制的，应在招标控制价公布后5天内向招投标监督机构和工程造价管理机构投诉。"第5.3.8条规定："当招标控制价复查结论与原公布的招标控制价误差大于±3%时，应当责成招标人改正。"这是投标人认为招标控制价有问题时的正当做法。

2020年出台的《工程造价改革工作方案》（建办标〔2020〕38号）规定："……（二）完善工程计价依据发布机制。加快转变政府职能，优化概算定额、估算指标编制发布和动态管理，取消最高投标限价按定额计价的规定，逐步停止发布预算定额。搭建市场价格信息发布平台，统一信息发布标准和规则，鼓励企事业单位通过信息平台发布各自的人工、材料、机械台班市场价格信息，供市场主体选择。加强市场价格信息发布行为监管，严格信息发布单位主体责任。"方案提出要取消最高投标限价按定额计价的规定，而《清单计价规范》中又要求按定额来编制招标控制价，对于二者的冲突，方案第（四）点提到，强化建设单位造价管控责任。引导建设单位根据工程造价数据库、造价指标指数和市场价格信息等编制和确定最高投标限价。也就是说，未来取消预算定额后，最高投标限价就完全由建设单位自主决定了。

回到本案例中，招标控制价是面对所有投标人给出的最高价格，超过最高投标限价的投标会被否决，而最高投标限价本身并不是要约也不是承诺，不能作为合同文件的一部分，因而也不对双方当事人产生法律上的约束力。根据《民法典》第153条第1款规定，违反法律、行政法规的强制性规定的民事法律行为无效。但是，该强制性规定不导致该民事法律行为无效的除外。即便招标控制价的设立违反了《清单计价规范》的规定，也不会导致合同无效。所以无论是主张调高，还是主张调低招标控制价从而调整合同结算价款，从法律层面来说，都是行不通的。

三、招标工程量清单

009 编制招标用模拟清单时，也要注意与实际工程量相符

某招标模拟清单如表1所示，请问余方弃置应当如何计价？

表1 招标模拟清单

单位：元

编号	项目名称	项目特征	单位	工程量	单价	总价
010103002002	余方弃置或借土（基本运距1千米及以内）	1. 部位：平基、基坑、沟槽、桩基等 2. 废弃料品种：现场开挖及回填后的余方（土石方、渣土等） 3. 运距：自用地红线范围以外1千米以内（含1千米）	立方米	659, 121	6. 28	4, 139, 279. 88
010103002005	余方弃置或借土	1. 部位：平基、基坑、沟槽、桩基等 2. 废弃料品种：现场开挖及回填后的余方（土石方、渣土等） 3. 运距：15千米以内 4. 计算规则：按照实际运距现场实测	立方米	659, 121	20. 99	13, 834, 949. 79
010103002004	余方弃置或借土（每增加1千米）	1. 部位：平基、基坑、沟槽、桩基等 2. 废弃料品种：现场开挖及回填后的余方（土石方、渣土等） 3. 运距：自用地红线范围以1千米以外每增加1千米 4. 计算规则：按照实际运距现场实测	立方米	659, 121	8. 63	5, 688, 214. 23

关键词：模拟清单

这是一个采用模拟清单招标的项目。由于没有施工图，很难制作出具体的工

程量清单。但没有施工图并不是就不能完善项目特征，起码挖土方的清单项目是可以明确的。案例中，自用地红线范围以外1千米内报价是6.28元，运距15千米以内是20.99元，自用红线1千米以外每增加1千米是8.63元。以下分析这个清单存在的一些问题：

第一，最后一项的价格明显偏高，山西省类似的A1－77定额才1元钱左右，这个清单价报到了8元多，单价本身就相当高了。第二，清单中第二项和第三项的部分有重合，15千米以内按照第二项算是20.99元，如果按照第三项的金额算是120元，显然这个价格也是非常高的。第三，由于这个项目招标方招标时的招标工程量清单不是专业的造价咨询单位编制的，导致清单中给出的项目特征都十分不清楚。清单中给定的工程量全都是659,121元，而实际工程量超出了大概50%。整个工程单就挖土方这一项就高出了一半多。

原来项目给出的招标控制价是23亿元，投标人也都是在控制价范围内投的标，但由于实际工程量大幅增加，招标时给出的项目特征又存在冲突，最终投标人提交的结算一定远远超出概算。这个项目总的投资概算大概是23亿元，现在整个算下来已经超过概算近10亿元。出现这种情况主要还是招标方的重大失误，所以即便是编制模拟清单，也绝对不能掉以轻心，至少挖土方这一部分是能够较为准确地描述出项目特征并且估计大体工程量的。

010 招标人应当提醒投标人注意招标文件中的特别说明

招标清单按2013版《清单计价规范》编制，要求报价按甲方编制市场价报价格式计价。争议解释顺序先以甲方计价计量说明再以国标清单编制说明解释，清标后单价合同转为固定总价合同。中标项目清标时，甲方删掉近8%的清单项不予计量和计价，导致中标总价下降10%左右。甲方以招标清单是模拟清单、清单项目特征，不管描述是否完整应该含完成该项所有工作内容的报价并且根据甲方招标文件清单计价计量说明某综合单价应包括哪些内容，由于这个内容里含以上不予计量的清单项，所以甲方有权认为施工方投标报价充分理解清单计量计价说明内容，并已经包含了该项目施工所包含的所有内容。

举例说明：招标清单项1UPVC100排水管200米，招标清单项2存水弯

50个，招标清单项3阻火圈60个，招标清单项4止水节60个。投标方根据清单分别报价，清标时存水弯、止水节、阻火圈清单全部删除，根据甲方招标文件清单计价计量说明第几条排水管综合单价应该含存水弯、止水节、阻火圈等所有管道附件，所以甲方扣除不给。施工方不同意扣除原清单项，理由是甲方计量计价说明是对清单编制前列项约束，投标方报价按照招标清单项目没有错误，不管模拟清单还是正式清单，招标方应对自己招标清单负责，招标清单编制与招标方计量计价说明不一致，应以招标清单为准，不同意扣除。

请问，招标方扣除清单项是否成立？施工方在无重复报价的前提下根据招标清单要求清标能否争取到正当利益？

关键词： 重复列项、招投标

甲方在招标时提供了计量说明和工程量清单，投标人在报价时理应充分了解计量说明的内容再考虑应该如何报价。《清单计价规范》第4.1.2条规定："招标工程量清单必须作为招标文件的组成部分，其准确性和完整性应由招标人负责。"这个规定更多的是强调招标人对缺项漏项的责任，而对于问题中类似重复列项或多列项的情形应该如何理解？甲方基于招标文件中的解释规则按照计量说明优先于国标清单编制说明的顺序对合同文件进行解释，但通常情况下，组成合同的各项文件应该互相解释，互为说明。

《民法典》第142条第1款规定："有相对人的意思表示的解释，应当按照所使用的词句，结合相关条款、行为的性质和目的、习惯以及诚信原则，确定意思表示的含义。"这个问题结合相关条款、行为的性质、目的、习惯和诚信原则，可以结合投标人的综合单价分析表来确定投标人的报价内容。如果综合单价分析表中的排水管综合单价不包含存水弯、止水节、阻火圈等管道附件，招标人就不应删除存水弯、止水节、阻火圈等单列项目。

这个案例中存在甲方重复列项的情形，但又通过特别说明的合同解释顺序从某种程度上转移了清单编制错误的风险。很多专家和学者认为，招标文件在性质上属于格式合同的一种，根据《民法典》第496条第2款关于格式条款的规定，采用格式条款订立合同的，提供格式条款的一方应当遵循公平原则确定当事人之间的权利和义务，并采取合理的方式提示对方注意免除或者减轻其责任等与对方有重大利害关系的条款，按照对方的要求，对该条款予以说明。提供格式条款的一方未履行提示或者说明义务，致使对方没有注意或者理解与其有重大利害关系的条款的，对方可以主张该条款不成为合同的内容。所以招标人在发布招标文件时应该详细说明投标人在编制工程量清单时应注意的问题，在这个案例中甲方的计量说明尤为重要，招标人应当以更加合理的方式提醒投标人予以注意，而非简单地以一个关于争议解释顺序的说明来免除自己的责任。所以甲方不应删除存水弯、止水节、阻火圈等管道附件的项目。

另一个问题是，案例中甲方的清标是否合理？“清标”并不是一个法定的概念，建设单位在中标后删除了8%的清单项，这种清标的行为实际上改变了中标合同关于价款的约定。根据《建设工程司法解释一》第22条的规定，当事人签订的建设工程施工合同与招标文件、投标文件、中标通知书载明的工程范围、建设工期、工程质量、工程价款不一致，一方当事人请求将招标文件、投标文件、中标通知书作为结算工程价款的依据的，人民法院应予支持。因此，施工方可以通过清标维护自己的正当利益。

011 招标文件不合理时，可依据诚信原则全面理解

招标方招标文件把公积金费率设置为0，因为是电子招投标，投标人按规定填写的相应费率无法通过标书符合性检查，故按招标文件投标报价也设置为0。现结算施工方要求按规定计入（合同及招标文件也有文字约定相关取费按政策性文件执行），审计认为投标时填写为0不予计入。如何处理？

关键词：招投标、规费

《清单计价规范》第2.0.34条规定：“规费是指根据国家法律、法规规定，由省级政府或省级有关权力部门规定施工企业必须缴纳的，应计入建筑安装工程造价的费用。”第3.1.6条规定：“规费和税金必须按国家或省级、行业建设主管部门的规定计算，不得作为竞争性费用。”这里的“竞争”指的是投标人之间的竞争。虽然《清单计价规范》规定规费不得作为竞争性费用，但也有辽宁等地的文件允许规费的竞争。因此，根据地方文件的不同要求，规费的标准虽然不一致，但通常也都是有效的。

从审计或建设单位的角度来看，投标人没有要求招标人对项目清单的问题进行澄清，其提供的已标价工程量清单和预算书在中标后都是构成合同文件的内

容。《清单计价规范》第 6. 2. 7 条规定："招标工程量清单与计价表中列明的所有需要填写单价和合价的项目，投标人均应填写且只允许有一个报价。未填写单价和合价的项目，可视为此项费用已包含在已标价工程量清单中其他项目的单价和合价之中。当竣工结算时，此项目不得重新组价予以调整。"因此，建设单位有理由认为，投标人的该项零报价项目已经包含在其他项目报价中，该零报价项目结算时不应该再另行计算。

从施工单位的角度如何理解"招标文件把公积金费率设置为0"？合同解释应当基于诚信原则全面地理解合同内容。案例中的公积金项目最后无法计入总价的原因在于发包人招标文件中给出的费率是0，而非投标人考虑不平衡报价有意将该项目价格纳入其他报价当中。如果发包人正常给出了该项目，也列出了工程量等信息，投标人没有填写该项目或报价为0，则可以理解为该项目价格包含在其他项目中，现在由于招标文件的原因投标人无法报价，则应该认为双方对该部分价款没有达成一致意见，或者说合同对该部分价款约定不明。一方面可以通过协议补充公积金的费用，另一方面根据合同漏洞填补规则重新确认该笔费用。

总结来说，从诚信原则来看，建设单位招标时将公积金费率设置为0是自身的过错，施工单位只能接受招标文件的设置报价为0，因此不能简单地将公积金项目的零报价理解为施工单位已经将该笔费用纳入其他项目中，而是应该理解为双方对该笔费用约定不明。另外，在实践中，虽然很多施工单位不会给劳动者缴纳公积金，但即便施工单位没有缴纳，依据合同相对性的原理，建设单位也不能从合同价款中扣除该笔费用。

012 招标文件重复列项时，应当按实际完成的工程量结算

在甲方的招标清单，垫层清单项重复列项：一个是在主体结构里面按照立方列项，另一个是在底板防水保护层工程里面按照平方列项。后期在施工图预算（重计量）中发现该问题，甲方要删除，施工方根据《清单计价规范》第 4. 1. 2 条的规定，以招标工程量清单必须作为招标文件的组成部分，其准确性和完整性由招标人负责为由，不同意删除。请问最终应不应该删除？

关键词：重复列项、工程结算

根据《清单计价规范》第8条的规定，工程量的计量应该遵循按实计量的原则。同时，《清单计价规范》第4.1.2条关于清单准确性和完整性应由招标人负责的条款不应理解为发包人列多少项就应该结算多少项。虽然双方对这一条款的理解存在差异，但根据《民法典》第142条第1款的规定，有相对人的意思表示的解释，应当按照所使用的词句，结合相关条款、行为的性质和目的、习惯以及诚信原则，确定意思表示的含义，因此在理解《清单计价规范》的规定及发包人重复列项的意思表示时，也应该按照诚信原则解释。

从结论来看，最终还是应该按照实际完成的工程量予以结算，对于重复列项的部分应该删除。衍生的问题还包括，如果重复列项的价款不一致，应该如何删减？变更估价时参考同类项目或类似项目价格时应该以哪一项作为参考等。无论如何删减重复列项，合同总价一定会发生相应的变化，但这种删减不同于发包人删减部分工作的违约行为，因而发包人无须赔偿承包人的利润损失等费用。

013 投标人对招标工程量为0的项目实际施工，一般应当按实计量

某道路工程为固定单价合同，招标清单管道混凝土包封数量为0的清单项目，施工单位报价为0。图纸中有此要求，且实际也施工了，金额高达300万元。请问审计时对此项目如何处理才合理合法？

关键词：招投标、工程结算

从建设单位的角度来说，根据《清单计价规范》第6.2.7条的规定，招标工程量清单与计价表中列明的所有需要填写单价和合价的项目，投标人均应填写且只允许有一个报价。未填写单价和合价的项目，可视为此项费用已包含在已标价工程量清单中其他项目的单价和合价之中。当竣工结算时，此项目不得重新组价予以调整。因此，施工单位对该数量为0的项目报价为0，建设单位可以认为该项目的报价已经包含在其他项目的单价或合价中，从而拒绝支付该项目工程款。

从施工单位的角度来看，以施工单位投标时的内心意思为突破口，考虑对双方该项目的价格是否经过协商达成了一致意思表示。一般来说，合同成立的基础是有生效的要约和承诺，招标工程量清单中给出的某项目清单数量为0，实际上对该项内容没有作出有效的要约意思表示的，因此当事人对于该项目的价款也没

有达成合意。何况投标人看到项目清单中的数量为0，完全有可能认为实际施工中不含该项目，报价为0的意思肯定不是施工单位愿意免费为建设单位完成该项目的施工。由于该项目的报价高低都是没有意义的，不同投标人对该项报价的差异也不会影响最终的中标结果，因此投标人对清单中数量为0的项目报价为0并不能认为双方对该项目的费用达成了一致的合意。项目数量为0，也不能简单认为该项目的价款已经实际纳入其他项目的报价当中。

上述分别从建设单位和施工单位的角度分析了意思表示的两种解释方法，由于两种解释都存在一定合理性而又存在巨大差异，因此可以进一步应用合同漏洞填补规则来解决双方对于该项目费用产生的争议。《民法典》第142条第1款规定，有相对人的意思表示的解释，应当按照所使用的词句，结合相关条款、行为的性质和目的、习惯以及诚信原则，确定意思表示的含义。所以结论是按当地定额计价按实计量。

四、投标文件

014 中标通知书到达中标人时生效

建设项目为亚洲开发银行贷款国内竞争性谈判性质的公开招投标，评标标准为最低投标总价标；我方中标并签订合同，合同价款结算以实际发生工程量进行计量价款支付，通称单价合同。合同实施过程中发现有一清单子目计量单位与招标时计量单位不一致（招标时为立方米，投标和签约合同均为平方米）。目前项目已完工并进入竣工结算阶段，业主单位以不响应招标文件不予对该项计量支付。承包商所主张的给予计量支付诉求应从哪些方面着手方可得到支持？

关键词：中标通知书

这个问题实际上涉及的是中标通知书的效力。招标方以立方米为单位进行招标，投标人却是按平方米投标，虽然在项目单价上双方有所争议，但工程量按照实际发生工程量计算是没有问题的。《招标投标法实施条例》第51条规定：“有下列情形之一的，评标委员会应当否决其投标：……（六）投标文件没有对招标文件的实质性要求和条件作出响应……”也就是说，投标方没有对招标文件实质性的要求和条件作出响应，评标委员会应该否决其投标，但是这个问题没有在招投标环节解决，一直到了合同签订阶段。在合同签订中，虽然合同约定按照平方米来计算，但投标人的投标价格有可能还是按照立方米来组的，工程量也是按招标方给的立方来计算的，所以在投标总价上并不能体现问题，只是在单位上是按照平方米来投的标。

最后结算时平方量应该是远远超过立方量，所以用按平方米计的数量和立方米的价格结算的结果不公平。从招投标的角度来说，《招标投标法（修订草案公开征求意见稿）》第52条第2款规定，中标通知书对招标人和中标人具有法律效力。中标通知书到达中标人后，招标人改变中标结果的，或者中标人放弃中标项目的，应当依法承担违约法律责任。也就是说，中标通知书到达中标人后，双方之间的合同关系就成立且生效了，如果一方违约，则应承担相应的违约责任。这是修订中的《招标投标法》对中标通知书效力的明确规定。

一般来说，既然中标通知书已经送达，双方之间的合同内容就已经确定，最后结算应该按照投标人投的平方米价格来计算，相应的工程量计算规则也应该改成按照平方米来计算。这里需要注意的问题是，到底投标人按平方米投标是笔误造成的，还是施工单位为了不正当竞争有意为之。正如一句话所说：“上帝的归上帝，恺撒的归恺撒。”这两种情况是需要分别处理的。基于公平原则考虑，这里需要分析投标报价的具体构成和综合单价分析表，看投标人组价时人工、材料和机械（以下简称人材机）的含量是如何确认的，从而从造价的角度去推理投标人的报价单位到底是立方米还是平方米。这个问题分析清楚以后，再用公平原则以及前面提到的相关法律规定进行合同价格调整。

015 投标文件应当与招标清单一致

某项目控制价50万元左右，甲方按清单招标，某投标单位未按甲方发布的清单投标而以自己预先编制好的清单投标，结果中标，甲方签合同时发现该问题，怎么处理？施工单位未响应招标清单中标，投标清单与招标清单完全不一致，怎么结算？

关键词：招投标

《招标投标法》第 27 条第 1 款规定："投标人应当按照招标文件的要求编制投标文件。投标文件应当对招标文件提出的实质性要求和条件作出响应。"《清单计价规范》中也有规定，投标人必须按招标工程量清单填报价格。项目编码、项目名称、项目特征、计量单位、工程量必须与招标工程量清单一致。《招标投标法实施条例》第 51 条规定："有下列情形之一的，评标委员会应当否决其投标：……（六）投标文件没有对招标文件的实质性要求和条件作出响应……"否决投标和废标不同，废标是指整个标废掉不再招标，而否决投标是指招标人拒绝认可某个投标人的投标。根据法律规定，投标人应当响应招标文件的规定。

《招标投标法实施条例》第 81 条规定："依法必须进行招标的项目的招标投标活动违反招标投标法和本条例的规定，对中标结果造成实质性影响，且不能采取补救措施予以纠正的，招标、投标、中标无效，应当依法重新招标或者评标。"在本案件中，中标通知书已经送达投标人，甲方签合同时发现清单不一致且价格也没有可比性，已经对本案的中标结果造成了实质性影响。如果这是一个依法必须招标的项目，这个中标是可以无效的，这时可以重新招标或评标。但该项目控制价为 50 万元，并不属于依法必须招标的项目，不能适用第 81 条的规定。

《招标投标法》第 45 条规定："中标人确定后，招标人应当向中标人发出中标通知书，并同时将中标结果通知所有未中标的投标人。中标通知书对招标人和中标人具有法律效力。中标通知书发出后，招标人改变中标结果的，或者中标人放弃中标项目的，应当依法承担法律责任。"所以如果不是依法必须招标的项目，中标通知书具有法律约束力，根据《招标投标法（修订草案公开征求意见稿）》的规定，中标通知书送达之后，双方之间的合同关系已经成立。招标在民法上属于要约邀请，依《民法典》第 473 条第 2 款的规定，要约邀请是希望他人向自己发出要约的表示。所以招标公告属于要约邀请。投标人的投标属于要约，中标通知书属于承诺，发出中标通知书视为对要约的承诺，招标人再想改变中标结果应该承担违约责任。

甲方按照招标文件的清单和工程量与投标人签订合同，甲方发出中标通知书以后，在签合同时发现招标文件和投标文件内容不一致，这时甲方发出中标通知书的行为能否因构成重大误解而取得撤销权？当行为人的效果意思和内心真实意思不一致时，基于《民法典》第 147 条的规定，基于重大误解实施的民事法律行为，行为人有权请求人民法院或者仲裁机构予以撤销。所以如果不是一个依法必须招标的项目，中标通知书发出之后，建设单位可以根据重大误解来撤销该意思表示。

016 当事人可以自行约定计价方法

施工单位投标时将人工费调整单独补充一项清单项计入总价，未把人工调整计入分部分项清单各清单项中，评标时也未发现这个问题。结算时人工费调整这项能进行结算吗？工程投标时造价下浮，结算时变更是否也要下浮，有没有法律依据？在固定总价合同履行中，当事人以工程发生设计变更为由要求对工程价款予以调整的，如何处理？

关键词：价格调整、计价方法

题干的意思是，假设人工费定额的基价是 36 元，现在调价文件规定为 57 元。投标单位在投标时制作的分部分项工程和措施项目清单中，在工程量清单这部分的单价还是按照 36 元计算的，然后把 21 元的人工费调整价差单独作为一个项目放在了清单中，而没有放入综合单价中。

第一个问题，结算时能否按照人工费调整的项目进行结算？答案肯定是可以的。因为对于计价方法的确定，当事人完全可以自行约定。《建设工程司法解释一》第 19 条第 1 款规定："当事人对建设工程的计价标准或者计价方法有约定的，按照约定结算工程价款。"承包人将人工费调整单独列项，建设单位评标人在评标时虽然没有发现，但发送中标通知书的行为已经确立了双方的合同关系，也就意味着双方都认可了人工费的调整是可以单独列项的。既然合同约定了按照单独列项的方法来结算价款，最终以此来结算也是没有问题的。

第二个问题，工程投标时造价下浮，结算时的变更是否也要下浮？工程按照定额结算，竣工结算时定额下浮 6 个点。在合同履行过程中，双方签订了设计变更的文件，如果变更根据变更估价三原则（有相同按相同，无相同按类似，无相同无类似按照合理成本加利润）已经确定好了变更部分的价格，显然这部分变更的价格是应该独立计算的。在合同总价的范围之内，原合同约定的部分，仍然执行下浮价格，而变更部分则不应该执行下浮。但是如果变更部分没有确定变更估价，那么整个工程都应该按照原合同约定进行整体下浮。

第三个问题，在固定总价合同履行中，当事人以发生设计变更为由，要求对价款进行调整要如何处理？《建设工程司法解释一》第 28 条规定："当事人约定按照固定价结算工程价款，一方当事人请求对建设工程造价进行鉴定的，人民法院不予支持。”第 19 条第 2 款规定：“因设计变更导致建设工程的工程量或者质量标准发生变化，当事人对该部分工程价款不能协商一致的，可以参照签订建设工程施工合同时当地建设行政主管部门发布的计价方法或者计价标准结算工程价款。”也就是说，因设计变更导致工程量或者质量标准发生变化的，可以参照定额计算。依据这两条司法解释条文，固定总价合同一旦发生变更，是可以调价的。

017 投标时增补的清单项经招标人同意构成合同

某项目招标文件未单列措施钢筋和止水钢板清单子目，施工单位在投标文件中补充了措施钢筋和止水钢板的清单项，并按自己算工程量报了单价和总价。结算时，甲方认为招标文件中没有这两项清单项目，不能计入造价。该如何结算？

关键词： 投标报价、价格调整

在这里，将措施钢筋和止水钢板都看作措施项目，从法律的角度进行分析，《清单计价规范》第 6. 2. 3 条规定：“分部分项工程和措施项目中的单价项目，应根据招标文件和招标工程量清单项目中的特征描述确定综合单价计算。”第 6. 2. 4 条规定：“措施项目中的总价项目金额应根据招标文件及投标时拟定的施工组织设计或施工方案，按本规范第 3. 1. 4 条的规定自主确定。”第 3. 1. 4 条规定的是工程量清单应采用综合单价计价。也就是说，措施项目中的总价是根据承包人自己的施工组织方案来报价的，单价项目按照招标人给定的特征描述来报价。

根据 2008 版《清单计价规范》第 4. 3. 5 条的规定，投标人可根据工程实际情况结合施工组织设计，对招标人所列的措施项目进行增补。2013 版《清单计价规范》就没有规定承包人可以自行增补措施项目的权利，只能按照甲方给定的项目特征来报单价。可见，2013 版《清单计价规范》营造了相对公平的竞价平台，尽量做到统一甲方给出的所有关于量的特征。《关于北京市执行〈建设工程工程量清单计价规范〉有关问题的通知》中也提到，投标人在清单报价时，可根据企业实际情况、工程情况增加或减少措施项目内容并做出相应报价。从这里也可以看出，在新旧版的《清单计价规范》规定中，关于是否允许施工单位不按照甲方给出的招标工程量清单来报价的规定是不一样的。

在本案中，投标人在投标文件中补充了清单项目，既有单价也有总价，而且双方也据此签订了合同。合同签订后已标价的工程量清单是否为合同文件？根据《施工合同示范文本》第 1.1.1.1 条的规定，合同是指根据法律规定和合同当事人约定具有约束力的文件，构成合同的文件包括合同协议书、中标通知书（如果有）、投标函及其附录（如果有）、专用合同条款及其附件、通用合同条款、技术标准和要求、图纸、已标价工程量清单或预算书以及其他合同文件。显然已标价工程量清单也是合同文件的一部分，对当事人具有法律约束力。根据《清单计价规范》的规定，投标单位应当按照清单报价不得自行增减项目，但投标人没有按照招标清单投标，评标委员会在评标时也没有发现问题，从而导致已标价工程量清单构成了合同文件。《施工合同示范文本》第 1.1.1.8 条还规定，已标价工程量清单是指构成合同的由承包人按照规定的格式和要求填写并标明价格的工程量清单，包括说明和表格。所以已标价工程量清单，也就是投标人在本案当中增加了措施钢筋和止水钢板子目的清单，已经形成了合同文件。《民法典》第 119 条规定："依法成立的合同，对当事人具有法律约束力。"《民法典》第 465 条第 1 款规定："依法成立的合同，受法律保护。"双方在投标阶段没有解决的问题，在合同成立后就应该按照合同规则来解决。在本案中，措施钢筋和止水钢板的费用应该补偿支付给承包人。

018 未完全按照定额投标，结算时可主张据实结算

投标时将钢筋消耗量含量调低了 10%，结算时能按实际计量的钢筋量调差吗？

关键词： 消耗量、材差

	编码	类别	名称	单位	公用变量	工程量表达式	工程量	综合单价	综合合价	汇总类别
3	4-1	换	现浇砼构件钢筋Φ<12(三级钢Φ6)	t		33.29+0.01+0.006+0.019+0.135+0.007+0.206+0.393+13.969+0.04+0.006+0.032+0.184+1.854-0.42+0.013+0.087-6.62-7.399	35.812	3835.15	137344.39	

工料机显示 | 查看单价构成 | 标准换算 | 换算信息 | 工程量明细 | 反查图形工程量 | 说明信息

	编码	类别	名称	规格及型号	单位	损耗率	含量	数量	定额价	市场价	合价	是否暂估	锁定数量	原始含量
1	TJGR2	人	二类工(土建)		工日		5.6	200.547	26	82	16444.67		□	12.71
2	50201003	材	钢筋(三级钢Φ6)		t		0.8	28.6496	2800	3805	109011.73	□	□	1.02
3	510127	材	镀锌铁丝	22#	kg		5.2	1[illegible]6.222	3.9	5.8	1080.09	□	□	6.65
4	509006	材	电焊条	结422	kg		0.81	29.0077	3.6	6.7	194.35	□	□	1.86
5	613206	材	水		m3		0.04	1.[illegible]3248	2.8	3.8	5.44	□	□	0.04
6	+ 07001	机	钢筋调直机Φ40mm		台班		0.001	0.[illegible]3581	31.96	34.64	1.24		□	0.001
13	+ 06010	机	电动卷扬机单筒慢速5t		台班		0.2	[illegible].1624	79.94	155.03	1110.39		□	0.308
21	+ 07002	机	钢筋切断机Φ40mm		台班		0.114	4.08257	39.44	46.69	190.62		□	0.114
27	+ 07003	机	钢筋弯曲机Φ40mm		台班		0.458	16.4019	22.13	25.02	410.38		□	0.458
34	+ 13096	机	交流电焊机30KVA		台班		0.131	4.69137	111.25	198.46	931.05		□	0.131
42	+ 09010	机	对焊机75KVA		台班		0.027	0.96692	147.16	242.43	234.41		□	0.027
49	GLF	管	管理费		元		97.07	3476.27	1	1	3476.27		□	97.07
50	LR	利	利润		元		46.59	1668.48	1	1	1668.48		□	46.59

图1　分部分项工程表

这是关于消耗量调低的问题。分部分项工程表格的内容包括项目编码、项目类别、项目名称、项目单位、公用变量、工程量表达式以及综合单价。首先看最上面标注出来的内容，综合单价是3835.15元。综合单价来源于下面类似于综合单价分析表的表格，在《清单计价规范》的最后也有工程量清单综合单价分析表。图1所示是广联达的软件，最后标注了原始含量。比如，钢筋的原始含量是1.02吨，投标人在投标时把含量调整为0.8，投标人本可以直接决定投标价格，为什么这里没有改变单价，而是调低了消耗量？《清单计价规范》第6.2.1条规定了编制和复核投标报价的依据包括企业定额。也就是说，投标企业在投标报价时完全可以自主决定所报含量，如果企业有自己的企业定额，也可以根据企业定额决定价格当中包含的某部分材料的含量。

投标人为了总价能够中标，往往调整的是材料含量而不是单价，这个可以认为是承包人依照自己的经验或实质上的企业定额进行报价。法律没有要求承包人必须完全按照定额含量进行投标报价，也没有要求承包人只能调整材料的价格或人工的价格，所以投标企业调整材料含量的做法是允许的。我们可以简单理解为企业是用自己的企业定额来投标报价，这样也就能理解调整钢筋消耗量含量的做法。

那么再考虑一下，发包人和承包人之间，有约束力的合同内容是材料的含量还是综合单价？评标的主要内容肯定是投标人的综合单价，而非综合单价分析表，何况也没有任何规定要求投标人一定要完全按照招标人提供的定额数据投标。所以，对发包人和承包人有约束力的是投标报价的综合单价。

钢筋定额含量是1.02，投标含量是0.8，现在的问题在于最后结算进行的价差调整。如果按照定额来计算，工程应该是1.02×10,000倍的钢筋含量。但是如果按投标人的0.8来算，那含量就只有8000。所以，最后调整材料价差，是按照定额含量来调整，还是按照投标人投标时综合单价分析表中的含量来调整？这里并不涉及价的问题，也不讨论钢筋钢材的价格是基准价还是招标方批准的价格，而是讨论材料本身调材差的问题，所以实际发生消耗的钢筋量是定额量还是投标量？

《施工合同示范文本》第11.1条关于市场价格波动引起的调整，第2种方式规定了采用造价信息进行价格调整，即需要进行价格调整的材料，其单价和采购数量应由发包人审批，发包人确认需调整的材料单价及数量，作为调整合同价格的依据。所以最终调整价差的钢筋数量是以现场发包人确认的工程量，也就是实际消耗的数量作为依据的。即使承包人在投标报价时在综合单价分析表中填报了0.8的钢筋消耗量，由于这不是合同价格，所以对双方当事人也是没有约束力的。承包人在确定综合单价时可以运用各种软件和方法，调整综合单价的计算途径，像本案调整材料含量的做法，都是合法的。因为综合单价分析表本身并不是合同文件，也不是材料价格的依据。根据《清单计价规范》附录A关于物价变化合同价款调整方法中第4款的规定，承包人应在采购材料前将采购数量和新的材料单价报送发包人核对，确认用于本合同工程时发包人应确认采购材料的数量和单价。发包人在收到承包人报送的确认资料后3个工作日不予答复的视为已经认可，作为调整合同价款的依据。如果承包人未报经发包人核对即自行采购材料，再报发包人确认调整合同价款的，如发包人不同意，则不做调整。按此要求，承包人也必须在采购材料时报发包人确认。

总体来说，虽然投标人在投标时将钢筋消耗量含量调低了10%，但是依据《施工合同示范文本》和《清单计价规范》的规定，结算时这部分钢筋量还是要以实际的发生量来作为调整的依据。

进一步思考，如果双方在合同文本当中没有约定结算时按照发包人确认的钢筋的实际的量来进行调整。在没有约定的情况下，应该按照什么标准来调整比较公平？这里仍然是按照实际工程量来调差比较公平、公正。在一般的工程量清单投标报价中，只需要报出总额单价即可。不是所有招标文件都要求提供综合单价明细，明细里材料含量的调整不会影响实际价格，所以依照《施工合同示范文本》和《清单计价规范》，按照实际工程量调差更加合理。

如果在合同中，对于实际采购量没有约定，施工过程当中又因为管理不善没有对进场的钢筋量进行确认，又应该如何调差呢？这时依据定额应该是比较公平的做法。很多人认为我们国家的定额是可以取消的，甚至认为以后的定额会全部取消，但笔者认为这是不太可能的。在我国现有的造价管理体系下，定额作为一种数据库，能反映社会平均水平的数据，还是很有价值的。当合同存在漏洞或法官需要根据公平原则进行利益平衡的价值权衡时，依据定额是比较妥善的做法。虽然有时定额含量与实际有很多偏差，但总体而言依据定额还是比较公平的。所以如果既没有特别约定，也无法反映实际的工程量，按照定额是相对公平是普遍能够被接受的做法。

五、清标

019 清标是对不平衡报价的调整，而非背离合同实质性内容修改价款

某装修项目，经过正规的招投标程序，拦标价为208万元，施工方以188万元中标。合同明确规定该合同为固定单价合同，施工工期60天。合同签订后发现作为合同附件的中标清单不是施工单位投标的中标清单，里面的综合单价完全不是施工单位自己投标中标的综合单价。后与招标方沟通，招标方说是他们自己请的第三方清标后出的价格，总价不变就行了。施工单位提出既然是清标应该在合同签订之前对报价提出意见，并由施工方回复确认才能成立。招标方现在所谓的清标属于自己单方面意思表示，投标不再是双方真实意图的表达。且在与第三方审计沟通后得知，审计是在招标方的授意下从208万元调整至188万元，导致好几大项综合单价太低，造成施工单位连成本都合不上。请问，这种情况下施工单位如何维护自己利益？招标方这种做法符合法律要求吗？

关键词：清标、黑白合同

在实务中，对清标有两种理解，一种是评标时评标委员会的清标，另一种是

在中标后对投标人的报价进行调整。中标后的清标主要是针对投标人的不平衡报价进行的调整修改，而本案中直接大范围地修改投标人的综合单价肯定是不合理的。

第一，合同的成立需要经过当事人的要约和承诺。《民法典》第 472 条规定："要约是希望与他人订立合同的意思表示，该意思表示应当符合下列条件：（一）内容具体确定；（二）表明经受要约人承诺，要约人即受该意思表示约束。"第 479 条规定："承诺是受要约人同意要约的意思表示。"一个合同民事法律关系的成立，必须包含两个意思表示，一个是要约人订立合同的意思表示，另一个是承诺人同意要约的意思表示，只有两个意思表示一致，合同才能成立。在招投标程序中，投标人的投标文件属于要约，招标人确定中标人后发出的中标通知书属于承诺。根据《招标投标法（修订草案公开征求意见稿）》第 52 条第 2 款规定，中标通知书对招标人和中标人具有法律效力。中标通知书到达中标人后，招标人改变中标结果的，或者中标人放弃中标项目的，应当依法承担违约法律责任。也就是说，中标通知书到达中标人后合同成立并生效。

第二，关于中标后招标方清标的问题，可以从两个方面进行考虑。一方面，施工单位可以拒绝招标方的清标行为。因为依据《民法典》第 119 条的规定，依法成立的合同，对当事人具有法律约束力。中标通知书送达中标人后，中标人的投标文件作为合同文件对双方具有法律约束力，任何一方不得擅自变更或者解除。另一方面，如果施工单位没有扛住建设单位的压力，被迫同意了招标方的清标，并根据清标的结果签订了中标合同，显然此时中标合同约定的价款和招投标文件中约定的价款不一致，这种情形属于违法的"白皮黑心合同"，即通过补充协议的方式改变了原中标合同的实质性内容。根据《建设工程司法解释一》第 22 条的规定，当事人签订的建设工程施工合同与招标文件、投标文件、中标通知书载明的工程范围、建设工期、工程质量、工程价款不一致，一方当事人请求将招标文件、投标文件、中标通知书作为结算工程价款的依据的，人民法院应予支持。

另外说明一下，不少观点认为，从这个条款可以推断出招标文件也属于合同文件的一种，但《民法典》以及《施工合同示范文本》均没有将招标文件作为合同文件；《建设工程司法解释一》也只是在施工合同无效时才将招标文件作为工程价款结算的依据，据此也可以看出在施工合同有效时，招标文件并不会被作为合同文件看待。当合同无效时，施工合同不再根据合同的约定发生当事人预期的法律效果，而根据《建设工程司法解释一》第 22 条的规定，也只是将招标文件作为工程价款的结算依据，并不能据此认定招标文件就是合同文件。

020 招标人和中标人不得再行订立背离合同实质性内容的其他协议

道路工程在中标以后，招标方在签订合同之前跟中标方进行了合同谈判，招标方以发现中标单位在投标时的小瑕疵为由，强行要求中标方将中标清单的同一类清单单价调至最低。如3号路的4cmSMA－13沥青路面的价格为70.4元/平方米，调整为5号路的4cmSMA－13沥青路面的价格54.5元/平方米。招标文件以及招标文件中的合同专用条款都没有要求同一类清单报价不一致需要进行调整。现中标方迫于招标方的压力签订了修改版的合同，对清单单价进行修改并约定结算按修订的单价执行，但合同协议书目的总价仍是中标总价，现该工程也竣工验收合格并移交。请问，这样的修改合同是否合法？结算时是否按照修订的条款执行？

关键词：合同变更、实质性内容

《招标投标法》第46条规定："招标人和中标人应当自中标通知书发出之日起三十日内，按照招标文件和中标人的投标文件订立书面合同。招标人和中标人不得再行订立背离合同实质性内容的其他协议。"根据这一规定，招标人要求中标人把70.4元/平方米的单价调整为54.5元/平方米并不具有合法性。虽然都是4cmSMA－13沥青路面的价格，但不同路段的施工工期、运距等条件是不一样的，单价也会存在或大或小的差异。这里单价的调整一定会引起最终工程造价的巨大差异，根据《招标投标法》及《招标投标法实施条例》等强制性规定，招标人所要求的这一调整是无效的。

《建设工程司法解释一》第22条规定："当事人签订的建设工程施工合同与招标文件、投标文件、中标通知书载明的工程范围、建设工期、工程质量、工程价款不一致，一方当事人请求将招标文件、投标文件、中标通知书作为结算工程价款的依据的，人民法院应予支持。"本案例就可以适用该条款予以说明。当事人在合同中约定结算时执行修订后的单价，虽然是迫于招标方的压力达成的一致意思表示，但也是双方真实的意思表示。即便是当事人双方真实的意思表示，由于违反了法律的强制性规定，这里也不应该执行变更后的合同价款。

合同条款的生效必须具备两个条件，首先必须是当事人真实的意思表示，其次不能违反法律和行政法规的强制性规定。《全国法院民商事审判工作会议纪要》规定："人民法院在审理合同纠纷案件时，要依据《民法总则》第153条第1款和合同法司法解释（二）第14条的规定慎重判断'强制性规定'的性质，特别是要在考量强制性规定所保护的法益类型、违法行为的法律后果以及交易安全保护等因素的基础上认定其性质，并在裁判文书中充分说明理由。下列强制性规定，应当认定为'效力性强制性规定'：强制性规定涉及金融安全、市场秩序、国家宏观政策等公序良俗的；交易标的禁止买卖的，如禁止人体器官、毒品、枪支等买卖；违反特许经营规定的，如场外配资合同；交易方式严重违法的，如违反招投标等竞争性缔约方式订立的合同；交易场所违法的，如在批准的交易场所之外进行期货交易。关于经营范围、交易时间、交易数量等行政管理性质的强制性规定，一般应当认定为'管理性强制性规定'。"

总结来说，由于调整价款的约定违反了《招标投标法》第46条的规定，应当被认定为是无效的价格调整条款，最终应该按照招投标文件的内容进行结算。

六、现场踏勘

021 建设单位应当保证地质勘察资料的准确、完整，否则无权要求施工方承担责任

项目施工现场出现暗塘淤泥，清单中没有编制处理暗塘和淤泥的项目，施工单位以漏项要求索赔，跟审单位以合同结算第10条为依据不予索赔。第10条内容为：施工现场如有建筑垃圾及地面地下其他构、建筑物基础等障碍物（不含地面以上需拆迁的建筑物），承包人应认真查勘现场，将清理障碍等费用计入投标报价的总价措施费中，由承包人包干使用施工时不再签证；施工现场除明沟明塘处理外的软弱地基处理等费用，均由承包人自行考虑进入投标报价不另行支付此费用。请问施工单位能否要求索赔？

关键词： 地质勘察、风险承担

《施工合同示范文本》第2.4.3条关于提供基础资料部分规定："发包人应当

在移交施工现场前向承包人提供施工现场及工程施工所必需的毗邻区域内供水、排水、供电、供气、供热、通信、广播电视等地下管线资料，气象和水文观测资料，地质勘察资料，相邻建筑物、构筑物和地下工程等有关基础资料，并对所提供资料的真实性、准确性和完整性负责。”在建设工程施工过程中，前期的地质勘察资料以及相邻建筑物、构筑物和地下工程等有关基础资料非常重要，应该由建设单位负责提供。现在合同中约定由投标人自行考虑现场的地质情况，除明沟明塘处理外的软弱地基处理等其他费用均应纳入投标人的报价中。施工过程中在现场发现暗塘淤泥后的处理费用，是否应该由施工单位承担?

关于承包人能够自行考虑的问题，在《房屋建筑与装饰工程工程量计算规范》中明确写到，“土方运距”是招标方可以要求投标人自行考虑的内容，毕竟施工现场到弃土场的距离和路况都是施工单位能够大致测算的。案例中施工现场的“暗塘淤泥”，不同于施工单位可以自行测算和考量的土方运距，这是投标人在投标时根本无法预见的情况。何况地质勘察资料的完整性和准确性也应该由建设单位负责，因此合同结算第 10 条的约定对施工单位显然是不合理的。

另外，对于施工过程中发现的现场存在暗塘淤泥的情况，还可以从情势变更的角度进行考虑。《民法典》第 533 条规定：“合同成立后，合同的基础条件发生了当事人在订立合同时无法预见的、不属于商业风险的重大变化，继续履行合同对于当事人一方明显不公平的，受不利影响的当事人可以与对方重新协商；在合理期限内协商不成的，当事人可以请求人民法院或者仲裁机构变更或者解除合同。人民法院或者仲裁机构应当结合案件的实际情况，根据公平原则变更或者解除合同。”这个条款规定，当合同履行过程中发生了无法预见的重大变化对一方当事人明显不公平时，双方可以协商变更或解除合同。对于施工现场暗塘淤泥的情形，虽然施工单位无法提前预知，但建设单位仔细勘测过现场后是能够明确认识到的，因此案例中的情形不属于《民法典》第 533 条规定的情势变更。

《民法典》第 584 条规定：“当事人一方不履行合同义务或者履行合同义务不符合约定，造成对方损失的，损失赔偿额应当相当于因违约所造成的损失，包括合同履行后可以获得的利益；但是，不得超过违约一方订立合同时预见到或者应当预见到的因违约可能造成的损失。”这一条款前半句是关于一方违约后应当全面赔偿的规定，赔偿的范围包括对方的损失和可以获得的利益；后半句则主要是对全面赔偿规定的限制，即便违约方应当就违约行为赔偿给对方造成的损失和可获得的利益，但该赔偿的范围也不应超过签订合同时可以预见到的因违约可能造成的损失。

关于民法中的可预见规则，再来看最高院的公报案例。《最高人民法院公报》2019 年第 5 期（总第 271 期）（2017）沪 01 民终 9095 号商品房预售合同纠纷案的裁判摘要中写到，责任限制型格式条款本质上是一种风险转移约定，根据诚实信用原则，在签约时，经营者除了需要对条款内容进行重点提示，还应当对免责范围内已经显露的重大风险进行如实告知，以保护相对人的信赖利益。经营者故意隐瞒重大风险，造成相对人在信息不对称的情况下达成免责合意，应当认定相对人的真实意思表示中不包括承担被隐瞒的重大风险，免责合意的范围仅限于签约后发生的不确定风险。在后续履约中，因恶意隐瞒重大风险最终导致违约情形发生，经营者主张适用免责条款排除自身违约责任的，人民法院不予支持。这个公报案例给本案例的启示在于，公报案例中允许合意免责的风险虽然包括签约后发生的不确定风险，但本案例中施工现场出现暗塘淤泥的情形是建设单位应该预见到的，要么建设单位已经勘测到但是故意未告知施工单位，要么是由于建设单位前期的工作不够细致导致勘察资料显示的现场情况不完整。无论是哪种原因，建设单位都没有理由把这类施工单位难以预见的风险转嫁由施工单位承担。从不得任意转嫁风险的角度来说，履行过程中才发现的现场暗塘淤泥情形，施工单位处理该地质情况的费用应当由建设单位承担。

总结来说，招标人不能要求投标人自行考虑不能预见的情形并将费用纳入综合报价的范围。另外，如果建设单位明知现场存在特殊地质情况而故意隐瞒，则其与施工单位达成的有利于自己的免责合意是无效的。这种免责条款无效不同于《民法典》第 506 条规定的两种免责条款无效的情形，值得特别注意。

第二章 Chapter 02 计价方式

一、定额计价

022 清单计价与定额计价的联系和区别

以清单组价，填报价格的依据来源于定额，在定额给的定价的基础上自由填报。是否可以这样理解，清单和定额的最大区别在量上，清单按实计量，而定额是提前定死的消耗量？而清单和定额关于单价的约定，是否实际上差别不大，甚至是有联系的？

关键词：清单组价、定额计价

清单下的工程造价分为分部分项工程费、措施项目费、其他项目费、规费和税金。项目的完整计价过程，包括从最开始招标方制作招标控制价，制作招标工程量清单，然后把招标工程量清单发给投标人；投标人再根据招标工程量清单上的项目编码、项目名称、项目特征、项目单位和项目的数量填写具体的投标单价。以填写分部分项工程费为例，当投标人看到项目特征之后，需要决定如何填写的只有投标单价，其他的项目编码、项目名称等不得更改。

题干中说以清单组价填报价格的依据来源于定额，这是正确的。每一个省份或者一些行业都会颁布定额，这个定额可以理解成一种数据库，当需要填报价格时去里面找相应的科目，再填写在清单的报价中就可以了。当然，这里也需要强调一下投标人自由填报单价的权利。像在不平衡报价中，当投标总价确定以后，投标人可以选择其中的某几个清单项填写较高的价格，也可以选择某几个清单项填写较低的价格，甚至可以零报价。所以并不是说一定要按照定额填写价格，也可以在定额的基础上自由填报。

问题又提到，清单和定额最大的区别在量上，这句话就不是很准确了。在这里，我们可以把定额和清单理解成两种不同的计价程序。比如同一个项目，我们既可以把它分成ABCD，也可以把它分成1234，通过不同的方式分解组合，但总价仍然是一样的。清单的计价分为分部分项工程费、措施项目费、其他项目费、规费和税金，而定额分为直接费、间接费、管理费、利润、规费和税金等，各地的分类标准是不同的。所以清单和定额最大的区别在于它们的作用不同。招标方在招标时会制作招标工程量清单给投标人，投标人在投标时可以依据定额填报价格，当然也可以自由填报。笔者做过一个土石方项目案子，土石方在当地定额价是远远高过市场价的，所以招标人在做招标控制价时根据市场询价确定了6800万元，5家单位在投标时也是根据自己的经验和所了解的市场价自由决定投标价格。清单在这个阶段的作用主要是提供一个公平竞争的平台，每一家投标单位在清单上需要填写的内容仅仅是价格，所有的量和特征等内容都已经由发包人给定了。所以说在这个环节，清单是招标人在选择中标单位时让投标人充分竞争的工具。在投标报价环节中，投标人既可以用定额也可以选择不用，当他选择不用的时候，定额就只是一个放在那里的数据库，而当他需要用的时候，就从定额中选择相应的数额填写到清单综合单价中。

需要注意的是，我们将定额理解成一个数据库，显然这个数据库也有可能存在缺项的情况。比如政府部门2011年制作发布的定额文件，到了2021年有些内容就已经过时了，所以定额很可能会存在缺项的问题。如果定额中没有相应的项目，投标人可以通过以下几种方法决定价格：首先，投标人完全可以自主决定填写投标价；其次，如果土建中没有这个价格，可以参考市政的定额进行填报。因为定额既然是一种数据，对于一些缺项自然可以借用其他数据库的同类数据。另外，定额作为一种数据，也会存在不准确的情况，比如前文提到的竖向土石方工程，它的定额价和市场价就是脱节的。有人说将来会取消定额，但笔者认为定额在目前的中国是没办法取消的，因为定额作为一种数据，本身就具有很强的科学性。如果没有清单，都按定额报价，大部分项目也不会存在什么问题。有实践中为了尽快发包和赶工期，建设单位借助假EPC项目，把设计和施工同时给一家施工单位做，这种情况下连设计文件都没有，也没有工程估算文件，在只有方案设计的情况下就只能选择采用定额下浮率的方法来计价。由此可见，定额所具有的数据属性，可以用来定价的功能还是非常有用的，如果定额这种数据能够得到非常充分的发展，反倒是一个非常好的事情。所以定额和清单最大的区别，主要在于二者的作用不同。清单是用来招标和选择中标人的；而定额是一种数据，可以用作投标报价时填报价格的参考，也可以在招标方做投资估算时用来测定估算金额。

工程量清单是按实计量的，假设完成了100个门窗，就应该按照100个门窗来计量。定额文件中会包含消耗量，包括消耗的人材机等分别是多少，当各种要素价格都有了，计价也就很方便了。投标人在投标时，完全可以修改材料的消耗量，即便不按照定额发布的消耗量报价也完全没问题。

最后一个问题，清单和定额关于单价的约定是否实际上差别不大，甚至是有联系的？定额的价格，比如适用省定额的土建定额，套用了某几个定额文件，定额子目当中包含了消耗量，然后去查一查信息价，信息价中包含了人材机，套完之后这个价格应该是固定的。每一个投标人算好这个价格之后，他可以自主选择是否下浮几个点去投标。而清单的单价主要是通过竞争来选择的，招标人通过招投标使每一家单位在报价时可以自由选择投标价格。比如，所有人都按照定额下浮6个点或7个点的方式来投标报价。这时清单价格就体现了投标人之间充分的竞争。至于定额价和清单价的联系，主要在于定额是数据，投标人会根据定额的数据来投标报价，当然也可以自由选择到底下浮几个点，自由选择如何不平衡报价等。

(023) 在借用定额时，一般应全面借用定额的取费标准

项目合同约定按定额计价，在屋面定额中规定了主材和辅材，在实际施工中删掉了辅材，用其他材料代替辅材，后质量验收合格。发包人从定额价中把辅材价减掉，然后对屋面进行计价是否正确？

关键词：材料替换、定额替换

这种做法肯定是不正确的。承包人删掉约定的辅材用其他材料替换，这个问题实际上是定额的替换问题。《2014年辽宁省建设工程结算工作会议纪要》中提到，关于混凝土墙面抹灰时的界面剂问题，在施工结算时出现争议较多：一种套用混凝土墙面抹灰（10－21）和套用界面剂（借5－235）；另一种只需用界面剂替换原定额中的107胶及素水泥浆。该如何解决这个问题？也就是说，界面剂定

额到底是应该套用两个定额组成新的定额单价，还是直接用替换定额，辽宁省给出的答案是直接用界面剂替换定额中的107胶及素水泥浆，其他不变。

材料替换会涉及替换定额的问题，那定额替换有没有法律依据呢？《关于执行2004年〈北京市建设工程概算定额〉的有关规定》第7条规定：“编制工程设计概算时，若各专业定额项目相互借用，应分别编制，并执行借用定额项目所在专业定额的取费标准。”也就是说，如果借用定额，相应地也应该使用该定额项目的取费标准。江苏省《关于明确建设工程计价有关问题的通知》（苏工价〔2013〕16号）第6条规定：“计价的原则是：做什么专业，取什么费，当该专业计价表无对应子目，需借用其他专业计价表子目时，只借用人、材、机消耗量，其余按本专业取费。”在借用定额时到底是应该只借用消耗量，还是全面借用包括消耗量在内的定额？比如某个案件的借用定额中，数量是0.0063，人工135.52，材料零机械费3882.08，管理费和利润是291.42，这里管理费和利润是应该用被借用定额的管理费费率和利润率，还是用原来项目的管理费费率和利润率？关于这个问题，各个省份的规定可能不太一样，但大部分省份认为应该全面借用。

在笔者承办的一个挖土石方项目的案件中，两个完全相同的项目，通过2011版的市政定额和2011版的土建定额分别测算，按照土建定额计算出来的结果高出了市政定额计算结果37%，差异非常大。当然，这也是由于两者施工条件不同导致的，同样都是土石方项目，市政项目中的工作面大，所以挖起来的效率更高一些，但土建项目周围可能会有很多障碍物，效率会比较低，消耗量也不一样。关于能否借用定额的问题，目前没有特别完善的规定和理论基础。通常法院都会认为，在鉴定机构没有本专业相应定额子目的情况下，可以借用另外一个专业的定额子目，这也是目前比较一致的看法，是造价行业中通行的习惯做法。至于这个习惯性做法是否准确，以及借用定额的具体法律依据和造成使用不同定额导致的价格差异等问题，都还有待进一步研究。

024 一般模板单价不再根据实际厚度而做调整

合同为定额下浮，模板在施工中采用与定额中厚度不同的模板，模板单价是否可根据实际采用厚度调整？

关键词： 价格调整

关于模板的厚度，在部分地区的定额文件里是有具体规定的，在湖北等地的定额文件里也明确说明不根据实际使用的模板厚度调整单价。问题中的合同约定按照定额下浮一定的比例进行结算，但实务中采用的施工方法和模板厚度并没有完全依据定额，即便施工单位按图施工也完全有可能与定额不符，在这种情况下是否需要据实调整单价？

《建设工程司法解释一》第19条第1款规定：“当事人对建设工程的计价标准或者计价方法有约定的，按照约定结算工程价款。”重庆市高院《关于建设工程造价鉴定若干问题的解答》第11条规定：“合同约定采用建设工程定额及相关配套文件计价，或者约定根据建设工程定额及相关配套文件下浮一定比例计价的，从其约定。”所以当事人对工程的计价标准和计价方法约定按照定额和相关配套文件进行结算，这种约定是合法有效的。

2018版《湖北省房屋建筑与装饰工程消耗量定额及全费用基价表》规定，胶合板模板取定规格为1830mm×915mm×12mm，周转次数按5次考虑。实际施工选用的模板厚度不同时，模板厚度和周转次数不得调整，均按本章定额执行。模板材料价差，无论实际采用何种厚度，均按定额确定的模板厚度计取。根据湖北省定额文件的内容，模板的单价无须根据实际采用的厚度进行调整，只要能够完成工程施工，其单价是不予调整的。既然合同约定执行定额文件，费用定额的相关说明和解释也是同样应该参照使用的。因此实际采用什么样的模板以及模板厚度是多少，这些问题建设单位都无须考虑，只要按照定额的价格下浮约定的比例计算价款。

例如，2011年《山西省建设工程计价依据》中的“建筑工程预算定额”规定“木胶合模板10mm”，而2018年《山西省建设工程计价依据》中的“建筑工程预算定额”只规定了“木胶合模板”。从这一变化也可以看出，定额价是不考虑模板厚度的。模板其实也是一种措施项目，作为辅助施工的手段，只要不影响工程施工和工程质量达标，建设单位只需按照定额单价和实际使用的数量支付模板的价款即可。

但实践中也存在一些不同观点。江苏省高院（2018）苏民终1132号民事判决书中写道：“2018年4月23日，鉴定机构就有关问题作出说明，一、鉴定结果中模板厚度，鉴定结果按15mm厚复合木模板指导价计价，涉及模板数量为34364.46m^2，当期计价表中复合木模板厚度为18mm，未载明不得换算厚度，也未载明模板厚度不同时需对模板消耗量进行调整，实际组价时，人工费、材料费、机械费除计价表载明不得换算外，都要根据实际情况进行换算、重新组价；……一审法院认为……现场签证单能够反映国泰公司实际使用的模板厚度为15mm，据此，鉴定机构根据合同约定并结合有关计价规范对现场签证单以外的其他模板按15mm厚度进行计价，并无不当。”在这个判决中，法院考虑到实际使用模板的厚度，支持鉴定机构按照实际使用的模板厚度进行计价。这种认定其实是存在很大争议的，案件最后通过调解结案。虽然两种厚度的模板有价格差异，但如果15mm的厚度就能够完成施工，用18mm厚的模板就可能存在浪费的现象，而如果用20mm厚度的模板再据实结算，对建设单位来说可能存在被强迫得利的情形。显然这两种情况都是不被鼓励的。

定额约定的是18mm厚的模板，而实际采用的是15mm的模板，如果一定要据实结算也可按照定额缺项处理。

二、下浮率

025 下浮率可由当事人约定，但要考虑工程的完成情况

如何理解下浮率，是否只是一种让利优惠？下浮率能否由当事人自行约定，需要遵守哪些强制性规定？

关键词： 报价浮动率

《清单计价规范》第5.1.4条规定：“招标控制价应按照本规范第5.2.1条的规定编制，不应上调或下浮。”根据第5.2.1条的编制依据，招标控制价应该是按照定额套出的定额价，如果不再进行上调或下浮，招标控制价就应该是确定的定额价。根据《清单计价规范》第9.3.1条的规定，“因工程变更引起已标价工程量清单项目或其工程数量发生变化时，应按照下列规定调整：……3. 已标价工程量清单中没有适用也没有类似于变更工程项目的，应由承包人根据变更工程资料、计量规则和计价办法、工程造价管理机构发布的信息价格和承包人报价浮动率提出变更工程项目的价，并应报发包人确认后调整。承包人报价浮动率可按下列公式计算：招标工程：承包人报价浮动率L=（1－中标价/招标控制价）×100%；非招标工程：承包人报价浮动率L=（1－报价/施工图预算）×100%。”

这其实就是按照变更估价三原则进行调价的规则，在没有相同和类似项目的情形下，下浮率可以作为承包人让利幅度的参考。

关于报价浮动率的计算，假设一个工程的定额价是200万元，招标控制价做了100万元，招标控制价实际上是在定额的基础上已经下浮了50%。假设投标人的投标报价是99万元，那么报价浮动率就应该是（1－99/200）×100%＝50.5%。虽然实际招标控制价是100万元，但因为定额价远远高于市场价，所以招标单位在制作招标控制价时就先在定额的基础上进行了下浮，否则在200万元的招标控制价下投标人能报价199万元之多。比如内蒙古自治区的门窗工程，定额价高得离谱，甲方在编制招标控制价时不是恶意去压低投标报价，只是选择了较为接近合理市场价的标准。如果严格按照招标控制价来计算投标人的下浮率，那么下浮率就应该是（1－99/100）×100%＝1%。按照变更估价原则中参考下浮率的做法，如果定额价非常高，仅仅下浮1%显然并不能体现投标人的报价水平。因为公式中招标控制价的前提是不进行上调或者下浮的招标控制价，所以在套用浮动率的公式时，应该以没有下浮的定额水平的招标控制价作为分母。

（2018）津民终287号民事判决书中写到，关于已完工程价款的认定问题，经现场勘验涉讼工程主要完成的是基础结构部分施工，地上工程仅完成了一小部分，而对基础结构部分施工通过现场勘验无法准确客观的确定其工程量，而经李惠彬签字的工程量确认单系双方当事人对现场工程量的共同确认，故应以该工程量确认单计算工程量更为客观真实。经鉴定，涉讼工程报价浮动率为42.32%，相滨公司投标涉讼工程是在整体施工工程造价成本基础上进行投标报价并与智川公司签订合同，达成固定价款的合意。但合同签订后，由于智川公司原因，涉讼工程未能在合同约定的时间即2009年3月1日开工，直至2009年12月30日，智川公司才向相滨公司发出开工通知，通知相滨公司于2010年3月1日前进场开工，开工时间推迟一年之久，致使相滨公司施工成本增加。同时，涉讼工程被建设管理委员会责令停工时，相滨公司主要完成的是基础结构部分施工，地上工程仅完成了一小部分，而且本案涉讼工程现场地质情况复杂，地下工程施工难度较大，从施工期间进行多处基础调整设计变更即可以证实。故基于本案涉讼工程的具体情况，如果按照双方签订合同执行的定额及取费标准且考虑工程报价浮动率结算已完工程款，将使得本可以分摊至地上工程部分的成本受到稀释，工程成本无法得到合理折价补偿，这显然是不公平的。因此，根据公平原则及双方履约情况，本案计算工程款以不考虑报价浮动率为宜……因本案中相滨公司仅完成涉讼工程的一小部分施工，且合同系因智川公司的原因不能履行。经一审法院委托鉴定单位对涉讼工程的下浮率进行鉴定，鉴定出的下浮率为42.32%，超出正常下浮水平。如果适用该下浮率对涉讼工程已完工程价款进行下浮，将导致双方之间利益失衡。一审法院结合涉讼工程的实际履行情况并适用公平原则，认定参照04定额据实结算已完工程价款，并无不当。在这个案例中，法院最终没有适用报价浮动率，原因在于报价浮动率是基于整个项目的下浮，有点类似于不平衡报价的理念。当项目因甲方原因只完成盈利较小部分的工程，在结算时却按照项目整体的下浮率对价款进行下浮，对施工单位来说显然是不公平的，所以法院基于公平原则没有适用下浮率，而是按定额价据实结算工程价款。

三、总价合同

026 总价合同首先考虑总价对应的范围，量、价调整均有不同规则

清单计价方式下的总价合同，如何调整？

关键词：总价合同、价格调整

这个问题关于总价合同。根据《清单计价规范》第2.0.12条的规定，总价合同是发承包双方约定以施工图及其预算和有关条件进行合同价款计算、调整和确认的建设工程施工合同。首先要对总价合同的三种模型有所理解。当我们看到总价合同时，一定要考虑总价对应的范围。第一种施工图总价模型是以施工图作为总价对应的范围，即甲方把编制好的图纸发给投标人，投标人根据图纸来投标报价，图纸上所有的项目都是投标人报价对应的范围。第二种模型是清单总价：甲方把编制好的图纸翻译成清单，把清单发给投标人，再由投标人根据清单中的项目特征来投标报价汇总成总价，这时总价对应的范围是清单。《清单计价规范》第8.3条规定了总价合同的计量，第8.3.1条明确了采用工程量清单方式招标形成的总价合同，其工程量应按照本规范第8.2节的规定计算。也就是说，清单总价合同实际上并不是一个总价合同，它的工程计量仍然应当按实计量。第三种是一种混合的模型，甲方把编制好的图纸翻译成清单，然后把图纸和清单都交给投标人，要求投标人对清单的准确性和完整性比照图纸进行复核。在相应的招标文

件中也会说明工程量清单是准确和完整的，如果缺少了图纸包含的内容但投标人没有复核出来，风险由投标人承担。这时总价对应的范围应该还是施工图纸，同时因为承包人已经对图纸进行了复核，所以在量上就无法调整了。

一般价上的调整指的是材料费还有人工费的调整，比如，新发布的人工费调整文件把人工的单价从 57 元/工日调到了 70 元/工日，这种调整在总价合同下能否进行？首先，如果发承包双方在合同当中明确约定人工、材料一律不调，这个条款是有效的。其次，如果在合同中没有约定是否调整人工费和材料费，这时可以适用合同漏洞填补规则，先由双方进行协商，协商不成再依据交易习惯确定。交易习惯包括《清单计价规范》《施工合同示范文本》的通用条款以及定额文件等。根据交易习惯，人工费和材料费都是可以调整的。

027 固定总价合同人工、材料费调整有约定从约定，无约定适用漏洞填补规则

固定总价合同项下，人工、材料价格超过约定幅度，能否调整价款？（未约定是否调整及约定不调整，能否适用情势变更调整？）

关键词： 固定总价、价格调整、情势变更

固定总价合同并不排斥人工、材料费用的调整，比如双方约定施工图总价，施工单位报价 1 亿元，同时双方也可以约定人工费按照造价信息调整，材料费超过 5% 的部分由甲方承担等，这些约定都是有效的。如果没有约定，可以适用合同漏洞填补规则，先由双方进行协商，协商不成再依据交易习惯确定。交易习惯包括《清单计价规范》《施工合同示范文本》的通用条款以及定额文件等。根据交易习惯，人工费和材料费一般是可以调整的。

《民法典》第 533 条第 1 款规定："合同成立后，合同的基础条件发生了当事人在订立合同时无法预见的、不属于商业风险的重大变化，继续履行合同对于当事人一方明显不公平的，受不利影响的当事人可以与对方重新协商；在合理期限内协商不成的，当事人可以请求人民法院或者仲裁机构变更或者解除合同。"人民法院或者仲裁机构应当结合案件的实际情况，根据公平原则变更或者解除合同。所以，承包人可以因为自己无法预见到的情势变化主张变更或者解除合

同。但是造价人一般知道，关于材料价格波动的处理是应该在合同中予以约定的内容，所以人工或材料价格的正常变动显然不是发、承包人无法预见的情形，因而《民法典》第533条规定的情形并不包含这里人工、材料价格正常波动的情形。在实务中，最高院在《关于正确适用〈中华人民共和国合同法〉若干问题的解释（二）服务党和国家的工作大局的通知》中规定，对于情势变更，如果根据案件的特殊情况，确需在个案中适用的，应当由高院审核。必要时应报请最高院审核。由此可知，适用情势变更的情形很少而且适用较难。

《民法典》第6条规定："民事主体从事民事活动，应当遵循公平原则，合理确定各方的权利和义务。"在一个3亿元的大型厂房建设工程项目中，要求投标人完全预测未来3～5年的材料价格是涨还是跌，再在综合单价当中予以体现，这是不可能的，所以约定不予调整人工或材料价格的这种条款本身就不公平。如果实际变动的幅度远远超过当事人在合同中约定的部分，这时可以依据《民法典》第6条的公平原则要求调整双方当事人在履行过程中的权利义务。但是我们要知道，法律原则在应用时是有一定法理要求的，除非为了实现个案正义，否则不能轻易适用法律原则。因为适用法律原则可能会导致向一般法律条款逃逸，所以，虽然公平原则是放之四海而皆准的原则，但也不能随意使用。作为律师，如果想要说服法官为自己的主张适用公平原则，一定要把整个项目涨价的幅度还有对当事人的影响表述清楚，这样法官才有可能经过利益权衡后最终适用法律原则解决纠纷。一般法官不会轻易适用法律原则去推翻合同约定。

总结来说，对于固定总价合同是否调整人工、材料费，有约定从约定。如果在合同中没有约定是否调整人工费和材料费，这时可以适用合同漏洞填补规则，先由双方进行协商，协商不成再依据交易习惯确定。交易习惯包括《清单计价规范》《施工合同示范文本》的通用条款以及定额文件等。根据交易习惯，人工费和材料费一般是可以调整的。另外，即使约定不调整，如果实际人工费或材料费异常变动，可以适用《民法典》的公平原则说服法官调整合同价款。

028 固定总价合同发生签证变更时，也应当相应调整合同价款

合同约定固定总价，结算条款又约定以业主审定价作为结算价。如何结算？

关键词： 固定总价、签证变更

这个问题关于固定总价的结算方法，包括两个方面：一是双方在合同当中约定了固定总价。固定总价是一种计价方法，包含施工图总价、清单总价，还有施工图和清单共同构成总价三种计价模式。二是结算条款约定以业主审定的价作为结算价。这实际上是说一个固定总价合同在履行的过程当中如果发生了调价或者改变原合同总价的情形，能否重新确定结算价。这需要业主与施工单位进行审核，通过双方对“账”和“量”的确认、价格的调整还有签证等方面的协商来确定结算价。

《建设工程司法解释一》第28条规定：“当事人约定按照固定价结算工程价款，一方当事人请求对建设工程造价进行鉴定的，人民法院不予支持。”仅看这条法律解释的内容会认为合同约定了固定总价，业主和施工方就不能再重新审定结算价了。但再看《建设工程司法解释一》第19条第2款关于设计变更的规定：“因设计变更导致建设工程的工程量或者质量标准发生变化，当事人对该部分工程价款不能协商一致的，可以参照签订建设工程施工合同时当地建设行政主管部门发布的计价方法或者计价标准结算工程价款。”结合第19条再去看第28条的内容就很明确了，即使是固定总价合同，也并不意味着合同价格就一定完全不变。

关于固定总价的结算，根据《清单计价规范》第2.0.12条的规定，总价合同是发承包双方约定以施工图及其预算和有关条件进行合同价款计算、调整和确认的建设工程施工合同。建设工程总价合同在履行过程当中完全可能发生签证、设计变更、索赔或者不可抗力等情形，存在需要与业主重新结算的情况。《清单计价规范》第8.3.1条规定：“采用工程量清单方式招标形成的总价合同，其工程量应按照本规范第8.2节的规定计算。”这意味着即使是清单总价合同，在履行过程中需要对工程量按照单价合同的计量方法，也就是需要按照实际计量的原

则进行重新计算。《清单计价规范》第 8. 3. 2 条规定："采用经审定批准的施工图纸及其预算方式发包形成的总价合同，除按照工程变更规定的工程量增减外，总价合同各项目的工程量应为承包人用于结算的最终工程量。"施工图总价的总价对应范围是施工图纸，施工图纸范围之内的任何工程量都不再进行调整。但是价格方面，即使是工程量确定的施工图总价，在竣工结算时也应该考虑是否发生签证、设计变更等情形。

所以结论就是，合同约定固定总价，以及约定以业主的审定价作为结算价，二者并不冲突。因为即使是固定总价合同，结算时也有可能据实调整合同价款。

029 总价合同总价范围内无须鉴定，超出总价范围外可以进行鉴定

《建设工程司法解释一》第 28 条规定当事人约定按照固定价结算工程价款，一方当事人请求对建设工程造价进行鉴定的，人民法院不予支持。对固定价的理解，最高人民法院（2013）民申字第 2135 号民事裁定书，裁判观点认为：固定价应指工程结算的总造价，双方对工程单价的约定并不等同于对工程总价的固定约定。根据《建设工程价款结算暂行办法》第 8 条规定固定价有固定总价和固定单价之分，《清单计价规范》将合同分为单价合同和总价合同。请问《建设工程司法解释一》第 28 条中的固定价是否也包括固定总价和固定单价，对固定单价与固定总价均不予鉴定？

关键词：固定价、总价、单价

本题是关于固定总价的理解。《建设工程司法解释一》第 28 条提到的当事人约定按照固定价结算，固定价是指固定总价，总价范围之内的价格按合同约定来执行，不需要进行鉴定，但是总价范围之外可以进行鉴定。所以理解第 28 条，要把固定价理解为固定总价，如果认为是固定单价，比如，不发生任何材料价格波动、人工费调整也没有，显然就不需要进行价格调整，对单价也不需要鉴定。但是对于实际完成的工程量，还是应当按照履行过程中实际完成的量进行鉴定。

接着题干提到一份最高院的民事裁定书，认为固定价指的是工程结算的总造

价，当事人对单价的约定并不等同于对总造价的固定约定。这里解释一下，财建〔2004〕369 号文《建设工程价款结算暂行办法》是 2004 年发布的，有“固定”一词的描述；但住建部令第 16 号《建筑工程施工发包与承包计价管理办法》（2014 年实施）已经将“固定”一词取消了，只包含单价、总价和成本加酬金三种价格形式，固定总价和固定单价已经是旧规定了。所以并没有绝对的固定价，如果要理解“固定价”，一定要看“固定价”对应的范围是什么。

最后一问，《清单计价规范》将合同分为单价合同和总价合同。《建设工程司法解释一》第 28 条中的固定价是否也包括固定总价和固定单价，对固定单价与固定总价均不予鉴定？这个问题的结论也就很明确了，单价合同还是要进行鉴定的，但是总价合同在总价范围之内就不需要再鉴定了。

030 固定总价合同结算时不再据实调整

合同采用固定价形式。风险费用以外合同价款调整方法：(1) 合同价格采用中标价包干方式，无论中标人的投标预算是否有漏项或其他方面错误，签订合同或结算时均不得以此理由要求调整造价。施工过程若不发生下列各种情况，合同价即为竣工结算价；当发生下列情形之一时，原合同可以调整：①设计单位对设计图纸作出变更或补充图纸；②发包人代表签证的工程量增减；③发包人代表签证的工程变更及工程洽商；④法律、行政法规和国家有关政策变化影响合同价款。(2) 工程量的增减、工程变更等费用按合同双方代表洽商后并签字确认的书面资料为准，在竣工结算时予以调整。现存争议就是在无设计变更和签证的情况下，投标预算中的工程量偏大，结算时是否按实际调整工程量，竣工结算价是否为合同价？

关键词： 固定总价

合同约定固定总价，后来甲方发现投标人投标预算中故意做大了工程量，投标价格也被做大，也就是说，投标人是高价中标。《建设工程司法解释一》第 28 条规定：“当事人约定按照固定价结算工程价款，一方当事人请求对建设工程造价进行鉴定的，不予支持。”所以合同既然采用了固定价形式，甲方就不能再按实调整工程量，只能按原合同价格执行。

四、施工图总价

031 施工图总价一般不再调整，只有清单总价才会据实调整

工程合同约定为固定总价合同，合同约定：(1) 总价包含范围：施工图范围内以及工程量清单编制要求的所有内容；(2) 材料价按基期信息价格与施工期信息价格相比，10%以内不予调整，10%以外调整；(3) 群体工程若某个单位工程项目清单漏项，其他单位工程相同的可参考其他单位工程计价；(4) 人工费在项目实施执行过程中不再调整，如果遇到强制性调整，只调整经批准的施工过程中的人工费。

问题：(1) 清单有漏项，可否增加？(2) 材料价期间能否按全施工期取平均值调整？(3) 人工费可否按政策性调整文件直接调差？

关键词：总价合同、价格调整

现行有效的《建筑工程施工发包与承包计价管理办法》中已经明确取消原“固定总价合同”中的“固定”一词，所以即便是总价合同，根据约定的范围，其价格都是可以调整的。《清单计价规范》第2.0.12条规定：“总价合同是指发承包双方约定以施工图及其预算和有关条件进行合同价款计算、调整和确认的建设工程施工合同。”常见的第一种总价合同是施工图总价合同，承包人根据甲方编制好的图纸进行报价。图纸范围内的任何实体项目及措施项目，即完成施工图所包含的所有工作内容，都是承包人应该履行的合同义务，图纸是施工图总价的范围，承包人根据甲方提供的施工图报价。第二种常见的总价合同是采用工程量清单方式招标的总价合同，《清单计价规范》第8.3.1条规定：“采用工程量清单方式招标形成的总价合同，其工程量应按照本规范第8.2节的规定计算。”第8.2节的内容实际上就是单价合同的计量规则，所以清单总价形成的总价合同，其工程量应当按照承包人完成合同工程应予计量的工程量来确定，当出现工程量偏差、漏项或增减等情况时，应当依据承包人实际完成的工程量予以计算。

然而题目中的总价合同，其约定的范围既包括施工图纸，又包含了工程量清单要求的所有内容。所以很难说这个项目究竟是属于哪一种总价合同，如果是施

工图总价合同，建设单位是不需要考虑是否存在清单漏项的，因为图纸范围内的全部内容都是承包人的施工范围，承包人报价时负有审核图纸的义务；但如果是清单总价合同，对于漏项的部分双方应该据实计量结算。合同约定的第3点提到，清单漏项时工程计价有相同按相同，这样一种特殊约定在施工图总价合同中显然对承包人非常有利。在审核建设工程施工合同时，由造价工程师和律师一起审核，才不会出现这种前后约定不一致的矛盾情形。

第二问关于材料费能否取全施工期的平均值，这个问题应该依据合同的约定。合同约定按基期信息价格与施工期信息价格相比超过10%的部分予以调整，通常的做法应该是据实调整。《施工合同示范文本》第12.1条规定："总价合同中因市场价格波动引起的调整按第11.1款［市场价格波动引起的调整］、因法律变化引起的调整按第11.2款［法律变化引起的调整］约定执行。"而第11.1条规定："……材料、工程设备价格变化的价款调整按照发包人提供的基准价格，按以下风险范围规定执行：……②承包人在已标价工程量清单或预算书中载明材料单价高于基准价格的：除专用合同条款另有约定外，合同履行期间材料单价跌幅以基准价格为基础超过5%时，材料单价涨幅以在已标价工程量清单或预算书中载明材料单价为基础超过5%时，其超过部分据实调整……"所谓据实调整，就是根据每月的工作量和材料价格进行调整，而不是简单按照算术平均的算法进行计算。第11.1条还规定了承包人应在采购材料前将采购数量和新的材料单价报发包人核对，发包人确认用于工程时，发包人应确认采购材料的数量和单价。其实承包人最好的做法应该是将每期采购的数量和价格都报给发包人审批，如果价格按照投标价或基准价变动时，超过5%的部分予以调差。但在实际施工时，很少有发承包人做到这一点。很多施工单位每月报的进度款文件都非常粗糙，无论是工程量还是价格都不够细致；而建设单位有时也会有意在前期多批部分进度款给施工单位，以便工程继续进行。如果没有这些文件，最后可能只能按照算术平均的算法算出一个大概的金额。因为没有证据能够完整地还原客观事实，即便是法院在判断这个问题时，如果合同约定不明确，实际施工资料又缺失，也只能按照平均值调整价款。

第三问关于人工费能否直接调差。由于题目中合同约定项目实施过程中人工费不调整，既然有约定就应该按约定，人工费应该不予调整。如果没有约定，根据合同漏洞填补规则，通常情况下应该调整人工费。题目中问到是否需要根据强制性调整文件调整人工费，从之前的分析中也可以得知，无论是《清单计价规范》的规定还是政府发布的人工费调整文件，其实都不属于强制性的法律规范。

尤其是政府发布的人工费调整文件，只是针对已经不符合市场需求的定额发布的新的计价文件，从效力上来说都不算是政府规章级别的文件，所以也不能认定这是一种强制性的调整文件。

五、清单总价

032 清单模式的总价合同可以对工程量的风险分担作出约定

总价合同有个工程量清单误差率5%可调整工程量，请问这±5%内的工程量是不是不考虑？是否只增减超过5%的工程量？

关键词： 总价合同、价格调整

这是一个清单招标形成的总价合同，约定好只有工程量出现错误时才调整总价，否则不予调整。比如其中一项招标量是100，实际完成量却做到了120，100～105的工程量是不予计价的，而105～120之间15的工程量由于是工程量清单的误差，应该予以计价。这个问题与材料价格波动和工程量偏差不同，这是一个关于清单总价合同调不调量，以及在什么范围按实结算的问题。本质上是关于风险分担的条款。

《清单计价规范》第8.3.1条规定："采用工程量清单方式招标形成的总价合同，其工程量应按照本规范第8.2节的规定计算。"清单招标形成的总价合同，实际上就是一个单价合同，应该按实计量。但案例中的合同把工程量也作为一种风险来对待，既然约定了，通常也是有效的。

六、单价合同

033 单价合同以当事人约定的工程量清单及综合单价结算

某工程结算时发现，分部分项汇总后与中标总价不相等。分项价累加后小于合同总价。请问如何结算？分项累加金额90，合同总价100，是综合单价乘以 1.11 吗？

关键词： 工程结算、单价合同

《清单计价规范》第 6.2.8 条规定，投标总价应当与分部分项工程费、措施项目费、其他项目费和规费、税金的合计金额一致。案例中分部分项汇总后与中标总价不相等，这是实践中很常见的一种错误。

如果在评标过程中发现汇总价与中标总价不一致，应该及时修正，重新计算投标价格。《工程建设项目施工招标投标办法》第 53 条第 1、2 款规定："评标委员会在对实质上响应招标文件要求的投标进行报价评估时，除招标文件另有约定外，应当按下述原则进行修正：……（二）单价与工程量的乘积与总价之间不一致时，以单价为准。若单价有明显的小数点错位，应以总价为准，并修改单价。按前款规定调整后的报价经投标人确认后产生约束力。"一般而言，评标委员不会轻易允许投标人按照总价进行调整，严格按照评标办法以单价来结算。

另外，《施工合同示范文本》中规定了招标工程量清单出现错误时的调整规则："除专用合同条款另有约定外，发包人提供的工程量清单，应被认为是准确的和完整的。出现下列情形之一时，发包人应予以修正，并相应调整合同价格：（1）工程量清单存在缺项、漏项的；（2）工程量清单偏差超出专用合同条款约定的工程量偏差范围的；（3）未按照国家现行计量规范强制性规定计量的。"《施工合同示范文本》中还指出，单价合同是指合同当事人约定以工程量清单及其综合单价进行合同价格计算、调整和确认的建设工程施工合同，在约定的范围内合同单价不做调整。所以在单价合同中，结算时的合同总价是没有意义的，最后还是应该依据投标时的综合单价来计价结算，因为单价合同中的综合单价才是真正具有法律约束力的内容。所以这个问题的结论也很明确，最后结算时不能够用综合单价再乘以 1.11，直接按照投标单价结算即可。

034 单价合同结算时以工程量清单及其综合单价为依据

某工程招标时为工程量清单模式，合同约定为综合单价合同。砼墙面抹灰清单项，招标控制价按预算定额正常组价，施工单位投标报价按定额价乘以 0.5 的系数，施工时砼墙面抹灰现场未施工（招标文件及合同均未约定不平衡报价的处理办法)。请问，结算审核对未施工的砼墙面抹灰清单项进行扣减，综合单价应该按投标综合单价扣减，还是按招标控制价综合单价扣减?

关键词： 单价合同、工程结算、招标控制价

《施工合同示范文本》在合同文件构成部分表明："本协议书与下列文件一起构成合同文件：(1）中标通知书（如果有)；(2）投标函及其附录（如果有)；(3）专用合同条款及其附件；(4）通用合同条款；(5）技术标准和要求；(6）图纸；(7）已标价工程量清单或预算书；(8）其他合同文件。"在投标人的投标文件中，已标价工程量清单属于合同文件的组成部分，而招标文件包括招标控制价都不属于合同文件，建设工程项目的计价依据应该来源于合同文件。《施工合同示范文本》对单价合同的定义是，合同当事人约定以工程量清单及其综合单价进行合同价格计算、调整和确认的建设工程施工合同，在约定的范围内合同单价不作调整。在单价合同中，工程量清单及其综合单价才是在结算工程价款时对发承包双方具有法律约束力的内容。但是需要注意的是，综合单价分析表以及投标人的投标方案作为综合单价产生的过程文件，对当事人并不具有法律约束力。

根据《民法典》第119条的规定，依法成立的合同，对当事人具有法律约束力。发承包方之间依法成立并生效的合同，包括《施工合同示范文本》概括的合同文件内容，都是当事人应当遵守履行的。所以如果需要对没有施工的工程量清单项进行扣减，应当按照投标人的投标单价进行扣减，与招标控制价无关。即便存在不平衡报价，根据之前的分析也应该理解，如果在清标过程中没有解决不平衡报价的问题，合同生效以后承包人是可以因此而获利的。

七、成本+酬金

035 应急工程可以采用成本加酬金方式确定合同价款

"应急工程"由于工期紧，缺乏招投标流程，财政和审计的监管滞后。在造价管理过程中应如何避免法律纠纷，以保证项目顺利进行，快速结算?

关键词： 工程结算、成本加酬金

这是一个关于成本加酬金的问题。《招标投标法》第 66 条规定："涉及国家安全、国家秘密、抢险救灾或者属于利用扶贫资金实行以工代赈、需要使用农民工等特殊情况，不适宜进行招标的项目，按照国家有关规定可以不进行招标。"如果问题中的"应急工程"属于第 66 条规定的情形，可以不进行招标投标直接委托施工。

《建筑工程施工发包与承包计价管理办法》第 13 条第 1 ~ 3 款规定："发承包双方在确定合同价款时，应当考虑市场环境和生产要素价格变化对合同价款的影响。实行工程量清单计价的建筑工程，鼓励发承包双方采用单价方式确定合同价款。建设规模较小、技术难度较低、工期较短的建筑工程，发承包双方可以采用总价方式确定合同价款。"因为在需要应急工程的项目中没有足够的时间来明确具体的施工图和清单等，条文第 4 款规定："紧急抢险、救灾以及施工技术特别复杂的建筑工程，发承包双方可以采用成本加酬金方式确定合同价款。"如果问题中的"应急工程"属于抢险救灾等特别复杂的工程，结算时就可以采用成本加酬金方式确定合同价款。

以成本加酬金方式确定合同价款在实践中的情形不是特别多，具体可以参考以下案例：

（2019）最高法民终 483 号民事判决书中写道："二、关于无为县政府是否应向中城投公司支付投资回报 20, 530, 409. 51 元的问题，《最高人民法院关于审理建设工程施工合同纠纷案件适用法律问题的解释》第二条规定：'建设工程施工合同无效，但建设工程经竣工验收合格，承包人请求参照合同约定支付工程价款的，应予支持。'案涉工程于 2014 年 5 月 23 日全部验收合格，中城投公司与无为县政府签订的《建设工程施工合同》专用条款约定，合同价款采用成本加酬金的方式确定，有关成本和酬金的约定：详见补充条款。《建设工程施工合同》补充条款约定：'投资回报为项目总工程款乘以投资回报率。投资回报率经双方商定为 5% 。'该投资回报是案涉《建设工程施工合同》约定的合同价款的组成部分。故一审法院判决无为县政府支付中城投公司投资回报 20, 530, 409. 51 元，并无不当。"这个案例中的酬金是双方约定的回报率，而成本就是项目施工过程中实际发生的支出。

在（2020）鲁民终 1749 号民事判决书中，一审法院认定事实："……二、关于应支付工程款数额查明事实。龙源公司与北京蓝色公司签订的《禹城市大型养殖场粪污综合利用项目建设工程施工合同》，约定：……合同价格形式成本加酬金合同……双方约定于2018年5月15日在龙源公司、德州蓝色公司安排人员对龙源公司提供的本项目已发生的实施成本进行审核确认，龙源公司负责提供德州蓝色公司审核所需的资料。此项工作应在5月31日前完成。后续发生的项目实施成本德州蓝色公司应在龙源公司报送后7日内确认，否则视为德州蓝色公司接受龙源公司报送的成本资料。”这个案例是根据施工单位提供的项目实际产生成本的资料来计算施工单位实际发生的成本。

再来看（2019）浙民终698号民事判决书，一审法院认定事实：“2016年11月3日，美珂斯公司和一尔进公司签订《建设工程施工合同》，约定：……合同价格形式为成本加酬金合同，进度款付款周期为每月投入金额为准，支付投入金额与对应投入金额的5%……合同履行过程中，2017年4月20日，美珂斯公司向一尔进公司发送《关于建筑工程费节约及缩短工期而营运合同方式变更的事项》邮件1份，主要载明：1. 美珂斯公司计划变更营运合同方式，提供三种方案，请总承包公司仔细检讨后，对附件中的各个方案，尤其是第三种方案中的节约方案，确定后给予回复。2. 事由：一是目前各领域的工程费未能准确反映，反而预估过高，因此发生了费用的问题；二是由于采用成本加酬金合同的方式，导致各领域的招标业务过多，发生了工期延长的问题；三是成本加酬金合同方式与总固定金额合同方式相比较，结果预估费用更高。3. 基本方案：现钢构架施工以后，从外墙板施工开始，选定CM公司后，与企业主协商，由专业工程再招标后进行。方案1，与一尔进公司维持成本加酬金合同，具体措施为：选定专业CM公司；被选定的CM公司管理监督一尔进公司；一尔进公司不参与各领域的分包商选定，由专业CM公司和美珂斯公司协商后重新选定分包商；一尔进公司对于各领域的工种，存在施工管理监督即对于品质的责任，只申请对于纯工程cost5%的fee（营运费等除外）。方案2，由成本加酬金合同变更为总固定金额合同，具体措施为：现进行的工程部分进行成本加酬金方式结算后终止；选定专业CM公司；包括一尔进公司，以总固定金额合同方式重新公开进行招标；在被选定的CM公司管理监督下重新开始施工。方案3，除材料仓库之外的基础工程+办公楼+化妆品+高架仓库等施工部分，如预算费用可以节约到160亿元，请一尔进公司提供节约方案。”这个案例中提出了变更成本加酬金计价方式的三种方案。

综合上述案例可以看出，在成本加酬金计价模式下很难进行对成本的管控，如何控制不超过概算是实践中一个非常值得思考的问题。当然，在应急工程中，很多都是不计成本也要尽快完成的项目，因此即便给施工单位多一些的利润也无可非议。

八、平方米单价

036 外墙保温层面积应计入建筑面积，除非合同另有约定

（1）甲乙双方合同中约定了固定单价并按建筑面积进行结算。乙方承包的仅为主体及二次工程，不涉及外墙保温工程。甲方以此为由，计算建筑面积时保温部分的建筑面积不给施工单位计算，是否合理？

（2）总包与分包合同纠纷案，对分包已完工程进行造价鉴定。合同约定按建筑面积结算，计算规则执行2013版《建筑面积计算规则》。另外，合同约定保温层、抹灰层和飘窗面积不计，所有阳台面积按一半。请问鉴定机构鉴定时以合同约定还是以面积规则（计算规则中主体内阳台按全面积，主体外按一半，保温层厚度计入建筑面积）为准。请问，是否需要根据合同约定和2013版《建筑面积计算规则》分别出具鉴定意见？还是合同有约定的按约定执行，无约定的按法律法规执行？

关键词：建筑面积、计量原则

第一个问题是承包人只做建筑主体和二次结构，不涉及外墙保温，甲方能否扣除外墙保温部分的建筑面积数？关于外墙保温部分面积要不要算在建筑面积中，在实践中也有很大的争议，这里主要涉及对“建筑面积”的理解。《民法典》第142条第1款规定：“有相对人的意思表示的解释，应当按照所使用的词句，结合相关条款、行为的性质和目的、习惯以及诚信原则，确定意思表示的含义。”对于案例中“建筑面积”的理解，应当遵循诚信原则来确定该意思表示的含义。通常在工程造价中，对于同一建筑物，不同的造价人员通过不同的角度和方法可能会得出不同的结论；但对于建筑物的建筑面积来说，根据双方当事人在合同中约定的计算规范计算的结果肯定只有唯一的结论。《建筑工程建筑面积计算规范》第3.0.1条规定：“建筑物的建筑面积应按自然层外墙结构外围水平面积之和计算。结构层高在2.20m及以上的，应计算全面积；结构层高在2.20m以下的，应计算1/2面积。”第3.0.24条规定：“建筑物的外墙外保温层，应按其保温材料的水平截面积计算，并计入自然层建筑面积。”所以第一个问题的答

案应该是按照全部的面积进行结算。

第二个问题是鉴定机构应该按照合同约定的计量规则，还是按照国家标准的计量规则进行鉴定？答案应该是按照合同约定的结算规则进行鉴定。当事人完全可以在合同中约定计算建筑面积的计量规则，根据《施工合同示范文本》第12.3.1条关于计量原则的部分规定，工程量计量按照合同约定的工程量计算规则、图纸及变更指示等进行计量。工程量计算规则应以相关的国家标准、行业标准等为依据，由合同当事人在专用合同条款中约定。可见工程量的计算规则可以由双方当事人自行约定。例如这个项目中，阳台全部计算一半，外墙保温层不计算，这些都是由当事人在合同中自行约定的，也是被法律所允许的。《建筑工程建筑面积计算规范》在效力上只是国家的推荐性标准。《民法典》第511条规定："当事人就有关合同内容约定不明确，依据前条规定仍不能确定的，适用下列规定：（一）质量要求不明确的，按照强制性国家标准履行；没有强制性国家标准的，按照推荐性国家标准履行；没有推荐性国家标准的，按照行业标准履行；没有国家标准、行业标准的，按照通常标准或者符合合同目的的特定标准履行。……"国家标准是合同中关于质量部分约定不明时的漏洞填补规则。另外《标准化法》第2条第3款也规定："强制性标准必须执行。国家鼓励采用推荐性标准。"所以推荐性标准并不具有强制执行力，即便法院要求按照建筑面积计算规范来计算，造价工程师也可以向法院提出自己专业性的见解，本案中鉴定机构应根据合同约定来进行鉴定。

总结来说，第一，对于合同条款理解有争议的，应当基于诚信和善意的原则对合同的内容进行解释；第二，关于建筑面积的计算规则，双方当事人可以在合同中自由约定。

九、甲供材料

037 甲供材料的管理费和利润正常结算

甲方提供材料可以计取管理费与利润吗？

关键词： 甲供材、综合单价

这个问题比较简单，造价人员都知道，甲方提供的材料当然可以计算管理费和利润。根据《清单计价规范》第2.0.8条的规定，综合单价指的是完成一个规定清单项目所需的人工费、材料和工程设备费、施工机具使用费和企业管理费、利润以及一定范围内的风险费用。甲供材料的情况下，材料费用由甲方支付，综合单价中可以扣除这部分款项，但是人工费、工程设备费等还是应该正常结算支付的。关于甲供材，《清单计价规范》第3.2条中也有相关规定。

发包人提供的材料和工程设备应在招标文件中填写《发包人提供材料和工程设备一览表》，写明甲供材料的名称、规格、数量、单价、交货方式、交货地点等。承包人投标时，甲供材料单价也应计入相应项目的综合单价中。签约后，施工单位在计算工程款时，按照综合单价来计算工程款，再按合同约定扣除甲供材料价款。

《清单计价规范》第3.2.4条规定："发承包双方对甲供材料的数量发生争议不能达成一致的，应按照相关工程的计价定额同类项目规定的材料消耗量计算。"也就是说，如果甲方提供了100吨材料，施工单位实际只用了80吨，这时施工单位的领料单上实际数量是多少？又该如何扣除甲供材料的价款？当对这些问题产生争议的时候，应当按照材料消耗量的定额计算。

038 甲供材料数量无法确定时，可以参考定额决定

现场施工水电费全部由甲方缴纳，大部分有施工单位的签字确认，还有小部分没有施工单位签字，实际约60万元，定额包含的水电费在110万元，甲方主张按照定额包含的110万元扣除，施工单位只同意按照60万元扣除。请问按照哪种主张扣除更为合理？

关键词：甲供材料、定额

在整个施工过程中，施工单位都是用的甲方提供的水电，所以最后计算工程款的时候会有扣除水电费的问题。甲方主张既然定额包含了110万元的水电费用，那无论施工单位用多用少，都应该按照110万元计算扣除。但是施工单位认为应该据实计算，实际用了多少水电，就应该扣除相应的费用。这其实相当于甲方提供材料的情形，施工单位向甲方直接购买材料。

《清单计价规范》第3.2.4条规定："发承包双方对甲供材料的数量发生争议不能达成一致的，应按照相关工程的计价定额同类项目规定的材料消耗量计算。"

也就是说，在甲供材料的情形下，如果承包人领用材料的数量无法确定，按照《清单计价规范》采用定额，既不会使施工单位因为过分减少施工用量而额外获利，也不会因为施工单位过多使用材料而浪费。根据这样的基本规定，如果双方对实际发生的水电数量有争议，可以直接按照定额来计算。如果这个案件是按照清单计量的，水电的消耗数量实际已经包含在了综合单价当中，承包人计算工程价款时，按照投标报价进行计算即可。笔者在网上找到了一个建筑工程水电费收取具体要求，其中说到如果施工时使用建设单位提供的水、电，定额含量以内的，施工单位按定额消耗量及价目表价格进行退款；定额含量以外的，施工单位应按水、电表用量及实际单价退给建设单位。也就是说，如果实际消耗的水电远高于定额标准，显然施工单位是存在浪费行为的，这时候应该依照实际使用的水电量扣除价款。但如果施工单位节约水电，没有用到定额的水平，还是要按照定额扣款。这个案件中实际发生的水电费只有 60 万元，但定额却是 110 万元，实务中还有定额水电费要比实际消耗的水电费高出两三倍的情况，如果施工单位没有用到定额的水平还要按定额来扣款，这不是公平的做法。

《建设工程定额管理办法》第 11 条规定："定额应合理反映工程建设的实际情况，体现工程建设的社会平均水平，积极引导新技术、新工艺、新材料、新设备的应用。"定额作为社会平均水平的评判标准，如果完全按照定额计价，双方一般也不会有争议。如果超过定额浪费了，就要求施工单位按照实际的发生量扣除。那么同样地，如果施工单位提高管理水平节约了水电，节约部分也应该归施工单位所有，这才是比较公平的，同时也符合《民法典》第 9 条规定的绿色原则精神：民事主体从事民事活动，应当有利于节约资源、保护生态环境。

问题的答案是，应该按照实际的发生金额来扣除水电费。

十、EPC 计价

039 价格清单区别于工程量清单，主要用作变更估价时的参考依据

EPC 合同条款约定承包人根据基准施工图编制清单格式预算（包括设计费等承包人的所有承包内容），发包人委托第三方造价或财政评审机构按照以下条款进行审核：

（1）当审核结果高于本项目中标金额时，以中标金额为准，差额部分视作承包方的让利行为。清单的各综合单价及可调整措施费均按让利比例向下调整，以调整后清单为基准清单，其金额为基准清单造价，作为计量支付和签证、变更、决算的基础资料。

（2）当审核结果低于本项目中标金额时，以审核结果为准，差额部分视作承包方的优化成果。以审核后的清单为基准清单，其金额为基准清单造价，作为计量支付和签证、变更、决算的基础资料。

（3）审核结果一经确认，即对双方均有约束力，工程结算以其基准清单综合单价为依据，单价不再调整。

请问，这种约定方法合理吗？是否没有实质性按中标价签约？EPC 工程中标签约后，还必须财政评审吗？

关键词：工程量清单、价格清单

案例中预算书采用的是清单格式，分为分部分项工程费、措施项目费、其他项目费、规费和税金。预算包含了设计费等承包人所承包的全部内容，承包人根据施工图纸进行投标报价，再由发包人委托第三方造价或财政评审机构按照约定条款对承包人的投标报价进行审核。在实践中，由于建设单位在用方案设计招标或初步设计招标时难以对价格实施足够的管控，因此在该项目中，业主通过上述条款对合同价格进行了限制。

如果审核的结果高于项目的中标金额，就以中标金额为准，差额部分视作承包方的让利。比如项目的中标金额是 100 万元，承包人按照施工图纸编制的预算是 110 万元，那么就以 100 万元为合同价格，清单的各项综合单价以及可调整的措施项目都按照让利比例进行相应的下调。也就是说，当确定中标金额是 100 万元以后，预算价格比中标价高出了 1. 1 倍，这时候需要将预算书中的单价项目都除以 1. 1 从而和中标价一致。这样做的目的是，已标价工程量清单对合同双方具有约束力，在日后施工过程中需要根据清单对按实计量、签证以及需要变更估价的项目进行计价。但当审核结果低于项目的中标金额时，则以审核结果为准，差额部分视作承包方的优化成果。比如中标金额还是 100 万元，但图纸翻译成预算书后总价金额是 90 万元，则不再考虑中标金额，直接将预算书的金额作为合同价格，基准清单也就是 90 万元审核价所对应的清单。

最后一条约定，审核结果一经确认即对发承包双方具有约束力，工程结算时以基准清单综合单价为依据不再调整。一般来说，EPC 合同价款的把控会通过投标人投标时所报的下浮率套定额确定价款，也会有限定最高合同价款的做法。题目中的约定其实是给出了一种更为具体的确定合同价款的路径，相较问题的答案而言，这种约定方法本身更加值得借鉴。至于这种约定是否合法合理，《招标投标法》第 46 条第 1 款规定："招标人和中标人应当自中标通知书发出之日起三十日内，按照招标文件和中标人的投标文件订立书面合同。招标人和中标人不得再行订立背离合同实质性内容的其他协议。"仅从题目描述不能够完全确定是否违反上述规定，如果招标文件中已经设置了这样一种确定合同价款的规则，那么在实际签订施工合同中再依据这种方法确定合同价格，是没有违背原中标合同的实质性内容的。

《房屋建筑和市政基础设施项目工程总承包管理办法》第 16 条规定："企业投资项目的工程总承包宜采用总价合同，政府投资项目的工程总承包应当合理确定合同价格形式。采用总价合同的，除合同约定可以调整的情形外，合同总价一般不予调整。建设单位和工程总承包单位可以在合同中约定工程总承包计量规则和计价方法。依法必须进行招标的项目，合同价格应当在充分竞争的基础上合理确定。"由于政府投资项目受到"估、概、预、结、决"的行政管理严格要求，因此国家规范更加鼓励其采用合理确定的合同价格形式，而非简单采用总价合同的价格形式。根据《工程总承包合同示范文本》中合同价格形式的规定，合同价格形式为总价合同，除根据合同约定的在工程实施过程中需进行增减的款项外，合同价格不予调整，但合同当事人另有约定的除外。承包人按发包人提供项目清单规定的格式和要求填写并标明价格，这样一份价格清单形成的总价合同，就作为投标人参与竞争的依据。但需要注意的是，清单列出的任何数量仅为估算的工作量，而不能视为要求承包人实施的工程的实际或准确的工作量。换句话说，在价格清单中列出的任何工作量和价格数据应仅限用于变更和支付的参考资料，而不能用于其他目的。简单来讲，工程量清单是用来根据实际完成的工作量按实计量计价的，而价格清单主要用来作为变更估价时的参考依据。

EPC 合同中标签约后是否必须经过财政评审？《财政投资评审管理规定》第 2 条第 1 款规定："财政投资评审是财政职能的重要组成部分，财政部门通过对财政性资金投资项目预（概）算和竣工决（结）算进行评价与审查，对财政性资金投资项目资金使用情况，以及其他财政专项资金使用情况进行专项核查及追踪问效，是财政资金规范、安全、有效运行的基本保证。"财政评审主要是从财政的角度来确保财政资金的合法有效使用，这和招投标程序及如何约定合同的价格形式并不冲突，毕竟财政投资评审也不能直接否定合同价格。但在很多地区，很多使用国有资金的项目在做可行性研究报告或发布招标控制价时，会通过财政投资评审进行备案和前期控制程序，这种前置程序与是否违背《招标投标法》并无太大关联。

040 总承包合同中，承包人应当按照《发包人要求》的内容进行施工

工程采用 EPC 施工、设计、勘察一体总承包工程，建设单位提出了相应的技术标准和要求（如总建筑面积、总套数、户型面积要求、绿化率等具体指标），房屋工程按建筑面积平方米计价，电梯按台数计价，道路、绿化等分别以面积计价，设计及勘察按项计价，安全文明施工按平方米计价，列有风险金（风险金描述为：风险范围参考招标文件合同约定的范围，包干使用，结算时不做调整）、暂列金（暂列金描述为：招标人用于人工费、机械费、规费、税金等政策性调整风险，可调材料价格变化超过 13% 以上的调整风险、本项目技术标准及设计要求范围外变更的风险等）。合同约定工程竣工结算安全文明费 = 控制价安全文明费金额 ×50% ×（1 + 安全文明费评价费率）。

现结算时存在以下问题：(1) 有一个项目实际增加了一台电梯，有一个项目实际减少了一台电梯，审计时对减少的电梯予以扣除，增加的不计；(2) 绿化种植树木未达到标准如何扣减费；(3) 设计变更是否计取（原因为总承包已含设计内容，设计不完善或未达到标准或要求属于总承包自己原因）；(4) 安全文明施工调整是以财政评审清单工程还是以实际完成工程量按当地定额模式进行调整；(5) 人工费及材料调整是以财政评审清单工程还是以实际完成工程量按当地定额模式进行调整。

关键词： 工程总承包、发包人要求

这个问题是关于工程总承包的。住建部在 2019 年颁布了《房屋建筑和市政基础设施项目工程总承包管理办法》，2020 年又发布了《工程总承包合同示范文本》，关于工程总承包的多数问题都可以参考这两个文件。问题中的项目采用的

是EPC模式的施工总承包，包含了设计和勘察的总承包工程。

《房屋建筑和市政基础设施项目工程总承包管理办法》第9条第1款规定："建设单位应当根据招标项目的特点和需要编制工程总承包项目招标文件，主要包括以下内容：……（四）发包人要求，列明项目的目标、范围、设计和其他技术标准，包括对项目的内容、范围、规模、标准、功能、质量、安全、节约能源、生态环境保护、工期、验收等的明确要求……"也就是说，甲方招标时应当给出一个较为明确的招标工程量清单，其内容包括不同分部分项工程的项目特征以及相应的工程量，只有在确定了这些内容的情况下，投标人才能有一个统一的相对公平的竞价平台。可以说，发包人要求是工程总承包的灵魂。《工程总承包合同示范文本》第1.1.1.6条将《发包人要求》定义为构成合同文件组成部分的名为《发包人要求》的文件，其中列明工程的目的、范围、设计与其他技术标准和要求，以及合同双方当事人约定对其所作的修改或补充。在实务中，有大量的案件以及法院的判例。比如，污水处理厂工程项目中发包人对处理污水吨数的要求，垃圾填埋场工程项目中发包人对垃圾填埋或处理量的要求，以及化工项目中对制造化工产品的数量及性能指标的要求，等等。这些都体现出发包人要求在工程总承包合同中是最为核心的合同文件。

关于《发包人要求》的作用，《工程总承包合同示范文本》第1.12条规定："承包人应尽早认真阅读、复核《发包人要求》以及其提供的基础资料，发现错误的，应及时书面通知发包人补正。发包人作相应修改的，按照第13条［变更与调整］的约定处理。"《发包人要求》类似于平行发包（设计—招标—建造模式，Design - Bid - Build，DBB）也就是将设计与施工分别发包的模式下的施工图纸，承包人需要按照图纸完成全部工作内容以履行合同义务。在总承包中，承包人应该按照《发包人要求》的内容进行施工。《发包人要求》或其提供的基础资料中的错误导致承包人增加费用和（或）工期延误的，发包人应承担由此增加的费用和（或）工期延误，并向承包人支付合理利润。在DBB模式中，如果图纸出现错误，显然发包人应该承担相应的损失；同样，如果《发包人要求》出现错误，只要承包人按照要求完成了工作，因文件本身错误导致的损失也由发包人承担。承包人在施工过程中作出一些合法的设计优化，或是为了节约成本降低一些材料的标准，在满足《发包人要求》标准的情况下这些都是被允许的。如果因为发包人擅自改变《发包人要求》的内容，从而导致费用增加的，应该由发包人自己承担额外的费用。

回答第一小问需要先了解项目所采用的计价模式。《房屋建筑和市政基础设施项目工程总承包管理办法》第 16 条第 1 款规定：“企业投资项目的工程总承包宜采用总价合同，政府投资项目的工程总承包应当合理确定合同价格形式。采用总价合同的，除合同约定可以调整的情形外，合同总价一般不予调整。”政府投资项目需要考虑在估算、概算、预算、决算下的初步设计、施工图设计、竣工图等一系列的行政管理要求，所以一般不适合直接采用总价合同的价格形式。如果施工设计方案完成就直接采用总价合同形式发包，那么后期再去管控和调整合同价款就会有一定难度。所以，对于政府投资项目并不要求一定要采用总价合同的形式，而是要求合理确定合同的价格形式。但企业投资项目就可以自行选择是否采用总价合同，包括施工图总价和清单总价，当然这些都是在设计和施工分别发包的模式下才会产生的总价。

如果 EPC 项目采用了总价合同形式，这里总价对应的范围就应该是《发包人要求》中的内容，一旦《发包人要求》发生变化，也就意味着合同的总价应该相应地做出调整，但如果《发包人要求》没有变化，也就没有调价的理由。《工程总承包合同示范文本》第 14.1 条合同价格形式也规定：“除专用合同条件中另有约定外，本合同为总价合同，除根据第 13 条［变更与调整］，以及合同中其它相关增减金额的约定进行调整外，合同价格不做调整。”

有一个项目电梯实际增加了一台，另一个项目实际减少了一台，审计对减少的电梯扣除，增加的不计。合同明确约定电梯按台数计价，这种约定看似与总价合同的形式相矛盾。《工程总承包合同示范文本》第 14.1.3 条规定：“合同约定工程的某部分按照实际完成的工程量进行支付的，应按照专用合同条件的约定进行计量和估价，并据此调整合同价格。”这一规定要表达的就是，即便在总价合同中，也不排斥当事人在部分工程中约定按照实际完成的工程量计算工程价款。既然合同中已经约定电梯按台数计价，审计人员就应该按照实际发生的量做出相应的数量增减调整，不能够只减不增。

在总承包合同中，发包人会要求承包人提供一份价格清单。作为施工合同合同文件组成部分的价格清单，是由承包人按照发包人提供的项目清单规定的格式和要求填写并标明价格的文件。《工程总承包合同示范文本》第 14.1.2 条规定：“除专用合同另有约定外：……（3）价格清单列出的任何数量仅为估算的工作量，不得将其视为要求承包人实施的工程的实际或准确的工作量。在价格清单中列出的任何工作量和价格数据应仅限用于变更和支付的参考资料，而不能用于其他目的。”这里的清单并不是用来计价结算的文件，而主要是在变更估价程序中，作为相同或类似项目的参考来使用的，所以在专用合同没有约定的情形下，结算时的工程量通常都是按实计量的。

甲方给定了绿化指标，约定绿化部分以面积计价，现在由于施工方的原因导致绿化部分施工未达标，比如原来要求瓶身粗细的树苗实际只有瓶口那么粗，这种没有达标的情况实际上是典型的工程质量不符合约定。根据《民法典》第801条的规定，因施工人的原因致使建设工程质量不符合约定的，发包人有权请求施工人在合理期限内无偿修理或者返工、改建。经过修理或者返工、改建后，造成逾期交付的，施工人应当承担违约责任。如果项目绿化不达标的情形是监理单位在工程验收之前发现的，完全有权要求其返工；如果是验收之后，审计部门在审计时发现工程不达标，只能提出扣减相应工程价款的请求。这里的难点在于，扣减费用的标准是什么？如果是清单中明确写明单价的项目，就可以直接扣减费用。现在双方没有关于该项目单价的一致意思表示，此时的扣减即使没有明确的标准，至少也可以基于违约方不受益的原则，在对双方利益进行权衡的基础上确定具体的扣减数额。如果是数量不达标，可以套用定额信息价算出没有完成部分工程的价格进行扣减，从而保证发包人在不超过原投资的基础上，以此价格在市场上获得可以补足未完成工程量的施工。也就是尽量保证作为守约方的发包人能够在原合同的价格范围内实现合同目的，这样既保护了守约方，又在一定程度上惩罚了违约方。

本案中的设计变更能否要求甲方相应地调整结算价款？项目中，设计和施工都是承包人的合同义务，承包人完成设计后会经过由甲方进行审查并同意施工的程序。在这里，甲方的审查同意是否意味着，承包人若再修改施工方案或图纸就构成工程变更需要重新计价？根据《工程总承包合同示范文本》第5.2条关于承包人文件审查部分的规定，发包人对承包人文件的审查和同意不得被理解为对合同的修改或改变，也并不减轻或免除承包人任何的责任和义务。可见承包人并不能以文件内容已经发包人审核同意为由，将后期对施工内容的调整和变化都作为工程变更处理，并以此要求重新计价或要求由发包人承担增加部分的费用。《工程总承包合同示范文本》第5.6条规定：“承包人文件存在错误、遗漏、含混、矛盾、不充分之处或其他缺陷，无论承包人是否根据本款获得了同意，承包人均应自费对前述问题带来的缺陷和工程问题进行改正，并按照第5.2款［承包人文件审查］的要求，重新送工程师审查，审查日期从工程师收到文件开始重新计算。因此款原因重新提交审查文件导致的工程延误和必要费用增加由承包人承担。《发包人要求》的错误导致承包人文件错误、遗漏、含混、矛盾、不充分或其他缺陷的除外。”所以，如果是因为承包人的设计不符合国家强制性标准或行业标准，或是不符合甲方在合同文件中列明的标准需要在后期进行变更的，由此产生的费用应由承包人自行承担，而不应作为要求发包人调整合同价款的依据。根据《房屋建筑和市政基础设施项目工程总承包管理办法》第15条的规定，建设单位和工程总承包单位应当加强风险管理，合理分担风险。建设单位承担的风险主要包括：（1）主要工程材料、设备、人工价格与招标时基期价相比，波动幅度超过合同约定幅度的部分……具体风险分担内容由双方在合同中约定。这个条款也没有把设计的风险作为发包人应该承担的风险，所以如果合同约定了设计部分由承包人负责完成，那么设计变更产生的费用也同样应该由承包人承担。

关于安全文明施工费应该按照何种标准进行调整，合同中已经约定工程竣工结算安全文明费 = 控制价安全文明费金额 ×50% ×（1 + 安全文明费评价费率）。既然合同中已有明确约定，就不应再按定额工程量重新计算，直接执行合同的具体约定即可。

至于人工材料费的调整，是应该以财政评审的清单工程量为准还是以实际完成的工程量为准套取定额，可以从以下两个方面分析：如果施工过程中有签证作为依据，显然可以按照实际的签证量来调整工程量；如果没有签证，建议参考《工程总承包合同示范文本》中的价格指数法来调整人工材料费。《浙江省建设工程计价规则》中就有关于指数法的内容，不同于造价信息法一定要确定工程量，指数法只要求投标人在投标时明确主材的权重即可，而不必再确认工程量按定额重新计算。因此从方法上来说，指数法也是一种值得参考的计价方法。

总结来说：第一，电梯部分应该按照实际发生量计价，总价合同并不排斥按实计量；第二，绿化部分施工未达标属于违约行为，应该扣减工程价款，比较好的扣减标准是依据定额扣减；第三，承包人负责设计的施工项目，设计变更不需要重新计价；第四，安全生产、文明施工措施费用（以下简称安措费）应该按照合同约定以控制价作为基数计算；第五，人工费和材料费可以参考指数法而无须套取定额重新计算。

041 为履行工程总承包合同支付的正常费用不再调整

发包单位将工程设计、勘察、施工以工程总承包方式发包，但在招标时又列出了工程清单对发包范围进行列举，清单中没有列举临时建设。最后总包方以1.2亿元中标。在实际施工中，总包方支出了190万元的临时建设费用。后总包方起诉要求发包方支付该190万元临时建设费用，理由是招标清单中的发包范围没有包括这一块，该工程不在总价范围内。

关键词：总价合同、清单漏项、价格调整

在普通的发承包关系中，如果发包人提供的招标清单存在清单缺项或漏项，这是应该由发包人承担的清单缺项责任。尽管发承包双方可以合同约定来转移这种风险，但从《清单计价规范》的逻辑来看，发包人是需要对工程量清单的准确性和完整性负责的。然而，在工程总承包合同关系中，总包人承包工程的范围包括设计、勘察和施工，在这种承包模式下，清单是适用《清单计价规范》的规定的。根据《工程总承包合同示范文本》第1.1.1.7条的规定，项目清单是指发包人提供的载明工程总承包项目勘察费（如果有）、设计费、建筑安装工程费、设备购置费、暂估价、暂列金额和双方约定的其他费用的名称和相应数量等内容的项目明细。根据《工程总承包合同示范文本》第1.1.1.8条的规定，价格清单指构成合同文件组成部分的由承包人按发包人提供的项目清单规定的格式和要求填写并标明价格的清单。项目清单是发包人提供的招标工程量清单，价格清单则是投标人投标时的清单，是合同文件的组成部分。价格清单的作用主要体现在需要变更估价以及支付工程款的过程中。《工程总承包合同示范文本》第14.1.2条规定："除专用合同条件另有约定外：（1）工程款的支付应以合同协议书约定的签约合同价格为基础，按照合同约定进行调整；（2）承包人应支付根据法律规定或合同约定应由其支付的各项税费，除第13.7款［法律变化引起的调整］约定外，合同价格不应因任何这些税费进行调整；（3）价格清单列出的任何数量仅为估算的工作量，不得将其视为要求承包人实施的工程的实际或准确的工作量。在价格清单中列出的任何工作量和价格数据应仅限用于变更和支付的参考资料，而不能用于其他目的。"

2019 年出台的《房屋建筑和市政基础设施项目工程总承包管理办法》第 16 条规定："企业投资项目的工程总承包宜采用总价合同，政府投资项目的工程总承包应当合理确定合同价格形式。采用总价合同的，除合同约定可以调整的情形外，合同总价一般不予调整。建设单位和工程总承包单位可以在合同中约定工程总承包计量规则和计价方法。依法必须进行招标的项目，合同价格应当在充分竞争的基础上合理确定。"可见，工程总承包不一定要采用固定总价的价格形式，采用费率招标或者通过几步走的方式来确定合同价格也是可以的。虽然《工程总承包合同示范文本》采用的是总价合同，但示范文本通常也只能作为交易习惯来对待。

案例中总包方支付了 190 万元的临时建设费用，其能否以这笔费用没有列在清单中为由而要求调整工程价款？《工程总承包合同示范文本》第 14. 1. 1 条规定："除专用合同条件中另有约定外，本合同为总价合同，除根据第 13 条［变更与调整］，以及合同中其它相关增减金额的约定进行调整外，合同价格不做调整。"工程总承包合同中，承包人为了实现合同目的而应该履行的所有合同义务，都是包含在合同总价范围内的。从这一点来看，190 万元的临时建设费用也不能作为调整合同价款的理由。

关于总承包人的义务，根据《工程总承包合同示范文本》第 4. 1 条的规定，承包人在履行合同过程中应遵守法律和工程建设标准规范，并履行以下义务：（1）办理法律规定和合同约定由承包人办理的许可和批准，将办理结果书面报送发包人留存，并承担因承包人违反法律或合同约定给发包人造成的任何费用和损失；（2）按合同约定完成全部工作并在缺陷责任期和保修期内承担缺陷保证责任和保修义务，对工作中的任何缺陷进行整改、完善和修补，使其满足合同约定的目的；（3）提供合同约定的工程设备和承包人文件，以及为完成合同工作所需的劳务、材料、施工设备和其他物品，并按合同约定负责临时设施的设计、施工、运行、维护、管理和拆除；（4）按合同约定的工作内容和进度要求，编制设计、施工的组织和实施计划，保证项目进度计划的实现，并对所有设计、施工作业和施工方法，以及全部工程的完备性和安全可靠性负责；（5）按法律规定和合同约定采取安全文明施工、职业健康和环境保护措施，办理员工工伤保险等相关保险，确保工程及人员、材料、设备和设施的安全，防止因工程实施造成的人身伤害和财产损失；（6）将发包人按合同约定支付的各项价款专用于合同工程，且应及时支付其雇用人员（包括建筑工人）工资，并及时向分包人支付合同价款；

（7）在进行合同约定的各项工作时，不得侵害发包人与他人使用公用道路、水源、市政管网等公共设施的权利，避免对邻近的公共设施产生干扰。这里还需要参考《民法典》中合同全面履行的原则，承包人既然接受了总承包合同中的项目委托，就应该全面履行合同义务，完成所有项目中的进度计划、工程保障、安全环境保护、专款专用等内容。任何为了完成工程施工的正常支出的费用，包括已完工程保护费等临时建设费用，都应该包含在总价范围之内而不应再调整合同价格。

至于《清单计价规范》能否适用于工程总承包的建设项目，由于《清单计价规范》的逻辑与设计和施工相分离的发包模式是一致的，这种模式是有别于设计、勘察和施工为一体的工程总承包项目的，因此《清单计价规范》不能够直接适用于工程总承包项目。

042 签约合同价不一定就是最终的合同价格

EPC 项目合同暂定 2.5 亿元，招标文件也明确规定不能超过 2.5 亿元；合同约定按 2012 定额计价，材料按造价信息调整。最终审定价远超合同价，超出部分应该如何处理？

关键词：签约合同价、合同价格

根据《工程总承包合同示范文本》第 1.1.5.1 条的规定，签约合同价是指发包人和承包人在合同协议书中确定的总金额，包括暂估价及暂列金额等。根据第 1.1.5.2 条规定，合同价格是指发包人用于支付承包人按照合同约定完成承包范围内全部工作的金额，包括合同履行过程中按合同约定发生的价格变化。可见，签约合同价并不是最终的结算价格，签约合同价只是双方提前在合同中约定的，而合同价格才是最终确定的结算价格。对这个问题产生争议，主要原因在于未能正确区分签约合同价与合同价格，由于最终结算价会考虑计价的方式及合同履行过程中发生的调整因素，因此二者一定会存在差异。

关于合同签约价，《工程总承包合同示范文本》第 1.4.4 条规定：“发包人对于工程的技术标准、功能要求高于或严于现行国家、行业或地方标准的，应当在《发包人要求》中予以明确。除专用合同条件另有约定外，应视为承包人在订立合同前已充分预见前述技术标准和功能要求的复杂程度，签约合同价中已包含由此产生的费用。”第 1. 10. 4 条规定：“除专用合同条件另有约定外，承包人在投标文件中采用的专利、专有技术、商业软件技术秘密的使用费已包含在签约合同价中。”第 13. 4. 1 条规定：“对于依法必须招标的暂估价项目，专用合同条件约定由承包人作为招标人的，招标文件、评标方案、评标结果应报送发包人批准。与组织招标工作有关的费用应当被认为已经包括在承包人的签约合同价中。”总结来说，这三个条款对签约合同价所包含的范围都作了进一步的明确，合同当事人也应当足够重视这些规定。

合同约定按 2012 定额计价，材料按造价信息调整，这是案例中约定的工程总承包项目的计价方式。一般工程总承包合同的计价方式包括总价计价、按定额下浮计价以及平方米单价计价等。根据《房屋建筑和市政基础设施项目工程总承包管理办法》第 16 条的规定，企业投资项目的工程总承包宜采用总价合同，政府投资项目的工程总承包应当合理确定合同价格形式。采用总价合同的，除合同约定可以调整的情形外，合同总价一般不予调整。所以工程总承包合同的计价模式并不只有总价模式这一种，案例中问题产生的原因就在于将 EPC 合同当然地视作总价合同。合同中暂定的 2. 5 亿元价款其实并不具有绝对的法律约束力，如果履行过程中超过签约合同价，只要工程验收合格，当事人也应该按照定额计价的约定支付相应价款。

尹贻林老师经常强调的一种理念——按规定而约定。无论是《建筑工程施工发包与承包计价管理办法》、《建设工程价款结算暂行办法》还是《清单计价规范》，都有很多关于工程计价的规定。虽然在合同法领域当事人的意思自治是最核心的部分，合同约定按照平方米单价计价或者按照定额下浮都是合法有效的，但约定应当在法律规定的框架内，并且在当事人没有约定或者约定不明的情况下，应该按照法律规定依据合同漏洞填补规则对当事人的意思表示进行完善和补充。

另外，如果这个项目是政府投资项目，在工程结算超过概算的情况下，根据《政府投资条例》第 23 条的规定，政府投资项目建设投资原则上不得超过经核定的投资概算。因国家政策调整、价格上涨、地质条件发生重大变化等原因确需增加投资概算的，项目单位应当提出调整方案及资金来源，按照规定的程序报原初步设计审批部门或者投资概算核定部门核定；涉及预算调整或者调剂的，依照有关预算的法律、行政法规和国家有关规定办理。

总结来说，这个问题的结论是双方应该按照约定的定额计价和按信息价调整材料价格的方式进行结算。如果合同既明确约定采用总价形式且总价为2.5亿元，又约定按照定额计价，这种前后冲突的情形属于合同条款约定不明，根据合同漏洞填补规则最终按照定额计价。

十一、限额设计

043 总价合同的变更也可以调整价格

EPC项目合同规定限额设计，但是施工过程中出现变更需要增加费用，建设单位以限额为由不同意调整造价，如何执行？

关键词：总价合同、价格调整

看到EPC项目合同，不应考虑限额是多少，而主要是看价格形式。《房屋建筑和市政基础设施项目工程总承包管理办法》第16条规定："企业投资项目的工程总承包宜采用总价合同，政府投资项目的工程总承包应当合理确定合同价格形式。采用总价合同的，除合同约定可以调整的情形外，合同总价一般不予调整。建设单位和工程总承包单位可以在合同中约定工程总承包计量规则和计价方法。依法必须进行招标的项目，合同价格应当在充分竞争的基础上合理确定。"也就是说，企业投资可以在方案设计之后就发包；政府投资项目不但要求在初步设计之后才能发包，而且初步设计之后应该尽量明确初步设计对应的工程设计概算，然后合理地确定价格形式。所以，政府投资项目可以不采用总价合同，EPC合同也不一定就是固定总价合同，也可以采取其他的价格形式。

笔者最近接触的几个EPC合同，在招标甚至签约时都没有具体明确的合同价格，直到设计文件出来以后才会确定施工图预算，最终把施工图预算作为固定总价。固定总价合同不一定不发生合同价款的变更，《工程总承包合同示范文本》第14.1.1条规定："除专用合同条件中另有约定外，本合同为总价合同，除根据第13条［变更与调整］，以及合同中其它相关增减金额的约定进行调整外，合同价格不做调整。"一个按照示范文本的价格形式确定的总价合同，原则上合同价格是不做调整的，但按照规定总价合同也是允许变更的。

如果这个项目中发生了变更，可以参照《工程总承包合同示范文本》第

13.3.3.1 条规定的变更估价原则："除专用合同条件另有约定外，变更估价按照本款约定处理：（1）合同中未包含价格清单，合同价格应按照所执行的变更工程的成本加利润调整；（2）合同中包含价格清单，合同价格按照如下规则调整：1）价格清单中有适用于变更工程项目的，应采用该项目的费率和价格；2）价格清单中没有适用但有类似于变更工程项目的，可在合理范围内参照类似项目的费率或价格；3）价格清单中没有适用也没有类似于变更工程项目的，该工程项目应按成本加利润原则调整适用新的费率或价格。"由此可以确定，约定总价合同的工程项目，在发生设计变更时是可以调整合同价格的。

《工程总承包合同示范文本》第 5.2.1 条关于确定合同总价的程序是这样规定的："根据《发包人要求》应当通过工程师报发包人审查同意的承包人文件，承包人应当按照《发包人要求》约定的范围和内容及时报送审查。"设计结果出来后需要发包人对该结果是否满足其设计要求进行确认，承包人报送设计文件时也可以要求附上相应的施工图预算，并且施工图预算绝不能超过审批后的概算。如果施工过程中出现需要增加费用的情形，发包人可以审查设计文件以及相应概算文件的内容。

问题的结论就是，《工程总承包合同示范文本》没有排斥 EPC 总价合同变更后的调价，通过相应的调价程序，即便是总价合同也可以调整合同价款。本案中以限额为由不同意造价的调整并不妥当，限额是在施工图纸做出以后产生的，要想以此为依据调整合同价格需要满足变更的条件，根据《工程总承包合同示范文本》中关于变更的规定，甲方原因提出的变更是没有问题的，所以以此提出调整合同价款是可以的。

044 施工单位应当满足限额设计的要求才能开始施工

招标文件约定：中标人将正式的施工图及施工预算报项目建设主管部门审批。施工图审批后，由招标人委托的第三方审图机构进行图审，同时根据经建设主管部门审查批复的施工图编制预算（中标人应提供详细的工程量清单及相关附表），由招标人再报区财政局评审确定工程预算总造价。EPC 合同约定：（1）设计结算价款 = 总建筑面积 × 8 元/平方米；（2）施工结（决）算价款 = 经财政（审计）审定的施工结（决）算价款 × 中标费率。

该费率招标的EPC项目，招标文件规定了设计指标限额为每平方米不超过1400元。请问，应该如何理解限额设计指标和最高投标限价的关系？

关键词：限额设计、工程结算、合同变更

目前，国内还没有正式的文件明确工程总承包应当采用的计价方法，《工程总承包合同示范文本》中规定采用固定总价，《房屋建筑和市政基础设施工程总承包管理办法》又鼓励按照其他合理方式来确定工程价款。

在这个案例中，投标单位在费率招标的项目中中标了，但是在编制施工图预算后发现无法按照1400元每平方米的设计限额完成施工，即便是按照最低的工程质量标准也无法在设计限额完成工程。建设单位的审计人员提出，结算时不能超过限额规定的1400元每平方米，这种把限额设计作为结算价款的上限是否合理?《建设工程造价管理》2019年版（第306页）将限额设计定义为：是按照批准的可行性研究报告中的投资限额进行初步设计，按照批准的初步设计概算进行施工图设计、按照施工图预算造价编制施工图设计中各个专业设计文件的过程。限额设计可以理解成一种贯穿整个工程的造价管控方法，也是建设方非常乐意使用的方法。例如，《中国石油化工总公司建设项目投资控制奖惩办法（试行）》第16条第1款规定："设计单位在保证设计进度和设计质量的前提下，施工图设计阶段实行限额设计，在项目建成投料试车后，工程决算比批准的初步设计概算节余了投资，应按节余投资的多少，给予设计单位相当于设计费一定比例的奖励。节余批准概算1%以下的，奖励设计费的12.5%；节余批准概算1%至2%以下的，奖励设计费的16%；节余批准概算2%至3%以下的，奖励设计费的18%；节余批准概算3%至5%以下的，奖励设计费的19%；节余批准概算5%以上的，奖励设计费的20%。限额设计奖励收入，按6:2:2比例分别转做后备基金、职工福利基金和奖励基金。"可见，限额设计还可以作为一种奖惩手段来实现项目管控的目的。

关于限额设计和结算的关系，在（2015）内民一终字第00105号民事判决书中提道："（二）关于万达公司主张建筑设计院因设计图纸错误赔偿1,208,649元损失的问题。经审查，首先，建筑设计院在其投标文件第四章中承诺：由于设计不合理造成设计人提交的设计成果超出限额设计指标的5%，导致工程建设增加成本，设计人同意从设计费中扣除增加成本的10%作为对发包人的补偿。其次，万达公司主张万达广场一期部分住宅及底商施工图A区2#、3#、7#、8#地下室

工程主体所使用的钢筋、混凝土超出投标文件所承诺的限额指标而增加了成本。原审法院委托内蒙古智信工程造价咨询有限责任公司对建筑设计院提供的呼和浩特万达广场一期部分住宅及底商施工图、A 区部分地下室工程主体图纸中，所使用的钢筋、混凝土超出投标文件所承诺的限额指标部分的用工量及造价进行鉴定……鉴定结果为呼和浩特万达广场一期部分住宅及底商施工图 A 区 2#、3#（1－29轴、1－31 轴、32－57 轴、58 轴、85 轴、86－116 轴）、7#、8#楼地下室工程主体所使用的钢筋、混凝土超出投标文件承诺的限额指标造价为 10, 436, 561 元及超出投标文件承诺的限额指标工程量 13, 004. 33 立方米。……建筑设计院设计方案明显超出了其原有设计承诺，故万达公司依照建筑设计院投标承诺及鉴定结论，请求建筑设计院承担增加成本的 10%，计算数额为 1, 208, 649 元，该诉讼请求符合法律规定，本院予以支持。”在 EPC 项目中，设计工作是总承包人的义务，如果设计没有达到合同要求显然是违约。

（2013）一中民终字第 13347 号民事判决书中也讲到限额设计能否作为建研院承担违约责任的依据。“根据《建设工程设计合同》中约定的设计人责任，其中没有约定超额设计属于违约行为，且疾控中心职业卫生所在招投标过程答疑文件中对限额设计的态度模糊，在合同履行过程中确认了建研院的设计成果，特别是在知晓设计概算超出设计项目估算总投资额的情况后，仍在施工阶段招标中投入使用。另外，2011 年 5 月、6 月，疾控中心职业卫生所出具的修改意见中亦没有作出建研院超额的设计成果违反了合同约定，构成根本违约的意思表示。综合前述内容，可以明确疾控中心职业卫生所在合同履行中已放弃了限额设计的约定，并确认了建研院的超额设计成果，建研院已经按照疾控中心职业卫生所的要求履行了设计任务，不存在违约行为。”这个判决中的情况与问题中的案例很相似，承包人只能按照最低的质量标准编制图纸，即便超过了设计限额，但如果建设单位批准了设计图纸，之后的施工过程中承包人就可以按照甲方批准的图纸进行施工了。

双方在合同履行过程中推翻了原来的设计限额，按照实际情况重新确定了设计施工的标准，这就是民法中当事人协商一致变更合同的情形。《民法典》第 543 条规定：“当事人协商一致，可以变更合同。”第 490 条规定：“当事人采用合同书形式订立合同的，自当事人均签名、盖章或者按指印时合同成立。在签名、盖章或者按指印之前，当事人一方已经履行主要义务，对方接受时，该合同成立。法律、行政法规规定或者当事人约定合同应当采用书面形式订立，当事人未采用书面形式但是一方已经履行主要义务，对方接受时，该合同成立。”从合同成立的角度来看，双方本该就变更后的合同重新签订书面文件，但在没有签订书面合同的情形下，通过接受对方已履行的合同义务也视为合同已经成立。

在这个案例中，限额设计是在设计阶段对设计文件成果质量的要求，如果没有达到要求，施工方是不应该擅自施工的，建设单位可以要求承包人继续优化图纸甚至主张承包人承担违约责任。但如果建设单位拿到不符合要求的设计图纸后没有提出异议，还按照已完成的图纸进行招标或直接要求施工单位开始施工，这时可视为双方以实际行为作出了变更合同的意思表示。所以本案应该按照变更后的合同完成工程价款的结算。

045 限额是对工程预算的控制，超过限额视合同决定是否调整价格

EPC限额合同，由设计施工联合体承包。按照建设单位要求，设计单位最终的设计成果超过了限额。作为施工单位，能否超过限额结算？作为联合体，设计单位是否需承担超限额的施工费用？

关键词：限额合同、工程结算

关于限额设计问题，尚未有较高位阶的法律法规予以明确。目前多为地方规范性文件。《上虞市政府投资项目限额设计管理办法》第3条规定：“本办法所称限额设计是指按照批准的可行性研究报告及投资估算控制初步设计及概算，按照批准的初步设计及概算在保证工程功能要求的前提下，通过优化设计，控制施工设计及工程预算，严格控制不合理变更，使工程总投资不突破批准的限额。”第9条规定：“设计单位未按项目可行性研究报告批复的总投资估算进行限额设计的，项目审批部门不予批准初步设计和概算，退回重新设计。”由此可知，限额设计是设计单位或总承包方的一项合同义务，实质上也是控制工程预算的重要步骤，如果设计的结果超过限额不符合合同的约定，设计方是需要承担重新设计等违约责任的。

如果已经完成的施工图预算超过了设计限额或者合同总价，而发包人又批准了承包人提交的施工图预算，能否认为双方对工程价款达成了新的一致意见？根据《工程总承包合同示范文本》第5.2.1条的规定，发包人对承包人文件的审查

和同意不得被理解为对合同的修改或改变，也并不减轻或免除承包人任何的责任和义务。也就是说，即便发包人同意了施工单位超过限额的设计，该批准行为也不能视为发包人同意调整原合同价格，直接产生变更合同价款的效力。

超过设计限额的后果，需要结合不同的合同计价模式予以考虑。比如在工程总承包项目中，总包人超过限额的设计不会改变合同总价款；但在设计和施工分别发包的项目中，如果最终设计的成果突破了限额的规定，建设单位对超额设计的批准就应当视为其同意施工单位按照审查后超过限额的图纸进行施工，在这种情况下应该调整合同价格。

《民法典》第 777 条规定："定作人中途变更承揽工作的要求，造成承揽人损失的，应当赔偿损失。"本案中是因为发包人要求发生了改变，超过限额的设计成果也是发包人认可的，因此施工单位可以主张按超过限额的实际施工图进行价款结算。

046 工程优化设计结余资金分配有约定从约定，否则一般归施工单位

使用政府资金建设的项目，按照《政府投资条例》的规定，结余资金是需要上交的。对于优化利润的归属，有没有法律规定可以由发承包双方约定如何分配？

关键词：优化设计、工程结算

《政府投资条例》第 25 条规定："政府投资项目建成后，应当按照国家有关规定进行竣工验收，并在竣工验收合格后及时办理竣工财务决算。政府投资项目结余的财政资金，应当按照国家有关规定缴回国库。"如果 EPC 项目计划使用的资金是 1 亿元，而实际只支出了 8000 万元，因为设计优化而节省的 2000 万元应该缴回国库还是在建设单位和施工单位之间进行分配？

《房屋建筑和市政基础设施项目工程总承包管理办法》第 16 条规定："企业投资项目的工程总承包宜采用总价合同，政府投资项目的工程总承包应当合理确定合同价格形式。采用总价合同的，除合同约定可以调整的情形外，合同总价一般不予调整。建设单位和工程总承包单位可以在合同中约定工程总承包计量规则和计价方法。依法必须进行招标的项目，合同价格应当在充分竞争的基础上合理

确定。”EPC 项目不一定都会约定总价合同形式，也会约定费率计价、单价合同或者模拟清单等形式。

另外，《贵港市房屋建筑和市政基础设施工程总承包（EPC）项目操作流程》规定在贵港市建立项目结余分成机制。工程通过优化设计及科技创新管理后，在不降低建设标准和质量的前提下，工程竣工结算总价低于合同签约价的，工程总承包企业、项目管理企业等可按分级参与结余资金的分成。（1）项目结余资金为实际合同签约价 10% 以内的，项目结余资金的 40% 为工程总承包企业所得，其余 60% 为建设单位所得（若为政府投资项目应返还财政）；（2）项目结余资金为实际合同签约价 10% ~20% 的，项目结余资金的 50% 为工程总承包企业所得，其余 50% 为建设单位所得（若为政府投资项目应返还财政）；（3）项目结余资金为实际合同签约价 20% 以上的，项目结余资金的 60% 为工程总承包企业所得，其余 40% 为建设单位所得（若为政府投资项目应返还财政）。这个文件较为详细地说明了由于设计优化而产生的结余资金分配问题。

如果建设单位和施工单位在合同中约定节约资金在双方当事人之间如何分配，该约定通常是合法有效的。施工单位所得的部分可以作为其优化施工的利润奖励，而按照约定分配给建设单位的部分则应该返还财政资金。上海建纬律师事务所的韩如波律师在《工程总承包模式下政府投资项目设计优化结余资金的处理》一文中，结合合同约定及相关管理规定区分了不同价格形式下的结余资金处理。他认为，如果总价合同并未约定优化产生的结余资金如何处理，通常这部分资金是可以作为承包人应得的利润的；如果在总价合同中约定了结余资金的分配，如上述文件中的做法一样，归属于建设单位的部分应当返还财政资金；如果合同采用的是单价或成本加酬金的计价模式，这种情况本质上还是据实结算的，一般不存在结余资金，除非合同明确约定针对施工单位的优化设计和节约的成本予以一定的奖励。

总结来说，关于《政府投资条例》中工程因优化设计结余的资金的分配问题，首先应该考虑合同的具体约定，如果在总价合同中没有相应的约定，应该视该部分节约的资金为施工单位可以获得的利润，而如果是单价合同，通常情况下仍应据实结算工程价款。

第三章 Chapter 03 造价构成

一、农民工工资

047 农民工工资由建设单位支付

如果政府发布红头文件，每月农民工工资由业主支付到银行专户里面，但是施工合同里面规定了每月的农民工工资由总包单位垫付。若按照施工合同规定优先处理，由总包单位垫付，从法律角度有什么依据？

关键词：农民工工资

《保障农民工工资支付条例》第23条规定：“建设单位应当有满足施工所需要的资金安排。没有满足施工所需要的资金安排的，工程建设项目不得开工建设；依法需要办理施工许可证的，相关行业工程建设主管部门不予颁发施工许可证。政府投资项目所需资金，应当按照国家有关规定落实到位，不得由施工单位垫资建设。”《政府投资条例》第22条规定：“政府投资项目所需资金应当按照国家有关规定确保落实到位。政府投资项目不得由施工单位垫资建设。”上述行政法规明确规定，在政府投资项目中，建设单位应该准备好足够的资金，并且不得由施工单位垫资建设。

案例中的问题在于，根据政府文件的规定以及合同的约定，农民工的工资应该由业主支付还是由总包单位支付？《保障农民工工资支付条例》第29条规定：“建设单位应当按照合同约定及时拨付工程款，并将人工费用及时足额拨付至农民工工资专用账户，加强对施工总承包单位按时足额支付农民工工资的监督。因建设单位未按照合同约定及时拨付工程款导致农民工工资拖欠的，建设单位应当以未结清的工程款为限先行垫付被拖欠的农民工工资。建设单位应当以项目为单位建立保障农民工工资支付协调机制和工资拖欠预防机制，督促施工总承包单位加强劳动用工管理，妥善处理与农民工工资支付相关的矛盾纠纷。发生农民工集体讨薪事件的，建设单位应当会同施工总承包单位及时处理，并向项目所在地人力资源社会保障行政部门和相关行业工程建设主管部门报告有关情况。”这个规定虽然体现了一种政府的人文关怀，但并没有对支付责任主体予以明确。虽然该规定体现了保护弱者的理念，但在执行中仍然存在很多困难。

至于有何法律依据，我们可以参考最高院《关于裁判文书引用法律、法规等规范性法律文件的规定》第 4 条的规定：“民事裁判文书应当引用法律、法律解释或者司法解释。对于应当适用的行政法规、地方性法规或者自治条例和单行条例，可以直接引用。”以上关于保障农民工工资支付的条例等行政法规，在实践中也非常值得重视。

二、材料价格

048 工程材料认质认价，一般认为不再参与下浮

EPC 费率招标项目，材料价格在定额信息价里没有显示，应该怎样确认价格？在认质认价（建设单位与施工单位口头约定以施工单位公开招标价格作为组价的价格，但合同里未体现，跟踪审计单位给予了确认）的情况下，材料价格是否参与下浮？如果参与下浮，施工单位就会亏损；如果不参与下浮，有没有法律法规支持？

关键词：认质认价、费率招标、合同漏洞

问题的核心在于，在整个项目计价下浮的情况下，采用认质认价方式确认的材料价格是否也需要下浮。建设单位一定认为所有的价格都应该下浮；而施工单位则认为，既然是认质认价，自然就应该按照之后签订的价格结算，不应该再行下浮。安徽省（2018）皖民终 85 号民事判决书中写到，至于变更签证及二次招标应否下浮的问题。炳辉中学主张依据中昊公司出具的一份竞争性谈判投标函，同意依据审计后的工程施工总造价下浮 18.01% 计算，故变更签证、二次招标材料下浮返补及认价采保费部分亦应予以下浮。由于变更签证、二次招标材料下浮

返补及认价采保费部分系在施工过程中工程量清单未列入、另行增加的工程量双方直接确定的价款，以及双方同时采购材料所进行的认质认价，如再行下浮，明显有违公平原则，故对此部分不应下浮。这里法院的观点是，认质认价的材料价格不应该再下浮。

在当前实务中，EPC 项目的价格形式非常混乱，有的是固定总价招标也有的是费率招标。所谓费率招标，就是投标人在投标时投报下浮率，下浮率最低的投标人中标。费率招标是所有计价文件中的人材机等价格都要参与下浮，而文件范围以外双方没有约定的部分，应该是不下浮的。或者说，下浮的对象范围是签订合同时定额文件中已经包含的部分，甚至规费和税金也会因为这些基数的下浮而下浮。但是后来认质认价的部分就不再属于原签订合同下浮的范围了。上述法院的判决也支持了此种观点，认质认价的材料价格是双方直接予以确认的，不执行下浮。

（2018）川民终 807 号案中提到的一种约定方法非常具有参考价值：合同价款采用定额计价方式，按审定的施工图结算税前总价下浮 12.5%，其中，甲供、发包人定价的材料差价、签证、不计取相关费用也不参与下浮。签证是双方重新确认过的协议，应该按照签证文件结算无须另行下浮。至于甲供材料的情形中，比如下浮率是 12%，甲方 100 元卖出的材料，如果再下浮，结算时承包人只能收回 88 元的工程价款，这就相当于承包人把甲方提供的材料物化到建筑物之后，还要再多支付 12 元。这种高价买进又低价卖出的形式，对于承包人而言显然是不公平的，所以甲供材料情形也不能下浮。这里值得关注的一点是，采用费率招标的项目中，当事人可以在合同中明确约定，哪些部分下浮哪些部分不下浮。

另外，关于认质认价的材料价格如何确定，亦可从合同漏洞的角度来理解。《民法典》第 510 条规定：“合同生效后，当事人就质量、价款或者报酬、履行地点等内容没有约定或者约定不明确的，可以协议补充；不能达成补充协议的，按照合同相关条款或者交易习惯确定。”由于材料的价格未在原来签订的合同中明确约定，双方应该通过补充协议予以明确。根据《造价鉴定规范》第 5.6.4 条的规定，当事人因材料价格发生争议的，鉴定人应提请委托人决定并按其决定进行鉴定。委托人未及时决定可按以下规定进行鉴定，供委托人判断使用：（1）材料价格在采购前经发包人或其代表签批认可的，应按签批的材料价格进行鉴定。认可的特殊情形。（2）材料采购前未报发包人或其代表认质认价的，应按合同约定的价格进行鉴定。第（1）项规定是发包人签字认可的特殊情形。第（2）项规定，在没有发包人签字认可的情形下，如果已标价工程量清单或其他文件中有材料价格的，应该直接按照约定执行。因为甲方后批准的材料价格其效力是优于原合同约定的，可以理解为特殊优于普通，也可以理解为补充约定优于在先约定。

所以这个问题的结论是，认质认价的材料价格不应该再参与下浮，具体依据是《民法典》第510条的合同漏洞填补规则。

049 合同约定发生冲突时，适用合同漏洞填补规则处理

施工合同约定结算价为定额上浮，其中材料价格约定无信息价的材料按照采购价增加15%作为结算价，双方办理签证。现施工方上报开发商的石材线条工程、外墙涂料工程价格远高于市场价，开发商询价后要求按照市场价确定价格。但施工方提出石材线条、外墙涂料属于总包范围之内，且工程有些分项工程亏损，有些分项工程盈利，此两项工程属于盈利项目，开发商对于价格无权干涉。对此，应该如何理解？另外，其他房产项目中，施工合同约定价款按定额按实结算，智能化等工程未列入暂估价的，施工单位会上报远高于市场价的价格，并以同样的理由提出开发商无权干涉，开发商如何应对？

关键词：工程结算

施工单位认为，根据合同约定，对于无信息价的材料无论采购价格是多少，甲方都应该上浮15%作为结算价计算。而施工单位实际上报的采购价格要远高于市场价，显然建设单位不会同意再据此上浮15%结算工程价款。

《民法典》第142条第1款规定："有相对人的意思表示的解释，应当按照所使用的词句，结合相关条款、行为的性质和目的、习惯以及诚信原则，确定意思表示的含义。"根据诚信原则，合同约定采购价格增加15%作为结算价以及双方办理签证确认价格，这两句话应该结合起来理解。甲方不愿意通过合同约定赋予施工单位单方确定合同价款的权利，民法中将根据单方意思表示即可发生法律效果的权利称为"形成权"，例如合同解除权、重大误解时的撤销权以及受欺诈时的撤销权等。只有法定或当事人明确予以约定的形成权才会发生特定的法律效

力。在本案中，根据双务合同的本质，合同价格应该由双方共同确认。

另外，合同约定了在材料价格没有信息价时按照采购价上浮结算，也就是以施工单位单方意思表示即可确定材料价格；同时合同还约定了材料价格由双方办理签证确认，这实际上是指双方在施工过程中需要通过补充协议重新确定材料价格。可见，本合同对于材料价格的约定存在冲突。而经过当事人确认的材料价格是无须再参与上浮或下浮的，显然本案合同关于材料价格确定方式存在冲突，这也可以认为是一种合同漏洞。根据《民法典》第510条的规定，合同生效后，当事人就质量、价款或者报酬、履行地点等内容没有约定或者约定不明确的，可以协议补充；不能达成补充协议的，按照合同相关条款或者交易习惯确定。所以对于没有信息价的材料价格，双方首先应该考虑通过签证的方式认质认价共同确认材料价格。

050 合同对材料品牌进行变更后应当重新调价

某项目公开招标，采用固定综合单价的结算方式。其中室外给水工程中的球墨铸铁管单项在标底编制时无品牌要求，编标单位按照苏州市造价信息发布网的信息价计入，招标时对此部分也无具体品牌要求。2017年3月29日召开室外给水系统安装专题会议，会议纪要中指出室外自来水给水系统按照自来水公司要求采用新兴牌球墨铸铁管。工程结算审计阶段施工单位以此为由要求调整品牌差价。新兴牌球墨铸铁管为国产常规施工材料，而且标底编制按照苏州市造价信息发布网的信息价计取。请问是否可以调整品牌差价？

关键词： 合同变更、价格调整

《招标投标法实施条例》第32条规定："招标人不得以不合理的条件限制、排斥潜在投标人或者投标人。招标人有下列行为之一的，属于以不合理条件限制、排斥潜在投标人或者投标人：……（五）限定或者指定特定的专利、商标、品牌、原产地或者供应商……"在招标投标程序阶段，招标人不能指定品牌。那在合同履行过程中，建设单位能否指定品牌？一般不同品牌的材料，价格也有所不同，投标人通常会按常规材料的价格报价，然后在实际履行过程中尽量选择价低的材料以获取更多的利润。《施工合同示范文本》第8.2条规定：“承包人负责采购材料、工程设备的，应按照设计和有关标准要求采购，并提供产品合格证明及出厂证明，对材料、工程设备质量负责。合同约定由承包人采购的材料、工程设备，发包人不得指定生产厂家或供应商，发包人违反本款约定指定生产厂家或供应商的，承包人有权拒绝，并由发包人承担相应责任。因此，无论在什么阶段，自由选择购买材料的品牌是承包人的权利。”

会议纪要的内容表明，双方一致同意采用新兴牌球墨铸铁管，这种通过会议纪要体现的发包人要求使用特定品牌的材料，实质上构成了发包人提出的变更。《民法典》第543条规定：“当事人协商一致，可以变更合同。”第490条规定：“当事人采用合同书形式订立合同的，自当事人均签名、盖章或者按指印时合同成立。在签名、盖章或者按指印之前，当事人一方已经履行主要义务，对方接受时，该合同成立。法律、行政法规规定或者当事人约定合同应当采用书面形式订立，当事人未采用书面形式但是一方已经履行主要义务，对方接受时，该合同成立。”承包人根据发包人的要求，实际上也购买了该特定品牌的材料，因此无论会议纪要是否属于书面合同文件，也都可以认定双方通过实际履行达成了变更合同的合意。

现整个工程已经验收合格，发承包双方也通过事实行为变更了原合同的约定，因此应该执行变更后的变更估价程序。《施工合同示范文本》第10.3.3条规定：“承包人收到监理人下达的变更指示后，认为不能执行，应立即提出不能执行该变更指示的理由。承包人认为可以执行变更的，应当书面说明实施该变更指示对合同价格和工期的影响，且合同当事人应当按照第10.4款［变更估价］约定确定变更估价。”第10.4.1条规定：“除专用合同条款另有约定外，变更估价按照本款约定处理：（1）已标价工程量清单或预算书有相同项目的，按照相同项目单价认定；（2）已标价工程量清单或预算书中无相同项目，但有类似项目的，参照类似项目的单价认定；（3）变更导致实际完成的变更工程量与已标价工程量清单或预算书中列明的该项目工程量的变化幅度超过15%的，或已标价工程量清单或预算书中无相同项目及类似项目单价的，按照合理的成本与利润构成的原则，由合同当事人按照第4.4款［商定或确定］确定变更工作的单价。”

指定品牌后，材料价格应该如何确定？根据第10.4.1条第（2）项中“有类似项目的，参照类似项目的单价认定”，再结合《造价鉴定规范》第5.6.4条规定：“当事人因材料价格发生争议的，鉴定人应提请委托人决定并按其决定进行鉴定。委托人未及时决定可按以下规定进行鉴定，供委托人判断使用：1. 材料价格在采购前经发包人或其代表签批认可的，应按签批的材料价格进行鉴定；2. 材料采购前未报发包人或其代表认质认价的，应按合同约定的价格进行鉴定；3. 发包人认为承包人采购的材料不符合质量要求，不予认价的，应按双方约定的价格进行鉴定，质量方面的争议应告知发包人另行申请质量鉴定。”如果履行过程中关于材料的采购有单独的签证，可以直接依据签证内容确定价格；如果材料不是经过发包人认质认价而是自行采购的，则应该按照合同约定的价格也就是信息价直接结算。在本案例中，是按照甲方的要求直接购买特定材料，由于特定品牌的材料价格是一定的，因此承包人购买该材料价格也应该能够直接确定，可以按照实际采购的价格直接结算。

051 合同对价款没有约定，可以采购价作为调价依据

施工合同中约定了砂石料价格涨跌超过5%的部分要进行价格调整，但没有约定价格调整是以造价管理部门每月出版的《工程造价信息》中砂石料的价格还是以承办人实际购买的砂石料价格为准。2017～2019年，砂石料实际采购价格要远远高于《工程造价信息》的价格，双方正在协商2017～2019年砂石料的材料调差款，现发包人只同意以《工程造价信息》中的价格进行调整。请问，承包人该如何应对发包人的主张？如发生诉讼，承包人需提前做哪些准备工作？

关键词： 合同漏洞、价格调整

合同未约定砂石价格的标准，根据《民法典》第510条的规定，合同生效后，当事人就质量、价款或者报酬、履行地点等内容没有约定或者约定不明确的，可以协议补充；不能达成补充协议的，按照合同相关条款或者交易习惯确定。江苏省高院《关于审理建设工程施工合同纠纷案件若干问题的意见》第8条规定：“建设工程合同生效后，当事人对有关内容没有约定或者约定不明确的，可以协议补充；不能达成补充协议的，按照合同有关条款或者参照国家建设部和国家工商总局联合推行的《建设工程施工合同（示范文本）》的通用条款确定。”所以江苏省高院把《施工合同示范文本》的通用条款作为交易习惯用来填补合同

中的一些漏洞。山东省高院《2008 年民事审判工作会议纪要》中也有类似的规定。

《施工合同示范文本》第 11.1 条市场价格波动引起的调整部分规定："……合同当事人可以在专用合同条款中约定选择以下一种方式对合同价格进行调整：……第 2 种方式：采用造价信息进行价格调整。……承包人应在采购材料前将采购数量和新的材料单价报发包人核对，发包人确认用于工程时，发包人应确认采购材料的数量和单价。发包人在收到承包人报送的确认资料后 5 天内不予答复的视为认可，作为调整合同价格的依据。未经发包人事先核对，承包人自行采购材料的，发包人有权不予调整合同价格。发包人同意的，可以调整合同价格。前述基准价格是指由发包人在招标文件或专用合同条款中给定的材料、工程设备的价格，该价格原则上应当按照省级或行业建设主管部门或其授权的工程造价管理机构发布的信息价编制……"《施工合同示范文本》是以采购价作为当期价格，但根据《民法典》第 511 条以及《建设工程司法解释一》第 19 条的规定，以信息价作为当期价格也是有依据的。

在实践中，由于不少地区材料的采购价与信息价之间价格存在巨大差异，从公平的角度出发也应该以实际采购的价格作为当期价格。

052 当期信息价缺失时，可通过市场询价确认

某一项建筑安装项目，建设期 1 年，合同约定材料价格按当期信息价执行，其中项目上安装工程从 6 月开始施工，但对应的安装信息价只有 1～3 月登录，其他月份无（投标时基准信息价也未登录）。施工单位主张因为安装设备需要定制、采购，在 1～3 月就已经开始预订并下单设备厂商，并主张参照 1～3 月信息价执行，审计方认为不在当期施工时间，不予确认，要求施工单位去与甲方核价。

关键词： 当期信息价

首先，应当确认"当期信息价"是指采购期当期还是安装期当期。根据《清单计价规范》附件 A.2.3 中的规定，"当期"应该指的是施工当期也就是安装期。至于施工单位什么时候采购材料或自行生产材料，建设单位是无须确认具

体时间的。对产生争议的“当期信息价”的理解，还应当结合《民法典》第142条第1款关于合同解释规则的规定：“有相对人的意思表示的解释，应当按照所使用的词句，结合相关条款、行为的性质和目的、习惯以及诚信原则，确定意思表示的含义。”在建设工程领域，各类合同示范文本通用条款的规定以及国家、行业标准的要求就是交易习惯。

《清单计价规范》第9.3.1条规定：“因工程变更引起已标价工程量清单项目或其工程数量发生变化时，应按照下列规定调整：……4. 已标价工程量清单中没有适用也没有类似于变更工程项目，且工程造价管理机构发布的信息价格缺价的，应由承包人根据变更工程资料、计量规则、计价办法和通过市场调查等取得有合法依据的市场价格提出变更工程项目的单价，并应报发包人确认后调整。”在造价信息价缺失的情况下，可以采用询价的方式确认价格。本案中如果6月的当期信息价缺失，当事人可以协商一致采用3月的价格，但如果二者的价格差异巨大，一方不予接受，则可以理解为当事人对合同价款约定不明确，从而参考《民法典》第511条关于合同漏洞填补的规则。《民法典》第511条规定：“当事人就有关合同内容约定不明确，依据前条规定仍不能确定的，适用下列规定：……（二）价款或者报酬不明确的，按照订立合同时履行地的市场价格履行；依法应当执行政府定价或者政府指导价的，依照规定履行……”建设工程可以理解成一种期货，在建设期内的材料价格波动是完全可以预见的，因此在建设工程合同中，“订立合同时履行地的市场价格”难以直接适用作为结算时的依据。如果履行合同时材料价格确实发生变化，按照当月的价格重新确定材料价格是比较公平合理的，所以《民法典》第511条的规定在这里的适用值得商榷。

关于“材料信息价”，《价格法》第3条规定：“国家实行并逐步完善宏观经济调控下主要由市场形成价格的机制。价格的制定应当符合价值规律，大多数商品和服务价格实行市场调节价，极少数商品和服务价格实行政府指导价或者政府定价。……政府指导价，是指依照本法规定，由政府价格主管部门或者其他有关部门，按照定价权限和范围规定基准价及其浮动幅度，指导经营者制定的价格。政府定价，是指依照本法规定，由政府价格主管部门或者其他有关部门，按照定价权限和范围制定的价格。”只有极少部分类似于水、电、煤、柴油等才实行政府指导价。建设工程施工常用的涂料、砂石、混凝土、钢筋等材料的价格，主要受物价管理部门监管，一般造价站发布的材料价格也都是市场价而非政府指导价。

案例中审计方要求甲方核价是比较严谨的做法。在这个问题中应重点关注

“当期信息价”，“当期”应当指的是“施工当期”，如果施工当期的材料价格缺失，按照《清单计价规范》的规定，可以通过市场询价的方式确认。

三、安全文明施工措施费

053 单价合同解除后项目的结算视违约方而定

甲建筑公司承包某水利工程，工程总价款为2亿元，施工合同约定安措费按照造价比例的1.5%支付。现甲建筑公司将该项目中的1号洞工程分包给向某施工，分包工程的工程款为2000万元，分包合同约定采用综合单价包干，并约定了安措费10万元包干。向某施工到工程量的70%后因资金问题退场。现起诉要求甲建筑公司支付欠付工程款200万元，其诉请中包含了30万元的安措费，向某认为按照国家规定建设工程的安措费费率应按工程总价款的2%支付，2000万元的工程应支付40万元的安措费，而甲建筑公司只支付了10万元，甲公司还应支付30万元安措费。

请问：(1) 甲建筑公司与业主合同中约定按照1.5%的取费比例支付安措费是否合法？(2) 甲建筑公司应按什么标准支付向某安措费？(3) 如果向某实际支出的安措费仅仅为8万元，甲建筑公司是否可以按照8万元支付向某安措费？(4) 向某仅仅只完成了70%的工程，安措费是否应按该比例进行支付？

关键词：安全文明施工费

先看第一个问题，合同约定按照1.5%的比例支付安措费是否合法？《清单计价规范》第3.1.5条规定：“措施项目中的安全文明施工费必须按国家或省级、行业建设主管部门的规定计算，不得作为竞争性费用。”这些国家或省级、行业建设主管部门的规定从法律位阶和效力上考虑，都不属于会导致合同条款无效的效力性强制性规定，因此双方约定按照工程造价的1.5%计取安措费是合法有效的。同样，甲建筑公司与向某约定的10万元安措费包干的约定也是有效的。

再看后面几个问题，实际施工人完成工程的70%后退场，合同中止履行以后应该如何支付安措费？《造价鉴定规范》第5.10.6条规定：“单价合同解除后的争议，按以下规定进行鉴定，供委托人判断使用：1. 合同中有约定的，按合同约定进行鉴定；2. 委托人认定承包人违约导致合同解除的，单价项目按已完工程量乘以约定的单价计算（其中，单价措施项目应考虑工程的形象进度），总价措施项目按与单价项目的关联度比例计算；3. 委托人认定发包人违约导致合同解除的，单价项目按已完工程量乘以约定的单价计算，其中剩余工程量超过15%的单价项目可适当增加企业管理费计算。总价措施项目已全部实施的，全额计算；未实施完的，按与单价项目的关联度比例计算。未完工程量与约定的单价计算后按工程所在地统计部门发布的建筑企业统计年报的利润率计算利润。”本案中，因实际施工人向某的原因解除合同，甲建筑公司可根据上述第2点规定，结合约定的10万元包干的安措费向向某支付安全文明施工费。

054 鉴定机构在计取费用时，应考虑等价有偿原则

某鉴定项目，总包与劳务分包施工人之间产生纠纷，合同约定按建筑面积平方米单价包干。鉴定机构根据鉴定规范按总价合同的处理方式出来两个意见给法院（不同方违约）。总包认为鉴定套取定额不应该把预算包干费和绿色施工安全防护措施费（广东省的定额按50%计算）算进去，因为总包自己交的费用；而实际施工人认为应该要算一部分给自己，因为临时安全防护都是实际施工人实际施工的。这两个费用在定额中的取费基础是人工费加机具费，由于全部人工和部分机具也是实际施工人实际发生的，所以其认为应该要计取大部分。请问，鉴定机构应该如何处理这两项费用，依据是什么？

关键词：司法鉴定、等价有偿原则

平方米单价包干的合同，由于每平方米的单价已经确定，建筑面积又是固定的，其实质就是总价合同。关于总价合同的解除，《造价鉴定规范》中规定了两种计价方法，其适用的标准主要在于判断是哪一方违约导致的合同解除。如果是承包人违约导致合同解除，鉴定人可以参照工程所在地的定额计算出未完工程的价值，再用合同约定的总价减去未完工程价款。像案例中的平方米单价合同，可以用固定单价乘以建筑总面积计算出工程总价，再用总价减去未完工程的价款。但如果是发包人违约导致合同解除，则可以直接用定额计算出已完工程价款。

合同解除后，根据《民法典》第566条第1、2款的规定，合同解除后，尚未履行的，终止履行；已经履行的，根据履行情况和合同性质，当事人可以请求恢复原状或者采取其他补救措施，并有权请求赔偿损失。合同因违约解除的，解除权人可以请求违约方承担违约责任，但是当事人另有约定的除外。由于建设工程施工合同履行后难以恢复原状，因此只能要求建设单位折价补偿。建设单位按照合同约定向承包人支付价款，价款数额依据《造价鉴定规范》中的规则进行计算。

本案中的争议主要在于施工安全防护措施费中的临时设施费应该如何考虑，鉴定机构在套用定额时是应该按照定额中的计算规则套取，还是也需要考虑现场实际完成的工程量进行套用？首先，施工单位在现场实际施工的部分内容是可以据实计量的，至于部分不可计量的总价措施项目，则可以按照其他已完分部分项工程的关联度进行计算。鉴定机构在考虑预算包干费和施工安全防护措施费时，应该先判断这两项费用对应的合同义务由谁履行，然后再根据等价有偿的原则进行考量。如果施工安全防护措施都是由总包方完成的，显然这笔费用应该由总包方获得；但如果劳务分包实际施工完成了该项目，则应该由分包人获取相应的对价。比如冬雨季施工费，如果项目实际上都没有经历过冬雨季时期，即便定额中列有该项目费用，在实际的费用计取过程中也不应当计取。

关于等价有偿原则，通常有两种判断标准，分别是客观的判断标准和主观的判断标准。例如，某张签认价为600元的签证单，实际市场价为100元，虽然按照客观判断标准判断100元是更加接近该签证的实际价格，但如果当事人出于自愿达成了一致的意思表示，双方当事人基于自身的特别考虑作出主观判断的，明确表示600元的价格约定也是有效的。但是在司法裁判的纠纷争议解决过程中，考虑到整体社会经济的有序发展，裁判者主要依据的是客观的判断标准。

四、措施项目费

055 措施项目变化引起价格的调整应公平分担

市政道桥工程已招标并已施工，施工过程中有一桥梁单位工程发生设计变更改为高边坡防治，桥梁投标价中技术措施费为500万元，合同中规定无论发生任何设计变更，措施费均不做调整。现施工单位结算不调整桥梁措施费 500 万元，是否合理？

关键词：合同变更、措施项目费

这是一种典型的工程变更导致措施项目发生变化的情形。工程变更是指合同工程实施过程中由发包人提出或由承包人提出经发包人批准的合同工程任何一项工作的增、减、取消或施工工艺、顺序、时间的改变，设计图纸的修改，施工条件的改变，招标工程量清单的错、漏从而引起合同条件的改变或工程量的增减变化。

《清单计价规范》第 9. 3. 2 条规定："工程变更引起施工方案改变并使措施项目发生变化时，承包人提出调整措施项目费的，应事先将拟实施的方案提交发包人确认，并应详细说明与原方案措施项目相比的变化情况。拟实施的方案经发承包双方确认后执行，并应按照下列规定调整措施项目费：1. 安全文明施工费应按照实际发生变化的措施项目依据本规范第 3. 1. 5 条的规定计算。2. 采用单价计算的措施项目费，应按照实际发生变化的措施项目，按本规范第 9. 3. 1 条的规定确定单价。3. 按总价（或系数）计算的措施项目费，按照实际发生变化的措施项目调整，但应考虑承包人报价浮动因素，即调整金额按照实际调整金额乘以本规范第 9. 3. 1 条规定的承包人报价浮动率计算。如果承包人未事先将拟实施的方案提交给发包人确认，则应视为工程变更不引起措施项目费的调整或承包人放弃调整措施项目费的权利。"根据《清单计价规范》的规定，发生工程变更后通常情况下会产生措施项目的变化，通过变更估价程序确定工程价款即可。

（2013）渝高法民提字第 00021 号民事判决书写道："重庆市第三中级人民法院二审认为，对于合同中约定的措施费含义，应当按照建筑行业的规范和惯例来理解。顾名思义，措施费是指为完成工程项目施工，发生于该工程施工前和施工过程中非工程实体项目的费用。具体包括以下几个方面：1. 大型机械设备进出场及安拆费；2. 混凝土、钢筋混凝土模板及支架费；3. 脚手架费；4. 施工排水、降水费；5. 环境保护费；6. 文明施工费；7. 安全施工费；8. 临时设施费；9. 夜间施工费；10. 材料二次搬运费；11. 已完工程及设备保护费。从上述措施费包含的具体项目看，部分措施费需要工程前期一次性投入，而施工过程中产生的措施费计算方式特殊，又不与工程量成正比例变化。四方特种屋盖公司才在与美心投资公司签订的《工程承包合同》中，明确约定'措施费为包干价，不管工程量是否变化，均不做调整'。由于美心投资公司在四方特种屋盖公司施工前并未明确向其告知将工程量变更为只施工一跨，其余不再施工，因此有理由相信四方特种屋盖公司是按照《工程承包合同》中约定的工程量范围而做的全面工程准备，并支付了相应的工程前期准备工作措施费。虽然四方特种屋盖公司完成的仅是4#～5#墩一跨工程，但双方在合同中已经明确约定，措施费包干不随工程量的变化而调整。所以，美心投资公司应当按照合同中约定的措施费包干价数额，向四方特种屋盖公司支付措施费。”由于合同中约定不论工程量是否变化均不调整措施费，因此法院支持了施工单位要求全额支付的主张。

但再审时法院重新审查关于工程措施费是否应当全额支付的问题，写道：“对于合同中约定的措施费含义，按照建筑行业的规范和惯例，是指为完成工程项目施工，发生于该工程施工前和施工过程中非工程实体项目的费用。措施费作为工程价款的重要组成项目，在工程单价确定的基础上，按常理总体上措施费与工程量成正比例变化，尤其是施工过程中产生的措施费。虽然双方在《工程承包合同》中明确约定‘措施费为包干价，不管工程量是否变化，均不做调整’，但该‘不管工程量是否调整’的前提应是《工程承包合同》未被解除，工程量的增减并未导致合同约定的工程范围本身发生根本性变化。四方特种屋盖公司既然请求解除《工程承包合同》，对于尚未履行的剩余七跨工程及钢结构广告外廊即终止履行，四方特种屋盖公司所施工的工程范围与合同约定工程范围已发生根本性变化。根据《中华人民共和国合同法》第九十七条‘合同解除后，尚未履行的，终止履行；已经履行的，根据履行情况和合同性质，当事人可以要求恢复原状、采取其他补救措施，并有权要求赔偿损失’的规定，本案《工程承包合同》的性质属于继续性合同，《工程承包合同》的解除无溯及力，对《工程承包合同》解除前已经履行部分，无须恢复原状，对于尚未履行部分则终止履行。本案中对已完成的一跨工程及相应的措施费双方已结算并实际支付，解除《工程承包合同》后，剩余七跨工程及钢结构广告外廊施工终止，四方特种屋盖公司未举证证明上述未施工部分相应的措施费已经实际发生，其仍主张美心投资公司应按合同约定支付剩余措施费，缺乏事实依据和法律根据，本院不予支持。如四方特种屋盖公司认为《工程承包合同》的解除给其造成了损失，该公司可另行起诉美心投资公司主张损失赔偿。”再审法院认为，施工单位的实际施工范围与合同约定的工程范围相比，发生了根本性的变化，施工单位也无法证明合同解除后还未实施的部分已经实际投入了措施项目的建设，因此要求支付全额措施项目费缺乏事实和法律依据。基于措施项目是实体工程的联系以及合同解除后尚未实施部分的事实，法院最终得出了一个较为公平的结论。

从以上两个法院的判决中可以看出，按照合同约定执行约定的价款本身是没有问题的，但在司法实践中法院会基于公平原则综合考量实际情况，平衡双方的利益，作出相对公平的判决。

056 措施项目无论是否实际发生，建设单位应当支付相应价款

重庆某工程招标人在发布招标限价清单时将“地上、地下设施、建筑物的临时保护设施费”列入了施工组织措施项目清单计价表内，但招标文件仅约定了投标总报价和所有分部分项工程量清单综合单价的报价均不得超过招标人给出的最高限价，并未明确对组织措施费投标报价进行限价。施工单位在投标报价时对“地上、地下设施、建筑物的临时保护设施”清单进行了投标报价，金额合计约为1400万元。评投标过程中也未要求投标人对此项投标报价做必要的澄清或者说明，于2016年7月确认了A施工单位中标。

原招标文件中并未对施工组织措施费结算原则作明确约定，在签订施工合同时又因招标文件存在部分内容表述不够明确、完整，且内容前后矛盾的情况，B招标代理公司于2016年8月出具了《某工程招标文件的澄清说明》，明确了施工组织措施费的结算原则：“施工组织措施项目费无论任何因素而引起实际措施费的变化，均按投标时施工组织措施项目费的报价作为结算价；技术措施项目费技术措施清单中以项计列的项目，无论因设计变更或施工工艺变化等任何因素而引起实际措施费的变化均按投标报价结算，并不予调整；技术措施清单中以项目编码、项目名称、项目特征、工程内容、工程量及计量单位列项的项目，以中标人投标报价的综合单价乘以《建设工程工程量清单计价规范》(GB 50500－2013)、《重庆市建设工程工程量清单计算规则》(CQJLGZ－2013) 约定的计量规则计算的实际合格工程量办理。”建设单位和施工单位根据此澄清内容，签订了《施工合同》，并在《施工合同》引用了澄清内容中的施工组织措施费结算相关内容。在实际施工过程中，施工单位并未报送现“地上、地下设施、建筑物的临时保护设施”实施的施工方案、施工组织设计、签证收方等佐证资料（私下了解到实际也未发生此费用）。

该工程在办理结算审计过程中存在以下疑问：

(1) 本项目于2016年7月招标完成，在已确定A施工单位中标的情况下，B招标代理公司于2016年8月才出具的《某工程招标文件的澄清说明》仅有B招标代理机构盖章，招标人并未盖章，此澄清说明文件是否合法有效?

(2) 招标人与中标单位依据B招标代理公司出具的《某工程招标文件的澄清说明》相关内容签订《施工合同》的行为，是否合法有效?

(3) 在实际施工过程中，施工单位并未报送现“地上、地下设施、建筑物的临时保护设施”实施的施工方案、施工组织设计、签证收方等佐证资料（私下了解到实际也未发生此费用），但《施工合同》根据澄清说明文件约定“施工组织措施项目费无论任何因素而引起实际措施费的变化，均按投标时施工组织措施项目费的报价作为结算价”，此费用是否应结算给施工单位?

关键词：措施项目费、说明文件

案例中的招标控制价其实包含了两个方面，分别是总价招标控制价和单价招标控制价。对各单价进行最高限价的这种做法在实践中并不十分推荐，因为这种方式对投标报价的限制太过严格，倒不如直接通过下浮率来调整整体价格。由于这份招标文件并没有对施工组织措施费进行限价，所以承包人按照投标时拟定的施工方案和施工组织设计自主报价，对这部分项目的报价相对较高。在评标过程中，招标代理机构也没有要求投标人对此项投标报价做必要的澄清或说明，但在最终确定中标单位后，却又发出了澄清说明：施工组织措施费按照投标价结算，不再因任何变化和因素而调整。

首先来分析，这样一份说明文件的发布程序是否合法、效力应该如何认定。《招标投标法》第23条规定：“招标人对已发出的招标文件进行必要的澄清或者修改的，应当在招标文件要求提交投标文件截止时间至少十五日前，以书面形式通知所有招标文件收受人。该澄清或者修改的内容为招标文件的组成部分。”对招标文件进行澄清或者修改的内容作为招标文件的组成部分，法律规定至少应该在提交投标文件的15天前发布澄清和说明文件，目的是在于维护投标人公平参与竞争的权利。《招标投标法实施条例》第64条第1款规定：“招标人有下列情形之一的，由有关行政监督部门责令改正，可以处10万元以下的罚款：（一）依法应当公开招标而采用邀请招标；（二）招标文件、资格预审文件的发售、澄清、修改的时限，或者确定的提交资格预审申请文件、投标文件的时限不符合招标投标法和本条例规定……”根据该条例的规定，招标人未按照要求发布说明文件的，应当责令改正或予以处罚。

招标人未按照要求在确定招标人后发布的说明文件，应该不属于招标文件的组成部分。但现在招标人与中标单位已经依据招标代理公司出具的澄清文件签订了施工合同，违反《招标投标法》第23条和《招标投标法实施条例》第64条的规定并不必然导致合同无效，毕竟行为人主观上没有限制或排除其他投标人公平竞争权利的恶意，也没有实际造成架空招标投标或躲避监管的法律后果。且重庆当地的很多计价文件就是这样规定施工组织措施费的计价规则的，所以招标代理机构依据行业惯例作出澄清说明，之后据此签订施工合同，通常也不会导致合同无效。但如果把这两个条文理解为一种影响合同效力的强制性规定，那么再结合《招标投标法》第46条第1款"招标人和中标人应当自中标通知书发出之日起三十日内，按照招标文件和中标人的投标文件订立书面合同。招标人和中标人不得再行订立背离合同实质性内容的其他协议"，和《招标投标法实施条例》第81条"依法必须进行招标的项目的招标投标活动违反招标投标法和本条例的规定，对中标结果造成实质性影响，且不能采取补救措施予以纠正的，招标、投标、中标无效，应当依法重新招标或者评标"，可以通过中标无效推导出本案施工合同无效的结论。

《施工合同示范文本》第3.6条有关工程照管与成品、半成品保护规定："(1) 除专用合同条款另有约定外，自发包人向承包人移交施工现场之日起，承包人应负责照管工程及工程相关的材料、工程设备，直到颁发工程接收证书之日止。(2) 在承包人负责照管期间，因承包人原因造成工程、材料、工程设备损坏的，由承包人负责修复或更换，并承担由此增加的费用和（或）延误的工期。(3) 对合同内分期完成的成品和半成品，在工程接收证书颁发前，由承包人承担保护责任。因承包人原因造成成品或半成品损坏的，由承包人负责修复或更换，并承担由此增加的费用和（或）延误的工期。"理解案例中地上、地下建筑物的保护可以参照这里承包人的工程照管义务，虽然不是同一种概念，但本质上是共通的。

在实际施工过程中，施工单位没有报送也没有实际施工，审计人员的疑问在于这笔费用是否应该支付给施工单位？根据《施工合同示范文本》的规定，总价项目是指在现行国家、行业以及地方的计量规则中无工程量计算规则，在已标价工程量清单或预算书中以总价或以费率形式计算的项目。总价项目没有工程量的计算规则，因此无法按时结算，这种设施保护费通常都是总价包干的项目，现实中也无法确定实际工程量。

《清单计价规范》第6.2.4条规定："措施项目中的总价项目金额应根据招标

文件及投标时拟定的施工组织设计或施工方案，按本规范第 3.1.4 条的规定自主确定……”投标人在设施保护这一项报价 1400 万元，符合《清单计价规范》的规定，也是完全合法合规的。一般来说，因为无法据实结算，按照总价包干的形式，也应该直接根据投标时的报价进行结算。至于本案中该项目是否应该结算，这里可以提供一个分析角度，考虑未实际施工的该项目是否导致了不良影响。如果因为没有做好地上地下的工程保护设施而导致了损害的发生，显然建设单位有理由不支付该笔费用。但从另一个方面来说，因为是总价包干，即便施工单位在实际施工中多做了一部分，建设单位也不必支付多出的部分费用。《民法典》第 799 条规定：“建设工程竣工后，发包人应当根据施工图纸及说明书、国家颁发的施工验收规范和质量检验标准及时进行验收。验收合格的，发包人应当按照约定支付价款，并接收该建设工程。建设工程竣工经验收合格后，方可交付使用；未经验收或者验收不合格的，不得交付使用。”关于安措费的案例中，曾经提到，即便审计人员发现施工单位没有实际发生安措费，也不应该扣减该费用，这与建设工程施工合同的本质属于承揽合同相关，承揽合同的目的是要求承揽人最终交付合格的工作成果，对于过程的要求并不严格。所以这个案例中关于地上、地下设施、建筑物的临时保护设施费无论实际是否发生，建设单位都应该支付，但由此产生的风险和后果应该由施工单位承担。建设单位应当支付的金额应该根据合同的约定按照承包人的投标价支付。

总结来说，地上、地下设施、建筑物的临时保护设施费属于施工组织措施项目费的一种，代理招标单位于确定中标后发布澄清说明文件在程序上存在错误，但这种错误不至于导致合同无效。另外，总价包干的措施项目不适宜据实计量结算，对于实际施工中未完成的措施项目，建设单位也应该支付相应价款，但产生的不利后果应由施工单位自行承担。需要注意的是，如果诉讼中由法官判断这个问题，也有可能根据合同法律关系中的对价原理，得出对于施工单位未履行的合同义务不应该予以结算的结论。

057 围栏属临时设施，其费用包含在安全文明施工费之中

合同中技术措施项目清单包含有施工围栏，安全文明施工费中包含现场围挡。审计认为施工围栏围挡费用重复计算了，应扣减技术措施项目中的施

工围栏费用。施工单位认为施工围栏和围挡不是一回事，二者从概念上和用途上不同，不应扣减。施工单位应该如何说服审计人员？

关键词：临时设施、安全文明施工费

对于合同条款理解产生的争议，《民法典》第 466 条规定："当事人对合同条款的理解有争议的，应当依据本法第一百四十二条第一款的规定，确定争议条款的含义。"第 142 条第 1 款规定："有相对人的意思表示的解释，应当按照所使用的词句，结合相关条款、行为的性质和目的、习惯以及诚信原则，确定意思表示的含义。"

《房屋建筑与装饰工程工程量计算规范》在安全文明施工的工程内容及包含范围部分规定，临时设施包括施工现场采用彩色、定型钢板，砖、混凝土砌块等围挡的安砌、维修、拆除……临时设施属于安全文明施工费的一种，其价款包含在安全文明施工费中。如果题目中技术措施项目中的现场施工围栏与前述围挡指的是同一种设施，就不应该再单独在技术措施中重新计价了。

《清单计价规范》第 3. 1. 5 条规定："措施项目中的安全文明施工费必须按国家或省级、行业建设主管部门的规定计算，不得作为竞争性费用。"安措费所包含的内容在国家或省级、行业主管部门的规定中是有明确规定的，在相应的计量规范中内容也十分清楚，围栏的费用包含在安全文明措施项目的总价项目中，发承包方不应再将这一项抽出来单列。

另外，根据《清单计价规范》第 11. 2. 3 条的规定，措施项目中的总价项目应依据已标价工程量清单的项目和金额计算。也就是说，总价措施项目无须按实结算，按照投标人所投报的项目金额结算即可。

058 场外道路、场内道路以及临时道路都有所区别

案涉工程有关于临时道路的签证如下：

（1）北区联系单 1 是市政修顺天路时为不中断施工对原临时道路进行的改道，范围在红线外；

（2）北区联系单 2 反映的道路系连接环城路，所修施工道路起通路性质；

(3) 南区联系单1施工内容在南区住宅施工红线范围外，道路整理及塘渣铺设目的是连接市政道路和搞奠基仪式；

(4) 南区联系单2记载内容是施工道路改道。

发包人认为上述签证是关于临时道路的，已在临时设施费用中计取，不应重复计取。承包人认为上述签证涉及的临时道路系发包人基于多重考量要求施工，施工内容除满足场地交通要求外，还具有连接市政道路、强化小区道路路基的内容，不属于临时设施，应当按照签证和施工现场情况予以结算。

案涉工程造价中已计取临时设施费用，再按照签证和施工现场情况计取临时道路费用，是否属于重复计取？

关键词：临时设施

按照签证和施工现场情况计取临时道路费用是否属于重新计取临时设施费用，要看这些设施是否属于同一工程。场内道路是指发包人应提供场内交通设施的技术参数和具体条件，并应按照专用合同条款的约定向承包人免费提供满足工程施工所需的场内道路和交通设施。除发包人按照合同约定提供的场内道路和交通设施外，承包人负责修建、维修、养护和管理施工所需的其他场内临时道路和交通设施。围墙以内或者说是施工红线以内的道路都属于场内道路。根据《广东省住房和城乡建设厅绿色施工导则》第4.6.3条的规定，施工现场道路按照永久道路和临时道路相结合的原则布置，道路应对荷载有限制，施工期间不得破坏永久道路。在满足路面荷载条件下，临时道路应采用预制块铺设或钢板敷设，道路路基应采用永久路基施工，市政雨水、污水管网应提前投入使用。施工现场内应形成环形通路，减少道路占用土地。

场外道路、场内道路以及临时道路都是有所区别的，甲方需要负责“三通一平”和合同约定应该提供的场内道路。“三通一平”是指基本建设项目开工的前提条件，具体指：水通、电通、路通和场地平整：(1) 水通专指给水；(2) 电通指施工用电接到施工现场具备施工条件；(3) 路通指场外道路已铺到施工现场周围入口处，满足车辆出入条件；(4) 场地平整指拟建建筑物及条件现场基本平整，无须机械平整，人工简单平整即可进入施工的状态。另外，根据《清单计价规范》第2.0.22条的规定，安全文明施工费是指在合同履行过程中，承包人按照国家法律、法规、标准等规定，为保证安全施工、文明施工、保护现场内外环境和搭拆临时设施等所采用的措施而发生的费用。其中，临时设施有临设宿舍、办公室、食堂、临水、临电、临道等。

案例中的签证文件所描述的道路应该是在红线范围以外或者是用来连接市政道路的道路，与《清单计价规范》中的临时道路不同，属于甲方应该负责的道路，这些签证应该另行计价。

五、暂估价

059 依法应当进行招标的暂估价工程必须依法招标

暂估价二次招标的单项总价限额是不是不能超过暂估总价，有没有具体文件规定？

关键词： 暂估价

《招标投标法实施条例》第 29 条规定："招标人可以依法对工程以及与工程建设有关的货物、服务全部或者部分实行总承包招标。以暂估价形式包括在总承包范围内的工程、货物、服务属于依法必须进行招标的项目范围且达到国家规定规模标准的，应当依法进行招标。前款所称暂估价，是指总承包招标时不能确定价格而由招标人在招标文件中暂时估定的工程、货物、服务的金额。"第 2 款规定实际上给暂估价下了一个定义，这个条款也是关于暂估价的最高级别法律规定。《招标投标法实施条例》不允许甲方在招标时把一个施工单位进行施工的工程分解出来交给不同的单位。如果有一部分工程本身还不具备招标条件，尤其是它的价格没有办法确定，这时可以把它纳入总包范围之内全部交给总包单位，然后这部分价格放在工程量清单中的其他项目费中以暂估价的形式列明。

暂估价部分的专业工程在给到总包单位以后，总包单位可能还需要将这部分对外进行招标选择分包单位。现在的问题是，总包单位和分包单位之间约定的价款能否设定限额使之不超过甲方给到的价款。比如甲方发总包时给到 1000 万元的暂估价，总包单位在分包时能否设定 1000 万元或者 800 万元的限定价？总包单位投标时的暂估价就是工程量清单中的价格，《房屋建筑和市政基础设施项目工程总承包管理办法》第 21 条规定："工程总承包单位可以采用直接发包的方式进行分包。但以暂估价形式包括在总承包范围内的工程、货物、服务分包时，属于依法必须进行招标的项目范围且达到国家规定规模标准的，应当依法招标。”这是对总包方直接发包的限制条款，总包人不能将已经达到国家规定规模标准范围之内的工程直接委托给第三方，这与《招标投标法实施条例》的规定是一致的。

笔者曾经处理这样一个案例，工程总价大概是1亿元，甲方将其中5000万元的工程都作为暂估价项目，也就是说，总包单位拿到的这1亿元的项目，其中有5000万元要交给分包单位去做，这样是否合理呢？北京市《关于进一步规范北京市房屋建筑和市政基础设施工程施工发包承包活动》中第10点提到，建设工程招标人在招标文件中将用于支付必然发生但暂时不能确定价格的建筑材料、建筑构配件和设备设为暂估价，或将暂时不能确定金额的专业工程设为暂定项目的，应当按照国家和本市工程造价管理的有关规定执行，暂估价和暂定项目应当反映市场价格水平。暂估价和暂定项目的合计金额占合同金额的比例不得超过30%。招标文件中暂估价和暂定项目的合计金额占合同金额的比例超过30%的，视为工程不具备招标条件。也就是说，当暂估价项目高达50%时是不允许进行招投标的。在实践中很多时候，甲方把暂估价作为指定分包的一种手段，从未打算把暂估价工程交给总包方来做，所以就把它列在暂估价项目里，等到将来总包单位选择分包单位时再选择甲方指定的单位，这种做法显然是违法的。第10点的最后一句话与《招标投标法实施条例》和《房屋建筑和市政基础设施项目工程总承包管理办法》的精神是一致的，列为暂估价的建筑材料、建筑构配件和设备采购以及暂定项目满足招标规模的，应当依法招标发包。所以只要达到标准和规模就必须招标，且要求履行招投标的程序。

笔者最近处理的一个项目，甲方在没有初步设计的情况下采用EPC合同形式对外发包。由于没有施工图纸，甲方只做了模拟清单，在对外招标时把不具备图纸的部分都作为暂估价项目。这种做法其实违背了暂估价规则的设立初衷，但实践中纷繁复杂的情况有时候就是这样。《关于进一步规范北京市房屋建筑和市政基础设施工程施工发包承包活动的通知》中第11点规定：“建设工程设计中已经明确要求，且本市有关行政主管部门已经发布市场价格信息的建筑材料、建筑构配件和设备，或者已经进行认价或限价的建筑材料、建筑构配件和设备，招标人不得在招标文件或合同中将其列为暂估价。”由此可见，并不是甲方把总工程中的任意一部分拿出来都可以作为暂估价项目，必须是招标时不能确定价格的项目才能作为暂估价项目。所以，暂估价项目的金额不能超过总项目金额的一定比例，而且对于一些价格比较明确的项目，无论是材料还是专业工程，都不能列为暂估价项目。

另外再来谈一个问题，专业工程暂估价应该如何确定价格？单从《清单计价规范》的内容其实看不出来总包方在暂估价项目中的利益点在哪里，《清单计价规范》第 9.9.3 条规定："发包人在工程量清单中给定暂估价的专业工程不属于依法必须招标的，应按照本规范第 9.3 节相应条款的规定确定专业工程价款，并应以此为依据取代专业工程暂估价，调整合同价款。"也就是说，如果专业工程不属于依法必须招标的项目，承包人可以直接选择分包人，只要经过甲方同意即可。建设单位和总包方在清单中注明了暂估价，而总包单位和分包单位又会另行约定合同价格。根据第 9.9.3 条的规定，建设单位和总包方应当依据规范第 9.3 节也就是变更估价条款来确定合同价格，并以此取代专业工程暂估价。总包方和建设单位之间签订的合同可能是 110 万元，和分包人签订的合同可能是 100 万元，这 10 万元的差价就是第一种常见的总包方在专业工程暂估价项目中赚钱的方式。另一种是在属于依法必须招标的项目中，《清单计价规范》第 9.9.4 条规定："发包人在招标工程量清单中给定暂估价的专业工程，依法必须招标的，应当由发承包双方依法组织招标选择专业分包人，并接受有管辖权的建设工程招标投标管理机构的监督，还应符合下列要求：1. 除合同另有约定外，承包人不参加投标的专业工程发包招标，应由承包人作为招标人，但拟定的招标文件、评标工作、评标结果应报送发包人批准。与组织招标工作有关的费用应当被认为已经包括在承包人的签约合同价（投标总报价）中。2. 承包人参加投标的专业工程发包招标，应由发包人作为招标人，与组织招标工作有关的费用由发包人承担。同等条件下，应优先选择承包人中标。3. 应以专业工程发包中标价为依据取代专业工程暂估价，调整合同价款。"也就是说，专业工程暂估价项目对外招标后最终会确定一个中标价格，原清单中的专业工程暂估价就会被中标价格取代。这时总包单位需要对外分包还要管理分包，并且承担分包项目的质量连带责任，但是总包单位和建设单位以及分包单位之间的合同没有价差，总包单位赚取利润的点在哪里？实务中一般有两种方式：一种方式是分包人中标合同中的合同价款会约定总包服务费，包含一定的配合费用，由分包单位支付给总包单位；另一种方式是总包单位和建设单位约定，收取暂估价项目的 2% 作为总承包服务费。这些内容无法通过《清单计价规范》得出，在实务中要注意归纳总结。

题目中问到二次招标的单项总价能否超过甲方的暂估价，这在《施工合同示范文本》和《清单计价规范》中没有相应的限制规定。可以理解为这一部分的风险由甲方承担，如果分包的价格低了，总包单位可以赚取这部分差价；但如果分包的价格高了，甲方要承担这部分风险，总承包人只是在中间获取总包配合费。

总结一下，这个问题分析了暂估价项目的定义及设置依据，暂估价的金额占比是有限制的，对于依法必须招标的暂估价项目必须依法招标。另外暂估价项目中总包人的盈利模式需要在合同中明确约定，对于二次招标时单项的总价没有法律规定具体的限额。

060 投标人某项零报价视为已包含在其他项目中

工程量清单中电梯工程为单独的单位工程（按单位工程做控制价），工程量为两部电梯，并且为暂估价。施工单位投标时未对电梯工程整体报价。施工图中是三部电梯，甲方发布的清单为两部电梯。现竣工结算，怎么结算？是按甲方确认价格，只给结算一部电梯的费用，还是电梯工程整体不予结算？

关键词：投标报价、暂估价

施工单位在投标时，对工程量清单中电梯工程的两部电梯没有报价，也就是零报价。但由于施工图中是三部电梯，结算时按几部电梯的价款进行结算，可能会有不同的意见。

暂估价是指招标人在工程量清单中提供的用于支付必然发生但暂时不能确定价格的材料、工程设备的单价以及专业工程的金额。专业工程暂估价的工程设备应该按照相应的市场价列明，材料工程设备的暂估价应由所有投标人直接照抄金额，作为单位工程款或者材料费计入综合单价。发包人在招标工程量清单中给定暂估价的材料、工程设备属于依法必须招标的，应由发承包双方以招标的方式选择供应商，确定价格，并应以此为依据取代暂估价，调整合同价款。不属于依法必须招标的，应由承包人按照合同约定采购，经发包人确认单价后取代暂估价，调整合同价款。所以暂估价在合同履行过程中需要重新认价，如果原暂估价列的是 100，实际是 120，结算的价格就应根据实际调增 20。

现在投标人在投标报价时没有照抄暂估价的金额，而是零报价。《清单计价规范》第 6.2.7 条规定：“招标工程量清单与计价表中列明的所有需要填写单价和合价的项目，投标人均应填写且只允许有一个报价。未填写单价和合价的项目，可视为此项费用已包含在已标价工程量清单中其他项目的单价和合价之中。当竣工结算时，此项目不得重新组价予以调整。”所以对于暂估价项目，投标人的零报价就意味着这一项的价款融入了其他项的报价中，同样视为投报了暂估价的金额。本案例中两部电梯的暂估价已经包含在投标人的报价中，当工程变更引起工程量增加时，应该按照实际施工中工程量据实结算。假设投标时招标控制招标文件中给定的暂估价是 100 万元，投标人投了 0，那就意味着两部电梯一共 200 万元的价格被纳入其他价格中了，结算时这 200 万元范围内的价款不应该再结算。如果现在实际认定的电梯价格是 200 万元一台，三台电梯的实际价款一共是 600 万元，招标工程量清单中两台电梯共 200 万元的暂估价已经包含在投标人投标的价格中，因此最后调整的金额应当减去暂估价 200 万元，一共调增 400 万元的价款。

061 暂估价项目的价格应遵照诚信原则协商确认

某水务局污水处理项目，一体化泵站招标控制价为材料暂估价 120.5 万元，但招标阶段招标人未把材料暂估价价格明细发给投标人，投标人在投标报价时将此清单项报价为 150 万元，且已中标。结算阶段审计单位发现该问题，建设单位要求对一体化设备进行市场认价。施工合同为固定单价合同，施工单位认为不是其原因导致的，不同意将此价格重新认价，如何处理？

关键词： 暂估价、价格调整

《招标投标法实施条例》第 29 条规定：“招标人可以依法对工程以及与工程建设有关的货物、服务全部或者部分实行总承包招标。以暂估价形式包括在总承包范围内的工程、货物、服务属于依法必须进行招标的项目范围且达到国家规定规模标准的，应当依法进行招标。前款所称暂估价，是指总承包招标时不能确定价格而由招标人在招标文件中暂时估定的工程、货物、服务的金额。”

根据《清单计价规范》第 6.2.5 条的规定，暂列金额应按招标工程量清单中列出的金额填写。第 9. 9. 1 条规定：“发包人在招标工程量清单中给定暂估价的材料、工程设备属于依法必须招标的，应由发承包双方以招标的方式选择供应商，确定价格，并应以此为依据取代暂估价，调整合同价款。”第 9. 9. 2 条规定：“发包人在招标工程量清单中给定暂估价的材料、工程设备不属于依法必须招标的，应由承包人按照合同约定采购，经发包人确认单价后取代暂估价，调整合同价款。”根据《清单计价规范》的上述规定，投标人在投标时应该照抄暂估价的金额填列在综合单价分析表中，然后在合同履行过程中由发承包双方通过招标的方式选择供应商。如果是非法定招标项目，可以由发包人确认单价来取代暂估价以调整合同价格。

本案例中，施工单位认为没有按甲方提供暂估价填报投标价的原因不在自己，因而不同意按照市场价重新认价。根据《施工合同示范文本》第 4. 4 条的规定，合同当事人进行商定或确定时，总监理工程师应当会同合同当事人尽量通过协商达成一致，不能达成一致的，由总监理工程师按照合同约定审慎作出公正的确定。总监理工程师应将确定以书面形式通知发包人和承包人，并附详细依据。合同当事人对总监理工程师的确定没有异议的，按照总监理工程师的确定执行。由于实务中的总监理工程师一般是甲方委托的，所以很难作出比较公正的决定。故第 4. 4 条又规定了任何一方合同当事人有异议，按照第 20 条［争议解决］约定处理。争议解决前，合同当事人暂按总监理工程师的确定执行；争议解决后，争议解决的结果与总监理工程师的确定不一致的，按照争议解决的结果执行，由此造成的损失由责任人承担。无论总监理工程师确定的价格能否被接受，当事人都应该先行执行，最终再由法院裁决争议确定具体责任人。

解决造价争议最重要的两个民法条文，一个是合同解释规则，另一个是合同漏洞填补规则。本案例中，当事人在履行过程中对暂估价项目到底按照暂估价项目重新认价还是应该按照固定单价直接计算产生了争议，根据《民法典》第 510 条的规定，合同生效后，当事人就质量、价款或者报酬、履行地点等内容没有约定或者约定不明确的，可以协议补充；不能达成补充协议的，按照合同相关条款或者交易习惯确定。上海一中院（2018）沪 01 民终 5536 号民事判决书裁判要点中提到，履行期限条款不明确不影响买卖合同本约的成立与生效，当事人应当遵循诚实信用原则，通过后续磋商填补合同漏洞。一方当事人拒绝对方的合理补充要约，坚持以明显违反一般交易习惯或合同既定条款的条件作为要约主张，造成补充协议无法达成，属于恶意磋商行为。恶意磋商方主动提出解约，系明确表示不履行合同义务，构成根本违约行为，相对人主张由其承担违约责任，人民法院应予支持。通过这个案例可以看出，如果一方当事人拒绝对方合理的补充要约，并坚持以明显违反一般交易习惯或合同既定条款的条件作为要约主张的，这种行为将被认定为恶意磋商，这也体现了民事法律关系中的帝王条款——诚信原则的理念。

总结来说，这个问题的背后仍是材料暂估价，通过上述分析，承包人应该与发包人在合同履行过程中，本着诚信原则进行协商，并重新确认材料价格。

六、计日工

062 投标人在投标时自行确定的计日工单价对双方具有约束力

某道路工程招标，招标人发布招标工程量清单，见表2：

表2 招标工程量清单

序号	清单名称	单位	工程量
1	垫层	平方米	1200
2	基层	平方米	1150
3	面层	平方米	1100

某施工单位投标，考虑到施工过程中必然发生计日工，所以在招标清单里自己加了一条清单：计日工，报价200元/工日。参与投标，中标。合同附件里已标价的工程量清单见表3：

表3 已标价工程量清单

序号	清单名称	单位	工程量	单价	合价
1	垫层	平方米	1200	15	18,000
2	基层	平方米	1150	48	55,200
3	面层	平方米	1100	70	77,000
4	计日工	工日	0	200	0

现场签证单：计日工共50个。施工单位要求按照报价200元/工日计算；而山西定额计价依据规定，计日工为160元/工日。

建设单位认为，按照正规招投标程序，投标人不能修改招标清单里的内容。投标人自己加项目并且报价，在评标过程中应该发现错误并修正，所以投标人自己加的清单报价是无效的，计日工不能按照200元计算。施工单位则认为，应该按照合同清单里报价200元计算。从法律上考虑，应该支持哪一种观点？

关键词：计日工

根据《清单计价规范》的规定，按照正常的招投标程序，投标人不能自行修改招标人提供的工程量清单的内容，也不能自行增加清单项目。在投标环节，只有在总价措施项目中，投标人可以根据自己拟定的施工组织设计或施工方案投报项目和价格，至于其他单价项目，投标人只能填写价格而不能改变既定的项目特征。问题中的情况如果是在评标时发现的，可以要求删除投标人自行增加的项目，但现在合同已经签订，投标人自行增加的单价项目是否有效？因为投标文件是合同文件的组成部分，而合同自成立之日生效，因此投标人投报的每个计日工单价为200元对合同双方当事人是具有法律约束力的。

关于计日工，《施工合同示范文本》第10.9条规定："需要采用计日工方式的，经发包人同意后，由监理人通知承包人以计日工计价方式实施相应的工作，其价款按列入已标价工程量清单或预算书中的计日工计价项目及其单价进行计算；已标价工程量清单或预算书中无相应的计日工单价的，按照合理的成本与利润构成的原则，由合同当事人按照第4.4款［商定或确定］确定计日工的单价……"比如，钢筋材料运到施工现场附近但是没有运进现场，此时如果要求现场的施工人员进行搬运，就可以采用计日工的方式进行计价，计价的依据和标准就是已标价工程量清单中的计日工计价项目及其单价。本案例中，已标价工程量清单中的计日工单价是200元，就应该按照200元进行计算。如果已标价工程量清单中没有对应的子目，根据清单漏项时的处理规则，应该按照合理成本价利润的原则或者由当事人商定确定。

根据《清单计价规范》第6.2.5条的规定，计日工应按招标工程量清单中列出的项目和数量，自主确定综合单价并计算计日工金额。所以，投标人在投标时是可以自主确定计日工单价的，既可以高于定额价也可以低于定额价，咨询单位不能以投标人的报价高于定额价而简单认定该价格不合理。

第一种理解，从合同法的角度分析，投标文件为要约，中标通知书为承诺。

投标人以200元的计日工单价参与竞争投报给发包人，只是工程量一栏数额为零。发包人可能也会认为，既然是不会实际发生的项目，即便投标人自行列了单价也不会对整个工程的价款产生影响，因而未引起发包人的特别关注，从而确定了该中标人。中标通知书送达后，计日工单价为200元的合同约定即在当事人之间成立并生效。

第二种理解，试想一下，计日工单价200元能否确定就是双方当事人形成的一致意思表示？合同成立的关键要素包括标的、数量和金额，在这个约定条款的形成中，双方认可一致的数量是零，这一项目的总报价也是零。现在甲方认为这一条款不能对当事人的权利义务产生影响，而承包人则认为应该按照约定的200元单价计价结算。对于合同条款理解的争议，根据最高院《关于适用〈中华人民共和国合同法〉若干问题的解释（二）》（现已废止）第1条的规定，当事人对合同是否成立存在争议，人民法院能够确定当事人名称或者姓名、标的和数量的，一般应当认定合同成立。但法律另有规定或者当事人另有约定的除外。对合同欠缺的前款规定以外的其他内容，当事人达不成协议的，人民法院依照《合同法》第61条、第62条、第125条等有关规定予以确定。也就是说，人民法院可以根据合同漏洞填补规则解决双方争议。如果认为约定并没有成立，那么在实际履行过程中可以把这一项作为工程变更的一部分，按照变更估价三原则来执行。

第三种理解，如果认为投标人的做法实际影响了其他潜在投标人的利益，违反了《招标投标法实施条例》第81条的规定，应认定该中标无效，从而导致合同无效，也包括合同约定的价款无效。在不能参照执行合同约定价款的情形下，可以依据定额计价来填补合同漏洞。

还有一种理解是从工程量偏差的角度来考虑，工程量增加或减少超过15%的，应该相应地调整价款，但这种情形可能从数学上比较难以解释。

七、规费和税金

063 施工合同价款里的税金与税务机关收取的税金不同

2017年签订总价包干合同，税率按11%计算，2018年税率改为10%，2019年税率改为9%，相应地，发票也按9%、10%开具。现发包人要求扣减相应税率差的造价，是否合理？

关键词：增值税税率调整

这是一个税务问题。2017 年发包人与承包人对某一工程项目签订了总价包干的施工合同，比如总价包干合同的合同价是 1.11 亿元，其中税金是 1100 万元。根据国家财税政策的规定，自 2018 年 5 月 1 日起，建筑服务税率由 11% 调整为 10%；自 2019 年 4 月 1 日起，由 10% 调整为 9%。承包人按照发包人向其支付进度款的时间开具了相应发票，即在施工过程中分别开具了税率为 10%、9% 的发票。现在工程施工完毕，承包人认为按照总价包干的价格形式，发包人应该支付 1.11 亿元的工程款；但是发包人却认为，施工过程中承包人是按照 9% 和 10% 的税率开具发票的，相较于按照 11% 税率开具发票，发包人理应有权扣除相应税金。

首先，从缴纳税款角度出发，税率调整应以承包人的纳税义务发生时间为准，纳税义务发生在原税率时期的，应按原税率申报纳税和开具发票；纳税义务发生在新税率时期的，应按新税率申报纳税和开具发票。《增值税暂行条例》第 19 条规定：“增值税纳税义务发生时间：（一）发生应税销售行为，为收讫销售款项或者取得索取销售款项凭据的当天；先开具发票的，为开具发票的当天。（二）进口货物，为报关进口的当天。增值税扣缴义务发生时间为纳税人增值税纳税义务发生的当天。”其中，“收讫销售款项”是指纳税人销售服务、无形资产、不动产过程中或者完成后收到的款项。“取得索取销售款项凭据的当天”是指书面合同确定的付款日期；未签订书面合同或者书面合同未确定付款时间的，为服务、无形资产转让完成的当天或者不动产权属变更的当天。

其次，需要区分增值税缴税与工程计价中的税金计算，理解增值税的价税分离、环环相扣、税负转嫁等基本特征。营业税改征增值税（以下简称营改增）后，税金为所谓价外税，由发包人承担，理论上由承包人代收代缴，定期上缴国家。工程价款中的税金是发承包双方通过合同的约定，根据营改增建设工程计价依据调整的相关规定，按照“增值税 = 税前工程造价 × 建筑业拟征增值税税率”计算出来的。施工合同的价款，即含税销售额，至少当前的施工合同都是这样约定了一个含税总造价。这个价格中的税金只是作为价款的组成部分，某种程度上讲是象征意义的税金，是造价管理部门力图贴近纳税现实而制定的计价规则。发包人所承担的税金不是合同价款里的税金，而是税务机关所规定的含税销售额/

(1+9%)×9%，这个算法与合同价款中的税金算法毫无关系。简单粗暴地讲，税务机关收税时根本不会看你合同价的组成以及其税金多少。当然发包人拿到增值税专用发票后，也可以在建筑物下一轮转卖过程中进行抵扣，如果谁不再转卖建筑物，也就是说，这个流转链条断在谁手里，谁就是增值税的最终承担者。

最后，发承包双方签订的是总价包干合同，即固定总价合同。因为双方所约定的合同价格为固定总价，增值税税率的调整并不影响施工合同工程款的金额。增值税系对销售货物或者提供加工、修理修配劳务以及进口货物的单位和个人就其实现的增值额征收的一个税种。国家降低增值税税率的直接目的是降低企业税负，激发企业活力，但并不会对双方所约定的施工合同的固定总价产生任何影响，影响的仅是承包人所需要缴纳的进项税金额，以及发包人可以抵扣的销项税金额。双方合同约定的总价款为包含增值税的固定总价，该价格不因市场变化、政策调整或其他任何因素变化而调整。如果双方在合同中明确约定根据税率的变化调整合同价款，显然按照约定就可以扣减。

综上所述，发包人要求扣减相应税率差的造价是不合理的。

064 实际施工人没有规费证，规费计取有约定从约定，没有约定一般也支持

有资质的施工企业计算规费按照取费证，工程转包给没有资质的施工企业，诉讼时该无资质的施工企业申请造价鉴定。请问规费如何计取？

关键词： 规费、实际施工人

有资质的施工企业按照取费证也就是规费证进行规费计算，这是通行的做法。施工企业拿到工程之后，转包给没有资质的施工企业，这是一种非法转包行为。案例中实际施工人经过诉讼，申请工程造价鉴定，那么实际施工人没有资质如何计取规费？

先看最高院的两个判决，(2019) 最高法民终 339 号民事判决书中提出，中建一局主张，自己办理的规费证标准为 6%，鉴定报告采用无规费证 1.8% 的标准计算，要求补偿社会保障费和住房公积金的计取差额。法院认为，中建一局取得规费证的时间是 2013 年 9 月 17 日，案涉工程于 2013 年 4 月 30 日开工，中建一局亦未提供证据证明其按照规费证核定的费率缴纳了规费。一审法院采信鉴定

机构按照有关文件规定核定的规费，并无不当。这是一个事后取得规费证的判决。另一个案件是关于养老保险金的，（2018）最高法民申227号认为，鉴定机构根据当地行政主管部门规定的取费标准，对没有取得规费证的企业按照1.8%计算规费。因为实际施工人不会去交规费，政府部门也无法直接向实际施工人收取，所以鉴定机构按照1.8%的标准来计算，人民法院予以认可。

一般来说，合同中有约定的按约定，没有约定就按交易习惯。施工企业应该按照当地政府部门核定的规费证和交易习惯等来计取规费。规费是工程价款，工程价款又包括分部分项工程费、措施项目费、其他项目费、规费和税金等。本案中，因为实际施工人没有资质也没有规费证，所以对是否计取规费产生疑问，实务中各种判决都有。通说认为，在发包人与实际施工人之间，规费属于工程价款的一部分，应当支付给实际施工人。至于政府能否向实际施工人收取规费，则是另一个问题。

065 投标时没有计入总价部分的税金无须支付

施工单位投标的时候故意未把税金加入总价中，中标了：假设税前1000万元，税90万元，税后总价还是1000万元，评标的时候也没有发现这个问题。招标方结算审核的时候也未对税金予以结算，施工单位不同意。合同是单价合同，请问这个税金到底要不要给？怎么处理合适？

关键词：投标价、重大误解

根据《清单计价规范》第2.0.46条的规定，投标价指的是投标人投标时响应招标文件要求所报出的对已标价工程量清单汇总后标明的总价。投标人投标报价时的投标价指的是总价。案例中承包人投标报价1000万元，发包人以此价格为基础与之签约。如果承包人的投标报价是1090万元，很有可能就不会中标。所以双方当事人形成一致的合意，显然是1000万元的合同总价。《清单计价规范》第6.2.8条规定：“投标总价应当与分部分项工程费、措施项目费、其他项目费和规费、税金的合计金额一致。”投标单位没有把税金部分计入总价，而且一定会提出根据《清单计价规范》第3.1.6条的规定，规费和税金必须按国家或省级、行业建设主管部门的规定计算，不得作为竞争性费用，并以此要求建设单位不得扣减税金费用。

至此我们可以来探究一下双方在形成合意时的真实意思表示：

第一种理解，如果承包人在投标时故意没有计算税金，以1000万元的价格进行投标，那么在发包人接受了投标要约并作出承诺时，投标人就应该受生效合同的约束。结算时按照投标报价的1000万元结算，多出来的90万元税金可以认为是投标单位提出的让利，也就是在投标时承包人就作出了让利90万元的意思表示。

第二种理解，承包人提出报价1000万元是其意思表示错误的行为。也就是说，承包人实际追求的意思表示是按1090万元来投标，但表示行为是按1000万元完成了投标，这种行为人意思表示的内心真意和对外表示行为之间出现了错误，民法上又称为效果意思错误，对于投标人来说构成了重大误解。承包人可以基于错误认识撤销合同，《民法典》第147条规定："基于重大误解实施的民事法律行为，行为人有权请求人民法院或者仲裁机构予以撤销。"第152条第1款规定："有下列情形之一的，撤销权消灭：（一）当事人自知道或者应当知道撤销事由之日起一年内、重大误解的当事人自知道或者应当知道撤销事由之日起九十日内没有行使撤销权……"但是当承包人超过90日没有行使合同的撤销权，该形成权归于消灭。因此现在的承包人仍应遵守原来的投标报价，也就是以1000万元进行价款结算。

总结来说，承包人以1000万元进行投标报价的行为可以理解为承包人的主动让利，也可以理解为承包人基于自己的重大误解放弃了合同的撤销权。所以，结算时的税金部分不予支付。

066 结算时规费的扣除视当地规定与当事人约定而定

河南省某工程，承包人未实际缴纳社会保障费，可否在发包人支付的工程造价中扣除？

关键词：规费、工程结算

关于规费。根据《建筑安装工程费用项目组成（按费用构成要素划分）》的规定，规费是指按国家法律、法规规定，由省级政府和省级有关权力部门规定必须缴纳或计取的费用。包括："1. 社会保险费 （1）养老保险费：是指企业按照规定标准为职工缴纳的基本养老保险费。(2) 失业保险费：是指企业按照规定标准为职工缴纳的失业保险费。(3) 医疗保险费：是指企业按照规定标准为职工缴纳的基本医疗保险费。(4) 生育保险费：是指企业按照规定标准为职工缴纳的生育保险费。(5) 工伤保险费：是指企业按照规定标准为职工缴纳的工伤保险费。2. 住房公积金：是指企业按规定标准为职工缴纳的住房公积金。3. 工程排污费：是指按规定缴纳的施工现场工程排污费。其他应列而未列入的规费，按实际发生计取。”在不同地区，缴纳社会保障费的主体或有不同，有的地方是建设单位，有的地方是施工单位。

根据《清单计价规范》第 3.1.6 条的规定，规费和税金必须按国家或省级、行业建设主管部门的规定计算，不得作为竞争性费用。(2019) 最高法民申 6890 号民事裁定书中提到，依据《河南省住房和城乡建设厅关于加强建设工程费用计价项目中社会保障费管理的意见》(豫建建〔2012〕76 号) 第 3 条规定，建设劳保费是建设工程成本的组成部分，作为不可竞争费用，实行统一管理，由各级建设劳保费管理机构按省建设行政主管部门发布的计费标准，统一向建设单位收取，统一向建筑业企业拨付、调剂，确保建设劳保费专款专用……第 13 条规定，建设劳保费属于法定规费，任何单位和个人不得以任何理由减免、截留和挪用……社会保障费属于法定规费，是建设工程成本的组成部分，由建设单位支付。丰泽公司虽未提供其缴纳社会保障费的证据，但华福公司应依法负担支付社会保障费的义务，丰泽公司是否缴纳社会保障费不影响华福公司应承担义务的履行，也不能成为华福公司拒绝支付社会保障费的抗辩理由。故二审判决认定华福公司为最终责任主体，将社会保障费计入工程总价，并无不当，其该项再审申请理由无事实和法律依据，不能成立。最高院的观点认为，如果建设单位负有缴纳社会保障费的义务，施工单位没有缴纳社会保障费不能成为建设单位拒绝支付社会保障费的抗辩理由。所以在要求施工单位缴纳社会保障费的情形下，建设单位应该将该部分费用作为工程款的一部分支付给施工单位。

(2017) 苏民申 4932 号民事裁定书中写道：“本院经审查认为，建设工程规费是建设工程费用的组成部分，也是施工企业按照规定必须向有关部门缴纳的费用，施工企业如果未按照规定缴纳相应的规费，有关部门有权向施工企业追缴。本案中，盛业公司与淮安市中盛投资发展有限公司订立建设工程施工合同，承接了通港大道、横七路的道路、雨污水管道工程后，将其中的通港大道工程违法肢解分包给天元公司，天元公司又将该工程转包给没有施工资质的周业祥个人施工，后周业祥直接与盛业公司确定工程转包关系。周业祥虽是通港大道工程的实际施工人，但其并不具备相应的施工资质，其对外系以盛业公司的名义进行施工，故通港大道工程的合法施工主体依然是盛业公司，盛业公司是通港大道工程规费的缴纳主体，该工程规费应当由盛业公司向有关部门进行缴纳。至本案诉讼时止，盛业公司、周业祥均未实际向有关部门进行缴纳，在此情形下，有关部门依法会向盛业公司进行追缴。因此，在周业祥既不是工程规费的缴纳主体，又没有实际向有关部门缴纳工程规费的情况下，二审法院判决在周业祥应得的工程价款中扣除相应的工程规费，并无不当。”这个判决同样表明了社会保障费应该由建设单位支付给施工单位，但是如果工程分包后存在个人的实际施工人，由于个人没有缴纳社会保障费或者收取规费的资格，因此在计算支付给实际施工人的工程价款时，应当从中扣除规费金额。

（2018）湘民再150号民事判决书中说道：“对于规费部分，规费是根据国家法律、法规规定，由省级政府或省级有关权力部门规定施工企业必须缴纳的，应计入建筑安装工程造价的费用，主要包括工程排污费、社会保障费、住房公积金等费用，因涉案工程是欧阳国赐以永州五建公司的名义承包施工，欧阳国赐及永州五建公司均未实际缴纳规费，应当予以扣除。”

总结来说，这个问题首先要看当地行政管理部门收缴规费的对象是谁，再结合发承包双方的约定确定。如果合同中约定按照定额结算或者全费用结算，通常施工单位是无法将管理费和规费加以区分的，建设单位只能按照约定将全部工程价款支付给施工单位。

八、其他造价

067 施工现场砂石属国家所有，建设单位只有使用权

一项目，在开挖地下室时遇到砂石，经过计算大约有6万立方米，承包单位现已开挖4万立方米，并已处置（出卖），现还余2万立方米。项目已在业主的要求下停工。现业主主张已处置的砂石受益，余下的砂石用于将来地下室回填。请问，作为业主的全过程咨询单位，如何帮助业主主张权利？

关键词：所有权

这里的关键问题在于，施工现场挖出的砂石归谁所有。《民法典》第 247 条规定："矿藏、水流、海域属于国家所有。"《矿产资源法实施细则》第 3 条规定："矿产资源属于国家所有，地表或者地下的矿产资源的国家所有权，不因其所依附的土地的所有权或者使用权的不同而改变。国务院代表国家行使矿产资源的所有权。国务院授权国务院地质矿产主管部门对全国矿产资源分配实施统一管理。"砂石是否属于矿产资源?《矿产资源法实施细则》附件里的矿产资源分类细目里列有：砂岩（冶金用砂岩、玻璃用砂岩、水泥配料用砂岩、砖瓦用砂岩、化肥用砂岩、铸型用砂岩、陶瓷用砂岩）、天然石英砂（玻璃用砂、铸型用砂、建筑用砂、水泥配料用砂、水泥标准砂、砖瓦用砂）。所以建筑用砂实际上是一种矿产资源，属于国家所有。

国家所有的资源建设单位能否使用?《关于开山凿石、采挖砂、石、土等矿产资源适用法律问题的复函》（国土资函〔1998〕190 号）第 2 条规定："建设单位因工程施工而动用砂、石、土，但不将其投入流通领域以获取矿产品营利为目的，或就地采挖砂、石、土用于公益性建设的，不办理采矿许可证，不缴纳资源补偿费。"所以现场挖出的砂石，建设单位可以享有使用权，但建设单位并没有处分权。也就是说，如果施工单位把这部分砂石用于现场施工形成了建筑物，那么从物权法的角度来说，所有权就归于建设单位了。《关于解释工程施工采挖砂、石、土矿产资源有关问题的复函》（国土资函 404 号）第 1 条规定："我部《关于开山凿石、采挖砂、石、土等矿产资源适用法律问题的复函》（国土资函〔1998〕190 号）（以下简称《复函》）'二'中的'因工程施工'和'就地'是指在工程建设项目批准占地范围内，因工程需要动用或采挖砂、石、土用于本工程建设。目的是鼓励建设单位在建设中充分利用已批准占地范围内的矿产资源，减少异地开采，以利于保护环境。但建设单位在上述范围内采挖砂、石、土进行销售或用于其他工程建设项目的，必须依法办理采矿登记手续并缴纳矿产资源补偿费。"所以建设单位不能对外出售砂石，施工单位也就更加不能出售了，否则要承担法律责任。

本案中，施工单位把本来属于建设方可以使用的砂石卖出去，其行为是否构成侵权?《民法典》第 120 条规定："民事权益受到侵害的，被侵权人有权请求侵权人承担侵权责任。"建设单位本来能用 6 万立方米的砂石，结果施工单位擅自卖出了 4 万立方米，显然是应该向建设单位赔偿的。再进一步分析，如果建设单位只能用到 2 万立方米砂石，施工单位卖出了多余的 4 万立方米，建设单位还能否主张侵权责任？由于砂石资源属于国家，建设单位也没有使用的权限，因此不产生侵权关系，但是施工单位擅自处分国家资源的行为还是会被追究责任的。

问题的结论就是，对于现场挖出的砂石，建设单位只拥有使用权。业主方可以向施工单位施压要求其赔偿或者扣减工程价款，否则可以向有关部门举报反映相应情况。

068 赶工费只有在发包人明确要求赶工时才会由发包人予以支付

3 万平方米的大空间高级装修工程，合同工期 182 天，为了抢工期，3 万平方米的满堂脚手架一起搭设。实际脚手架的用量增大，租赁费增加。此工程没有招投标，结算方式是执行 2012 年定额及相应取费。请问，此施工方案下的脚手架用量的增加能否根据施工方案调整？如果可以调整，应该怎样调整？（工期定额的工期是 281 天）

关键词：提前竣工、措施项目费

案例中，定额工期 281 天，合同工期 182 天，显然存在压缩工期的情形。关于工期，《建筑安装工程工期定额》总说明部分提到，《建筑安装工程工期定额》是在《全国统一建筑安装工程工期定额》（2000 年）的基础上，依据国家现行产品标准、设计规范、施工及验收规范、质量评定标准和技术、安全操作规程，按照正常施工条件、常用施工方法、合理劳动组织及平均施工技术装备程度和管理水平，并结合当前常见结构及规模建筑安装工程的施工情况编制的。本定额的工期是按照合格产品标准编制的。工期压缩时，宜组织专家论证，且相应增加压缩工期增加费。定额工期反映的是一种平均水平，一般情况下，定额只是一个静态的数据库，如果没有特别约定使用定额，定额工期对合同当事人是没有法律约束力的。因此不能仅根据定额文件就要求建设单位补偿压缩工期增加的费用，需要依据合同的具体约定。

北京市住房和城乡建设委员会《关于执行 2018 年〈北京市建设工程工期定额〉和 2018 年〈北京市房屋修缮工程工期定额〉的通知》第 3 条规定，发包人压缩定额工期的，应提出保证工程质量、安全和工期的具体技术措施："并根据技术措施测算确定发包人要求工期。压缩定额工期的幅度超过 10%（不含）的，应组织专家对相关技术措施进行合规性和可行性论证，并承担相应的质量安全责任。”

《深圳市建设工程工期管理办法》第7条规定：“招标人应当在定额工期基础上结合自身需求，同时考虑必要的行政审批时间，科学确定招标工期。招标人确定的招标工期不宜低于定额工期的80%，低于定额工期80%的，建设单位应当组织专家论证，并采取相应的技术经济措施。招标人应当在招标文件中载明定额工期和招标工期。招标文件中不得设定以投标人压缩工期作为优先中标条件。”

上述地方性文件都对压缩工期的限额规定了相应的标准，但由于地方性文件的法律效力有限，根据最高院关于裁判文书可以引用的法律规定来看，当事人在合同中约定的内容即便违反了地方性文件的相关规定，并不导致合同无效。所以，一般情况下这些文件的规定并不会直接影响当事人的权利和义务。

根据《清单计价规范》第9.11.1条的规定，招标人应依据相关工程的工期定额合理计算工期，压缩的工期天数不得超过定额工期的20%，超过者，应在招标文件中明示增加赶工费用。违反《清单计价规范》的强制性条文也不会导致合同无效，因此当事人未必一定按照《清单计价规范》的强制性条文计价。

《建设工程质量管理条例》第10条规定：“建设工程发包单位，不得迫使承包方以低于成本的价格竞标，不得任意压缩合理工期。”第56条规定：“违反本条例规定，建设单位有下列行为之一的，责令改正，处20万元以上50万元以下的罚款：……（二）任意压缩合理工期的……”这是一个管理性的行政法规，当事人也不会因此规定而调整合同价格。

最高院《第八次全国法院民事商事审判工作会议（民事部分）纪要》第30条规定：“要依法维护通过招投标所签订的中标合同的法律效力。当事人违反工程建设强制性标准，任意压缩合理工期、降低工程质量标准的约定，应认定无效。对于约定无效后的工程价款结算，应依据建设工程施工合同司法解释的相关规定处理。”这是关于工期的黑白合同规定，如果当事人在招标后另行签订补充协议任意压缩了工期，可以认定该补充协议是无效的。

（2019）最高法民终165号民事判决书中写道：“关于赶工措施费问题。四海园公司既是《建设工程施工合同》的承包人，也是《装饰工程施工合同》的承包人，其作为专业施工企业，在订立合同时应当对案涉土建工程和装饰工程的施工流程、组织安排等有合理的预见和必要的准备。四海园公司在明知可能存在交叉施工的情况下，仍然与中医院在《装饰工程施工合同》中将竣工日期约定为与土建工程竣工日期相同的2012年12月31日，且并未在合同中与中医院就交叉施工可能增加的费用作出安排，其应当严格按照合同履行义务并承担相应的履行成本。而案涉工程的竣工验收时间为2013年6月17日，四海园公司亦未在合同约定的工期内完成施工，也未提供证据证明其采取了赶工措施。鉴定机构按照定额工期和工日计取赶工措施费缺乏事实依据，一审判决仅以两项工程需先后施工、将工期叠加得出四海园公司有提前完工的事实，采信鉴定意见认定中医院应支付赶工措施费，依据不足，本院予以纠正。中医院关于不应支付赶工措施费的主张成立，本院予以支持。”由此可知，赶工费只有在发包人明确要求赶工时才会由发包人予以支付。

（2018）最高法民再163号民事判决书也提道：“中建三局还主张，《建设工程施工合同》中580日历天的工期条款因违反行政法规‘不得任意压缩合理工期’的强制性规定而无效。对此，本院认为，一方面，定额工期通常依据施工规范、典型工程设计、施工企业的平均水平等多方面因素制订，虽具有合理性，但在实际技术专长、管理水平和施工经验存在差异的情况下，并不能完全准确反映不同施工企业在不同工程项目的合理工期。另一方面，本案中，中建三局作为大型专业施工企业，基于对自身施工能力及市场等因素的综合考量，经与金胤公司平等协商，在《建设工程施工合同》中约定580日历天的工期条款，系对自身权利的处分，亦为其真实意思表示，在无其他相反证据证明的情况下，不能当然推定金胤公司迫使其压缩合理工期。”法院一般不会以压缩工期为由支持合同条款无效，即便违反了上述部委或地方的管理性规定，合同中已经约定的工期条款对当事人也是具有约束力的。案例中的确存在压缩工期的情形，但既然双方已在合同中明确约定，就应该严格遵守合同中关于工期约定的条款充分履行合同义务。

脚手架的费用能否根据实际施工方案调整？定额中的脚手架费用体现的也是通常情况下的平均水平，而按实计算则需要按照实际采用的施工方法和实际实施的措施项目结算。如果合同约定的是据实结算，又或者实际施工与定额情况不一致，这种情形可以依据实际情形调整价款。但由于合同约定的是执行定额，且双方没有关于据实结算的约定，因而这个问题只能按照定额计算不能调整该项措施项目。

在这个问题中，虽然脚手架的实际用量增大导致租赁费增加，但租赁的时间却缩短了，因此从总体上看租赁费用的增加应该并不明显。正如采用厚度较大的模板，虽然采购的费用增加，但模板能够周转使用的次数也相应地增多，因此不应该根据实际使用模板的厚度调整已经约定的定额价款。所以，这个问题的结论仍应按照合同约定执行2012定额，不应再据实调整实际增加的费用。

069 监测可由建设单位委托第三方或施工单位自行完成

请问，基坑监测必须由业主委托第三方监测机构进行监测吗？施工单位是否有权委托？

关键词：基坑监测

《建筑基坑工程监测技术标准》第3.0.3条规定，基坑工程施工前，应由建设方委托具备相应能力的第三方对基坑工程实施现场监测。监测单位应编制监测方案，监测方案应经建设方、设计方等认可，必要时还应与基坑周边环境涉及的有关管理单位协商一致后方可实施。一般来说，基坑监测应该由业主委托第三方进行监测。

（2016）苏民终316号民事判决书中说道："关于基坑土方开挖监测费（001号签证单）。南汇公司认为，土方工程不在招投标的工程量清单之中，双方签证的21元/立方米的单价，仅是开挖和外运的价格，不含基坑监测费用和支护费用。晶都公司认为，南汇公司未提供证据证实晶都公司、监理事先及事后明确同意此基坑监测费用应由晶都公司承担，且基坑支护工程由案外人施工，该基坑支护费用与土方开挖监控不是同一事项。该签证事项发生后，南汇公司未在合同约定的时间内及时进行申报，该基坑监测费用应由南汇公司自行承担。一审法院认为，因双方在招投标报价时不包含基坑土方开挖费用，南汇公司在土方工程施工中根据施工安全需要进行开挖监控，因双方以签证形式确定了土方开挖的单价，在土方开挖施工期间，南汇公司未按相关送审程序报批，未得到晶都公司和监理签字确认，现晶都公司对该基坑监测费用也不予追认，故该基坑监测费用不予计取，应由南汇公司自行承担。本院认为，基坑土方开挖监测包含在基坑土方开挖工程中，基坑土方开挖费用不在投标报价范围内，但双方在施工期间已以签证的形式确定了土方开挖工程综合单价为每立方米21元，且南汇公司在施工期间并未按送审程序报批，针对该笔费用的工程现场签证单未得到监理单位或晶都公司的签字认可，故基坑土方开挖监测费不应计取。”从这个判决中可以看出，基坑监测是由承包人委托施工单位监测，且因为本案的签证内容以及业主未追认等原因，最终基坑监测的费用也是由施工单位承担的。

《危险性较大的分部分项工程安全管理规定》第 17 条第 3 款规定：“施工单位应当按照规定对危大工程进行施工监测和安全巡视，发现危及人身安全的紧急情况，应当立即组织作业人员撤离危险区域。”第 20 条第 1 款规定：“对于按照规定需要进行第三方监测的危大工程，建设单位应当委托具有相应勘察资质的单位进行监测。”因此，实践中的监测一般既包括施工单位自己做的监测，也包括由建设单位委托的第三方监测。

070 建设单位委托检测机构进行检测的费用由其自行承担

有一住宅工程，建筑面积 2 万平方米，在开工时，建设单位和检测单位签署了检测合同。工程完工后，检测单位共计发生检测费用 10 万元（检测单位提供发票）。按费用定额企业管理费中检验试验费计算，检验试验费共计 5.1 万元。建设单位要求施工单位额外补足差额 4.9 万元。施工单位不同意建设单位的说法，双方产生分歧，分歧如下：

（1）建设单位认为，企业管理费中的检验试验费，就包括建设单位签署检测合同的检测费用，不足时理应由施工单位通过其他费用补齐。

（2）施工单位认为，根据 2005 年住建部令第 141 号《建设工程质量检测管理办法》的要求，到现在，常规工程检测也都是由建设单位和检测单位签订合同委托检测的，施工单位从来没有和检测单位签订检测合同。同时，现在的施工单位自己检测的项目太多，占用了大量的人力、物力，均需购置一些检测设备如钢筋保护层检测仪、楼板厚度检测仪、混凝土回弹仪、裂缝宽度检测仪等。现在主体竣工要求进行分户验收，每户都要求对不少于两个梁柱墙进行混凝土灰土检测（包括碳化深度）；对不少于两个梁板构件进行钢筋保护层检测；每户至少对一块楼板进行厚度检测，要求对开裂楼板及梁的裂缝宽度进行检测；对每个房间的净高净距对角线进行测量。费用定额中的检验试验费用（5.1 万元），就上述这些检测检查及检测仪器的费用高不够用，建设单位委托检测的费用，建设单位实报实销；同时“检验试验费用”即 5.1 万元也必须给予施工单位。

关键词：检验试验费

根据《建筑安装工程费用项目组成（按费用构成要素划分）》的规定，企业管理费是指建筑安装企业组织施工生产和经营管理所需的费用。其中的检验试验费，是指施工企业按照有关标准规定，对建筑以及材料、构件和建筑安装物进行一般鉴定、检查所发生的费用，包括自设试验室进行试验所耗用的材料等费用。不包括新结构、新材料的试验费，对构件做破坏性试验及其他特殊要求检验试验的费用和建设单位委托检测机构进行检测的费用，对此类检测发生的费用，由建设单位在工程建设其他费用中列支。但对施工企业提供的具有合格证明的材料进行检测不合格的，该检测费用由施工企业支付。从这个文件规定中可以看出，企业管理费中的检验试验费不包括建设单位对外委托检测的费用，即便对外委托检测的费用已由施工单位支付给第三方，最终也应该由建设单位来承担。

《民法典》第 465 条规定："依法成立的合同，受法律保护。依法成立的合同，仅对当事人具有法律约束力，但是法律另有规定的除外。"从这个条文也可以看出，建设单位和检测单位之间签订的 10 万元的检测合同只对建设单位和检测单位具有法律约束力，在没有其他法律依据的前提下，施工单位不需要承担这笔费用。

071 消纳费并非当然由施工单位自行承担

项目采固定单价合同，招标清单项目特征未明确是否包含财政评审预算，清单也未明确是否包含弃渣费，中标清单综合单价也未包含弃渣费。招标文件规定，招标人提供的工程量清单由投标人根据施工图纸自行复核工程量，其对工程量有疑义的应在规定时间内通知招标人。另外，工程量最高限价 20 项清单未包括余方弃置项目、投标人未报弃置费，但要求计算此项费用，应该如何处理？

结算时财政和业主要求提供渣场经营许可证及渣票、缴费发票，否则不予支付土方外运弃置费用，合同未单独约定此项内容，这一要求是否合理？政府类项目，合同规定结算为定额下浮，在财政审计时，土石方开挖外运要求提供总包单位下分包单位与渣场的发票，若不能提供全部量的发票或无发票，政府财政审计是否有权审减，总包单位在此情况下应该如何应对？

关键词：余方弃置、清单缺项

这里首先需要明确余方弃置的概念，余方弃置应该包括余方的装车、运输、卸载和弃渣的过程。余方弃置的费用是否包括支付给弃土场的费用？如果是甲方提供的弃土场，这一项费用是不需要考虑的。但如果甲方没有提供弃土场，实践中常见的做法有两种，一种是在招标清单中单列一项消纳费的清单项目，另一种是在余方弃置的项目特征中增加消纳费的项目特征。如果招标文件中已经列明了消纳费费用，在没有特别约定的情况下业主是不能要求总包单位必须提供向下结算的发票的。但如果招标文件中没有列明消纳费的费用，结算时建设单位是否需要另行结算这一款项？如果需要结算又应该如何结算？

如果清单和项目特征中没有消纳费这一项，可以将其作为清单缺项来处理。作为清单缺项结算，就需要依据总包单位向下结算的票据来确定实际发生的费用。有观点认为，消纳费应该是施工单位自行考虑的，不应该再向建设单位要求结算该项目。但由于现在环保要求较为严格，施工单位弃土的成本也相对较高，既然实际产生了费用，施工单位也应该从建设单位获得一定的补偿。获得补偿的方法主要有：既可以在报价时纳入自行考虑的范围，也可以由单位作为清单项目列明价格。如果合同文件中对消纳费没有明确的约定，可以在合同履行过程中通过签证来解决这一争议。总之，这里不建议将消纳费作为理应由施工单位自行承担的一项成本费用。

072 资料管理费用在合同未明确约定时由建设单位承担

工程竣工后，竣工资料交当地档案馆时，需要按照档案馆要求进行归档整理、图纸扫描等发生的费用，该由建设单位还是施工单位承担？前期对接时，施工单位已按照档案馆要求准备好了资料。现在档案馆找第三方机构来进一步整理和扫描竣工资料等，费用为 3 元/平方米，整个项目这项费用约 60 万元。请问，施工单位必须要对接档案馆吗？施工单位的资料是否只需交给建设单位？最后归档发生的费用是否应由施工单位承担？

关键词：竣工资料、档案管理

《施工合同示范文本》第3.1条规定："承包人在履行合同过程中应遵守法律和工程建设标准规范，并履行以下义务：……（9）按照法律规定和合同约定编制竣工资料，完成竣工资料立卷及归档，并按专用合同条款约定的竣工资料的套数、内容、时间等要求移交发包人……"《建设工程质量管理条例》第17条规定："建设单位应当严格按照国家有关档案管理的规定，及时收集、整理建设项目各环节的文件资料，建立、健全建设项目档案，并在建设工程竣工验收后，及时向建设行政主管部门或者其他有关部门移交建设项目档案。"《城市建设档案管理规定》第6条第1款规定："建设单位应当在工程竣工验收后三个月内，向城建档案馆报送一套符合规定的建设工程档案。凡建设工程档案不齐全的，应当限期补充。"由上述规定可知，施工单位应该按照合同约定及时向建设单位提供完整的竣工资料，再由建设单位按照相关规定向城建档案馆移交工程资料完成归档。

在实践中，档案馆的收费标准相对混乱，部分地区的收费远远高于正常水平。但是对于发承包方来说，档案管理费通常应该由建设单位承担，毕竟建设单位最终整理提交的资料除了施工单位提供的以外，还包括监理单位、第三方检测等其他工程相关资料，因此最终的归档工作包括归档费用的承担主体应该是建设单位。

（2019）最高法民申2254号民事裁定书中写道："案涉合同专用合同条款3.1约定：'承包人提交的竣工资料的内容：提供符合城建档案馆和行政质检监督部门要求的竣工图及竣工资料；承包人需要提交的竣工资料套数：四套；承包人提交的竣工资料的费用：承包人承担；承包人提交的竣工资料移交时间：本工程验收后7天内；承包人提交的竣工资料形式要求：书面及电子文档。'根据该合同约定，二审判决云鼎公司向地王公司交付竣工资料并无不当，云鼎公司认为二审判决云鼎公司交付竣工资料于法无据且不符合客观事实，与合同约定不符，于法相悖，该申请再审理由不能成立。"如果合同中约定承包人提供材料的费用由承包人承担，根据最高院的意见，该约定也是有效的。根据《建筑安装工程费用项目组成》的规定，可以认为该笔费用已经包含在了工程建设其他费用中。

问题中第三方扫描和整理的费用其实并不包含在上述档案管理费中。（2016）

川民终476号民事判决书中写道："档案管理费发票开具的交款方名称为四川蓝郡置地实业有限公司，虽然蓝郡公司人员在发票上标注'各施工单位按附件进行费用分摊'，但该内容没有得到自贡一建的确认，双方亦未在合同中进行约定，故该费用应当由蓝郡公司自行承担。"该案中的建设单位即为蓝郡公司，因此对于支付给第三方的费用，如果合同中没有明确约定由谁承担，通常应该由建设单位最终负担。

（2020）最高法民申3404号民事裁定书中写道："对于明钧公司所称桦林公司需'完善各项资料'，明钧公司并未明确桦林公司需要完善的具体资料内容且在当时即向桦林公司提出具体要求的证据。同时，《建筑工程竣工验收备案表》并非桦林公司单独可以完成，现明钧公司将该份资料的不具备作为桦林公司未完善资料、故其不应付款的理由，显然不能成立。完整的竣工资料是竣工验收的前提条件，明钧公司将案涉工程的实际使用和竣工验收、提交工程结算书、完善各项资料的关系割裂开来，以此作为不按约履行付款义务的理由，实际系逃避责任，违反诚实信用原则，不属于法律规定的行使先履行抗辩权的情形，其该项再审申请理由不能成立。"该案中的建设单位为明钧公司，施工单位为桦林公司，法院认为主张先履行抗辩权的基础是合同相对方没有履行合同主要义务，在建设工程施工合同中，支付工程价款的对应合同义务应该是完成工程施工而非提供竣工结算资料，显然建设单位不能以施工单位未提交完整资料为由拒绝支付工程款。

总结来说，向第三方的资料管理公司支付的费用，在合同未明确约定承担主体的情形下应由建设单位承担。另外，在竣工结算过程中，如果施工单位未及时提交完整的竣工资料，由于提交工程资料仅属于合同的附随义务，因此建设单位不能以此为由拒绝支付工程款。

073 承包人未按合同约定办理保险，应当承担由此给发包人造成的损失

某水利项目，合同招标文件清单明确保险费：建设工程一切险20万元，第三者责任险5万元，意外伤害责任保险5万元。合同专用条款明确约定工程保险由承包人购买。目前的问题是承包人未购买建设工程一切险。项目施工中发生洪水损毁赔偿金额约400万元。项目施工过程中建设单位也没有督

促和检查承包单位是否购买保险，请问是否该计算？如何计算？保险费用是当事人可以在合同中自由约定由哪一方承担的内容，本案中招标文件中列明了这一项费用，合同专用条款也明确约定工程保险由承包人购买。由于承包人没有购买保险，本应该由保险公司承担的损失现在应该如何分担？

关键词：保险、风险承担、违约责任

《标准施工招标文件》第 20.1 条规定："除专用合同条款另有约定外，承包人应以发包人和承包人的共同名义向双方同意的保险人投保建筑工程一切险、安装工程一切险。其具体的投保内容、保险金额、保险费率、保险期限等有关内容在专用合同条款中约定。"第 20.6.5 条规定："未按约定投保的补救：(1) 由于负有投保义务的一方当事人未按合同约定办理保险，或未能使保险持续有效的，另一方当事人可代为办理，所需费用由对方当事人承担。(2) 由于负有投保义务的一方当事人未按合同约定办理某项保险，导致受益人未能得到保险人的赔偿，原应从该项保险得到的保险金应由负有投保义务的一方当事人支付。"

《标准设计施工总承包招标文件》第 20.1.1 条规定："承包人按照专用合同条款的约定向双方同意的保险人投保建设工程设计责任险、建筑工程一切险或安装工程一切险等保险。具体的投保险种、保险范围、保险金额、保险费率、保险期限等有关内容应当在专用合同条款中明确约定。"第 20.5.5 条规定："未按约定投保的补救：(1) 由于负有投保义务的一方当事人未按合同约定办理保险，或未能使保险持续有效的，另一方当事人可代为办理，所需费用由对方当事人承担。(2) 由于负有投保义务的一方当事人未按合同约定办理某项保险，导致受益人未能得到保险人的赔偿，原应从该项保险得到的保险金应由负有投保义务的一方当事人支付。"

2011 年住建部发布的《建设项目工程总承包合同示范文本（试行）》第 15.1.4 条规定："承包人应在投保项目及其投保期限内，向发包人提供保险单副本、保费支付单据复印件和保险单生效的证明。承包人未提交上述证明文件的，视为未按合同约定投保，发包人可以自己名义投保相应保险，由此引起的费用及理赔损失，由承包人承担。"《施工合同示范文本》第 18.6.2 条规定："承包人未按合同约定办理保险，或未能使保险持续有效的，则发包人可代为办理，所需费用由承包人承担。承包人未按合同约定办理保险，导致未能得到足额赔偿的，由承包人负责补足。"

综合上述条款可以得出结论，对于承包人违约行为造成的建设单位的损失，应该由违约方承担最终损失。一切险的保险范围包括物质损失、第三者责任险以及附加险，承包人未按合同约定办理保险，导致发包人承受风险后不能获得足额赔偿的，应该由承包人支付其应得的保险金。

建筑工程领域的风险通常是指不可归责于当事人的缘由而产生的损失，例如，《房屋建筑和市政基础设施项目工程总承包管理办法》第 15 条规定，“建设单位和工程总承包单位应当加强风险管理，合理分担风险。建设单位承担的风险主要包括：（一）主要工程材料、设备、人工价格与招标时基期价相比，波动幅度超过合同约定幅度的部分；（二）因国家法律法规政策变化引起的合同价格的变化；（三）不可预见的地质条件造成的工程费用和工期的变化；（四）因建设单位原因产生的工程费用和工期的变化；（五）不可抗力造成的工程费用和工期的变化。具体风险分担内容由双方在合同中约定。鼓励建设单位和工程总承包单位运用保险手段增强防范风险能力。”

一切险的范围包括工程项目在整个建筑期间因自然灾害或意外事故造成的物质损失，以及依法应承担的第三者责任的保险。本案中如果承包人正常购买了建筑工程一切险，洪水造成的损失显然属于一切险的承保范围，能够获得保险公司的赔偿，但由于施工单位未按约定购买保险，根据《民法典》第 577 条的规定，当事人一方不履行合同义务或者履行合同义务不符合约定的，应当承担继续履行、采取补救措施或者赔偿损失等违约责任。施工单位应该承担赔偿洪水造成的建设单位损失的责任。

074 绿化工程的养护费用一般包含在投标报价中，不再另行调整

某绿化工程，合同工期为 2016 年 4 月至 2017 年 4 月。工程量清单中描述苗木养护期为两年，合同中约定人工费调整执行政策性调整文件。那么 2017 年 4 月至 2019 年 4 月这段时间内，苗木养护的人工费是否可以根据合同约定的政策性文件进行调整？

关键词：绿化工程

《园林绿化工程建设管理规定》第 10 条规定：“园林绿化工程竣工验收应通

知项目所在地城镇园林绿化主管部门，城镇园林绿化主管部门或其委托的质量安全监督机构应按照有关规定监督工程竣工验收，出具《工程质量监督报告》，并纳入园林绿化市场主体信用记录。”第 11 条规定：“园林绿化工程施工合同中应约定施工保修养护期，一般不少于 1 年。保修养护期满，城镇园林绿化主管部门应监督做好工程移交，及时进行工程质量综合评价，评价结果应纳入园林绿化市场主体信用记录。”绿化工程的养护期其实指的就是在工程竣工验收之后承包人的一段责任期限。

在实践中，养护期的养护服务费是包含在投标人的报价中的，因此一般不会再在后期发生新的关于工程价款的费用。另外，需要了解的是民法中的后合同义务，《民法典》第 558 条规定：“债权债务终止后，当事人应当遵循诚信等原则，根据交易习惯履行通知、协助、保密、旧物回收等义务。”最高院《关于适用〈中华人民共和国合同法〉若干问题的解释（二）》（现已废止）第 22 条规定：“当事人一方违反合同法第九十二条规定的义务，给对方当事人造成损失，对方当事人请求赔偿实际损失的，人民法院应当支持。”

第四章 Chapter 04 价格调整

一、法律法规变化

075 政府正常执法行为不属于合同履行中的法律变化

施工合同签订后，由于区生态环境局环卫管理处将在本市高速公路入口实施全覆盖治理超载非现场执法（采用电子自动检测系统）工作，渣土运输车辆单车装载量明显下降（目前渣土车辆平厢平盖情况下满载土方后自重加载重总质量在55吨左右，按限超限载“治超”规定执行，即按照车辆行驶证核定总质量为31吨），对出土运输效率影响较大，施工单位可否因此索赔？

关键词：法律变化、价格调整、政府行为

这个问题在实务中也十分常见。通常施工单位都是雇渣土运输队，这些运输队和总包单位据实结算，比如运输了多少土方、跑了多少趟或者运输多少天等。如果运输队遇到案例中的情况，一定会向总包单位索赔，但总包单位能否因此向建设单位索赔？

案例中的情况是政府行为导致的，可以肯定的是这里的政府行为属于正常的执法行为，而且也都是合法的，并不能看作法律的变化。《施工合同示范文本》第11.2条关于法律变化引起的调整规定：“基准日期后，法律变化导致承包人在合同履行过程中所需要的费用发生除第11.1款［市场价格波动引起的调整］约定以外的增加时，由发包人承担由此增加的费用；减少时，应从合同价格中予以扣减……”所以由法律变化引起的费用增减应该据实调整价款，这一点是很明确的。根据《施工合同示范文本》第1.3条的规定，合同所称法律是指中华人民共和国法律、行政法规、部门规章，以及工程所在地的地方性法规、自治条例、单

行条例和地方政府规章等。《立法法》第82条第1款规定："省、自治区、直辖市和设区的市、自治州的人民政府，可以根据法律、行政法规和本省、自治区、直辖市的地方性法规，制定规章。"合同当事人可以在专用合同条款中约定合同适用的其他规范性文件。根据《立法法》第82条的规定，省级人民政府，比如上海市人民政府、内蒙古自治区人民政府、山东省人民政府等省政府，还有全国289个设区的市，可以制定地方政府规章，所以地方政府规章是确定而不是一个宽泛的概念。

本案中，施工单位本身就不应该违规超限，而是应该考虑到施工的合法性，并把相关的费用都纳入施工的成本当中。投标人企图通过不合规的操作降低成本而压低投标报价的风险，应该由投标人自己承担，不能够向建设单位索赔。

结合这个问题再来分析一下政府行为是否属于不可抗力。(2019)最高法民终283号民事判决书中提到，"不可抗力"是指双方不能合理控制、不可预见或即使预见亦无法避免的事件，该等事件妨碍、影响或延误任何一方根据本协议履行其全部或部分义务。该等事件包括但不限于一定级别的风、雨、雪、洪、震等自然灾害、火灾、战争、骚乱、罢工、政府行为、法律法规及规章政策变动或任何其他类似事件。本案根据查明的事实，双方合作协议系因政府政策调整的原因导致不能履行，是当事人不能预见、不能避免的，符合双方协议约定的不可抗力情形，也符合我国合同法律制度中有关法定解除权的规定。(2018)最高法民终107号民事判决书也提到，政府行为符合不可预见性、不可避免性、不可克服性等不可抗力的基本特征，不能归责于本案任何一方。(2017)最高法民终171号民事判决书中写到，中冶公司称未取得建设工程规划许可证是由于政府行为导致，属于不可抗力，但根据《房屋租赁合同》第18.1条的约定，双方并没有将政府行为约定为不可抗力，且根据第18.2条的约定，发生了不可抗力后，中冶公司要立即向银泰公司发出通知并提供相关证明，但中冶公司并没有提交其已经就政府行为构成不可抗力向银泰公司发出通知及证明的相关证据。故中冶公司关于不可抗力的主张不成立。可见，关于政府行为是否属于不可抗力，在实践中是存有争议的，但是如果在合同中明确约定了政府的哪些行为属于不可抗力，法官也是会认可该约定的。

总结来说，政府加强执法的行为不属于法律法规变化的范畴，而且《施工合同示范文本》中法律变化仅限于地方政府规章以上级别的法律变化。本案例中施工单位不能向建设单位索赔。

076 当事人可以对政策性调价文件的效力在合同中予以明确约定

合同中没有规定体现规费调整，但招标文件写明报价要综合考虑，国家政策调整的费用包含在内，通用条款和专用条款也约定国家政策变化各种价格不予调整。在合同履行过程中，安措费政策规定由0.07%调整为1.5%，承包人主张该费用应调整，发包人认为已经约定因政策原因不予调整。此类情形是该调整还是不予调整？个人认为安措费是强制规定，约定的相关条款不调价的范围不应包含。

关键词：政策性调整

《施工合同示范文本》第1.3条规定："合同所称法律是指中华人民共和国法律、行政法规、部门规章，以及工程所在地的地方性法规、自治条例、单行条例和地方政府规章等。合同当事人可以在专用合同条款中约定合同适用的其他规范性文件。"《施工合同示范文本》中没有关于政策规定的调价内容。也就是说，国家政策并不是合同约定的调价方法之一。《清单计价规范》第3.4.2条规定："由于下列因素出现，影响合同价款调整的，应由发包人承担：1. 国家法律、法规、规章和政策发生变化……"在《清单计价规范》中，政策变化导致价格变化的风险应由发包人承担，所以这里政策是应当作为调价依据的。《建筑工程施工发包与承包计价管理办法》第14条规定："发承包双方应当在合同中约定，发生下列情形时合同价款的调整方法：（一）法律、法规、规章或者国家有关政策变化影响合同价款的……"根据该条规定，当事人应该在合同中约定当发布政策性调价文件时应该如何调整合同价格。也就是说，当事人可以对政策性调价文件的效力在合同中予以明确约定。如果当事人在合同中约定发生国家政策变化时不予调整合同价格，显然这种约定是合法有效的。

另外，关于安措费的规定，《清单计价规范》第3.1.5条规定："措施项目中的安全文明施工费必须按国家或省级、行业建设主管部门的规定计算，不得作为竞争性费用。"在投标时，措施项目中的安全文明施工费不得作为竞争性费用予以调整；但在合同履行过程中，双方完全可以根据实际情况调整安措费的价款。现在在合同履行过程中发生了调整安措费的政策，承包人是否可以据此主张该费用的调整？由于施工单位应当履行的合同义务，也就是实施安全文明措施项目的施工成本没有发生变化，同时双方也没有约定当出现政策性变化时应该调整合同价格。所以，如果仅依据施工过程中的政策调整要求调高价格，从公平的角度考虑是不合理的，因此这里不应该根据政策调整要求调整合同价格。

二、人工费调整

077 人工费调整文件不属于政策性调整

《清单计价规范》在法律法规变化中引入规章和政策。从文义解释来看，“政策性调整”概念涵盖范围大。某工程结算案例，2018 年在招投标与签订合同时，《内蒙古自治区建设工程计价依据（2017 年）》（以下简称 2017 计价规则）刚颁布，广联达计价软件尚未将其入定额库，招标文件与施工合同均约定遇政策性变化可调整价款，但 2017 计价规则除外。工程结算时，施工方提出人工费调整，审计方不予调整。几经周折联系到内蒙古造价总站，依据内蒙古住建厅〔2017〕558 号文件精神，施工合同原约定除外条款不执行，2018 年 1 月 1 日以后开工建设的工程应执行 2017 计价规则，调整方法采用 2009 年《内蒙古自治区建设工程费用定额》（以下简称《2009 定额》）与 2017 计价规则人工费幅度差补差。从工程法务角度分析，依据是什么？

关键词：政策性调整、人工费

这是关于政策性调整的问题。《清单计价规范》中法律法规变化的条文里引入了规章和政策，也就是说，文件中法律法规的变化包含了规章和政策的变化。具体条文是在第 3.4.2 条，由于国家法律、法规、规章和政策发生变化，影响合同价款调整的，应由发包人承担风险。所以，也可以认为政策是能够调整合同价款的默认依据。

什么是政策？当国家法律、法规、规章及政策发生变化时，国家或省级、行业主管部门或其授权的工程造价管理机构据此发布造价调整文件、合同价款应当进行调整。按照规定，发改委、财政部、省级人民政府和省级财政、物价主管部门在授权范围之内，通常以政策性文件制定或调整行政事业性收费的项目和费率，这些行政事业性的收费计入工程造价，也应该对合同价格进行调整。这里也明确住建厅的人工费属于政策性调整。

现在的问题在于，招标文件合同中约定遇到政策性调整可以调整价款，但不包括 2017 计价规则。施工单位认为这是一个政策性调整，要求调增人工费。但是合同中约定政策性调整不包括 2017 计价规则，由此产生了关于人工费的争议。从《清单计价规范》来说，第 3.4.2 条第 1 项规定了国家法律、法规、规章和政策发生变化，第 2 项又规定了省级或行业建设主管部门发布的人工费调整。从中也可以看出，政策性调整是不包括人工费调整的。

所以这个问题的结论是，人工费调整不属于政策性调整，政策性调整指的是一些行政事业性收费的项目。

078 施工过程中发布的计价文件可以用来调整人工费

《施工合同》第 16.1 条有关市场价格波动是否调整合同价格的约定：“（1）合同履行期间，人工费的调整按照建设行政主管部门或其授权的工程造价管理机构发布的人工成本信息调整。”2017 年承包人投标时按照 2013 版定额文件投标，其中普工为 60 元/工日，技工为 92 元/工日。在施工过程中，省住建厅从未发布人工费调整文件，工程至今（2020 年 7 月）尚未施工完毕。2018 年 1 月 22 日，湖北省住建厅办公室发布《湖北省房屋建筑与装饰工程消耗量定额及全费用基价表》（以下简称 27 号文），该文件规定“本定额自 2018 年 4 月 1 日起施行，与本定额对应的原定额同时停止使用。2018 年 4 月 1 日前已进行招投标或者已签订合同的工程，仍按原约定执行”。现按照 27 号文，普工 92 元/工日、技工 142 元/工日，人工费调整金额接近 2000 万元。请问本工程可否主张人工费调整？

关键词： 人工费、价格调整

在本案中，合同约定要按照建设行政主管部门或其授权的工程造价管理机构发布的人工成本信息调整人工费，但住建厅没有发布过专门的人工成本信息，只在施工过程中发布了一个调高人工单价的 27 号文。现在人工费价格能否调整呢？首先，《施工合同示范文本》第 11.1 条关于市场价格波动引起的调整的规定中，第 2 种方式规定："人工单价发生变化且符合省级或行业建设主管部门发布的人工费调整规定，合同当事人应按省级或行业建设主管部门或其授权的工程造价管理机构发布的人工费等文件调整合同价格，但承包人对人工费或人工单价的报价高于发布价格的除外。"这是关于人工费调整的具体规定，人工费应当按照人工费调整文件来调整。《清单计价规范》第 3.4.2 条规定："由于下列因素出现，影响合同价款调整的，应由发包人承担：1. 国家法律、法规、规章和政策发生变化；2. 省级或行业建设主管部门发布的人工费调整……"人工费调整是否包含了人工费调整文件？《建设工程造价鉴定规范》第 5.6.3 条规定："当事人因人工费调整文件，要求调整人工费发生争议的，鉴定人应按以下规定进行鉴定：1. 如合同中约定不执行的，鉴定人应提请委托人决定并按其决定进行鉴定；2. 合同中没有约定或约定不明的，鉴定人应提请委托人决定并按其决定进行鉴定，委托人要求鉴定人提出意见的，鉴定人应分析鉴别：如人工费的形成是以鉴定项目所在地工程造价管理部门发布的人工费为基础在合同中约定的，可按工程所在地人工费调整文件作出鉴定意见……"定额文件能否作为人工费的调整文件？27 号文发布了新版的人工费标准，新版的人工费标准属于人工费调整文件。总结一下，可以调整人工费的文件主要有以下两种形式：一种是专门由住建厅发布人工费调整文件；另一种是由住建厅利用定额更新的机会来发布的人工费调整信息，所以本案可以按照定额文件来调整人工费。

关于人工消耗量是否一致的问题，应该说定额当中的人工费工日单价和实际的市场单价是完全不同的。定额中人工费的制作是收集劳务分包合同，删除非人工因素，通过相关参数计算，然后按照一定的比例复合而成的定额人工单价。人工单价的计算过程很复杂，绝不是市场上简单的一个工人工作一天的价格。定额工日中 1 个工人一天只工作 8 个小时，但是实际中这些工人绝对不是只工作 8 个小时。所以定额中的人工单价数量不是指的市场价格，定额当中的量和价之间有一定关系，本质上来说是量来补价，定额中工人单价都是比较低的，但量是比较高的。

随着施工技术的进步和机械的大量使用，定额消耗量不断下降，人工消耗量也不相同。27 号文中的人工单价和旧版定额中的人工单价的内涵是不同的，理论上来说不能直接套用。但在实务中，很多法院都是直接按照 27 号文来调整，而不考虑人工消耗量的问题。在这个案例中，笔者认为可以根据施工过程中发布的计价文件来调整人工费。

079 人工费的调整要依据其形成方式决定

发承包双方没有依据《施工合同示范文本》签订施工合同，在合同中既没有约定《清单计价规范》作为合同的组成部分，也没有约定对人工费“执行国家调价政策”进行调整。《司法鉴定意见书》根据《关于调整房屋建筑和市政基础设施工程工程量清单计价综合人工单价的通知》（陕建发〔2011〕277号）和《关于调整房屋建筑和市政基础设施工程工程量清单计价综合人工单价的通知》（〔2013〕181号）对人工费进行了调差，法院也按照鉴定意见作出了判决。但是，陕建发〔2011〕277号文件和〔2013〕181号文件第2条规定：“合同约定执行国家调价政策的……执行调整后的标准；合同未约定或者约定不明的，是否调整及调整幅度由合同双方商定。”《司法鉴定意见书》引用陕建发〔2011〕277号文件和〔2013〕181号文件调整人工价差和造价是否正确？法院依此作出的判决是否正确？

关键词： 人工费、价格调整

陕建发〔2011〕277号文件和〔2013〕181号文件都属于当地的人工费调整文件。一般定额计价文件发布以后，各地省住建厅会根据市场环境的变化发布调整人工费的计价文件。文件通常都会规定生效期限，比如〔2013〕181号文件的生效日期是3月1日，那么3月1日之后的工程价格就按照本文件规定的内容进行调整，之前的价格还是根据原来的文件不做调整。

至于《司法鉴定意见书》直接引用调价文件是否正确的问题，首先了解一下《施工合同示范文本》中关于人工费的相应规定，《施工合同示范文本》第11.1条规定了市场价格波动引起的调整第二种调整方式：采用造价信息进行价格调整。其中规定了人工单价发生变化且符合省级或行业建设主管部门发布的人工费调整规定，合同当事人应按省级或行业建设主管部门或其授权的工程造价管理机构发布的人工费等文件调整合同价格，但承包人对人工费或人工单价的报价高于发布价格的除外。可见，《施工合同示范文本》明确了默认的人工费条款是应该调整的，但是由于本案当事人没有按照《施工合同示范文本》签订合同，所以本条款不适用。

举例来说，湖北省人工费调整文件一般每半年测算一次，由主管部门在当地市场上调研取得劳务分包合同，通过对劳务分包合同的价格整理、汇总、调整等得出人工费调整的数据，最后发布人工费调整文件，这是人工费调整文件制作颁布的过程。人工费调整文件会规定文件适用的时间、区域和调整的领域范围。第11.1条中第2种方式规定的人工费调整文件不仅包括省住建厅发布的各期人工费调整文件，也包括地方发布的定额，因为定额计价中也是包含新调整的人工单价的。另外，人工费调整文件不属于政策性变化，只是实务中有不少造价领域的专业人士甚至法官，都把人工费调整文件当作政策性调整，但从《清单计价规范》和《建筑工程施工发包与承包计价管理办法》等文件的内容来看，人工费调整和政策变化是两回事。

《造价鉴定规范》第5.6.3条规定："当事人因人工费调整文件，要求调整人工费发生争议的，鉴定人应按以下规定进行鉴定：1. 如合同中约定不执行的，鉴定人应提请委托人决定并按其决定进行鉴定……"也就是说，如果当事人明确约定，无论省住建厅发布多少人工费调整文件，合同价款一律不调整，那么鉴定机构应该把问题反映给法院，由法院决定双方约定是否有效、人工费是否调整，鉴定机构再根据法院的决定进行鉴定。一般来说，当事人明确表示不调整人工费的约定是有效的，当然这里的决定权还是在法院。第5.6.3条第2点规定："合同中没有约定或约定不明的，鉴定人应提请委托人决定并按其决定进行鉴定，委托人要求鉴定人提出意见的，鉴定人应分析鉴别：如人工费的形成是以鉴定项目所在地工程造价管理部门发布的人工费为基础在合同中约定的，可按工程所在地人工费调整文件作出鉴定意见；如不是，则应作出否定性意见，供委托人判断使用。"这里需要对人工费的定额和人工单价有比较充分的认识，人工费的价格并不是一个绝对的市场价，市场上一个工人一天可能给到500元甚至800元工资，但是人工费单价一般来说只有120元上下。如果当事人在合同中约定的人工费形成是以项目所在地的工程造价管理部门发布的人工费文件为基础的，即如果建设单位和总包单位关于人工费的价格是套定额套出来的，那么就应该执行相应的人工费价格调整文件，因为调价文件是与定额文件配套的，原来定额文件的计价依据已经不适用了，主管部门颁布了新的计价文件，那么根据双方原来人工费的形成方式，就应该按照最新的文件进行价格调整。如果建设单位和总包单位之间的人工费约定不是套定额，比如是根据市场询价得来的，跟定额没有关系，那么也就无须按照人工费调整文件进行价格调整。这时候鉴定机构只需要给法院提供一个否定性的意见——不调整人工费，最后仍由法院来决定是否调整以及如何调整人工费。总的来说，《造价鉴定规范》中对于是否调整人工费要依据人工费的形成方式决定。

另外，这里还涉及合同漏洞的问题，由于题目中的争议内容，双方未在合同中作出约定，因而也就产生了合同漏洞。材料价格和人工价格的变化应该是当事人在签订合同时可以预料到的情况，所以双方也应该在合同中约定价格涨幅以及相应的调整方法，既然双方没有约定，自然就产生了合同漏洞。根据《民法典》第510条的规定，合同生效后，当事人就质量、价款或者报酬、履行地点等内容没有约定或者约定不明确的，可以协议补充；不能达成补充协议的，按照合同相关条款或者交易习惯确定。双方未能达成补充协议，根据交易习惯，也就是《造价鉴定规范》中的规定，通过人工费的形成方式来判断是否需要根据人工费的调整文件调整人工费价款。回到本案，造价鉴定机构根据当地文件调整人工价差和造价是没有问题的，法院据此作出的判决也是正确的。

080 新旧两版定额在调整人工费时不能直接相互套用

如果在2012年签订合同，合同约定采用2000定额计价，并按造价主管部门发布的人工费调整文件调整。但该省造价站已经发布文件明确2000定额已经作废，并且没有再发布与2000定额配套的人工费调整费率。这种情况该怎么处理？是否可以调整人工费，调多少，如何调？

关键词： 定额、人工费

因为人工单价以及人工费调整文件是和某一套定额相对应的，比如2000年在发布新版定额之后还会发布相应的人工费调整文件，两者在量和价的关系上是有必然联系的。题目中2012年发布了新版定额，其中规定的人工消耗量可能会减少，与之配套的人工单价也会有所变化，所以量和价在新旧两版定额之间是不能够直接套用的。也就是说，2012年的新版定额人工单价不能用来调整根据旧版定额计价的人工费，一版定额只对应同一套系统下的人工费调整的文件，新定额的人工费调整文件不能直接套用旧版定额标准下的量和价。

从法律上来说，题中所述情况属于约定不明的情形。因为当事人约定适用

2000 定额，然后适用 2000 定额配套的人工费调整文件，但是由于没有相应的调整文件，无法调整人工费。根据《民法典》第 510 条的规定，合同生效后，当事人就质量、价款或者报酬、履行地点等内容没有约定或者约定不明确的，可以协议补充；不能达成补充协议的，按照合同相关条款或者交易习惯确定。如果还没有办法确定，根据第 511 条的规定，当事人就有关合同内容约定不明确，依据前条规定仍不能确定的，价款或者报酬不明确的，按照订立合同时履行地的市场价格履行；依法应当执行政府定价或者政府指导价的，依照规定履行。

具体怎么调，有观点认为，可以参照政府人工信息价的变化，不去参考新定额人工费调整文件的具体绝对值，而是去参考每一期同比上升的幅度，然后根据人工单价的上涨幅度来调整旧版定额中人工费；也有观点认为，可以用新定额的含量除以旧版定额的含量，再乘以新定额人工费除以旧版定额人工费，也就是根据价和量的同比转化得出旧版定额调整的比例。这个问题没有绝对的答案，即使在造价的相关规定中不允许这些操作，为应对实务中形形色色的合同约定，各种各样的计算方法也都是存在的。这里可以形成的共识在于，旧版定额肯定不能按照新定额的配套调整文件来套价格，毕竟二者之间没有价和量的关系。

三、物价波动

081 总价合同也能依市场波动调整合同价格

道路工程进行招投标之后，签订施工合同时，签证变更按 2013 版清单 +2009 定额重新组价确认新的单价，再按投标下浮比例下浮，价格调整方式是按基准价超 ±5% 进行调整，合同价格形式为总价合同，材料价格调整与总价合同背离。施工单位说当时甲乙双方意向签订的合同方式是固定单价合同。请问，这样前后背离的合同有效吗？如果有效，是否可以按总价合同进行结算？

关键词： 价格调整、市场波动

案例中合同价格为总价合同与材料价格调整的约定并不冲突，总价合同也可以约定调整材差，并且允许当事人根据签证和索赔调整工程价款。根据《施工合同示范文本》第 11.1 条规定，市场价格波动引起的调整第 2 种方式：采用造价信息进行价格调整。合同履行期间，因人工、材料、工程设备和机械台班价格波动影响合同价格时，人工、机械使用费按照国家或省、自治区、直辖市建设行政管理部门、行业建设管理部门或其授权的工程造价管理机构发布的人工、机械使用费系数进行调整；需要进行价格调整的材料，其单价和采购数量应由发包人审批，发包人确认需调整的材料单价及数量，作为调整合同价格的依据。在实践中，如果当事人没有在合同中约定是否根据市场价格波动调整材料价格，法院一般会根据市场价格波动在判决中主动调整价差。

082 基准日期的确定以合同约定为准，任何人不能擅自变更

某财政投资项目招标控制价编制时采用 2019 年 7 月信息价，投标时间为 2019 年 10 月 5 日，合同约定材料风险 5% 以内由乙方承担，超过 5% 的部分由甲方来承担，基准期按投标截止日期前 28 天信息价；地下室施工期为 2020 年 3 至 5 月，这时候材料价与 2019 年 9 月对比低了许多，要退甲方材料款，但与 2019 年 7 月相比变化不大。请问，可以要求甲方将基准期改为招标控制价的编制时间 2019 年 7 月吗？依据是什么？

关键词：基准日期、契约严守

题干中因材料价款调整需要退还甲方相应款项，现在承包人想要求甲方将基准期改为招标控制价的编制时间 2019 年 7 月，这显然是不可以的，因为双方已经在合同中明确约定了基准期按投标截止日期前 28 天信息价。《民法典》第 119 条规定：“依法成立的合同，对当事人具有法律约束力。”在《施工合同示范文本》当中，基准期也是在专用条款部分由双方具体约定，所以一方当事人没有理由要求对方改变合同已经约定好的基准期内容。

083 合同对工程量没有约定时应当据实结算，确有困难则参照定额

某工程合同约定固定总价合同（投标优惠率28%），招标文件约定材料价格投标优惠不超过10%（根据复核测算，实际也不超过10%）；合同专用条款约定市场波动不调整，合同工期6个月，实际工期40个月（由于拆迁导致，业主证明非施工方原因）。施工方要求调整材料价差，业主单位召开专家意见会同意调整价差，也上报上级政府部门，区政府原则同意调整，调整意见为按施工期间平均信息价和投标当月基价的差距计算，并考虑投标优惠率。

问题：（1）材料价格调整工程量是按清单消耗量、定额消耗量，还是投标消耗量计算。（2）价差优惠率是按项目投标优惠率28%、实际每项材料的优惠率，还是整个项目材差优惠率计算？

关键词：价格调整、工期延误

第一个问题，调整材料价格的工程量应当以什么作为调整依据。清单消耗量指的是招标时甲方提供的用来竞争报价的消耗量，清单消耗量不能作为结算时的消耗量。而投标人投标的消耗量，在之前的案例中也分析过，综合分析表主要看的是综合单价，其中的投标消耗量并不是要约，因而也不能作为调整依据。如果按照定额，由于施工单位现场用的实际消耗量会比定额多或者少很多，难以反映实际水平，所以直接适用定额也不合适。这里最好的方法应该是按照签证，根据实际的消耗量来确定调整的基础，如果无法确定实际消耗量，采定额消耗量也是一种补充方法。根据《建设工程司法解释一》第19条第2款的规定，因设计变更导致建设工程的工程量或者质量标准发生变化，当事人对该部分工程价款不能协商一致的，可以参照签订建设工程施工合同时当地建设行政主管部门发布的计价方法或者计价标准结算工程价款。所以在合同没有约定，又无法还原真实材料数量的情况下，采定额消耗量是一种比较合适的合同漏洞的填补规则。总结来说，工程量首先应该据实反映，但如果据实反映确有困难，走定额更为合适。

关于第二个问题，《清单计价规范》第9.8.3条规定："发生合同工程工期延误的，应按照下列规定确定合同履行期的价格调整：1. 因非承包人原因导致工期

延误的，计划进度日期后续工程的价格，应采用计划进度日期与实际进度日期两者的较高者。2. 因承包人原因导致工期延误的，计划进度日期后续工程的价格，应采用计划进度日期与实际进度日期两者的较低者。”这一规定的理念更多的是违约者不受益的原则，本题中为非因承包人原因导致的工期延误，直接适用较高的价格即可，根本无须考虑投标优惠率。《民法典》第 804 条规定：“因发包人的原因致使工程中途停建、缓建的，发包人应当采取措施弥补或者减少损失，赔偿承包人因此造成的停工、窝工、倒运、机械设备调迁、材料和构件积压等损失和实际费用。”所以在发包人原因造成价格调整时，承包人可以按照实际的损失来主张赔偿，这也符合《民法典》第 513 条确定的违约者不受益的原则。虽然这一条文规定的是政府指导价或政府定价下的情形，但该条文体现的原则可以类推适用。所以第二个问题的答案无须考虑优惠率，只需要减去投标的材料价格和基准价之间的价差即可。

总体来说，双方可以针对以上问题先进行协商；若协商不成，施工单位可以选择直接起诉。

084 合同中没有约定的材料，价格调整与否应视涨幅而定

在合同中已约定材料调整范围及幅度。调整范围只包括钢筋、砼、水泥、加气块，其他材料未约定。若其他材料上涨幅度过大，是否可以调整？

关键词：材料费、价格调整

造价领域中有关于主材和辅材以及“地材”的概念，“地材”是“地方性材料”的简称，是指本地就可以生产，不需要到外地购买的材料，如砂、石渣、红砖等。在江苏省建设厅发布的《关于加强建筑材料价格风险控制的指导意见》中，把主要建筑材料定义为用量较大，占工程造价比重较高的常用材料，其价格波动对工程造价的影响明显。而非主要材料则是指材料费占单位工程费 2% 以下的各类材料。一般承包方的投标价格中包含的材料价格的风险幅度，也就是风险包干幅度不应大于 10% 。

《清单计价规范》第 9. 8. 2 条规定：“承包人采购材料和工程设备的，应在合同中约定主要材料、工程设备价格变化的范围或幅度；当没有约定，且材料、工

程设备单价变化超过5%时，超过部分的价格应按照本规范附录A的方法计算调整材料、工程设备费。”也就是说，当材料及设备费用变化超过一定幅度时，应该根据规范调整合同价格。附录A的方法指的是A.2.1条规定的需要进行价格调整的材料，其单价和采购数应由发包人复核，发包人确认需调整的材料单价及数量，作为调整合同价款差额的依据。《清单计价规范》中只提到主材价格变化的情况，没有关于辅材或其他材料的规定。同样，《施工合同示范文本》也规定了材料价格的调整方法。

在先的一个案例中的情况跟这个案例很类似，招标文件中只列明四种材料的价款变动的10%以内的风险由承包人承担，超过10%部分的由发承包人各承担50%；而在签订合同阶段，将原来约定的四种材料改成八种材料，同时加上其他材料价格不调整的条款。最后结算时是应该以合同文件的内容为依据还是参考招标文件的内容？《建设工程司法解释一》第22条规定：“当事人签订的建设工程施工合同与招标文件、投标文件、中标通知书载明的工程范围、建设工期、工程质量、工程价款不一致，一方当事人请求将招标文件、投标文件、中标通知书作为结算工程价款的依据的，人民法院应予支持。”所以在之前的案例中，可以认为合同中的对其他材料价格不予调整的限制是与招标文件相冲突的，最后应该按照招标文件来结算。招标文件中对其他材料无约定的，应当作为合同漏洞处理。根据《民法典》第510条的合同漏洞填补规则，先协议补充，协议不成的再按有关条款和交易习惯，也就是根据《施工合同示范文本》和《清单计价规范》对材料的价格予以调整。

仅从题干表述来看，由于限定了调整材料价款的范围，言外之意就是不在范围内的材料价格约定是不予调整的，应该视具体情况予以具体分析。

085 EPC总价合同可通过价格指数法调整材差

EPC工程总承包项目，主要材料价格超出合同约定幅度后进行调差。请问，调差工程量如何确定？是以投标的工程量还是以实际发生的工程量？

关键词： 价格调整、市场价

EPC工程总承包通常采用总价合同的形式，《工程总承包管理办法》也明确了还可以按照合同约定合理确定价款的计价方式。本案中采用的是总价合同的计价方式，这种形式的 EPC 合同是否需要根据材料市场价格波动调整材差?《房屋建筑和市政基础设施项目工程总承包管理办法》第 15 条规定："建设单位和工程总承包单位应当加强风险管理，合理分担风险。建设单位承担的风险主要包括：（一）主要工程材料、设备、人工价格与招标时基期价相比，波动幅度超过合同约定幅度的部分……"当材料价格波动超过合同约定的幅度范围时，该超过部分价格增长的风险主要由发包人承担。从这一条款也可以看出，即便在工程总承包总价合同中，当事人也可以对人材机价格波动时的价款调整予以特别约定。

《工程总承包合同示范文本》第 13. 8 条规定了市场价格波动引起的调整。根据第 13. 8. 1 条的规定，主要工程材料、设备、人工价格与招标时基期价相比，波动幅度超过合同约定幅度的，双方按照合同约定的价格调整方式调整。适用这个价格调整的条款，关键在于如何确定人材机的数量。施工过程中可以通过签证的方式明确实际使用的数量，但在总价合同的履行过程中可能并不会去特别计量，而通常都是在达到一定的形象节点后支付相应比例的工程价款。因此，在司法实践中，一般只能通过司法鉴定来确定所使用的材料数量，当然这种方式的难度和成本都是相对较高的。

还有另外两个条款规定了调材差的方法。第 13. 8. 2 条规定了，发包人与承包人在专用合同条件中约定采用《价格指数权重表》的，适用本项约定。第 13. 8. 3 条规定，双方约定采用其他方式调整合同价款的，以专用合同条件约定为准。《施工合同示范文本》规定了两种调材差方法，一种是价格指数法，另一种是信息成本法。通常合同当事人会选择按照信息价格调材差，先确定履行期的当期价格，再按照进度款支付方式或签证确认的方式确定工程量进行调材差。再来介绍一种利用价格指数调整材料价格的方式。调差公式为：$\Delta P = P_0$ ［$A + \left(B_1 \times \frac{F_{t1}}{F_{01}} + B_2 \times \frac{F_{t2}}{F_{02}} + B_3 \times \frac{F_{t3}}{F_{03}} + \cdots + B_n \times \frac{F_{tn}}{F_{0n}}\right) - 1$］，其中，$\Delta P$ 是指需调整的价格差额，P_0 是指付款证书中承包人应得到的已完成工作量的金额，对应着每一阶段承包人所完成的工作量。中括号里 A 是指定值权重，这是一个固定不变的量。小括号里的 B 是变值权重，指各可调因子在签约合同价中所占的比例，是可调的量。如价格指数权重表（见表4）的商品混凝土变值权重，由投标人根据其填报的对应价格在投标总报价中所占的比例填写。

表 4　价格指数权重表

工程名称：

<table>
<tr><td rowspan="2">序号</td><td rowspan="2" colspan="2">名称</td><td colspan="3">变值权重 B</td><td colspan="2">基本价格指数 F_0</td><td colspan="2">现行价格指数 F_1</td><td rowspan="2">备注</td></tr>
<tr><td>代号</td><td>范围</td><td>建议</td><td>代号</td><td>指数</td><td>代号</td><td>指数</td></tr>
<tr><td></td><td rowspan="6">变值部分</td><td>人工费</td><td>B_1</td><td>__至</td><td></td><td>F_{01}</td><td></td><td>F_{t1}</td><td></td><td></td></tr>
<tr><td></td><td>钢材</td><td>B_2</td><td>__至</td><td></td><td>F_{02}</td><td></td><td>F_{t2}</td><td></td><td></td></tr>
<tr><td></td><td>水泥</td><td>B_3</td><td>__至</td><td></td><td>F_{03}</td><td></td><td>F_{t3}</td><td></td><td></td></tr>
<tr><td></td><td>商品混凝土</td><td>B_4</td><td>__至</td><td></td><td>F_{04}</td><td></td><td>F_{t4}</td><td></td><td></td></tr>
<tr><td></td><td></td><td></td><td></td><td></td><td></td><td></td><td></td><td></td><td></td></tr>
<tr><td></td><td></td><td></td><td></td><td></td><td></td><td></td><td></td><td></td><td></td></tr>
<tr><td colspan="3">定值部分权重 A</td><td></td><td></td><td></td><td></td><td></td><td></td><td></td><td></td></tr>
<tr><td colspan="3">合计</td><td colspan="3">1</td><td colspan="2">—</td><td colspan="2">—</td><td></td></tr>
<tr><td colspan="11">注：1.“名称”“基本价格指数”栏由招标人填空，基本价格指数应首先采用工程造价管理机构发布的价格指数，没有时，可采用发布的价格代替。
2.“变值权重”由投标人根据该项人工、材料价值在投标总报价中所占的比例填写，1 减去其比例为定值权重。
3.“现行价格指数”按约定的付款证书相关周期最后一天的前 42 天的各项价格指数填写，该指数应首先采用式各造价管理机构发布的价格指数，没有时，可采用发布的价格代替。</td></tr>
</table>

F_t 是可调因子的现行价格指数，是指约定的付款证书相关周期最后一天的前 42 天的各可调因子的价格指数；F_0 是指可调因子的基本价格指数，是指基准日期的各可调因子的价格指数。通过这个公式调材差是不需要确定实际消耗的数量的，可以通过权重的方法直接计算需要调整的金额。

总结来说，对于采用总价合同方式的工程总承包合同，在确定调差的工程量时，可以不以投标时的工程量或实际发生的工程量为依据，直接通过价格指数法确定需要调差的金额。

086 发包人原因导致工期延误，价格调整时应采有利承包人的价格

工程停工一年，后又开工材料价格大幅下跌。合同约定材料价差超过 ±5% 部分进行调整。请问，是否应当支持调整材料价格？

关键词：市场波动、价格调整

一般来说，材料价格发生波动是否调整工程价款应该依据合同的相关约定。《清单计价规范》第9.8.3条规定："发生合同工程工期延误的，应按照下列规定确定合同履行期的价格调整：1. 因非承包人原因导致工期延误的，计划进度日期后续工程的价格，应采用计划进度日期与实际进度日期两者的较高者。2. 因承包人原因导致工期延误的，计划进度日期后续工程的价格，应采用计划进度日期与实际进度日期两者的较低者。"在本案中，如果由于发包人原因导致停工，根据《清单计价规范》的规定应该采用较高的材料价格结算以保护承包人的利益。

《民法典》中的价格制裁条款也体现了维护守约方权益这一理念。《民法典》第513条规定："执行政府定价或者政府指导价的，在合同约定的交付期限内政府价格调整时，按照交付时的价格计价。逾期交付标的物的，遇价格上涨时，按照原价格执行；价格下降时，按照新价格执行。逾期提取标的物或者逾期付款的，遇价格上涨时，按照新价格执行；价格下降时，按照原价格执行。"

四、特征描述不符

087 招标清单可以表示土方运距自行考虑

在招标清单中，所有与土方运距有关的项目特征描述均为"自行考虑"，是否可认为清单描述不清？

关键词：招标清单

项目特征描述不清是《清单计价规范》规定的一种可以调价的情形。一般认为，清单中如果没有对土方运距的具体说明，包括对弃土场和取土场分别在哪里或者具体运距的说明，应该认为属于约定不明。但是，根据《房屋建筑与装饰工程工程量计算规范》，一般会在土方项目的项目特征中写明土壤的类别、挖土的深度以及弃土的运距等。弃、取土运距可以不描述，但应注明由投标人根据施工现场实际情况自行考虑，决定报价。施工单位可以根据自己的实力竞争报价，自行考虑决定投标的价格，这是行业的通行做法。因此，不能简单地将“自行考虑”的特征描述认定为描述不清。以下通过几个案例来了解法官对于运距“自行考虑”的理解。

（2014）浙民终字第4号民事判决书中写道：“新城公司提出土方运距价格应按约定计算，不做调整……对此，根据招标补充说明第22条约定‘结算时土方外运单价不予调整’，而2005年12月28日的施工合同又明确‘按实结算’，在两相矛盾情况下，应按施工合同的约定执行。现土方运距实际发生了改变，相应签证单也经双方当事人确认，故鉴定单位按签证单运距（30千米）鉴定土方运距造价，也与合同约定相符……”在这里，法院认为之前约定的不予调整与之后约定的按实结算产生了冲突，对于建设单位而言最不利之处在于签证上对按实结算的确认。法院最后根据签证上的“按实结算”的约定，把按实结算的范围扩大解释为土方运距也按实结算。

（2019）宁04民初59号民事判决书指出，虽然招标文件中土方开挖的投标报价为7.39元/立方米，弃土运距由宁夏二建公司自行考虑，但招标文件中对土方的开挖量描述只有6171立方米，施工现场可以就地堆放，而施工过程中出现工程签证单中描述的“烟囱、烟道及脱硫塔基础需深基坑大开挖，开挖后的土方现场无处堆放，所有土方需全部外运，回填时需全部运回（运距1.6千米）”因素，与原招标文件工程量清单中的项目特征描述不一致，工程量发生较大变更，实际完成土方开挖量达32,323.89立方米。鉴定机构根据工程签证单及实际施工状况等工程资料作出的工程价款具有科学性和客观性，且符合合同约定。该案件审理法官用工程量方面的变化否定了原来“自行考虑”的约定，也就是说，“自行考虑”只限定在投标报价环节，实际施工过程中的工程量发生了巨大变化，应该据实结算。

（2019）湘01民终9694号民事判决书中写道：“一审法院认为，西湖公司完成的工程量均应按26.89元/立方米的单价计算相应工程款，理由如下：一、《春华健康城一期启动区场地平整土石方工程施工合同》中约定‘红线外弃土场地、运距、弃土要求等自行考虑（应合法合规），相关费用均已计入单价中综合考虑’‘综合单价包含的风险范围：因承包人施工方案变化引起的费用增加’‘发包人对施工方案的审核及确认不承担经济责任，由此引起的相关费用在确定合同费用时已综合考虑’。西湖公司关于‘施工中变更了外运的施工运输方案’后应根据实际发生的成本及合理的利润计算相应的工程款的主张，明显与《春华健康城一期启动区场地平整土石方工程施工合同》约定不符。”在这份判决中，法官显然认可了合同中关于“自行考虑”的约定。

（2017）皖15民终1849号民事判决书中写道：“该院认为，安徽一建在《投标函》自认：在审核全部招标文件（包括现场状况、工程量清单）情况下进行投标报价，故认定安徽一建投标预算时，对招标文件《分部分项工程量清单》中‘平整场地’等4个项目‘弃土和取土运距：自行考虑’的计价风险已有预见，并愿意承担由此带来的风险后果。施工过程中，安徽一建在施工现场无堆放土方场地的情况下，虽然填写现场签证单，并实际完成土方全部外运13千米及取土回填工作，但双方当事人约定按固定综合单价结算工程款，约定的风险范围包括‘现场情况’，风险费用计入投标报价中，投标人自行承担。且六安电信在‘工程签证单’（编号：005）签署意见为‘根据招标文件相关条款，此费用由承包人承担’，也即拒绝了安徽一建增加诉争工程量费用的要求。综上，安徽一建诉请六安电信给付基础挖土方运距调整费用151,432.19元，与双方当事人合同约定不符，且在实际履行过程中，未得到六安电信有效追认，该院不予支持。”这份判决同样肯定了合同中约定自行考虑的风险。

总结来看，第一，对运距的“自行考虑”是实践中的一种通行做法，指的是承包人应当自行考虑施工现场的实际情况决定自己相应的投标报价，而并非约定不明；第二，如果合同履行过程中通过签证写明了土方运距，法院极有可能推翻原“自行考虑”的约定，从而据实结算；第三，据实调整是实践中应当予以关注的风险点之一，如果签证中表明据实结算，作为补充协议的签证一旦生效，法院也会按照补充协议的内容进行判决。

088 工作内容不同于项目特征，通常不是投标报价的依据

投标的时候，项目特征中没有描述沟槽的内容，但工作内容又注明沟槽开挖（见表5）。施工单位结算要求增加沟槽开挖的费用，审计部门认为工作内容已经包含不予另行结算，应该如何处理？

表5　分部分项清单

15		3 * PVC150 双壁波纹管埋设	[项目特征] 1. 名称：3 * PVC110 双壁波纹管（壁厚5mm） 2. 垫层种类：C20 砼垫层 100 厚 3. 回填要求：土夹石回填（土石比 5:5）压实度 96% 4. 接地要求：按设计要求 [工作内容] 1. 沟槽开挖 2. 垫层敷设 3. 电线管路敷设 4. 回填土石方

关键词：项目特征、工作内容

项目特征是指构成分部分项工程项目、措施项目自身价值的本质特征。根据《清单计价规范》第 9.4.1 条的规定，发包人在招标工程量清单中对项目特征的描述，应被认为是准确的和全面的，并且与实际施工要求相符合。承包人应按照发包人提供的招标工程量清单，根据项目特征描述的内容及有关要求实施合同工程，直到项目被改变为止。《房屋建筑与装饰工程工程量计算规范》第 3.0.5 条规定："本规范各项目仅列出了主要工作内容，除另有规定和说明者外，应视为已经包括完成该项目所列或未列的全部工作内容。"首先需要明确的一点是，项目特征和工作内容是两个不同的概念，像案例中项目特征包含了对材料及垫层的材质及种类以及施工的要求等，而工作内容则列明了具体的施工方法。

通常来说，"项目特征"一栏里是不包含工作内容的，招标人应该对项目特征的准确性和完整性负责，而投标人在投标报价时则是以项目特征中的描述为报价依据。工作内容通常不是投标报价的依据，也就是说，投标人报价时没有必须参考工作内容的义务。案例中的项目特征中没有列明沟槽开挖的项目，一般来说，投标人的报价中不包含沟槽开挖部分的费用，但本案的特殊之处在于工作内容和项目特征列在了一起，这可能也是由于地方招标文件制作不规范引发的争议。

总体来说，工作内容不应该作为投标报价的依据。既然表格中区分了项目特征和工作内容，在项目特征中又没有关于沟槽开挖的描述，同时也没有具体描述应该挖多深、挖多少，在案例中，实际施工时沟槽开挖可以按照清单漏项进行处理，相应的工程价款也应该另行结算。

五、清单缺项

089 清单缺项时，按照变更估价原则调整合同价款

项目为大总包工程，经过招投标程序，甲方与总包方签订总包合同和桩基合同。承发包阶段，甲方发邀请招标文件（招标文件、清单、合同），经过比价，最后A单位（总包）中标，招投标阶段A单位未对清单提出增项等疑问。桩基工程中清单没有“截凿桩头”项，但在合同中有“截凿桩头”的条款；甲方与总包方签订商务条款，其中有施工界面划分，截凿桩头在总包负责范围内。截凿桩头这笔费用该怎么分？从甲方成本看，合同条款中已包含，且总包在招投标阶段未提疑，该笔费用由总包方与分包方协商解决，甲方不承担该笔费用。从总包方看，在商务条款中，根据界面划分，应由总包干，并向甲方要求支付该笔费用。

关键词：清单缺项、价格调整

这个问题关于清单缺项。《清单计价规范》中规定了很多关于清单的条款，但《施工合同示范文本》中只规定了几个。《施工合同示范文本》第1.13条关于工程量清单错误的修正规定：“除专用合同条款另有约定外，发包人提供的工程量清单，应被认为是准确的和完整的。出现下列情形之一时，发包人应予以修正，并相应调整合同价格：（1）工程量清单存在缺项、漏项的……”也就是说，清单缺项时，应该修正原来的工程量清单，并且修正原来的合同价格。

现在甲方把图纸翻译成清单发给投标人，原本图纸中有的一项内容在清单中没有体现出来，那么承包人是应该按图施工还是按照清单来施工？按图施工是承包人的法定义务，显然承包人还是应该按图施工。按照清单结算时少了一项，价格计算根据《清单计价规范》第8.2.2条的规定，施工中进行工程计量，当发现招标工程量清单中出现缺项、工程量偏差，或因工程变更引起工程量增减时，应

按承包人在履行合同义务中完成的工程量计算。也就是图纸上有多少，承包人实际施工了多少，发包人就应该按实结算多少价款。至于缺项部分的价格，《清单计价规范》第9.5.1条规定："合同履行期间，由于招标工程量清单中缺项，新增分部分项工程清单项目的，应按照本规范第9.3.1条的规定确定单价，并调整合同价款。"也就是说，清单缺项时，双方应该按照变更估价三原则调整合同价格。

合同中提到工作界面的划分和"截凿桩头"的条款，工作界面的划分指的是工程范围，即工程范围中包含了"截凿桩头"的项目，但是合同中没有约定"截凿桩头"项目的价格。《民法典》第795条规定："施工合同的内容一般包括工程范围、建设工期、中间交工工程的开工和竣工时间、工程质量、工程造价、技术资料交付时间、材料和设备供应责任、拨款和结算、竣工验收、质量保修范围和质量保证期、相互协作等条款。"由此可知，工程范围和工程造价是两个不同的概念，工程量清单是用来确定单价的，而合同中的工程范围条款是确定合同义务的。可以这样处理，把"截凿桩头"条款和工作界面的划分作为工作范围，而把清单缺项作为计价的清单错误。

总结来说，案例中的情况应该由甲方按照图纸和实际施工情况计算工程量，根据变更估价条款来确定单价，再按照工程量清单缺项的规则来承担费用。

090 出现清单漏项时应当据实结算

某工程招标时，招标清单的建筑部分清单未导出，只导出了安装清单，但在总说明部分写了建筑部分为排管和井，招标控制价里也包含建筑部分的排管和井。这种情况属于清单漏项吗？依据是什么？结算时可以补建筑里的清单漏项吗？

关键词：清单漏项、招标控制价

这个问题关于清单漏项，回答问题的关键在于确认清单中的总说明能否作为报价或双方约定合同价款的依据，以及招标控制价具有怎样的法律地位。《清单计价规范》第5.1.4条规定："招标控制价应按照本规范第5.2.1条的规定编制，不应上调或下浮。"也就是说，招标控制价必须按照定额、按照信息价编制，甲方不能随意压低或者抬高招标控制价。

住建部办公厅《关于印发〈工程造价改革工作方案〉的通知》（建办标〔2020〕38号）提道："完善工程计价依据发布机制。加快转变政府职能，优化概算定额、估算指标编制发布和动态管理，取消最高投标限价按定额计价的规定，逐步停止发布预算定额……"这里取消最高投标限价按照定额计价的规定，与《清单计价规范》中招标控制价的编制方法是相违背的。《清单计价规范》第5.2.1条规定："招标控制价应根据下列依据编制与复核：1. 本规范；2. 国家或省级、行业建设主管部门颁发的计价定额和计价办法……"由此可知，通常招标控制价都是依据定额编制，取消按照定额计取最高投标限价的规定以后，造价咨询企业在编制招标控制价时需要做一个很大范围的询价，这可能会造成比较大的混乱。笔者向来不赞成取消定额，毕竟这是一套已经发展了几十年的数据库。实践中产生的很多使用定额的问题，应该针对问题去解决。从律师的角度来说，取消定额后，在双方当事人没有约定价款时，如何计价就是其面临的最直接的难题。《建设工程司法解释一》第19条第2款规定："因设计变更导致建设工程的工程量或者质量标准发生变化，当事人对该部分工程价款不能协商一致的，可以参照签订建设工程施工合同时当地建设行政主管部门发布的计价方法或者计价标准结算工程价款。"在这里，参考定额进行结算其实是一种填补合同漏洞的方法。法院以什么作为价款结算的标准，财政部门又将根据什么发布投资估算和决策等，这些都是定额取消后会凸显出的种种问题。

现在招标控制价中包含了建筑专业的排管和井，能否就以招标控制价作为定价依据？由于承包人并不根据招标控制价规定的内容来编制投标价格，所以招标控制价仅仅用来控制投标报价的上限，从而否决超过控制价的投标。问题中提到招标清单的建筑部分没导出，但总说明部分包含了建筑部分的排井和管，《清单计价规范》第2.0.2条关于招标工程量清单规定："招标人依据国家标准、招标文件、设计文件以及施工现场实际情况编制的，随招标文件发布供投标报价的工程量清单，包括其说明和表格。"也就是说，招标工程量清单包含说明和表格，那这是否又意味着投标人必须依据总说明来报价？《清单计价规范》第6.2.3条规定："分部分项工程和措施项目中的单价项目，应根据招标文件和招标工程量清单项目中的特征描述确定综合单价计算。"可以看出，投标人的投标依据仅仅是项目特征描述，和招标工程量清单中的说明没有关系。同样地，第6.2.4条规定："措施项目中的总价项目金额应根据招标文件及投标时拟定的施工组织设计或施工方案，按本规范第3.1.4条的规定自主确定。其中安全文明施工费应按照本规范第3.1.5条的规定确定。”措施项目费中的总价项目，也是根据投标人的自主投标报价方案来确定，和招标方给出的招标工程量清单的总说明没有任何关系。

虽然在招标控制价的总说明部分确定建筑部分包含排管和井，但是投标人在投标报价时并不必然会参考总说明的内容，也不会考虑招标控制价的项目是否不属于漏项。《清单计价规范》第8.2.2条规定：“施工中进行工程计量，当发现招标工程量清单中出现缺项、工程量偏差，或因工程变更引起工程量增减时，应按承包人在履行合同义务中完成的工程量计算。”当出现清单漏项时，可以依据本条规定，在结算时填补建筑部分的清单项目。总结来说，招标人应该对清单的准确性和完整性负责，出现清单漏项时也应该由招标人负责，而总说明和招标控制价并不能作为计价的依据。

091 对清单中缺漏的措施项目，由发包人承担相应责任

合同范围内措施项目费存不存在漏项？有的工程师解释措施报价可以自行增加，就算清单没列项，清单编制说明中也没有，也可以自行增加。投标人投标要综合考虑合同内的所有措施，这种说法是否合理？

关键词：措施项目费、清单漏项

先来了解一下什么是漏项。《清单计价规范》第8.2.2条规定：“施工中进行工程计量，当发现招标工程量清单中出现缺项、工程量偏差，或因工程变更引起工程量增减时，应按承包人在履行合同义务中完成的工程量计算。”第9.5.1条规定：“合同履行期间，由于招标工程量清单中缺项，新增分部分项工程清单项目的，应按照本规范第9.3.1条的规定确定单价，并调整合同同价款。”第9.5.2条规定：“新增分部分项工程清单项目后，引起措施项目发生变化的，应按照本规范第9.3.2条的规定，在承包人提交的实施方案被发包人批准后调整合同价款。”

如果在施工过程中发现清单缺少的项目是分部分项工程，根据按图施工的原则显然需要据实调整增加相应分部分项工程项目。通常分部分项工程量清单的变化都会引起相关措施项目的变化，比如清单中的楼房描述的是建七层，但实际要

建八层，调整增加的部分肯定会引起相应脚手架工程量的增加。所以如果清单漏项后增加了部分分部分项的实体项目，措施项目一定也会调整，承包人以发包人批准的变更为准，根据变更估价三原则相应调整合同价款。

清单中如果缺项的是措施项目，根据《清单计价规范》第 8.2.2 条的规定，新增的措施项目应该据实结算。因为缺项的责任在于建设单位，投标人按照甲方提供的清单投标报价，对于发包人没有在清单中列出的项目，投标人没有义务主动复核并对清单的准确性和完整性负责。在实践中，有观点认为，措施项目是投标人根据自身施工能力自主决定报价的项目，投标人应该保证自己所报的价格能够完全满足施工的要求。

2008 版《清单计价规范》第 4.3.5 条规定："投标人可根据工程实际情况结合施工组织设计，对招标人所列的措施项目进行增补。措施项目费应根据招标文件中的措施项目清单及投标时拟定的施工组织设计或施工方案按本规范第 4.1.4 条的规定自主确定。其中安全文明施工费应按照本规范第 4.1.5 条的规定确定。"但是，这一规定在 2013 版《清单计价规范》中被取消了，《清单计价规范》更加强调通过对所有投标人提供一致的工程量清单，保证投标人之间的公平竞争。所以对于清单中出现缺项包括措施项目的缺项的情况时，应该由建设单位承担相应的责任，而不允许投标人根据施工组织方案自主增减清单项目。如果要求投标人必须考虑实现全部工程的所有措施项目，扩大清单计价的功能，2013 版《清单计价规范》意在给投标人提供公平竞争平台的功能就会难以实现。《清单计价规范》也因此更加突出强调了发包人应该对清单的准确性和完整性进行复核。

所以案例中的说法并不合适，措施项目应由发包人根据施工方案在清单中列明，但对于缺项漏项的措施项目，应该由发包人承担相应的责任。

092 基底钎探应在清单中列明，否则按清单漏项处理

清单中列明：工作内容含基底钎探项，实际工作中基底钎探费用各方询价最低价格需 50 元/米，根据桩基设计和验收规范要求每桩基钎探 3 处且每处深度 5 米。每桩钎探费用约 750 元/根。招标清单总说明描述中有基底钎探费，但是没有列出此项清单。

问题：(1) 此清单中工作内容是否属于项目特征？(2) 招标控制价最

高限价原理的来源是什么？是项目所在地现行定额、企业定额标准下浮吗？（3）投标报价中未包含基底钎探费用，我们是否可以按实际发生的基底钎探费进行报告、签证等？

关键词：基底钎探、清单漏项

基底钎探就是在基础开挖达到设计标高后，按规定对基础底面以下的土层进行探察，判断是否存在坑穴、古墓、古井、防空掩体及地下埋设物等。这个问题来自贵州的一个项目，由于当地喀斯特地貌地形的原因需要做基底钎探项目。不同于建设单位前期对地质地形的勘察，这个项目主要是由施工单位在施工过程中完成的，通常是土方开挖后需要对土方的承载力进行探察时才会实施该项目。

本案争议主要在于，招标工程量清单中没有单独列明这一项，只在工作内容中有所说明。投标人在投标过程中没有特别注意工作内容中的说明对基底钎探项目进行报价；而在实际施工过程中，该项费用包括钎探桩和钎探费等非常高昂，所以才产生了关于该项费用最终该由谁承担的问题。

一般来说，检测分为两种：一种是在施工过程中由施工单位对已完成的部分施工内容的检测；另一种是由建设单位委托的第三方检测。这两种检测费用的承担主体是完全不同的。委托第三方检测的法律关系主体是建设单位和第三方检测单位，因此应该由建设单位承担费用；但如果是施工单位实施的过程性检验，其费用也应该由施工单位承担，通常是在企业管理费中足额计取该项费用。

在本案中，如果基底钎探费用的金额相对较高，甲方应该将该项目单独列项或在项目特征中特别说明。因为基底钎探项目，无论是从工作内容的性质还是从费用数额来看，都对工程造价有着较大影响。类似于在弃渣过程中，如果当地对弃渣管理十分严格又要求必须弃渣至指定的收费地点时，建设单位应该对该项目予以单独列项。毕竟施工合同作为一种双务有偿合同，需要费用支出的项目，建设单位都应该向施工单位支付相应费用。所以第一个问题的答案是，基底钎探项不应仅作为工作内容予以体现，而应在项目特征中明确说明或由甲方单独列项。

第二个问题关于招标控制价的原理。招标控制价是招标人根据国家或省级、行业建设主管部门颁发的有关计价依据和办法，以及拟定的招标文件和招标工程量清单，结合工程具体情况编制的招标工程的最高投标限价。虽然在 2020 年发布的关于工程造价改革的方案里提到要取消各地预算定额，但作为编制招标控制价的重要依据之一，预算定额目前情况下还很难不予适用。编制招标控制价的依据主要是建设行政主管部门发布的计价定额和计价办法，而且在《清单计价规范》中还明确规定了招标控制价不得进行上调和下浮。如果项目将招标控制价任意上调5000万元，投标人也一定会随之高报价，从而导致招标控制价不能实现总价管控的目的；但如果调低招标控制价，一种情况是建设单位恶意压低价格，这是不可取的做法，但实践中在有些情形下是允许按照定额下浮编制招标控制价的，例如定额价高出市场价很多的门窗工程，如果不采用定额下浮编制招标控制价，就难以修正定额的不完整及存在的一些错误。

在第三个问题中，即便投标报价中没有包含基底钎探的费用，施工单位也可以根据实际发生的费用进行报告和签证。一方面，从公平原则的角度考虑，施工单位实际施工支出的必要费用，根据等价有偿的原则，建设单位应该予以支付；另一方面，从合同成立的角度考虑，招标人不能以清单中没有该项目而主张拒绝支付该笔款项，因为招标工程量清单的准确性应由招标人负责，如果存在清单中没有而实际履行过程中又必须要实施的项目，应该按照清单缺项进行处理。因此，综合上述两点考虑，建设单位应该支付基底钎探的费用。

六、工程量偏差

093 设计变更与工程量偏差的区别

施工单位与业主签订了施工合同，并且进行了招投标手续，确定固定单价合同。由于设计变更，导致投标清单中的一项工程量增加，并且工程量增加超过了15%。本工程合同重要约定条款如下：

该项目为固定单价方式结算，第三部分专用合同条款第12条合同价格、计量与支付之12.1合同价格形式　1. 单价合同中综合单价包含的风险范围：投标人的综合单价被认为是已经完全考虑完成本项工作清单特征描述的所有工序和内容的价格，除当地政府造价管理部门颁发的法规性文件进行调整外，其综合单价结算时均不调整，清单做法发生变更除外；非承包人原因造成工期延误，发包人同意延长工期，但不接受任何因工期延误造成的索赔。

材料价格调整方式为：第三部分专用合同条款第11条价格调整之11.1市场价格波动是否调整合同价格的约定：不调整。

第三部分专用合同条款第 1.13 条工程量清单错误的修正：出现工程量清单错误时，是否调整合同价格：调整。允许调整合同价格的工程量偏差范围：工程量具实结算，偏差范围 ±15% 以内，清单单价不变；偏差范围 ±15% 以外，清单单价调整。工程量超出或减少工程量 15% 的调增或调减后，重新组价。

审计公司在结算审核过程中，按照第三部分专用合同条款中第 1.13 条工程量清单错误的修正的调整办法，对本项目由于设计变更导致工程量清单超出 ±15% 的部分重新进行组价。

施工单位认为，工程量清单错误的修正指的是发包人在招投标阶段对于发出错误工程量清单的修正办法约定，不是对正常结算时的调整约定。违反了本合同约定的风险范围以外的合同价格的调整方法："结算时按照设计变更、现场签证，在招标文件工程量清单的基础上做增减调整，若投标文件中含该子项目，按该子项目的综合单价结算，若不含该子项目，重新编制综合单价结算"的根本原则，也违背了对风险范围以外的合同价格调整方式的约定。

究竟哪一方的观点是正确的？

关键词：设计变更、工程量偏差

这个案件的核心问题是，对于工程量超过 15% 的部分，是采工程量偏差，还是采设计变更？合同重要约定条款第一段说明合同是按固定单价结算的；第二段专用合同条款约定设计变更执行原单价：发生设计变更时，投标文件当中有相应子项目时不采变更估价三原则，直接执行原单价；第三段说的是工程量偏差的调整范围。

现在有两种意见：审计单位认为，按照工程量偏差的规则，本项目由于设计变更，对于超出 15% 以外的部分要重新组价；而施工单位则认为，清单修正的条文指的是工程量清单的偏差内容是修正错误清单的办法，但本案的发生情形是设计变更，所以应该执行设计变更。

这里其实应该执行设计变更。题干中很清楚地说到，由于设计变更才导致了工程量超过 15%，所以按照约定应该依照设计变更执行原合同单价。这里的工程量偏差超过 15% 很容易理解：设计变更是指原图纸中的量是 100，因为图纸变化变成了 116，增加量超过原图纸 15%。这个时候就不需要再考虑原清单中的量了，只要看图纸变更后116的工程量即可。但是，如果图纸上的量是100，在翻译图纸制作工程量清单的过程中，错误地在工程量清单上做成了100，这种清单错误产生的差异属于工程量偏差。

所以对该案的处理应该是按照设计变更，执行原合同单价。

094 当事人对工程量偏差范围的约定合法有效

某工程的施工合同中明确合同价格形式：固定单价，且在固定单价包含的风险范围：子项清单工程量误差在3%以内不予调整，子项清单工程量误差超过±3%的仅调整超过部分，发包人以及承包人应在开标前10日提出招标清单数量及清单项目误差计算书，双方均未提出的竣工结算时将不再调整，视为优惠。请问，办理结算审核时，审核单位对原有图纸中的工程量是否要重新计算、重新核对？

关键词：价格调整、工程量偏差

“子项清单工程量误差在3%以内不予调整”，这里的“不予调整”有两种理解：一种是3%以内的工程量误差风险由承包人承担，如果给定工程量是100，实际完成了104，则应该按照101的工程量计价；另一种是工程量偏差3%以内的价款不予调整，如果给定工程量是100，实际完成了104，超过103的部分应该调整原合同价款重新进行组价。

这里的约定本身存在一些歧义，假设按照约定依工程量偏差规则来理解。一般来说，合同中约定工程量偏差在3%以内不予调整价款并不违反法律和行政法规的强制性规定，应当认定为是合法有效的合同约定，即便约定30%以内的偏差不予调整，违反了《清单计价规范》中关于工程量偏差的规定，该约定也仍然是有效的。另外，如果合同约定的是关于工程量偏差的规则，也就是实际工程量与清单工程量差异3%以内不予调整，假设按图纸施工实际完成了105，清单只有100，根据合同约定最后应该按照100+2的工程量进行结算。发承包人在合理范围内的风险分担都是合法有效的约定，审核人员同样应该予以认可。

七、计价风险

095 合同约定材料费一概不调是无限风险条款，但该条款仍然有效

清单计价规范规定，不能约定无限风险。请问，如何解释无限风险？如合同约定工期内材料费一概不调，是不是无限风险？是否有效？

关键词： 无限风险、价格调整

如果约定所有的材料费一概不调整，也就意味着所有材料的上涨风险都由承包人承担，这就是一种无限风险。《清单计价规范》规定不得采用无限风险规定计价中的风险内容及其范围，这确实是一个“黑体加粗”的强制性国家标准，但根据《民法典》第153条规定，只有违反法律和行政法规的强制性规定的民事法律行为才属无效。《清单计价规范》并不属于法律和行政法规的强制性规定，所以违反计价的强制性国家标准并不会直接导致合同无效。

合同中如果约定了材料费一概不调，这个条款是有效且对双方当事人都具有约束力的。这里的疑问在于，如果遵守这个条款施工单位是否会亏很多？依据契约严守原则，合同既然约定了不调价格就应该不调整价格；但同时依据公平原则，法院最终可能会平衡当事人之间的利益，对风险的分担进行调整，可以参考本书其他案例中对该问题的讲解。

096 建筑材料毁损灭失的风险在交付前由出卖人承担

施工中材料出现质量问题，出卖方进行部分更换。更换下来的不合格材料，售方未及时运走，后丢失。依据交易习惯，丢失的材料视为变更合同总量应由施工方承担丢失材料的货款，还是由出卖人承担？

关键词： 风险承担

先考虑一下这些材料的毁损灭失跟建设单位有没有关系。运到现场的材料还

没有物化成为建筑物，显然这部分材料归承包人所有。如果材料已经物化到建筑物中，材料就属于在建工程的所有人了。《民法典》第 231 条规定："因合法建造、拆除房屋等事实行为设立或者消灭物权的，自事实行为成就时发生效力。"也就是说，建设行为这一事实行为发生建设材料归发包人所有的法律效果。因为建筑物在发包人的土地上建设，根据房地一体的原则，整个在建工程都归发包人所有。现在材料还没有物化进建筑物中，所以丢失的材料与建设单位是没有关系的。再看《施工合同示范文本》第 3. 6 条的规定："除专用合同条款另有约定外，自发包人向承包人移交施工现场之日起，承包人应负责照管工程及工程相关的材料、工程设备，直到颁发工程接收证书之日止。"这是发包人与承包人之间关于照管责任规定的条款。在整个施工过程中，照管责任都是属于承包人的。所以现场丢失的材料到底应该由谁来承担损失，应该是在施工单位和材料供应商之间进行考虑，与建设单位没有关系。

那究竟是由施工方来承担还是由出卖方来承担呢?《民法典》第 604 条规定："标的物毁损、灭失的风险，在标的物交付之前由出卖人承担，交付之后由买受人承担，但是法律另有规定或者当事人另有约定的除外。"材料到了施工现场已经交付给了买受人，此时材料的灭失风险应该由买受人来承担。但现在的情况是出卖方交付的材料不合格且出卖方已经自行更换，那么更换下来的材料不应当被认定为交付给买受人的材料，标的物灭失的风险仍然由出卖方承担。

097 地质条件发生重大变化的风险一般应由发包人承担

某桥梁桩基工程，招标时采用工程量清单计价方式，招标文件对岩土情况进行了描述，并要求综合单价包括不可预见的相关费用和风险。实际施工中，岩石变硬，承包人施工成本增加，就岩石硬度变化或岩石揭露出来变化增加成本的情况，承包人可以要求补偿吗? 招标文件要求综合单价包括不可预见的相关费用和风险，这样的约定是否有效?

关键词：风险承担、地质勘察

《清单计价规范》明确规定了发包人应该承担的风险包括四类：管理风险、法律法规变化的风险、技术风险和市场风险。其中市场价格波动的风险是可以由发包人和承包人进行分担的，承包人承担材料价格5%以内的波动，超过5%的部分可以由双方自由约定。实务中存在很多发包人借用自己的优势地位把风险转嫁给施工单位的做法，但北京市住建委在《关于执行〈建设工程工程量清单计价规范〉（GB 50500－2008）若干意见的通知》中规定："采用工程量清单计价的工程，应在招标文件或合同中明确风险内容及其范围、幅度，不得采用无限风险、所有风险或类似语句规定风险范围及幅度。"

《施工合同示范文本》第2.4.3条规定："发包人应当在移交施工现场前向承包人提供施工现场及工程施工所必需的毗邻区域内供水、排水、供电、供气、供热、通信、广播电视等地下管线资料，气象和水文观测资料，地质勘察资料，相邻建筑物、构筑物和地下工程等有关基础资料，并对所提供资料的真实性、准确性和完整性负责。"在之前的案例分析中也提到过，如果当事人在合同中约定由承包人对勘察资料的准确性和完整性负责，这种风险的分担其实已经超过了合理范围，违反了民法中的诚信原则，法院会依职权调整双方的利益的。

《政府投资条例》第23条规定："政府投资项目建设投资原则上不得超过经核定的投资概算。因国家政策调整、价格上涨、地质条件发生重大变化等原因确需增加投资概算的，项目单位应当提出调整方案及资金来源，按照规定的程序报原初步设计审批部门或者投资概算核定部门核定；涉及预算调整或者调剂的，依照有关预算的法律、行政法规和国家有关规定办理。"从中可以看出，地质条件发生重大变化的风险应该由建设单位来承担。在《房屋建筑和市政基础设施项目工程总承包管理办法》中也规定，地质勘察的责任应该由建设单位承担，因为承包人很难在施工前知道施工现场的地下地质情况，所以这种风险不能约定全部由承包人承担。

《民法典》第180条规定："因不可抗力不能履行民事义务的，不承担民事责任。法律另有规定的，依照其规定。不可抗力是不能预见、不能避免且不能克服的客观情况。"这是法定需要调整合同价格的因素，当事人在合同中约定排除适用有违公平原则。所以承包人在施工过程中发现石头过硬造成施工成本增加的，可以要求发包人承担相应的责任。

第五章 计量与支付

Chapter 05

一、工程量

098 当事人可以通过估算或签证资料等证明工程量

对部分确实发生的施工，造价鉴定机构可否以施工量无法计量为由而不予认定相应工程价款？对于有些工程，造价鉴定机构也知道确实是实际施工了，但由于像隐蔽工程等类型的工程，鉴定机构无法认定具体的工程价款，这种情形下，当事人之间的争议应该如何解决？

关键词：工程量

《建设工程司法解释一》第20条规定：“当事人对工程量有争议的，按照施工过程中形成的签证等书面文件确认。承包人能够证明发包人同意其施工，但未能提供签证文件证明工程量发生的，可以按照当事人提供的其他证据确认实际发生的工程量。”这个条文对实际发生工程量的证明要求是比较低的，只要有证据能够证明工程量，无论是什么类型的证据，法院都认可。

《造价鉴定规范》第5.10.2条规定：“当事人对已完工程数量不能达成一致意见，鉴定人现场核对也无法确认的，应提请委托人委托第三方专业机构进行现场勘验，鉴定人应按勘验结果进行鉴定。”对于某些工程可以使用一些专业的仪器进行测量，比如，通过钻芯取样的方式取得操场的各个层级的石渣、垫层沥青的种类和厚度等；如果施工前未测试原始地貌无法计算土石方量，可以用水准仪、全站仪重新取样，或者根据国土规划部门的定期卫星拍摄推算出来，还可以通过钢筋扫描仪测算钢筋的数量，用声波检测仪检测桩长等。

（2020）最高法民终852号民事裁定书中写道：“对部分确实发生的施工，仅以施工量无法计量为由对相应工程价款未予支持不妥。本案已经委托相关中介机构进行鉴定。对于确实发生的施工，即使无法准确计量施工量，亦应当委托相关中介机构予以估算，并对施工方要求支付工程价款的诉请视情形予以相应支持，方为公平。一审判决多处在认定已实际施工的情况下，仅因工程量无法准确计量，而不予认定相应工程价款不妥。”所以，在无法计量工程量或没有证据支持的情况下，对于确实实际施工的工程，应该通过估算等方式予以确定工程量或工程价款。

（2018）最高法民终1262号民事判决书中提道：“签证四中22#、签证六中63#、130#，鉴定意见签注‘经对账核实对临时道路按签证给予计算，但由于签证只有道路剖面无宽度；按签证计算，但签证中的附件与联系单内容量不一致，且钢管费用是否计算，铁皮厚度等施工工艺不明确，故本次鉴定按联系单签署意见只考虑铁皮费用+人工费……监理签署情况属实，单价由工程部研究确认，但建设方只签署情况属实，没有定价且没有工程量及架子搭设施工工艺，无法计量，故本次鉴定只能按照联系单施工单位上报3600元计入争议部分工程造价’。一审法院认为，由于已有签证以及建设方签署‘情况属实’，该部分造价应予计取，由于签证内容不完善，鉴定意见依据工程联系单以及施工单位上报的工程量计算得出的工程造价87,965.63元符合客观事实和一般鉴定规范，该争议部分应计入工程造价。”虽然案例中签证的内容不完善，但因为已有签证且情况属实，所以二审法院直接依据施工单位上报的工程量得出造价予以计算工程价款。

（2018）川民终330号民事判决书中写道：“鉴定机构认定，由于鉴定材料中没有证据证明使用泵送砼的具体部位，所以我们无法计量，故本次鉴定均未计算泵送砼的相关费用。……一审法院认为，对于攀钢工程公司主张的砼泵送费和钢材涨跌幅超过7%的差价，《鉴定意见书》中已指出该部分费用因缺乏证据材料而无法计量计价，攀钢工程公司也无其他证据予以佐证，故一审法院对攀钢工程公司主张的该部分费用不予支持。”这个案例体现的就是“谁主张，谁举证”的原则，由于缺乏证据证明自己的主张，法院只能认定该事实无法作出判断而不予支持。

099 在合同没有明确约定价格形式时，应当按照实际工程量结算

关于桩基工程计价结算的问题，合同约定按设计有效桩长结算工程款，设计图上桩长写了约多少米。请问，是按照实际桩长结算还是按照设计图上的大约的数字结算？

关键词：据实结算、实际工程量

这个问题关于桩基工程的计价结算。在实践中，对于打桩的时间以及桩长等信息的确认，现场有着非常严格的程序，在施工记录和监理日志中会有详细的记录，在最后的收方记录中也会记载具体的桩长。所以一般的做法是按照现场最后的签证单来进行结算。

由于这个问题本身并不具体，所以不太好得出准确的结论。如果合同明确约定了是总价包干合同，那么就直接按照约定来结算价款，例如设计有效桩长是6000米，那最终就按照6000米来结算，这样是没问题的。但如果双方没有这样的明确约定，法院最终可能还是会采纳设计图上的实际数据。因为对于较大的争议，法院一定会依据双方的举证责任和举证情况进行判断，如果不能证明双方有明确的关于固定价款结算的合意，法院最终会通过利益平衡的价值判断按照实际情况来调整价款。

《清单计价规范》第8.2.1条规定："工程量必须以承包人完成合同工程应予计量的工程量确定。"所以从大的原则上来分析，考虑到公平价值的实现和按实结算的交易习惯，这里也应该按照实际桩长来结算。

二、据实结算

100 除了约定可以调整的情形外，总价合同一般不予调整，审计无权干涉

在工程总承包项目的招标中，初设阶段发包，招标限价以财政评审后的设计概算为基准，采用总价合同。现在审计部门提出要按最终图纸据实审

计。招标方提出总价合同原则除约定的调价外，价格是不予调整的，并且如果据实去审计，投标人报价就失去意义。这种情况下，如何说服审计部门？

关键词：工程总承包、总价合同、价格调整

这个问题关于总价合同，实际上是 EPC 合同的价格调整问题。工程总承包是现在很流行的一种发承包模式。根据《房屋建筑和市政基础设施项目工程总承包管理办法》第 7 条的规定，建设单位应当在发包前完成项目审批、核准和备案程序。采用工程总承包方式的政府投资项目，原则上应当在初步设计审批完成后进行工程总承包项目发包。也就是说，立项之后可以进行工程总承包的发包，但政府投资项目必须在立项和初步设计完成后才可以发包。在实务中，很多建设单位拿到项目的立项文件之后，就迫不及待地进行发包。由于《房屋建筑和市政基础设施项目工程总承包管理办法》不是部门规章，更不是法律或者行政法规，所以政府投资项目出于尽快拿资金上项目的目的，也会在初步设计完成之前就发包出去。

根据《房屋建筑和市场基础设施项目工程总承包管理办法》第 16 条规定，企业投资项目的工程总承包宜采用总价合同。工程总承包原则上应当采用总价合同，这也是由总承包单位来负责设计和施工的必然要求。但是因为政府投资项目受到一系列财政投资管理的要求，所以应当采用合理的方式确定合同价格形式，不一定采用固定总价，也可以按照定额计算或者据实结算。总价合同的特点就是除合同约定的可以调整的情形外，合同总价一般不予调整。

再看这个案例。工程招标是在初步设计有了工程概算之后进行的发包，现在招标限价又要以财政评审后的设计概算为基准。也就是有了与初步设计配套的设计概算，但还要由建设单位拿给财政评审，最终确定为招标限价。虽然招标控制价采用了总价合同，但审计部门提出最终要按图纸据实审计。显然审计部门提出按照图纸据实审计之后，价格必然是低于设计概算或者是低于投标总价的。很多时候据实结算对施工单位是有利的，但本案施工单位认为，如果据实结算，投标报价就失去了意义。一旦据实审计，就打破了原来总价合同的约定，根据《招标投标法》第 46 条的规定，双方实际上实质性变更了中标的价格。

审计部门不同意这种观点，那么应该如何说服审计部门？这里其实应该是审计部门来说服施工单位。《民法典》第 136 条明确规定，民事法律行为自成立时生效，但法律另有规定或者当事人另有约定的除外。行为人非依法律规定或者未

经对方同意，不得擅自变更或者解除民事法律行为。从双方当事人的角度来说，任何一方都不能单方面地改变原合同约定，所以固定总价就是固定总价。

从行政审计监督的角度来说，最高院 2001 年发布《关于建设工程承包合同案件中双方当事人已确认的工程决算价款与审计部门审计的工程决算价款不一致时如何适用法律问题的电话答复意见》，这是针对河南省高院关于工程决算价格与审计部门审计的工程决算价格不一致时，如何适用法律问题的解释。最高院认为，审计是国家对建设单位的行政监督，不影响建设单位和承建单位之间合同的效力。当事人之间的总价合同需要当事人遵守，政府部门的行政审计仅仅是政府部门对建设单位的一种审计监督，不会改变双方合同的效力，也不会变更具体的条款。

既然工程总承包项目约定了总价合同，就应该按照合同总价来进行竣工结算，除非发生合同约定的变更调整。比如笔者处理过的一个 EPC 项目，在招标的时候说把设计和施工同时交给总承包单位，然后签订合同时又在合同条款当中约定现阶段仅有方案设计，仅有投资估算，合同总价暂时无法确定。至于什么时候确定合同总价，则需要设计单位按照甲方估算的限额进行工程设计，然后设计的施工图预算还要交给甲方来审核，要求一定要低于当时的投资估算。甲方对投标报价再做二次的审核，审核结束之后如果价格是 2 亿元，那就按照 2 亿元签订补充协议来确定价格。目前，笔者接触的几个案子都是通过这样的一个中间二次议价环节来确定合同总价，很少有直接按照初步设计概算或者方案设计的估算直接确定合同总价的，一般有施工图预算的编制和合同价格重新确定的过程。其实这种 EPC 总价合同也就失去了 EPC 项目本身的意义。为了拿到政府的工程款先把项目进行下去，就通过这种表面上的 EPC 总价合同的形式操作，后期再重新议价。这样一种总价合同，在投资管控的前端就没有做好。如果实际施工范围和施工数量与投标时的内容和工程量相比变化很大，还能采用总价合同结算吗？这里需要注意的是，无论是什么模式的合同，从合同法的角度来说，核心还是要看总价对应的范围。

所以这个问题的结论是，双方应该遵守总价合同的约定，审计机构是没有权利干涉甚至改变当事人合同约定的。

101 固定单价合同的工程量要据实计算

施工单位与业主签订的施工合同为固定综合单价合同，合同约定，工程量不做调整，措施费包干（特殊情况下的模板费除外）。施工单位在结算时提出异议，固定综合单价合同，工程量应按实结算，措施费包干。合同中未约定什么情况是特殊情况，所以模板费也应按实结算。现招标方提出，工程量结算时不做调整，按合同执行，特殊情况的定义为，为满足招标方使用需求产生的模板费为特殊情况的模板费，这样的模板费才可以计取。请问，该合同约定为固定综合单价合同，但实际合同约定与固定综合单价的定义不符，施工单位是否可以起诉主张合同为无效合同？

关键词：固定单价、工程量调整

这个问题关于固定单价。合同约定是固定单价合同，同时还约定工程量不做调整，现在实际合同约定与固定综合单价的定义不相符，施工单位是否可以起诉请求判定合同无效。一般来说，施工图总价才会约定工程量不做调整，施工图纸范围之内的全部工程都是承包人应该做的事情，所以工程量不需要调整。甲方给的招标工程量清单或者是承包人编制的施工图预算所体现的工程量，就是承包人报价的全部范围，不需要调整工程量。单价合同的本质，根据《建筑工程施工发包与承包计价管理办法》第 13 条第 1 款、第 2 款的规定，发承包双方在确定合同价款时，应当考虑市场环境和生产要素价格变化对合同价款的影响。实行工程量清单计价的建筑工程，鼓励发承包双方采用单价方式确定合同价款。所以，如果是工程量清单计价，就应该采单价，固定单价也就意味着工程量要据实计算。《清单计价规范》第 8.2.1 条规定："工程量必须以承包人完成合同工程应予计量的工程量确定。"这里投标人的竞争也主要体现在综合单价上，而不体现在工程量上。

既然工程量应该据实结算，但当事人又在合同中约定工程量不做调整。《民法典》第 799 条第 1 款规定："建设工程竣工后，发包人应当根据施工图纸及说明书、国家颁发的施工验收规范和质量检验标准及时进行验收。验收合格的，发包人应当按照约定支付价款，并接收该建设工程。"在本案中，如果简单按照当事人的约定对工程量不做调整，对承包人来说显然是极不公平的，但是也没有法律强制性规定禁止当事人在综合单价合同中约定不调整工程量，所以很难依据《民法典》第153条主张违反法律、行政法规的强制性规定的合同无效。

《建筑法》第18条第1款规定："建筑工程造价应当按照国家有关规定，由发包单位与承包单位在合同中约定。公开招标发包的，其造价的约定，须遵守招标投标法律的规定。"依照法律规定对合同内容进行约定，这是一种经济秩序。《清单计价规范》第8.2.1条规定："工程量必须以承包人完成合同工程应予计量的工程量确定。"以上规范能否作为公序良俗，并以此为由主张当事人在综合单价合同中约定不调整工程量违背公序良俗而无效呢？毕竟在实践中，这种约定对承包人而言极不合理。如果公序良俗原则也不能适用，那么可以再考虑是否违背了公平原则，本案根据公平原则调整合同价款的可行性更高。

三、进度款

102 建设单位应及时支付工程进度款

某施工总承包工程，在招标时要求各投标单位书面承诺不因进度款的延期支付对甲方提出任何索赔，并随投标文件一同递交。承诺书在合同签订前递交的，合同条款都是通用条款没有对延期支付作出约定。施工单位提出因进度款延期支付的索赔申请。请问：施工单位提出的申请是否合理？可否以存在承诺书为由拒绝施工方提出的索赔申请？

关键词： 工程进度款、违约责任

招标时要求各投标单位书面承诺不因进度款的延期支付对甲方提出任何索赔，这种书面承诺虽然看起来霸道，但根据《施工合同示范文本》的规定，在合同订立及履行过程中形成的与合同有关的文件均构成合同文件组成部分。所以这份承诺书构成合同文件的组成部分，对当事人具有法律约束力。

《施工合同示范文本》中的通用条款对甲方延期支付进度款规定了应当支付迟延履行利息的责任，案例中承诺书的内容实际上构成了甲方的免责条款。《民法典》第506条规定："合同中的下列免责条款无效：（一）造成对方人身损害的；（二）因故意或者重大过失造成对方财产损失的。"从施工单位的角度来看，可以依据《民法典》第506条主张该承诺书中约定的甲方免责条款无效。

另外，根据《民法典》第526条规定，当事人互负债务，有先后履行顺序，应当先履行债务一方未履行的，后履行一方有权拒绝其履行请求。先履行一方履行债务不符合约定的，后履行一方有权拒绝其相应的履行请求。施工单位可以向甲方提出支付进度款的催告函，如果甲方未能及时支付工程进度款，施工单位可以此为由拒绝继续施工，这是施工单位能够主张的先履行抗辩权。

如果建设单位不能及时支付工程进度款，施工单位继续履行合同必然要自己垫资施工。《保障中小企业款项支付条例》第7条规定："机关、事业单位使用财政资金从中小企业采购货物、工程、服务，应当严格按照批准的预算执行，不得无预算、超预算开展采购。政府投资项目所需资金应当按照国家有关规定确保落实到位，不得由施工单位垫资建设。"第26条规定："机关、事业单位有下列情形之一的，依照法律、行政法规和国家有关规定追究责任：（一）使用财政资金从中小企业采购货物、工程、服务，未按照批准的预算执行；（二）要求施工单位对政府投资项目垫资建设。"这是从垫资的角度出发，施工单位的另一条救济路径。

最后，《民法典》第563条规定："有下列情形之一的，当事人可以解除合同：……（四）当事人一方迟延履行债务或者有其他违约行为致使不能实现合同目的……"即便承诺书合法有效，施工单位仍可根据此条款主张解除合同，并要求建设单位承担相应的违约责任。

(103) 合同主体不得滥用民事权利损害他人利益

合同约定设计变更不超过5万元的不予结算。最终所有设计变更加起来总额1000余万元。请问，是否可以突破原合同约定主张调整价款？

关键词： 权利滥用

根据《施工合同示范文本》第10.4.2条的规定，因变更引起的价格调整应计入最近一期的进度款中支付。因此，在双务合同中，根据等价有偿原则，施工过程中发生设计变更的应该调整相应的价款。同时《民法典》第132条规定："民事主体不得滥用民事权利损害国家利益、社会公共利益或者他人合法权益。"这是《民法典》中新增的权利不得滥用规则。

合同中约定“设计变更不超过 5 万元的不予结算”，这是双方自愿达成的一致意思表示且不违反法律规定，该约定是合法有效的，并且设计变更可能导致的价款有增有减，相对而言，该约定也比较公平。但是，如果甲方利用该合同条款将所有的设计变更都化整为零为低于 5 万元的变更，尤其是本案中将 1000 余万元的设计变更都通过这种方式不予结算，显然会对施工单位的利益造成严重的损害。根据《民法典》中的诚信原则及上述的权利不得滥用原则，建设单位的这种做法显然是不会得到法院支持的。

104 建设单位应按照每一期批准的进度款金额及时支付，逾期应当支付利息

乙方每月向甲方汇报工程进度并申请支付工程进度款，但甲方没有按时支付。工程最终结算的工程款少于每月进度款的总额，甲方没有按约定支付工程进度款，利息基数怎么确定？

关键词： 进度款、利息基数

《建设工程司法解释一》第 27 条规定：“利息从应付工程价款之日开始计付。当事人对付款时间没有约定或者约定不明的，下列时间视为应付款时间：（一）建设工程已实际交付的，为交付之日；（二）建设工程没有交付的，为提交竣工结算文件之日；（三）建设工程未交付，工程价款也未结算的，为当事人起诉之日。”第一，主张进度款的利息肯定是没有问题的。第二，关于利息基数的计算。进度款是承包人每个月报的当月款项，实践中承包人会在工程前期的每一期都多报进度款，因为有时甲方也希望施工方早点拿到钱更好更快地完成施工，就会配合在前期多批一些。所以每一期都会有工程进度款，发包人应该按期支付。当然履行过程中发包人也会对进度款的金额进行修正。比如对于已经签发的进度款，如果在支付阶段复核时发现了错误，也是允许当事人在下一期的进度款当中予以扣除或增加差额部分来进行修正。现在很多地方都在推行期中结算，但目前国内的造价惯例主要还是按照分期结算操作，等工程结束后再统一结算。最后结算的金额和每一期的进度款一定是有差异的，但前期甲方批准的进度款金额显然也是有法律效力的，所以如果甲方迟延履行支付义务，应当按照每一期批准的进度款

金额来支付相应的利息。等到最终结算时，可以再把前期的金额整合汇总，最后部分的利息从竣工结算之日起算。

无论是从诚信原则还是从公平原则来看，既然甲方认可了每一期的进度款，那就应该按照约定及时支付。如果甲方没有按照约定支付工程进度款，应该按照每一期批的进度款为基数计算利息。

105 工程进度款的支付可以由当事人在合同中约定

关于进度款支付比例的一般规定为“支付到合同金额的85%时停止支付”，如果是固定综合单价合同，计算控制金额时是以合同约定的金额为计算基数还是含签证及量差？比如合同签订金额1000万元，单价合同，施工图与招标图量差大约200万元，签证大约100万元，是支付到850万元时停止支付进度款，还是支付到（1000+300+100）×85%时停止支付进度款？

关键词：工程进度款

在《保障农民工工资支付条例》出台后，法律法规对建设单位的支付责任要求得越来越严格了。《保障农民工工资支付条例》第24条规定：“建设单位应当向施工单位提供工程款支付担保。建设单位与施工总承包单位依法订立书面工程施工合同，应当约定工程款计量周期、工程款进度结算办法以及人工费用拨付周期，并按照保障农民工工资按时足额支付的要求约定人工费用。人工费用拨付周期不得超过1个月。建设单位与施工总承包单位应当将工程施工合同保存备查。”工程进度款应该怎么支付，根据《建筑工程施工发包与承包计价管理办法》第17条的规定，发承包双方应当按照合同约定，定期或者按照工程进度分段进行工程款结算和支付。

关于工程进度款应该按照什么比例进行支付，主要依据当事人在合同中的具体约定。《建设工程价款结算暂行办法》第13条规定：“工程进度款结算与支付应当符合下列规定：……（三）工程进度款支付：1. 根据确定的工程计量结果，承包人向发包人提出支付工程进度款申请，14天内，发包人应按不低于工程价款的60%，不高于工程价款的90%向承包人支付工程进度款。按约定时间发包人应扣回的预付款，与工程进度款同期结算抵扣。2. 发包人超过约定的支付时间不支付工程进度款，承包人应及时向发包人发出要求付款的通知，发包人收到承包人通知后仍不能按要求付款，可与承包人协商签订延期付款协议，经承包人同意后可延期支付，协议应明确延期支付的时间和从工程计量结果确认后第 15 天起计算应付款的利息（利率按同期银行贷款利率计）。3. 发包人不按合同约定支付工程进度款，双方又未达成延期付款协议，导致施工无法进行，承包人可停止施工，由发包人承担违约责任。”

《清单计价规范》第 10. 3. 8 条规定：“承包人应在每个计量周期到期后的 7 天内向发包人提交已完工程进度款支付申请一式四份，详细说明此周期认为有权得到的款额，包括分包人已完工程的价款。支付申请应包括下列内容：1. 累计已完成的合同价款；2. 累计已实际支付的合同价款；3. 本周期合计完成的合同价款：1）本周期已完成单价项目的金额；2）本周期应支付的总价项目的金额；3）本周期已完成的计日工价款；4）本周期应支付的安全文明施工费；5）本周期应增加的金额；4. 本周期合计应扣减的金额：1）本周期应扣回的预付款；2）本周期应扣减的金额；5. 本周期实际应支付的合同价款。”可见变更、签证和索赔等都不包括在进度款的范围内。

《清单计价规范》第 9. 1. 6 条规定：“经发承包双方确认调整的合同价款，作为追加（减）合同价款，应与工程进度款或结算款同期支付。”在实务中，支付进度款的方式有按照支付节点支付，也有约定进场时和结算时分别结算一半或约定金额，还有按照总价的一定比例支付进度款的。在《清单计价规范》第 68 页编制了总价项目进度款支付分解表（见表 6），其中列明了项目的总价金额和每期支付的金额，实践中同样也可以参考。

表 6　总价项目进度款支付分解表

工程名称：　　　　　　　　　　　　　　　　　　　　单位：元

序号	项目名称	总价金额	首次支付	二次支付	三次支付	四次支付	五次支付
	安全文明施工费						
	夜间施工增加费						
	二次搬运费						

续表

序号	项目名称	总价金额	首次支付	二次支付	三次支付	四次支付	五次支付
	总承包服务费						
	社会保险费						
	住房公积金						
合计							

四、不平衡报价

106 不平衡报价是一种合法的报价手段，行政审计无权推翻投标报价

评标清标分析中，能做到精细评标的并不多。政府项目还常将政策之权柄伸到工程结算审计，要求造价咨询公司复核不平衡报价进行调价，并且要求提供报价中的材料发票（非暂估价）；还在后期合同中要求增加相应条款，施工方被迫接受。能否推翻该投标报价？

关键词：不平衡报价、合同自由原则、行政审计

这个问题关于评标和清标的分析。实际上能够做到精细评标的确实不多。现在一些大型的投标项目，评标人用半天时间就可以完成评标。像上海老港的污水和垃圾处理厂，它的招标文件编制了半年多，投标文件也编制了半年多，在评标和竞争谈判的过程当中，都是非常细致的。但在实务中的很多评标专家，都是职称很多但经验水平一般的评标人，上亿元甚至四五亿元的工程，花半天时间就可

以完成评标，真正能做到精细评标的确实不多。

问题中提到政府将政策之权柄伸到工程结算审计，要求造价咨询公司复核不平衡报价并且要求进行调价。不平衡报价指的是在投标总价已经确定的情况下，投标时根据招标文件的具体条件，对某些项目投出较高价格，另一些项目投出较低价格。例如，施工过程中通过变更的方法取消价格较低的项目，变更成价格较高的项目。不平衡报价是承包人的一种盈利手段。

这样一种盈利手段从合同法层面来说有没有效力?《民法典》第119条规定：“依法成立的合同，对当事人具有法律约束力。”投标人对某一个项目无论投了比较低还是比较高的价格，发包人经过评标后确认并发出中标通知书，一旦合同成立，清单项目中的每一个投标单价对于当事人都是具有法律约束力的，任何一方都应该遵守，不得擅自变更或解除。依法成立的合同对当事人具有法律约束力，这也就意味着承包人的不平衡报价实际上是一种合法的手段。

但是现在政府部门要求造价咨询公司复核不平衡报价，原来报低的是否一定要调高？答案是不一定。政府会让所有的报价都趋向于定额价，或者按照定额价下浮一定的水平。比如，一个项目的工程量有大幅增加，原来只需要做清单当中描述的100份，但实际上要做10,000份，显然承包人一定会对这一部分报高价。政府部门在结算时，会要求造价咨询单位去查看报高的价格是否合理，是否和定额价相接近，对于超过定额太大的部分，就会要求把价格调整至定额价或者定额价以下。这里存在的问题是，建设单位和施工单位之间的结算，与施工单位和外部的供应商之间的结算是两码事。承包人购买材料的价格较低，可能是因为其采购能力强，仓储能力大，对未来材料价格涨跌走势的估计比较准确，大量存货以赚取高额利润。这种利润理应是承包人可以享有的正当利益，但建设单位要求施工单位提供采购发票，要求在发承包双方结算时也按照较低的采购价格结算，比如采购发票是100元，现在报价是200元，要求按照较低的100元来结算，这样做显然是不合理的。合同法的自由原则就是，依法成立的合同对当事人具有约束力，任何个人和单位不得非法干预。政府部门以这样的一种方式介入或者说干预调价违反了合同自愿原则。

问题中还提到，政府部门要求在后期的合同条款当中增加相应条款，施工方被迫接受可否在纠纷时推翻？这个问题要看施工单位在和甲方的谈判过程中有没有接受这个条款，因为一旦接受了这个条款，根据《民法典》第543条的规定，当事人协商一致，可以变更合同。双方协商一致后在合同中增加了这个条款，原则上来说这个条款是有效且具有约束力的，施工单位再想推翻这个条款就很难了。笔者在这里提供一个思路，根据《建设工程司法解释一》第 2 条、第 22 条和第 23 条，看是否存在黑白合同，如果存在，显然应该按照白合同结算，并以此推翻后期增加的条款。但一般来说，只要后期又签订了补充协议，增加的条款是很难被推翻的。

所以问题的结论就是，在整个结算过程中，政府部门或审计局很可能会要求改变合同报价。从合同法的角度来说，所有的不平衡报价都是合法有效的。根据合同自由原则，任何单位不得非法干预合同双方的自由意志，所以 2017 年全国人民代表大会常务委员会法制工作委员会在法工备函〔2017〕22 号文中就提到，地方性法规中直接以审计结果作为竣工结算依据，或者要求应当在招标文件中载明或者在合同中约定以审计结果作为竣工结算依据的规定，这种规定限制了民事权利，超越了地方立法权限，应当予以纠正。所以对于任何地方性法规，即地方人大等具有立法权的地方性机构在制定的地方性法规中，如果包含了要求必须以审计结果作为竣工结算依据的条款，虽然不能说无效，但至少也应该是可以被撤销的。这也体现出政府项目的甲方与承包单位之间，其实是平等主体之间的民事合同关系，而非行政监督法律关系。

另外，问题中提到的政府要求造价咨询单位进行调价，关于造价咨询单位的意见，《建设工程司法解释一》第 30 条规定：“当事人在诉讼前共同委托有关机构、人员对建设工程造价出具咨询意见，诉讼中一方当事人不认可该咨询意见申请鉴定的，人民法院应予准许……”即使双方共同委托了一家造价咨询单位出具咨询意见，任何一方不认可都可以重新鉴定。在这个问题中，根据举重以明轻的基本法律逻辑和《建设工程司法解释一》第 30 条的规定，我们可以认为，甲方单方委托的造价咨询单位出具的成果文件不具有法律约束力。

107 工程量变化幅度超 15%部分应重新组价

低于市场价报价后，因变更导致工程量增加的项目，如何结算？

（1）某单位中标项目含机电工程，水泵报价低于市场价 50%。由于工程需要，水泵数量由 100 台增加为 200 台。对增加的部分，施工单位要求执行市场价，建设单位要求执行原中标价。请问，哪种价格正确？依据是什么？

（2）某楼房工程外墙保温项目，投标时岩棉板报价 90 元（市场价 600 元左右），施工中将岩棉板变更为聚苯板（市场价和岩棉板差不多），结算时申请按聚苯板现在的市场价结算。咨询单位认为只能给付 90 元 + 聚苯板 - 岩棉板的价差，施工单位坚持变更就要重新组价。请问，怎样回复施工单位？

关键词： 工程变更

这两个例子都与投标人的不平衡报价有关，甲方提出增加的部分材料应当执行原中标价，一般来说是没有问题的。通过这个问题，正好了解一下与工程变更有关的内容。《清单计价规范》第 9. 3. 1 条规定：“因工程变更引起已标价工程量清单项目或其工程数量发生变化时，应按照下列规定调整：1. 已标价工程量清单中有适用于变更工程项目的，应采用该项目的单价；但当工程变更导致该清单项目的工程数量发生变化，且工程量偏差超过 15% 时，该项目单价应按照本规范第 9. 6. 2 条的规定调整。”第 9. 6. 2 条又规定：“对于任一招标工程量清单项目，当因本节规定的工程量偏差和第 9. 3 节规定的工程变更等原因导致工程量偏差超过 15% 时，可进行调整。当工程量增加 15% 以上时，增加部分的工程量的综合单价应予调低；当工程量减少 15% 以上时，减少后剩余部分的工程量的综合单价应予调高。”本案例中水泵的价格本就低于市场价 50%，现在数量从 100 台增加为 200 台，根据第 9. 6. 2 条最后一句关于工程量偏差超过 15% 时的价格调整规定，增加部分水泵的价格应该比中标价更低。也就是说，执行《清单计价规范》施工单位亏得更多。

再来看《施工合同示范文本》第 10. 4. 1 条的规定：“除专用合同条款另有约定外，变更估价按照本款约定处理：（1）已标价工程量清单或预算书有相同项目的，按照相同项目单价认定；（2）已标价工程量清单或预算书中无相同项目，但有类似项目的，参照类似项目的单价认定；（3）变更导致实际完成的变更工程量与已标价工程量清单或预算书中列明的该项目工程量的变化幅度超过 15% 的，或已标价工程量清单或预算书中无相同项目及类似项目单价的，按照合理的成本与利润构成的原则，由合同当事人按照第 4. 4 款［商定或确定］确定变更工作的单价。”根据这个条款，水泵从 100 台增加为 200 台，那么超过第 116 台到第 200 台的部分，执行的价格应该是合理成本加利润，即应该重新组价。可见，如果执行《施工合同示范文本》，施工单位还有反败为胜的机会；如果执行《清单计价规范》，超过15%的部分就需要执行比投标价更低的价格。本案例中具体执行哪个价格无法确定，但通常来说执行《施工合同示范文本》的变更估价原则更普遍。

虽然《施工合同示范文本》和《清单计价规范》关于工程量偏差超过15%的部分的规定不同，但从本质上来说，体现的是同一个意思。《清单计价规范》第9.3.1条第1款说明，有变更项目的应该采用该项目的原单价，在但书部分规定了超过15%部分的价格调整规则。《施工合同示范文本》也同样如此，变更估价三原则：有相同按相同，无相同但有类似按类似，无相同无类似或变化幅度超过15%的再按照合理成本加利润重新组价。《施工合同示范文本》体现的规则也是超过了15%的工程量变更部分，即使有相同也应当按照合理成本与利润的原则重新组价。

108 施工单位未按图施工要承担违约责任

清单报价过低的项目，未按图施工时如何结算？

关键词：不平衡报价、违约责任

这是一个以工程量清单报价形成的总价合同，其中肯定存在不平衡报价。对于报价过低的项目，比如一个单价为200元的项目，投标人只报价了50元，施工单位在实际施工过程中就未按图施工。由此产生的疑问是，如果建设单位没有让施工单位承担修复、返工的责任，那么结算时对于这一项未施工的项目应当如何扣减金额，是按照投标价50元扣减还是按照市场价200元扣减？

根据《施工合同示范文本》的规定，单价合同是指合同当事人约定以工程量清单及其综合单价进行合同价格计算、调整和确认的建设工程施工合同，在约定的范围内合同单价不做调整。单看这个条款容易陷入一个误区，认为由于单价合同中的综合单价对当事人具有约束力，施工单位未实际施工该项目就应该按照投标价来扣减。但是，《施工合同示范文本》第16.2.1条规定："在合同履行过程中发生的下列情形，属于承包人违约：……（3）因承包人原因导致工程质量不符合合同要求的……承包人发生除本项第（7）目约定以外的其他违约情况时，监理人可向承包人发出整改通知，要求其在指定的期限内改正。"所以，施工单位未按图施工的行为属于违约行为。

《民法典》第 781 条规定："承揽人交付的工作成果不符合质量要求的，定作人可以合理选择请求承揽人承担修理、重作、减少报酬、赔偿损失等违约责任。"由此可见，对于施工单位未按图施工的违约责任，建设单位可以要求减少报酬和赔偿损失。《民法典》第 584 条规定："当事人一方不履行合同义务或者履行合同义务不符合约定，造成对方损失的，损失赔偿额应当相当于因违约所造成的损失，包括合同履行后可以获得的利益；但是，不得超过违约一方订立合同时预见到或者应当预见到的因违约可能造成的损失。"根据上述规定，施工单位应该承担违约责任，同时不能违反关于违约者不受益的原则。

施工单位如果完整履行合同义务，完成低报价项目，建设单位原本应该获得的利益在施工单位违约后应当得到赔偿。对建设单位来说，该施工单位的低报价项目的市场价和投标价的差额就是预期可得利益，施工单位未按图施工时应该按照市场价对相应工程价款进行扣减。

新冠肺炎疫情期间有一个项目，在施工单位进场后，由于甲方的主管人员对该施工单位不满意又不想自己违约，于是在施工单位到达施工现场后，对现场的用水用电以及各种用工条件百般阻挠，最终施工单位主动撤场了。之后施工单位向建设单位主张在现场的停工损失，建设单位反诉施工单位要求赔偿合同履行后的预期可得利益损失。因为原合同约定大概 100 天能够完成施工，但因施工单位入场后未施工耽误了原本的施工时间，导致工期延长，建设单位主张因施工单位违约导致工期延长的损失，并且还要求施工单位赔偿预期可得利益的损失，最后法院也支持了建设单位的主张，判决施工单位赔偿了较大数额的费用。

总结来说，施工单位没有按图施工，对清单中报价较低的项目不予施工的行为属于违约行为，最后结算时应该按照市场价扣除该项目的工程价款，其中市场价与投标价的差额是属于守约方的预期可得利益。

第六章 Chapter 06 变 更

一、按约施工

109 承包人应按发包人要求履行合同义务

一个电站（115MW）按照可研工程量公开招标，签订 EPC 固定总价合同，合同工程量清单的组件设备工程量为 100MW，其他设备及建筑安装工程量为 115MW。但在实际施工中，EPC 总包方以设计优化为由只履行 100MW 的工程量，但仍要求业主支付合同全款。合同中约定："承包人应按照法律规定，以及国家行业和地方的规范标准完成设计工作，并符合发包人要求。承包人的设计文件应报发包人审查同意。承包人的设计文件对于合同约定有偏离的，应在设计通知中说明。"请问，业主能否不认可总包方的设计优化，以已完工程量（100MW）据实与总包方结算？

关键词：发包人要求、投资管控

根据《房屋建筑和市政基础设施项目工程总承包管理办法》第 7 条的规定，建设单位应当在发包前完成项目审批、核准或者备案程序。立项方式分为审批制、核准制和备案制，必须完成立项才能够进行工程总承包项目的发包。企业投资项目只有核准和备案两种立项方式，所以企业投资项目可以在立项之后直接发包。但采用工程总承包方式的政府投资项目，原则上应当在初步设计审批完成后进行工程总承包项目发包；其中，按照国家有关规定简化报批文件和审批程序的政府投资项目，应当在完成相应的投资决策审批后进行工程总承包项目发包。也就是说，政府投资项目要求初步设计图纸和初步设计概算完成以后才能进行发包。

案例中的项目在可研阶段以后即进行公开招标，没有初步设计和对应的概算。电站（115MW）按照可研工程量公开招标，“115MW”是发包人提出的设计要求，而按图施工应当是乙方明确的合同义务。根据《工程总承包合同示范文本》第1.1.1.6条的规定，《发包人要求》指构成合同文件组成部分的名为《发包人要求》的文件，其中列明工程的目的、范围、设计与其他技术标准和要求，以及合同双方当事人约定对其所作的修改或补充。其附件一就是具体的发包人要求，内容包括工程标准、技术规模等双方特别约定的部分。满足发包人要求是承包人的合同义务，如果履行过程中发现发包人要求存在错误需要修正或者需要调整变更时，应由发包人承担相应的责任。

关于承包人设计义务的一般要求，根据《工程总承包合同示范文本》第5.1.1条的规定，承包人应当按照法律规定，国家、行业和地方的规范和标准，以及《发包人要求》和合同约定完成设计工作和设计相关的其他服务，并对工程的设计负责。承包人应根据工程实施的需要及时向发包人和工程师说明设计文件的意图，解释设计文件。案例中发包人的设计要求是“115MW”，承包人就应该按照合同约定完成设计工作。

虽然现在各地政府都在推行EPC工程总承包模式，但EPC投资管控的问题并没有得到很好的解决。目前《工程总承包合同示范文本》中采用的是总价合同的模式，除变更以外通常不会突破合同总价。但如果项目在初步设计后发包，招标文件编制得较为粗糙，总包单位很容易通过一定的优化设计节省费用获取较大利润。虽然有的地方采用概算下浮的方式，按照定额计价再通过投标下浮率进行管控，但如果单纯适用定额计价，总包单位还是可能采用定额中利润较高的项目，使甲方难以很好地把控价格。从这一点来看，采用模拟清单是一个较为有利的计价方案。

下面整理了尹贻林老师在《贻林微观察》中关于EPC项目投资管控的一些观点：

第一，“工程造价咨询企业要切入全咨，看来还是要走投资管控为核心竞争力的道路，EPC项目就是一个重点。据我观察，现在全国各地政府都在推EPC，但是EPC项目的投资管控问题还没有得到解决。按建设部的方案是采用总价合同方式管控，但是如果初设后招标如果招标文件稍微粗糙一点就会给工程总承包商带来较大利润空间；按各省的实施方案中的概算下浮方案，也会为期中支付和结算带来很大管控漏洞；稍好一些的是模拟工程量清单计价方案，虽然给工程造价咨询企业带来技术难题，但是投资管控的效果更好。”虽然目前模拟清单的使用状况并不理想，但通过推广这种计价模式也可以推动造价咨询企业建立并完善自己的数据库。比如上海利比公司就建立了自己非常强大的模拟清单数据库，借助这种数据库在前期咨询阶段就可以形成模拟清单，不同档次的装修工程甚至也可以形成不同的造价模拟清单。目前，全国有不少的企业都在逐步积累并形成自己的数据库。“模拟工程量清单要按‘两标一特’的原则编制，即工程造价咨询企业首先要准备‘标准工程量清单’，同时参考‘对标项目实际工程量清单’编制模拟工程量清单，再根据本项目的特点调整模拟工程量清单。这样一个回合就能编出一个比较符合 EPC 项目的‘模拟工程量清单’，引导工程总承包企业自主报价。招标文件中的合同可以按照‘据实计量’，固定单价方式支付与结算，这样的 EPC 项目投资管控就非常有效。”通过固定单价据实结算的方式，可以实现对总价的管控，这是一种理想的发展方向。

第二，“推行 EPC 需要信任的环境，而中国还达不到信任的完美程度，而工程造价咨询企业又不能完美地提出基于技术的项目参数清单，且没有系统的数据支持，所以模拟工程量清单是 EPC 投资管控的次优解决方案。如此这般实施数年后，工程造价咨询企业基于大数据的顾问能力不断提高，加之社会信任环境不断形成，就可以采用正宗的 EPC 形式，即工程总承包商承担绝大部分标后风险，发包人让渡大部分项目控制权，使用总价方式计价。”基于目前的市场环境，大数据的积累还有待更加充实，未来有望通过工程造价咨询企业不断完善数据库和增强顾问能力，最后实现总价方式计价的理想模式。

第三，“全世界的发承包模式归根结底就是两类：一类是由业主提供设计后招标建设叫 DBB，英国也叫传统模式或三角模式，中国叫建设监理制；另一类是业主招标后由承包商提供设计并建设，英美叫 DB 或 EPC 模式，中国叫工程总承包。这两种模式中，前者在中国至少已推行三十五年以上，现在已进入并跑向领跑转换时期。后者虽酝酿试点并推行已有三十多年以上，但直到近三年自国办 19 号文发布后才风靡全国。中国的工程总承包有三个独特的地方：第一是价格方式，目前是多种方式并存，包括总价、概算下浮和模拟工程量清单三种方式；第二是两阶段设计，为防止承包商过度优化偏离业主需求，住建部要求政府投资项目必须在初步设计后招标选择承包商，再由中标承包商完成施工图设计；”本案例就是如此，先由建设单位完成初步设计，确定总体的框架和大的要求，再由施工单位在一定范围内完成施工图的设计。现在施工单位所谓的设计优化实际上已经改变了发包人的要求。“第三是设计主导 EPC 和施工主导 EPC 交替并最终由施工 EPC 主导，由于中国政府对设计企业实行资质保护，中国早期 EPC 只能由设计企业主导，致使步履艰难，但是 2020 年 3 月住建部放开施工企业申请施工图设计资质后，中国 EPC 迅速转为由施工企业主导。”

第四，“EPC 的设计分两阶段，这是一个重要的特征，称为‘两阶段设计’。第一阶段从方案到初步设计，控制权掌握在业主手中，与 DBB 一样遵循限额设计和设计优化即可；第二阶段设计主导权转移到总承包商的控制之中，存在一个利益悖论，即总承包商既要满足业主的原始需求，又要保证自己的施工利润。找到这个利益悖论后，研究就可以进行了，即沿着‘价值共创’模型就可以较好地解决这个悖论。所谓‘价值共创’就是双赢，当然这个双赢绝对不是那种某一方‘赢两次’，而是双方共赢。要想双方共赢，就要找到项目价值增量，才能供分配或分享。价值增量一般包括：工期节省、投资（成本）节约、项目功能提升、质量大幅提升等。聪明的业主必须循着双赢这条路前行，也就是激励途径，绝不能一味地强化控制。”通过总包方的利益悖论，遵循着实现共赢的道路，这是未来发展和完善 EPC 工程总承包控制的重要理念。

(110) 初步设计图纸的完整性和准确性由招标人负责

EPC 项目招标时用的初步设计图纸，投标时未发现初步设计图纸中存在大量错误。中标后发现，改正这些问题对造价有重大影响。由于合同未明确约定，招标方以招标时中标人未提出为由不予调整造价信息，应如何处理？

关键词：初步设计图纸、价格调整

一般在初步设计完成之后，也可以在完整方案的设计完成之后进行 EPC 项目的发包。通常初步设计完成后直接进行发包的项目大多是政府投资的项目，但这种发包方式实践中是比较容易产生各种问题的。如果采用施工图图纸发包，毕竟图纸经过强制性审查，其完整性和准确性相对而言会更有保障，而直接采用初步设计图纸进行招标产生的问题就比较突出了。

在这个问题中，首先要探讨的是初步设计图纸的准确性和完整性应该由谁来负责。根据《民法典》第 776 条的规定，承揽人发现定作人提供的图纸或者技术要求不合理的，应当及时通知定作人。因定作人怠于答复等原因造成承揽人损失的，应当赔偿损失。这个条款表明，如果承揽人依据自己的工作经验发现图纸有错误，有义务将相应的情况通知定作人，但承揽人的义务也仅限于此，法律并没有规定承揽人需要承担图纸不符合要求或不合理的法律责任。根据《民法典》第776条最后一句的规定也可以推断出，应该对图纸的准确性和完整性承担法律责任的主体应该是定作人而非承揽人。所以，在建设工程施工合同法律关系中，应该对施工图纸的准确性和完整性承担法律责任的是建设单位。

《工程总承包合同示范文本》第1.12条《发包人要求》和基础资料中的错误部分第1款规定："承包人应尽早认真阅读、复核《发包人要求》以及其提供的基础资料，发现错误的，应及时书面通知发包人补正。发包人作相应修改的，按照第13条［变更与调整］的约定处理。"《工程总承包合同示范文本》的规定和《民法典》第776条规定的原理相同，承包人有通知的义务，发包人应作出相应的修改并承担损失。如果发包人改变了工程总承包项目中的发包人要求，还应该按照《施工合同示范文本》中的规定做出相应的变更和调整。虽然工程总承包合同的合同价格形式是固定总价，但在满足变更和调整的要求或者特别约定按实结算的情形时，也是应该调整合同价格的。《工程总承包合同示范文本》第1.12条第2款规定："《发包人要求》或其提供的基础资料中的错误导致承包人增加费用和（或）工期延误的，发包人应承担由此增加的费用和（或）工期延误，并向承包人支付合理利润。"所以包括初步设计图纸在内的发包人提供的基础资料，其准确性和完整性均应由发包人负责。

现在发包人认为，招标时施工单位没提出图纸存在重大错误，因此不能再以此为由要求调整合同价格，这个理由是不成立的。在《招标投标法》和《招标投标法实施条例》中都没有关于投标人在投标时应该审查图纸的规定。另外，《房屋建筑和市政基础设施工程施工招标投标管理办法》第23条规定："投标人对招标文件有疑问需要澄清的，应当以书面形式向招标人提出。"在实务中，如果出现投标人对招标方招标文件不理解的情形，是可以要求招标人对文件内容作出澄清的。投标人应当以书面的形式向招标人提出，而招标人则应在投标截止日前15天发出澄清文件。但法律并没有规定投标人需要对招标文件的准确性和完整性进行复核。

如果发包人仅依据投标人没有提出图纸的重大错误，就认为投标人以默示的方式作出了认可图纸准确性的意思表示，认为投标人默示放弃了要求修改图纸调整价款的权利，显然缺乏说服力。行为人可以以明示或默示的方式作出意思表示，但默示是只有在法律规定或明确约定的情形下才可以视为有效的意思表示。2016 年最高院发布的第 12 批指导性案例之案例五十七（2014）浙甬商终字第 369 号民事判决书表明，民事权利的放弃必须采取明示的意思表示才能发生法律效力，默示的意思表示只有在法律有明确规定及当事人有特别约定的情况下才能发生法律效力，不宜在无明确约定或者法律无特别规定的情况下，推定当事人对权利进行放弃。在本题的情形下，绝不能认为投标人在投标时没有对图纸提出疑问就推定投标人在投标时放弃了调整合同价款的权利。

当然，这个问题本身对于价值的考虑也是有所启发的。法院通常会基于一定的价值判断作出判决。在我国，尤其是民法，非常尊重当事人的意思自治和合同自由原则，行为人可以按照自己的意愿设定权利和履行义务，但同时也需要承担其所作选择的风险。《全国法院民商事审判工作会议纪要》第五部分关于金融消费者权益保护纠纷案件的审理记录道：“会议认为，在审理金融产品发行人、销售者以及金融服务提供者（以下简称卖方机构）与金融消费者之间因销售各类高风险等级金融产品和为金融消费者参与高风险等级投资活动提供服务而引发的民商事案件中，必须坚持‘卖者尽责、买者自负’原则，将金融消费者是否充分了解相关金融产品、投资活动的性质及风险并在此基础上作出自主决定作为应当查明的案件基本事实，依法保护金融消费者的合法权益，规范卖方机构的经营行为，推动形成公开、公平、公正的市场环境和市场秩序。”同样，在建设工程合同法律关系中，既然招标方选择用初步设计的图纸进行招标，就应该承担图纸可能存在不完整和不准确的风险，这也属于“责任自负”的情形；同时，发包人肯定不能在没有任何依据的情形下将这种本该由自己承担的风险转移给承包人。

总结来说，初步设计图纸的完整性和准确性应该由招标人承担，投标人在投标时没有提出疑问，不能被认定为默示放弃了调整合同价款的权利。因此，招标人不能以投标人在投标时没有提出图纸存在错误为由，拒绝因图纸错误而发生的合同价款调整。

二、设计变更

111 固定总价合同发生设计变更，固定总价也可做相应调整

总价合同，在 EPC 项目中存在一个问题，在扩大初步设计和可研阶段，投标时报价所依据的图纸在正式施工时会发生变化。图纸变化必然产生设计变更。能否认定固定价可调？在非 EPC 项目也存在同类问题。

关键词： 固定总价、设计变更、价格调整

这个问题关于图纸的设计变更。图纸变化必然产生设计变更，这样是否就能认定固定价可以调整呢？在 EPC 项目当中也存在类似问题。其实房建项目根本不适用 EPC 的发承包组织模式，无论是 EPC 项目还是 DB 项目，既然约定了固定总价，一定要明确总价对应的范围。比如，工业项目对图纸的优化显然是属于承包人的义务，也是承包人可以获利的机会。因设计优化而节省费用的，发承包双方可以在合同当中约定相应的奖励办法。

对于 EPC 项目，如果在合同履行阶段，《发包人要求》没有改变，合同价格就不应该调整。根据《工程总承包合同示范文本》的规定，除非发生第 13 条所约定的变更、调整的情形外，合同价格不做调整。初步设计图纸和施工图发生变化不会导致合同价格的调整。

但对于一般的施工总承包项目，如果在履行过程中发生了设计变更，根据《建设工程司法解释一》第 19 条第 2 款的规定，因设计变更导致建设工程的工程量或者质量标准发生变化，当事人对该部分工程价款不能协商一致的，可以参照签订建设工程施工合同时当地建设行政主管部门发布的计价方法或者计价标准结算工程价款，当然可以调整合同价格。即不是说约定了固定总价，工程结算就必须按照固定总价来算。只要发生了设计变更，总价对应的范围发生了改变，就应该去调整固定价。

房建 EPC 项目采用固定总价其实是不合适的。根据《房屋建筑和市政基础设施项目工程总承包管理办法》的规定，政府投资的项目可以采用合理的方式来确定工程造价，可以按照估概预结决的方式一步一步来确定最终的价格。如果采

用固定总价，就一定要明确总价对应的范围。

112 总价合同中建设单位要求的深化设计应当调整合同价款

总价合同，已完成图纸内容。合同约定某些系统设计不详细，需要施工单位二次深化设计，费用包含在投标报价中。但最终的图纸是设计院提供的，是否列为变更？

关键词：深化设计、合同变更

由于是总价合同，即便施工单位进行二次深化设计后能够减少支出，建设单位也不应以此为由调整合同价款；同样，如果深化设计后费用增加，增加部分的费用应该是施工单位要自行考虑的内容，施工单位也不能以此为由调整价款。一般来说，施工单位进行的深化设计，新图纸也由施工单位完成，现在案例中的图纸是由设计院出具的，如何理解这种情形下的“深化设计”?

关于深化设计，2020 年 10 月 29 日发布的《对外援助成套项目管理办法（征求意见稿)》在其附录术语解释部分提到，深化设计是指确定项目的详细建设规划，确定平面和立面设计，确定各分部分项工程的形状尺寸、材质要求、装饰装修效果，确定各配套系统及机电安装工程的系统布置、功能选型、安装要求，详细编制可供主要设备、材料具体选型、定型的技术规范书，明示施工阶段可能会出现的风险因素，并在投资估算范围内按投资匹配原则相应编制工程量清单和投资概算。这是规范文件对深化设计的定义，比如在幕墙工程中，由于建设单位和设计院没有专业的设计能力，通常是由施工单位进行具体的深化设计。

由不同主体完成的深化设计，工程量变化的承担主体可能会存在不同。(2015）陕民一终字第 00125 号民事判决书中写道：“关于钢结构是否应进行深化设计，深化设计后是否存在增加工程量的问题。首先，根据双方于 2009 年 12 月 3 日签订的《工程承包合同》第八条的约定：‘……2009 年 12 月 4 日前，加工厂完成细化图纸及材料计划，并送达甲方审核……’据此，双方之间有关于深化设计的约定。其次，《鉴定报告》认为深化设计后钢结构总重较原投标报价钢结构总重存在差异是正常的，且认为深化设计后钢结构总重增加了 47.03 吨，增加了工程款 291, 367 元。因此，增加后的钢结构重量在正常范围内且用于涉案工程，不存在材料的损失和浪费问题。最后，大秦建设公司虽未提供已送达中核二二公司审核的证据，但涉案整体工程已于2010年8月1日验收合格并交付使用，应视为中核二二公司对深化设计后图纸的认可。综上，深化设计后增加了钢结构工程量，由此增加的该部分工程款291,367元应由中核二二公司承担，原审对此部分判决双方各自承担50%欠妥，应予纠正。故大秦建设公司关于其不应承担钢结构增加工程款部分50%责任的上诉理由成立，中核二二公司关于其不应承担该部分50%责任的上诉理由不能成立。由此可以看出，双方关于深化设计的约定是合法有效的，如果深化设计后工程量增减是合理而非当事人的恶意导致的，法院会认可这种因实际情况变化而引起的工程量在正常范围内的变动。这个案例是单价合同模式下的深化设计，最后也是采用据实结算方式结算的工程价款。

本案例中，由于是总价合同，如果施工单位自己进行优化设计，由此产生的新增费用应该是属于施工单位自行考虑的部分，无须再调整工程价款。如果是建设单位提出的深化设计，并且改良后的图纸也是建设单位提供的，这种情况下应该视为发包人提出的工程变更。因为施工单位进行的优化设计通常会结合成本因素进行考量，而在建设单位委托并提出深化设计时，施工单位并没有选择的权利，只能接受建设单位提出的变更要求，从而不得不承担由此会增加的施工费用。所以在总价合同的计价模式下，如果是建设单位提出或委托设计单位作出的深化设计，应当视为工程变更的情形，调整工程价款。

113 发生施工工艺的改变时，承包人可以据此调整措施项目费

装饰措施项目招标为满堂脚手架，审计发现实际施工为移动脚手架，要重新组价。重新组价是否合理？

关键词：合同变更、施工工艺

根据《清单计价规范》第2.0.41条的规定，单价项目指的是工程量清单中以单价计价的项目，即根据合同工程图纸（含设计变更）和相关工程现行国家计量规范规定的工程量计算规则进行计量，与已标价工程量清单相应综合单价进行价款计算的项目。分部分项工程和措施项目中都有单价项目，案例中的脚手架是典型的措施项目，措施项目的变化是否属于变更？

工程变更是指合同工程实施过程中，由发包人提出或由承包人提出经发包人批准的合同工程任何一项工作的增、减、取消或施工工艺、顺序、时间的改变；设计图纸的修改；施工条件的改变；招标工程量清单的错、漏从而引起合同条件的改变或工程量的增减变化。

《清单计价规范》第9.3.2条规定：“工程变更引起施工方案改变并使措施项目发生变化时，承包人提出调整措施项目费的，应事先将拟实施的方案提交发包人确认，并应详细说明与原方案措施项目相比的变化情况。拟实施的方案经发承包双方确认后执行，并应按照下列规定调整措施项目费：……2. 采用单价计算的措施项目费，应按照实际发生变化的措施项目，按本规范第9.3.1条的规定确定单价……”如果承包人事先未将拟实施的方案提交给发包人确认，则应视为工程变更不引起措施项目费的调整或承包人放弃调整措施项目费的权利。在《清单计价规范》中，施工工艺的改变也属于变更，所以实际施工中如果将满堂脚手架变更为移动脚手架，应该按照实际变更的工程重新组价。

《清单计价规范》第8.2.1条规定：“工程量必须以承包人完成合同工程应予计量的工程量确定。”案例中项目招标为满堂脚手架，实际施工为移动脚手架。根据第11.2.2条规定，分部分项工程和措施项目中的单价项目应依据发承包双方确认的工程量与已标价工程量清单的综合单价计算；发生调整的，应以发承包双方确认调整的综合单价计算。措施项目的单价项目应当按实计量，也就是按照实际完成的工程量来计算，所以应该以移动脚手架来计价。

114 合同变更引起措施项目的变化，应当按实调整价格

一钢结构厂房工程，招标时措施费中包含已完工程和设备保护费。后因图纸设计深度不够，发包方提出吊顶要增加转换层，由于提出的时间比较晚，很多已完工程需要保护，施工方编制的施工方案中措施费包含为保护已完工程要采购的帆布、胶合板等材料费和人工费，金额比较大；另外还有脚手架搭设等其他措施费。请问，在合同没有约定的情况下，新增的已完工程及设备保护费应该按实计算还是按投标费率计取?

关键词：措施项目费、合同变更

已完工程和设备的保护费属于总价措施费。按实计算其实就是成本法计算，按照施工单位所采购所有的帆布、胶合板的采购的发票上的金额计算，还有一种方法就是按照投标时的费率计算。根据《施工合同示范文本》第3.6条关于工程照管与成品、半成品保护的规定，除专用合同条款另有约定外，自发包人向承包人移交施工现场之日起，承包人应负责照管工程及工程相关的材料、工程设备，直到颁发工程接收证书之日止。在施工过程中，承包人最有能力把控现场，因此照管工程以及现场的安全保卫工作都是有承包人来负责的。第3.6条还规定，在承包人负责照管期间，因承包人原因造成工程、材料、工程设备损坏的，由承包人负责修复或更换，并承担由此增加的费用和（或）延误的工期。从发包人向承包人移交施工现场之日起，到颁发工程接收证书之日止，都是承包人负责照管工程的期间，这期间对已完工程保护也都是承包人的义务。当然如果是发包人无正当理由拒绝接收工程，根据《施工合同示范文本》第13.2.5条的规定，发包人无正当理由不接收工程的，发包人自应当接收工程之日起，承担工程照管、成品保护、保管等与工程有关的各项费用，合同当事人可以在专用合同条款中另行约定发包人逾期接收工程的违约责任。承包人无正当理由不移交工程的，承包人应承担工程照管、成品保护、保管等与工程有关的各项费用，合同当事人可以在专用合同条款中另行约定承包人无正当理由不移交工程的违约责任。工程照管义务转移的时间点可以认为是移交工程之日。第3.6条也规定了对合同内分期完成的成品和半成品，在工程接收证书颁发前，由承包人承担保护责任。因承包人原因造成成品或半成品损坏的，由承包人负责修复或更换，并承担由此增加的费用和（或）延误的工期。关于照管义务对应的费用，《建筑安装工程费用项目组成（按造价形成划分）》在措施项目费一项规定，措施项目费内容包括已完工程及设备保护费，即竣工验收前，对已完工程及设备采取的必要保护措施所发生的费用。已完工程及设备保护费也属于措施项目费的一种。

根据《清单计价规范》第6.2.4条的规定，措施项目中的总价项目金额应根据招标文件及投标时拟定的施工组织设计或施工方案，按本规范第3.1.4条的规定自主确定。措施项目费大多是总价项目，投标人在报价时可以报总价金额也可以报费率。对于竣工验收前的已完工程保护费用，由于这种总价措施项目无法据实计量，所以通常结算时都是按照投标时的金额直接结算的。但是，施工过程中的总价措施项目也可能发生变更，对此，《清单计价规范》第9.3.2条规定："工程变更引起施工方案改变并使措施项目发生变化时，承包人提出调整措施项目费的，应事先将拟实施的方案提交发包人确认，并应详细说明与原方案措施项目相比的变化情况。拟实施的方案经发承包双方确认后执行，并应按照下列规定调整措施项目费：……3. 按总价（或系数）计算的措施项目费，按照实际发生变化的措施项目调整，但应考虑承包人报价浮动因素，即调整金额按照实际调整金额乘以本规范第 9. 3. 1 条规定的承包人报价浮动率计算。如果承包人未事先将拟实施的方案提交给发包人确认，则应视为工程变更不引起措施项目费的调整或承包人放弃调整措施项目费的权利。”

该案中，由于图纸设计深度不够，发包方提出吊顶增加转换层，显然这是施工过程中发生的设计变更。因设计变更引起的措施项目变化费用也应该据实调整，调整时应该考虑承包人的报价浮动率。在之前的案例分析中也提到过，报价浮动率是投标价格与招标控制价之比，其前提是依据当地定额编制的招标控制价。根据上述《清单计价规范》的规定，即便应该据实调整措施项目费用，承包人也应该及时报给发包人确认，否则应视为工程变更不引起措施项目费的调整或承包人放弃调整措施项目费的权利。

总结来说，工程变更会引起单价措施项目或总价措施项目的变化，单价措施项目按实际完成的措施项目计价，总价措施项目应当按照变更之后的措施项目调整，同时需要参考投标人的报价浮动率。

115 总承包合同中发包人要求发生改变，需重新调整合同价格

国有资金投资 EPC 总承包工程建设项目，限额清单招投标，招标文件为合同组成部分。招标文件规定招标人不对限额清单准确性负责，限额清单的工程量为中标人必须完成的基本工程量且总价包干，中标人承担除按合同约定进行调价外的一切风险。

招标文件规定项目具备多种垃圾处理能力 300t/d，其中污泥处理能力 150t/d，并且极端工况要求具备 300t/d 全污泥处理能力。限额清单污泥处理系统的清单工程量及价格是按 150t/d 的规模编制的，在项目建设中，业主一直要求总承包单位按 300t/d 的规模进行建设，并且不同意增加造价。但是由 150t/d 增加到 300t/d 污泥处理能力的造价需多投资 600 万元左右，总承包单位以限额设计清单是按 150t/d 的处理能力考虑的造价，要求建设单

位增加造价否则不同意按300t/d的处理能力进行建设。

请问，总包单位的做法是否正确？建设单位是否存在无限转移风险的行为？是否违反法律规定？

关键词：总承包合同、发包人要求、合同变更

通常情况下，招标文件不属于合同文件。案例中，招标文件已经明确说明招标文件是合同的组成部分，这种约定从法律上来说也是合法有效的。招标文件规定项目具备多种垃圾处理能力300t/d，其中污泥处理能力150t/d，并且极端工况要求具备300t/d全污泥处理能力。在项目建设中，业主要求总承包单位按300t/d的规模进行建设，现在双方对污泥处理系统处理能力的变化是否构成工程变更产生了争议，问题就是这种情况是否需要增加造价。

根据《工程总承包合同示范文本》第1.1.6.3条的规定，变更指根据第13条［变更与调整］的约定，经指示或批准对《发包人要求》或工程所做的改变。发包人的要求是合同最核心的部分，只有发包人指示或批准的改变，才是承包人可以要求调整价款的变更。像上一个案例中在施工过程中临时设施的增加，就不应该增加工程价款。同时，《工程总承包合同示范文本》第13.1.1条规定："变更指示应经发包人同意，并由工程师发出经发包人签认的变更指示。除第11.3.6项［未能修复］约定的情况外，变更不应包括准备将任何工作删减并交由他人或发包人自行实施的情况。承包人收到变更指示后，方可实施变更。未经许可，承包人不得擅自对工程的任何部分进行变更。发包人与承包人对某项指示或批准是否构成变更产生争议的，按第20条［争议解决］处理。"发包人单方享有工程变更的权利，而承包人只能提出合理化的建议。

《施工合同示范文本》第10.1条规定了变更包含的具体情形，但在《工程总承包合同示范文本》中并没有类似明确的规定。在工程总承包项目中，由于从图纸的设计、清单的编制，到工程的施工全由承包人负责，因此无须再对施工过程中的工程调整性变更作出特别约定。而只有发包人要求的变化才是可以调整工程价款的变更事由。《工程总承包合同示范文本》第13.3.2条规定："承包人收到工程师下达的变更指示后，认为不能执行，应在合理期限内提出不能执行该变更指示的理由。承包人认为可以执行变更的，应当书面说明实施该变更指示需要采取的具体措施及对合同价格和工期的影响，且合同当事人应当按照第13.3.3项［变更估价］约定确定变更估价。"

关于工程总承包项目中的发包人要求，根据《工程总承包合同示范文本》第1.1.1.6条的规定，《发包人要求》指构成合同文件组成部分的名为《发包人要求》的文件，其中列明工程的目的、范围、设计与其他技术标准和要求，以及合同双方当事人约定对其所作的修改或补充。如果《发包人要求》或其基础内容资料存在错误，根据《工程总承包合同示范文本》第1.12条的规定，承包人应尽早认真阅读、复核《发包人要求》以及其提供的基础资料，发现错误的，应及时书面通知发包人补正。发包人作相应修改的，按照第13条［变更与调整］的约定处理。《发包人要求》或其提供的基础资料中的错误导致承包人增加费用和（或）工期延误的，发包人应承担由此增加的费用和（或）工期延误，并向承包人支付合理利润。发包人提供的文件，通常作为总承包文本里的附件，会详细列明并阐述发包人要求内容。如果发包人要求发生改变，显然属于工程变更的一种。

《工程总承包合同示范文本》附件1部分提到，《发包人要求》应尽可能清晰准确，对于可以进行定量评估的工作，《发包人要求》不仅应明确规定其产能、功能、用途、质量、环境、安全，并且要规定偏离的范围和计算方法，以及检验、试验、试运行的具体要求。对于承包人负责提供的有关设备和服务，对发包人进行培训和提供一些消耗品等，在《发包人要求》中应一并明确规定。回到本案例，实际施工中发包人要求总承包单位按300t/d的规模进行建设，而在招标文件中只有极端工况要求具备300t/d全污泥处理能力，一般的污泥处理能力要求是150t/d，可以看出《发包人要求》实际上已经发生了变化，构成工程变更，需要调整工程价款的。

总结来说，在工程总承包项目中，计价依据不再以发包人提供的工程量清单为准，这种情况下需要调整工程价款的变更情形也更加有限，这与施工总承包项目的变更不同。

116 应建设单位要求完成的设计变更，增加费用由建设单位承担

泵站工程招标开工日期2013年，由于甲方未完成征地，实际开工日期为2015年。

问题一：招标清单室外进出水管线工作内容描述管沟开挖（开槽方案自行考虑），设计图纸管线埋深7~8米，施工单位商务及技术标都按明开槽投

标，招标控制价未考虑钢板桩支护费用。施工单位进场开挖进出水管线土质为低液限黏土（有实验报告），建设单位考虑安全问题要求施工单位打钢板桩组合槽支护，施工单位报方案经监理批准施工并以签证形式各方签字盖章。在结算阶段，审计部门在审核结算时认为清单描述中已让自行考虑开槽方案且招标文件要求措施费用固定包死，不管是明开还是组合槽都由施工单位自行考虑，钢板桩费用200多万元不予考虑。施工单位认为甲方让施工且有签证，建设单位必须支会该费用。请问，结算时是否给予考虑钢板桩费用？依据是什么？如予以考虑钢板桩费用，是否扣除原合同内土方按实际施工组合槽重新配价？是按钢板桩租赁还是摊销考虑？

问题二：由于工期延误2年，施工单位索赔人工调差费用200万元，合同及招标文件对人工调差无约定，是否可以考虑人工调差？依据是什么？

关键词：工程结算、合同变更

招标时招标清单的工作内容中描述开槽方案自行考虑，但一般工作内容并不作为投标报价的依据。根据《清单计价规范》第6.2.3条的规定，分部分项工程和措施项目中的单价项目，应根据招标文件和招标工程量清单项目中的特征描述确定综合单价计算。虽然审计认为开槽方案是施工单位应该自行考虑的内容，但投标人在投标时就已经按照明开槽报价。从合同成立的角度来看，招标文件只是作为合同订立过程中的要约邀请，投标文件才是要约，是合同文件的组成部分。施工单位按照明开槽投标，也收到了中标通知书，因此可以认为双方对沟槽的开挖方式已经在正式的合同中达成了一致。至于报价是否合理以及后期如何实际施工，这是施工单位投标时应该考虑的内容。在合同履行过程中，建设单位考虑到安全问题主动要求施工单位打钢板桩组合槽支护，根据《民法典》第777条的规定，定作人中途变更承揽工作的要求，造成承揽人损失的，应当赔偿损失。《建设工程司法解释一》第19条第2款规定：“因设计变更导致建设工程的工程量或者质量标准发生变化，当事人对该部分工程价款不能协商一致的，可以参照签订建设工程施工合同时当地建设行政主管部门发布的计价方法或者计价标准结算工程价款。”在本案中，还存在各类签证作为补充协议和证据，都能证明实际履行过程中发生的变更事实，可以认为施工中双方改变了原合同的内容，结算时建设单位应该据此支付相应的费用。

关于第二个问题，由于建设单位原因工期延误了两年，对于工期延误导致的人工费变化显然应该由建设单位承担相应的不利后果。参考《民法典》第 513 条的规定，执行政府定价或者政府指导价的，在合同约定的交付期限内政府价格调整时，按照交付时的价格计价。逾期交付标的物的，遇价格上涨时，按照原价格执行；价格下降时，按照新价格执行。逾期提取标的物或者逾期付款的，遇价格上涨时，按照新价格执行；价格下降时，按照原价格执行。这是民法中关于价格制裁的规则，在本案中同样可以类推适用。即便合同文件对人工费调差没有约定，施工单位也可以据此索赔 200 万元的人工费调差费用。

117 设计变更导致措施项目发生变化的，双方可以调整合同价款

某工程招标文件的投标须知中，投标报价原则是施工组织措施项目清单中标后，施工组织措施项目费用包干使用，结算时不再调整。而招标文件的投标须知中，结算原则是组织措施项目费按投标报价费率计算，但该费率不得高于国家规定的费率，否则按规定的费率结算，组织措施项目费按投标报价计算，结算时不做调整。

在施工合同中，结算原则是施工组织措施项目费按投标报价费率计算，但该费率不得高于国家规定的费率，否则按规定的费率结算。该工程变更很多，且变更大的有基础结构形式由旋挖桩变为筏板及独基。请问，施工组织措施费如何结算才合理合法？

关键词：招投标、工程结算、价格调整

这个项目招标文件的投标须知中“投标报价原则”与“结算原则”的要求不一致，施工组织措施项目费的“投标报价原则”是总价包干，“结算原则”是按照费率计算，且在高于国家规定的费率时要按规定调整。根据存在冲突的招标文件进行投标，投标人无论按照哪项原则投标其实都是符合招标文件要求的。而当事人在签订的施工合同中又约定组织措施项目费按投标报价的费率计算，这样的约定本身并不违背招标文件，因此严格来说这种情况也不构成黑白合同，应当认定该施工合同合法有效。根据合同的约定，应按照不高于国家规定的费率进行结算。在合同履行过程中，如果工程发生了很大的变化，根据《清单计价规范》的规定，因设计变更导致施工方案发生变化并导致措施项目发生变化的，双方可以调整合同价款。

三、合同变更

118 重新签认的价格不能对投标单价构成实质性变更

非暂估价材料，投标时已有投标单价，施工过程中建设单位重新签认了此材料价格，请问，应按投标价结算还是应按签认价结算？

关键词： 暂估价、合同变更

这个问题是关于投标价与签认价的。“暂估价”规定在《招标投标法实施条例》第29条中，即招标人可以依法对工程以及与工程建设有关的货物、服务全部或者部分实行总承包招标。以暂估价形式包括在总承包范围内的工程、货物、服务属于依法必须进行招标的项目范围且达到国家规定规模标准的，应当依法进行招标。所以暂估价就是指总承包招标时不能确定价格，而由招标人在招标文件当中暂时估定的服务、货物或工程的金额。也就是合同的标的和数量都具备了，但由于技术问题或市场因素等原因，合同的价格暂时不能确定，所以以暂估价为要件之一，在当事人之间成立合同关系，但是价格不确定。

总包单位将暂估价材料给了承包人，在履行过程中，暂估价的材料价格如何确定？暂估价的工程由谁来施工？如何进行发包？《施工合同示范文本》对暂估价项目的确定有以下几种形式：第一种是承包人进行招标；第二种是发包人和承包人共同招标；第三种是承包人直接采购，但是要向发包人申请；第四种是承包人直接实施，也就是说，承包人能够自己完成。所以暂估价工程由谁来做这个问题，主要看合同暂估价工程的性质，属于依法必须招标的工程的招标、采购或者其他的发包应该采招标的形式，而不能够直接发包。关于暂估价，这里需要了解的主要是暂估价工程有多种采购方法，但是需要由当事人在合同当中约定并且符合法律规定。

问题提出，材料价格在投标时已经有了投标单价，但是在履行过程中，建设单位重新签认了价格，结算时是按投标价还是签认价？《民法典》第543条规定：“当事人协商一致，可以变更合同。”在合同履行过程中，双方当事人协商一致变更价格，显然应该按照变更之后的价格进行结算。这里的问题在于黑白合同，原来的合同已经有了一个投标价，那么在履行中重新签认材料价格的范围是否改变了合同的实质性内容。《建设工程司法解释一》第 2 条就是关于黑白合同的规定，如果当事人重新签认了某个材料的价格并对工程价款产生了实质性变更，那么根据《招标投标法》第 46 条的规定，该行为违反了双方当事人不得再行订立背离合同实质性内容的其他协议这一强制性规定，这是一个典型的效力性强制性规定，会直接导致合同无效的后果。

综合来说，如果重新签订的合同符合了黑白合同的禁止性规定，那就应该按照白合同来结算，即按照投标单价来结算。如果不构成黑白合同，就结合合同中对于材料价差调整的相关条款约定，再按照合同变更处理即可。

119 施工单位无权自行变更施工材料

由于工地附近的市场上买不到设计图纸上的材料规格，施工单位提出更换材料，请问，此时的变更费用如何处理？是按照设计变更重新认价还是按照原合同单价执行？

关键词：材料、合同变更、价格调整

这个问题是关于材料变更后价格的确定。首先，按图施工是施工单位的法定义务，也是合同约定的义务，所以施工单位必须按照图纸的要求采购材料，不能够随便地提出变更材料。那么施工单位确实想要更换材料时，有没有单方变更权呢？《施工合同示范文本》规定了很多情形下的变更，但都是由发包人或者监理人提出的，施工单位可以提出合理的建议，并没有权利直接变更。如果施工单位提出变更理由，建设单位同意变更或者建设单位主动提出变更，这种情况可以直接按照变更估价三原则重新确定价格。如果建设单位不同意变更材料，施工单位强行在工程中使用了价格更高的材料，由于这种行为没有得到建设单位的认可，所以不能按照新的价格来办理竣工结算。

在实务中，要注意控制好变更估价的情况，因为施工单位的二次经营主要是变更、索赔还有签证这些调整合同价格的手段。有一项工程的施工方法发生改变，原来是对整个竖向土石方工程采用爆破的方式进行施工，变更后采用液压锤对竖向土方进行液压破碎，原来招标控制价是 6800 万元，最后的结算价是 2.6

亿元。施工单位在合同履行的过程中，从来没有提出过变更估价，只是申请了变更，由于建设单位的疏忽最终导致了结算价格的巨大差异。显然这种做法会严重影响施工单位的声誉。如果建设单位同意变更，那就根据变更估价三原则确定结算价格，有相同按相同，无相同按类似，无相同无类似按照合理成本加利润。有相同按相同就是指变更之后的工程项目，与在已标价的工程量清单中已经列明的某一项目完全相同，那就可以直接用投标价。如果没有相同的项目，但是有类似的项目，比如问题中的情形，买不到C20的混凝土但是有C30的混凝土，这是原来浇筑结构的一个构建，那现在把C30的价格替代原来C20的价格即可组成一个新的综合单价，这就是无相同按类似。如果既没有相同也没有类似，按照合理成本加利润，也就是考虑投标报价时投标报价和定额价格之间的下浮或者让利幅度，以确定合理的成本。如果既无相同也无类似，又无法确定合理成本加利润，那么还有《建设工程司法解释一》第19条进行兜底，该条第2款规定："因设计变更导致建设工程的工程量或者质量标准发生变化，当事人对该部分工程价款不能协商一致的，可以参照签订建设工程施工合同时当地建设行政主管部门发布的计价方法或者计价标准结算工程价款。"这个条款是对变更之后价款没有约定或约定不明情况的漏洞填补规则，也就是直接按照当地的定额确定变更后的价款。

如果单纯是关于材料价格的争议，可以参考《造价鉴定规范》第5.6.4条的规定，当事人因材料价格发生争议的，鉴定人应提请委托人决定并按其决定进行鉴定。委托人未及时决定可按以下规定进行鉴定，供委托人判断使用：（1）材料价格在采购前经发包人或其代表签批认可的，应按签批的材料价格进行鉴定。也就是说，如果签证单上有价格，那就视为双方达成了一致意见，可以按照签证价格进行结算。（2）材料采购前未报发包人或其代表认质认价的，应按合同约定的价格进行鉴定。即如果施工单位没有向发包人认质认价，那么施工单位购买价格再高的材料也和建设单位没有关系，还是应该执行原合同单价。（3）发包人认为承包人采购的材料不符合质量要求，不予认价的，应按双方约定的价格进行鉴定，质量方面争议应告知发包人另行申请质量鉴定。这里是说需要把造价问题和质量问题分开处理，这也是符合《建设工程司法解释一》相关规定的，当事人对质量有争议应该另行提起诉讼或者提出反诉，但不能因此而阻碍对造价的鉴定。

总结来说，建设单位可以拒绝变更。如果建设单位同意变更，材料变更后的价格可以根据《造价鉴定规范》的相应规则来确定，按照变更估价三原则以及《建设工程司法解释一》第19条的规定处理。

120 履行合同过程中的合法调整可以按合同变更或补充协议处理

建设工程以招标方式确定承包商，在合同中未约定主材价差调整的方法。因业主原因造成项目延迟开工几年，主材市场价格发生了较大变化，请问，合同双方是以补充合同的方式来办理还是以变更合同的方式来解决？

关键词： 价格调整、合同变更、补充协议

《施工合同示范文本》第 7.3.2 条第 2 款规定："除专用合同条款另有约定外，因发包人原因造成监理人未能在计划开工日期之日起 90 天内发出开工通知的，承包人有权提出价格调整要求，或者解除合同。发包人应当承担由此增加的费用和（或）延误的工期，并向承包人支付合理利润。"在这个案例中，因业主原因造成项目延迟开工几年，主材市场价格发生较大变化，承包人可以按照投标期的基准价和施工开工期的基准价进行价格调整。至于是以变更的方式还是以补充协议的方式来调整，一般认为这两种方式都是可以的。

《建设工程司法解释一》第 2 条、第 22 条、第 23 条都规定了当事人不得签订实质性内容不一致的其他合同的法律后果，但这里补充签订的协议并不违背黑白合同的规则，因为《建设工程司法解释一》第 23 条也规定，发包人将依法不属于必须招标的建设工程进行招标后，与承包人另行订立的建设工程施工合同背离中标合同的实质性内容，当事人请求以中标合同作为结算建设工程价款依据的，人民法院应予支持。也就是说，一个非法定招标项目，只要经过了招投标程序就应该遵守黑白合同规则，即便后面签订的合同与中标合同不一致，也还是要以中标合同作为结算依据。《建设工程司法解释一》第 23 条还规定了发包人与承包人因客观情况发生了在招标投标时难以预见的变化而另行订立建设工程施工合同的除外。基于本案签订合同后项目发生了顺延的情况，根据《民法典》第 543 条规定，当事人协商一致，可以变更合同。所以双方可以签订补充协议共同变更合同内容。

根据《施工合同示范文本》第 10.1 条关于变更的范围中的第 5 项规定，改变工程的时间安排或实施顺序，应按照本条约定进行变更。既然可以通过合同变更，那么合同价款也可以相应发生调整。通过变更估价程序，所有的综合单价、

措施项目的总价等都应该相应做出调整。总结来说，这个问题通过补充协议或者通过合同变更都可以解决。

121 规划调整的情况下，双方可以通过补充协议调整价款

2017 年招标设计费 860 万元，后规划调整、规范调整，设计院提出需增加设计费 300 万元。请问，是否可以通过专家论证解决？还是直接签订补充协议予以认可？

关键词：价格调整

这个案件原来签订过设计费，现在因为一些调整因素需要增加设计费。根据《民法典》第 788 条的规定，建设工程合同是承包人进行工程建设，发包人支付价款的合同。建设工程合同包括工程勘察、设计、施工合同。设计合同显然包含在工程合同范围内。再根据《民法典》第 805 条的规定，因发包人变更计划，提供的资料不准确，或者未按照期限提供必需的勘察、设计工作条件而造成勘察、设计的返工、停工或者修改设计，发包人应当按照勘察人、设计人实际消耗的工作量增付费用。所以在规划调整的情况下，显然是可以增加支付相应的费用。又依《民法典》第 543 条规定，当事人协商一致，可以变更合同。所以双方当事人完全可以通过签订补充协议的方式变更合同内容增加相应价款。

122 工程重大变更应重新绘图、审查

因甲方规划及现场实际情况原因，甲方直接将某段改造道路的实施地理位置进行调整，该种情况下是组织设计变更的出具，还是重新勘察设计图纸？如何进行综合单价及合价确认？施工单位是否可以索赔？

关键词：设计变更、索赔

第一个问题是需要重新编制一套图纸还是只要编制一个设计变更文件？《施工合同示范文本》第 10.1 条对变更的范围规定得很清楚，改变工程的位置就是

变更，所以采设计变更肯定没有问题。再来看关于竣工图的规定，根据国家建委《关于编制基本建设工程竣工图的几项暂行规定》第 3 条规定，凡结构形式改变、工艺改变、平面布置改变、项目改变以及有其他重大改变，不宜再在原施工图上修改、补充者，应重新绘制改变后的竣工图。由于设计原因造成的，由设计单位负责重新绘图；由于施工原因造成的，由施工单位负责重新绘制；由于其他原因造成的，由建设单位自行绘图或委托设计单位绘图。施工单位负责在新图上加盖“竣工图”标志并附以有关记录和说明，作为竣工图。因此，如果改变了某条道路的平面布置，应该重新绘制竣工图。但在实务中，有个关于调整室外地坪标高的案例，由于设计部门拒绝重新勘察设计图纸，最后只能是出具设计变更文件解决。关于这种情况法律并没有具体明确的规定，一般法无禁止即可为，所以两种方式都可以。

第二个问题其实是关于施工图的审查。《房屋建筑和市政基础设施工程施工图设计文件审查管理办法》第 11 条规定：“审查机构应当对施工图审查下列内容：（一）是否符合工程建设强制性标准；（二）地基基础和主体结构的安全性；（三）消防安全性；（四）人防工程（不含人防指挥工程）防护安全性；（五）是否符合民用建筑节能强制性标准，对执行绿色建筑标准的项目，还应当审查是否符合绿色建筑标准；（六）勘察设计企业和注册执业人员以及相关人员是否按规定在施工图上加盖相应的图章和签字；（七）法律、法规、规章规定必须审查的其他内容。”第 14 条规定：“任何单位或者个人不得擅自修改审查合格的施工图；确需修改的，凡涉及本办法第十一条规定内容的，建设单位应当将修改后的施工图送原审查机构审查。”将道路的地理位置进行调整，如果工程变化太大，按规定需要重新审查施工图纸。

最后一个问题，施工单位可否在这种情况下进行索赔？从第一问的分析中可以看出这明显是一个设计变更，先看一下关于索赔的规定，《施工合同示范文本》第 19.1 条承包人的索赔规定：“根据合同约定，承包人认为有权得到追加付款和（或）延长工期的，应按以下程序向发包人提出索赔：（1）承包人应在知道或应当知道索赔事件发生后 28 天内，向监理人递交索赔意向通知书，并说明发生索赔事件的事由；承包人未在前述 28 天内发出索赔意向通知书的，丧失要求追加付款和（或）延长工期的权利……”这里的“延长工期”应该也包含了因设计变更导致工期延长的情形。如果双方在合同中约定，超过一定期限不提出工期索赔就丧失索赔权，这种约定显然是有效的。另外，《建设工程司法解释一》第 19

条第1、2款规定："当事人对建设工程的计价标准或者计价方法有约定的，按照约定结算工程价款。因设计变更导致建设工程的工程量或者质量标准发生变化，当事人对该部分工程价款不能协商一致的，可以参照签订建设工程施工合同时当地建设行政主管部门发布的计价方法或者计价标准结算工程价款。"所以如果采变更，施工单位一定可以拿到相应的工程款项；如果提出索赔，法官有可能会考虑关于索赔时效的问题。因此，这里最好还是根据设计变更的条款主张工程价款的调整。

123 发包人有权对合同的非实质性内容提出变更

国有企业一个依法公开招标的项目，中标人已确定并发出中标通知书。在此期间，招标人发现：(1) 业务部门对行业规范理解有偏差，招标范围内的项目没必要实施。(2) 业务部门未确认项目现场管理实际需要，招标文件没有对投标人常驻人员做出明确要求。有鉴于此，双方未能在中标通知书发出的30日之内签订合同。在合同谈判时招标人提出：(1) 调减项目实施范围；(2) 中标人现场需派两人常驻现场。对此，中标人不同意，提出招标人违反《招标投标法》的规定，违背了实质性条款，要求招标人按照招投标文件与之签订合同。招标人有过失，但本着减少企业损失，友好协商的原则，愿意赔偿投标人损失。请问，对于招标人直接负责的主管人员和其他直接责任人员依法应给予何种处分？

关键词：合同变更

中标人提出招标人违反《招标投标法》的规定，违背了实质性条款，现在建设单位招标人的主管人员要承担什么责任？这里首先要弄清楚什么是招标范围以及什么是驻场人员。关于中标人提出的招标人违背实质性条款，根据《建设工程司法解释一》第2条的规定，招标人和中标人另行签订的建设工程施工合同约定的工程范围、建设工期、工程质量、工程价款等实质性内容，与中标合同不一致，一方当事人请求按照中标合同确定权利义务的，人民法院应予支持。也就是说，只有上述规定的四种内容的变化才属于实质性内容变更，包括范围、工期、质量和价款。范围变化比如原来约定修桥现在改修涵洞；工期的变化比如3年变

2 年；质量的变化像是对工程验收标准的提高等。显然驻场人员的调整并不属于实质性内容的范围，所以签订合同时甲方要求施工单位更改驻场人员，并不违反《招标投标法》第 46 条第 1 款的规定，即招标人和中标人应当自中标通知书发出之日起三十日内，按照招标文件和中标人的投标文件订立书面合同。招标人和中标人不得再行订立背离合同实质性内容的其他协议。也就是说，关于驻场人员的安排，法律是允许当事人在签订合同时重新谈判的。

另外，甲方认为招标范围内有一项工作没有必要实施，打算在签订合同时取消该项工作。《民法典》第 770 条规定："承揽合同是承揽人按照定作人的要求完成工作，交付工作成果，定作人支付报酬的合同。"根据承揽合同的相关规定，承揽人应该是根据定作人的要求来完成工作的。《施工合同示范文本》第 10.2 条第 1 款规定："发包人和监理人均可以提出变更。变更指示均通过监理人发出，监理人发出变更指示前应征得发包人同意。承包人收到经发包人签认的变更指示后，方可实施变更。未经许可，承包人不得擅自对工程的任何部分进行变更。"可见，《施工合同示范文本》也肯定了建设单位的单方变更权，其中变更权的范围就包含了取消部分工作。所以即便甲方在合同履行过程中提出取消部分工作，承包人也不能拒绝。甲方的主管人员和其他责任人员根本不需要承担责任，一方面，现场派驻人员的调整也完全可以在签订合同时重新谈判；另一方面，关于招标范围的调整，发包人完全可以直接提出变更或者取消部分工作。

124 政府投资项目中的重大变更都应及时上报

财政投资的维修改造项目，中标价是 2000 万元，工程完工后审计价格为 2500 万元。超出部分主要包括：（1）旧有建筑修缮费用增加 100 万元；（2）外墙做法改变增加价款约 200 万元；（3）其他费用增加。请问，对于价款增加部分的工程，如何处理才不违反法律规定？

关键词： 合同变更

如果是正常的工程变更，工程范围或工程价款的调整都无须重新招标。根据《民法典》第 543 条的规定，当事人协商一致，可以变更合同。如果履行过程中存在实体工程变更需要调整价格，可以签订补充协议予以确认。

在政府投资项目中，还需要遵守相关的行政管理规定。《建设工程价款结算暂行办法》第 10 条第 1 款规定："施工中发生工程变更，承包人按照经发包人认可的变更设计文件，进行变更施工，其中，政府投资项目重大变更，需按基本建设程序报批后方可施工。"《政府投资条例》第 21 条规定："政府投资项目应当按照投资主管部门或者其他有关部门批准的建设地点、建设规模和建设内容实施；拟变更建设地点或者拟对建设规模、建设内容等作较大变更的，应当按照规定的程序报原审批部门审批。"第 23 条规定："政府投资项目建设投资原则上不得超过经核定的投资概算。因国家政策调整、价格上涨、地质条件发生重大变化等原因确需增加投资概算的，项目单位应当提出调整方案及资金来源，按照规定的程序报原初步设计审批部门或者投资概算核定部门核定；涉及预算调整或者调剂的，依照有关预算的法律、行政法规和国家有关规定办理。"

为贯彻落实《政府投资条例》，广州市人民政府于 2020 年 2 月 23 日发布《关于贯彻落实〈政府投资条例〉的实施意见》，其中第三部分规范建设条件，严格投资项目实施提出："按照《条例》中关于政府投资项目实施的要求，明确投资调整的审批权限和程序，立足投资控制，加强对投资概算的刚性约束，防止投资规模不合理扩大。

"（八）严格控制初步设计。21. 初步设计概算审批前，初步设计与批复的可行性研究报告相比，拟变更建设地点或者拟对建设规模、建设内容等作较大变更的，项目主管部门应向市发展改革委报告，由市发展改革委研究确定是否重新调整可行性研究报告；通过联审决策程序稳定建设方案的项目，应重新进行联合评审或联审决策，市发展改革委方可重新批复可行性研究报告。

"（九）严格控制投资概算。22. 初步设计概算审批前，初步设计提出的投资概算超过经批准的可行性研究报告提出的投资估算，初步设计审批部门或者投资概算核定部门原则上不应受理相关审批申请。确需受理的，超出部分控制在 10%（不含 10%）以内的，项目主管部门应说明超出的原因并落实资金来源，由初步设计审批部门或者投资概算核定部门按规定审核报批初步设计概算；超出部分超过 10%（含 10%）以上的，项目主管部门应向市发展改革委报告，由市发展改革委研究确定是否重新调整可行性研究报告。

"（十）严格按经批准的建设条件实施。23. 初步设计概算审批后，政府投资项目应当按照市发展改革委或者其他有关部门批准的建设地点、建设规模和建设内容实施；拟变更建设地点或者拟对建设规模、建设内容等作较大变更的，应当按照规定的程序报原审批部门审批。”其中，第（八）点主要是从投资管控的角度加以控制的。

在政府投资项目中如果没有针对重大变化及时上报审批，根据《政府投资条例》第32条的规定，应当对负有责任的领导人员和直接责任人员依法给予处分。

125 新增项目属合同变更，应重新调整合同价款

某工程合同约定价款调整的条件为：(1) 施工图纸工程量与合同附件工程量清单中列明的工程量之间的量差（不包括设计变更）增减±10%以内（含±10%）的部分，合同价款不调整；量差增减超过±10%时，只调超过±10%部分。上述条款不包含基础混凝土、褥垫层、垫层、钢筋及水泥桩工程量的调整原则，基础混凝土、褥垫层、垫层、钢筋及水泥桩工程量按实际施工图纸工程量进行调整。

(2) 设计变更：累计金额在签约合同价的±1.5%以内者，不调整；累计金额超出签约合同价的±1.5%以外者，只调整超出签约合同价的±1.5%以外的部分。

问题一：合同约定价款调整的条件（1）中规定基础混凝土、褥垫层、垫层、钢筋及水泥桩工程量都是按照实际工程量进行结算，其他清单项（未分计量单位是个、台、套、t、m、m^3 等）增减±10%以内（含±10%）的部分，合同价款不调整；量差增减超过±10%时，只调超过±10%部分。业主方认为个、台、套等计量单位不应执行10%调整，应按实际工程量调整。施工方认为不妥。业主方的主张是否成立？

问题二：施工过程中，因地质及地下水原因导致原地基承载力不满足设计要求（前期地质勘探等原因造成）。地基承载力不满足设计要求的地基处理方式为：已施工的水泥土搅拌桩增加施工混凝土灌注桩，并下发正式施工图。其工程量施工方亦办理有现场签证单，对该部分工程，业主方以设计变更处理，扣除合同价的1.5%进行结算。施工方认为应属于业主另外增加并委托承包商实施的项目，属于缺项漏项分部分项工程或工程签证，而非设计变更，不应扣除合同价的1.5%进行结算。施工方的观点是否合理？

关键词：合同变更

关于第一个问题，根据合同约定的内容，据实结算的工程量超过 10% 的部分，建设单位应该予以调整工程价款。虽然 10% 以内工程量增减部分不予调整价款的约定并不合理，但一般情况下该约定也是合法有效的。但如果是类似以“台”为单位的项目，第二台只执行 90% 部分的价格调整显然不合适，这种情况应该直接根据实际工程量进行调整。从法律解释的角度来看，业主方认为个、台、套等计量单位不应执行 10% 调整是一种对合同的限缩解释，如果双方没有明确的意思表示，法院不会轻易对合同条款作限缩解释。因此业主方的主张不成立。

关于第二个问题，已施工的水泥土搅拌桩增加施工混凝土灌注桩，并下发正式施工图，这实际上是属于工程实体发生的变更而非通常意义上的设计变更，设计变更是将原有施工范围内的项目换成另一个项目，但在《清单计价规范》中增加部分工作也属于变更。无论属于哪一种变更，从合同约定及利益平衡的角度来看，都应该把增加施工混凝土灌注桩作为新增的项目，由建设单位完整支付相应工程价款的做法更加合理。

四、变更估价

126 合同履行过程中发生变更应及时申请变更估价

投标清单项目特征描述含有内墙腻子工序，但施工单位投标时定额组价未报腻子单价。施工过程中建设单位取消了腻子工序，现在已经验收合格并交付使用了 3 年。建设单位结算时提出要求反扣腻子价格进行结算，是否合理？

关键词：合同变更、变更估价

这个问题关于工程变更。项目合同中的综合单价是双方之间形成的合意，单价本身是由投标人自主决定的，投标人可能是拍脑袋根据自身经验决定，也有可能是根据定额中的消耗量及价格套出了投标价。之前也提到过投标人的投标书属于合同形成前的要约。《民法典》第 472 条规定：“要约是希望与他人订立合同的意思表示，该意思表示应当符合下列条件：（一）内容具体确定；（二）表明经受要约人承诺，要约人即受该意思表示约束。”投标人受投标报价这个意思表示的约束，但是组价的过程并不是对外作出的意思表示，不产生法律效力。

现在合同履行过程中，甲方取消了腻子制造工序，这一部分应该定性为工程变更。《施工合同示范文本》第 10.1 条关于变更的范围规定中有一条是改变合同中任何工作的质量标准或其他特性，所以改变工序应该被定界定为变更，然后执行变更估价程序。如果已标价工程量清单当中有相同的按照相同项目单价来认定，如果已标价工程量清单当中没有相同有类似的应该按照类似项目单价认定，如果无相同也无类似就按照合理成本加利润确定新单价。

根据《清单计价规范》第 2.0.11 条的规定，单价合同是指发承包双方约定以工程量清单及其综合单价进行合同价款计算、调整和确认的建设工程施工合同。所以合同中真正对双方有约束力的是综合单价，组价的过程并没有法律效力。现在项目已经验收合格而且已交付使用 3 年，甲方结算时才提出要反扣价格是否合理？前面的一个案例也是如此，施工单位在履行过程中，改变施工工艺，原来用爆破的方法炸开山体挖走土石方，履行过程中因为一些原因改成用液压锤破碎的方法。之后施工单位提出了工程变更但是没提出变更估价，原来合同的招标控制价是 6900 万元，等到一年多以后工程结算时施工单位报价是 2.6 亿元。这也提醒我们注意，如果施工合同履行过程中发生合同变更需要变更估价的，应该及时提出价格调整理由及结果。根据《施工合同示范文本》第 10.4.2 条关于变更估价程序的规定，承包人应在收到变更指示后 14 天内，向监理人提交变更估价申请。监理人应在收到承包人提交的变更估价申请后 7 天内审查完毕并报送发包人，监理人对变更估价申请有异议，通知承包人修改后重新提交。发包人应在承包人提交变更估价申请后 14 天内审批完毕。发包人逾期未完成审批或未提出异议的，视为认可承包人提交的变更估价申请。这其实是关于发包人意思表示方式的默认条款，但这个案件是甲方提出了取消部分工作，这里需要考虑的是应该由甲方启动变更估价程序还是由发承包人及时启动变更程序。《清单计价规范》第 9.1.2 条规定：“出现合同价款调增事项（不含工程量偏差、计日工、现场签证、索赔）后的 14 天内，承包人应向发包人提交合同价款调增报告并附上相关资料；承包人在 14 天内未提交合同价款调增报告的，应视为承包人对该事项不存在调整价款请求。”第 9.1.3 条规定：“出现合同价款调减事项（不含工程量偏差、索赔）后的 14 天内，发包人应向承包人提交合同价款调减报告并附相关资料；发包人在 14 天内未提交合同价款调减报告的，应视为发包人对该事项不存在调整价款请求。”这两个条款都是站在最有利于当事人的角度，要求对方在14天内提出合同价款调整的报告，如果没有在规定时间内提出调整则视为没有调整。但是本案的情况并没有相应的条款规定，《施工合同示范文本》中只有承包人报价后逾期批准视为发包人认可的条款。所以在拟定合同时，有必要考虑到控制总价的价格管控目的，为了及时纠偏而要求承包人或发包人及时提出价格调整。

总结来说，取消部分工作显然是属于变更，应该采变更估价原则重新组价。另外，发承包双方都应该在合同履行过程中及时提出变更估价申请，如果没有及时提出，最好能约定视为不调价，这样对于价格的管控非常有利。

127 变更估价时的类似项目一般是指仅材质或施工图发生改变

全地下室停车场项目，招标清单描述为挖独立基坑石方（投标报价19.66元/平方米），结算时将该单价用于筏板以下独立基础挖石方，而筏板垫层以上四五米深过万平方米的大开挖（6万多立方米）一般石方清单缺项了，重新组价报结算的单价64.85元/平方米。甲方不同意，说要套挖独立基坑单价，并坚持说是类似项目单价。由此引出一个问题，“类似项目”在实务中是一个很模糊的概念，不知有无这方面的解释或理论性的学术文章可供参考。

关键词：价格调整、类似项目、清单缺项

显然挖独立基坑石方的价格应该比大开挖的价格更高，投标报价中较难施工的挖独立基础价格才19.66元/平方米，重新组价后的大开挖价格却要高出19.66元/平方米好几倍，甲方肯定不会轻易同意。首先需要了解学理上对于“类似项目”的定义。在尹贻林老师所著的《工程价款管理——基于DBB模式的建设工程投资管控百科全书》一书中，关于合同中类似项目的变更总结了以下两点：第一，变更项目与合同中已有的工程量清单项目，两者的材质改变，但是人工、材料、机械消耗量不变，施工工艺和施工方案、施工环境不变，最典型的一个例子就是混凝土的强度等级由C20变成C25。由于只有材料发生变化，所以变更估价时完全可以参照类似项目单价。第二，变更项目与合同中已有的工程量清单项目，两者的施工图改变，但是施工工艺方法、材料、施工环境不变，例如水泥砂

浆找平层厚度的改变或者沥青混凝土路面设计的改变。对于合同中有类似综合单价的变更，其工程变更不得增加关键线路工程的施工时间，也不得存在明显的不平衡报价。

本案例中，挖独立基坑和挖一般石方并不属于类似项目，因为二者无论在施工范围和方式，还是在使用的施工机械上都有明显的不同。而且，一般在《清单计量规范》或者各地的定额文件中，已经明确列明了不同子目，这些科目之间通常不应该再按照“类似”来估价了。由于甲方在招标工程量清单中没有做大开挖的项目，所以这里应该按照工程量清单缺项的情况来处理。《清单计价规范》第9.5.1条规定：“合同履行期间，由于招标工程量清单中缺项，新增分部分项工程清单项目的，应按照本规范第9.3.1条的规定确定单价，并调整合同同价款。”第9.5.3条规定：“由于招标工程量清单中措施项目缺项，承包人应将新增措施项目实施方案提交发包人批准后，按照本规范第9.3.1条、第9.3.2条的规定调整合同价款。”清单缺项既包括单价项目的缺项，也包括总价项目的缺项。招标人一般会按照所采用的施工方法或施工方案来确定措施项目的列项。第9.5.2条规定：“新增分部分项工程清单项目后，引起措施项目发生变化的，应按照本规范第9.3.2条的规定，在承包人提交的实施方案被发包人批准后调整合同价款。”也就是说，措施项目本身并没有缺项，只是因为新增了分部分项工程的清单，导致配合该分部分项工程的措施项目发生了变化，这也是一种项目的增加。总结来说，清单缺项有两种表现形式，一种是简单的措施项目清单缺项，另一种是分部分项工程清单的缺项。

存在清单缺项的情况下，应该按照约定根据合同文本或《清单计价规范》中规定的方式进行调价。《施工合同示范文本》第1.13条规定：“除专用合同条款另有约定外，发包人提供的工程量清单，应被认为是准确的和完整的。出现下列情形之一时，发包人应予以修正，并相应调整合同价格：（1）工程量清单存在缺项、漏项的；（2）工程量清单偏差超出专用合同条款约定的工程量偏差范围的；（3）未按照国家现行计量规范强制性规定计量的。”6万多立方米的大开挖石方的价格，如果没有不平衡报价又不考虑下浮率的约定，应该根据《建设工程司法解释一》第19条的规定，按照设计变更导致工程量或质量标准发生变化处理，如果双方协商不一致就按当地定额进行结算，最后很有可能执行的是64.85元/立方米的价格。

128 投标人在投标时自主确定投标报价

项目投标的时候，甲方提供了综合单价分析表的格式，要投标单位自己做出综合单价，样式是每个清单上面填人材机，下面填管理费和利润，管理费和利润是人材机之和乘以费率，这样得到综合单价。如果合同约定变更增加部分没有可以适用和参考的单价，就采用当地定额。现在中介审核时发现清单外的单价仅仅采用当地定额的人材机得出一个总数后再乘以中标的管理费和利润费率，得到综合单价。但施工单位觉得既然原来合同没有综合单价，那么整个综合单价中的人材机费用、管理费和利润都应该按定额规定得出新的综合单价，不能只采用一部分。合同中的管理费利润肯定比定额低，请问有什么理由可以争取到？一般会怎么处理呢？

关键词：投标报价、定额

在这里应该全部采用定额，因为合同中约定得很清楚，如果变更增加部分没有已经适用的部分作为参考，就采用当地的定额。根据《清单计价规范》的规定，投标人投标时应该自主确定投标报价。自主确定投标报价应该参考的资料包括：《清单计价规范》；国家或省级、行业建设主管部门颁发的计价办法；企业定额，国家或省级、行业建设主管部门颁发的计价定额和计价办法；招标文件、招标工程量清单及其补充通知、答疑纪要；建设工程设计文件及相关资料；施工现场情况、工程特点及投标时拟定的施工组织设计或施工方案；与建设项目相关的标准、规范等技术资料；市场价格信息或工程造价管理机构发布的工程造价信息等相关资料。所以投标人在自主决定投标的管理费和利润时，可以根据自身的管理水平，调低管理费，也可以为了提高自己的市场竞争力调低利润率。

综合单价分析表在整个投标报价过程中有什么作用？综合单价分析表本身并没有法律效力，其内容包含了人材机，还有管理费和利润，但是不能直接用，对当事人不具有约束力。关于定额中费率的算法，《建筑安装工程费用项目组成》的附件3《建筑安装工程费用参考计算方法》中提到，工程造价管理机构在确定计价定额中企业管理费时，应以定额人工费或（定额人工费+定额机械费）作为计算基数，其费率根据历年工程造价积累的资料，辅以调查数据确定，列入分部分项工程和措施项目中。工程造价管理机构在确定计价定额中利润时，应以定额人工费或（定额人工费+定额机械费）作为计算基数，其费率根据历年工程造价积累的资料，并结合建筑市场实际确定，以单位（单项）工程测算，利润在税前建筑安装工程费的比重可按不低于5%且不高于7%的费率计算。利润应列入分部分项工程和措施项目中。所以在确定计价定额里的企业管理费时，要通过市场询价以及参考企业历年的财务报表算出管理费费率，利润也是如此。定额中的费率可以体现市场水平的实际情况，而且每一家施工企业的管理费率和利润率都不一样，这是可以自主报价决定的。定额中的管理费和利润，对投标企业的投标报价只具有参考意义，因为定额只是一种数据，不具有强制的法律约束力。

《建设工程司法解释一》第19条第1款规定："当事人对建设工程的计价标准或者计价方法有约定的，按照约定结算工程价款。"《民法典》第119条规定："依法成立的合同，对当事人具有法律约束力。"所以既然合同中已经约定，在无相同无类似的情形下参照当地定额，而参照定额就意味着全面参照定额，包括人材机费用、管理费和利润。

(129) 类似项目的变更按约定不再调整管理费及利润

某轨道交通项目，支架固定的普通螺栓施工中变更为进口高强螺栓；普通螺栓的综合单价投标报价严重偏高，高出市场价2倍，比采用进口高强螺栓正常价格还高1倍。结算时施工方要求在投标报价类似清单项基础上进行抽换（仅把普通螺栓更换为进口高强螺栓），综合单价更新后高出市场价3倍。业主认为，原投标清单项组价错误，严重不平衡报价，应按照市场价偏高水平进行组价（比投标价降低200万元），施工方并不认同，双方争议较大。施工合同对变更新增项目约定："已标价工程量清单中无适用于变更工作的子目，但有类似子目的，即类似项目，应根据项目特征，对工程量清单中原有项目的价格变化部分进行抽换或个别调整，但该项目的管理费、利润等的取费标准不得调整。"

关键词：合同变更、价格调整

施工中将支架固定的普通螺栓变更为进口高强螺栓，这是一个典型的设计变更。由于投标人对普通螺栓综合单价的报价高出市场价两倍，变更为高强螺栓后，发承包双方对变更后的价款产生了争议。从建设单位的角度来考虑，建设单位要求更换进口螺栓后，就应该按照市场价重新确认该项目的价格。也就是说，在原综合单价存在严重不平衡报价的情况下，可以通过变更估价调整过高的投标价。但从施工单位的角度来考虑，安装普通螺栓和安装进口螺栓的施工方法和工艺几乎没有差别，甲方要求更换主材而已，不应调整施工单位在该项目中应该获取的管理费和利润，因此施工单位主张仅调整螺栓的材料价格即可。

双方的争议主要在于更换主材后的价款应该如何确认的问题。第一，普通螺栓变更为进口高强螺栓是属于参照类似项目的情形，还是属于应该重新组价的情形？一般来说，如果只是材料的变更，那么安装普通螺栓的价款应该是可以作为类似项目参照适用的。第二，如果变更估价，除了用高强螺栓的价格替换普通螺栓的价格外，管理费及利润应该如何确定？本案中如果只是替换材料的价格，施工单位应该仍然能够根据原来的报价获取较高的管理费及利润，因此这里争议解决的关键也就在于如何确认变更估价后的管理费及利润。

在之前一个关于定额消耗量的案例中提到过，如果正常的钢筋消耗量是1.02，投标人调低含量报了0.8的消耗量，之后甲方调材差时能否按照0.8的消耗量进行调整？由于定额消耗量或者综合单价分析表都不是正式的合同文件，对当事人具有约束力的仅是最终形成报价的综合单价，所以结论是不能够根据调低的消耗量调整后续变更的价格。因此建设单位要求调整管理费及利润，变更后按照市场价进行重新组价没有充分的理由。

在本案中，根据合同对变更新增项目约定，管理费及利润不应予以调整。这里不予调整是指管理费及利润的数额不调整还是指取费的比例不予调整？如果是数额不予调整，综合单价仍然很高；如果是取费的比例不予调整，替换高强螺栓后的综合单价则可能会变低。根据《民法典》第142条第1款的规定，有相对人的意思表示的解释，应当按照所使用的词句，结合相关条款、行为的性质和目的、习惯以及诚信原则，确定意思表示的含义。从造价工程师的思维来解释“不予调整”，理解为数额不予调整更加符合交易习惯。

五、施工方案改变

130 工程变更应当调整价款，施工方案改变本身不属于工程变更

（1）一项工程原设计为土方开挖，埋设混凝土管，后变更为塑料管拉管施工。投标时钢板桩和降水以项为单位，清单描述为固定总价，综合考虑，结算时不予调整。审计时，咨询单位要求按实际工程量，按定额重新计算，价格与投标时相差较多，怎么处理？

（2）单价合同，土方招标时已按常规施工方案考虑放坡的工程量，投标单位进行了报价，可是施工时采用的方案与招标控制价编制所用方案不一致，且监理和甲方已经批准，结算时出现争议。施工方认为增加的工程量应该根据具体实施方案按实结算；甲方认为没有发出变更指令，也没有发生设计变更，工程量不应改变。请问这种情况该怎么处理？

关键词：合同变更、价格调整

第一个问题的结论是应该按实结算。根据《清单计价规范》第 9. 3. 2 条的规定，工程变更引起施工方案改变并使措施项目发生变化时，承包人提出调整措施项目费的，应事先将拟实施的方案提交发包人确认，并应详细说明与原方案措施项目相比的变化情况。拟实施的方案经发承包双方确认后执行，并应按照规定调整措施项目费。原来项目是要做土方开挖，现在改为拉管施工，这显然属于工程变更，应该及时予以调整价款。

第二个案例中是施工方案发生了改变，通过之前的分析也知道，施工方案改变本身并不属于工程变更。《施工合同示范文本》第 7. 1. 2 条规定："除专用合同条款另有约定外，承包人应在合同签订后 14 天内，但至迟不得晚于第 7. 3. 2 项［开工通知］载明的开工日期前 7 天，向监理人提交详细的施工组织设计，并由监理人报送发包人。除专用合同条款另有约定外，发包人和监理人应在监理人收到施工组织设计后 7 天内确认或提出修改意见。对发包人和监理人提出的合理意见和要求，承包人应自费修改完善。根据工程实际情况需要修改施工组织设计的，承包人应向发包人和监理人提交修改后的施工组织设计。"可见，承包人对

施工方案的改变，无论是优化设计降低了成本还是其他原因导致费用增加了，都不属于发包人应该承担的变更范围，所以不会发生工程价款的调整。

131 施工方法改变是否构成合同变更应视实际情况决定

某工程总承包项目，合同约定结算价 = 分部分项工程量清单综合单价 × 工程量 + 措施费及调整 + 规费 + 税金 + 工程变更。对技术措施项目清单中填报单价的项目，按有关规定计量的合格工程量调整，对以项为单位的技术措施费不予调整。变更组价原则为：(1) 当工程量清单中有对应分部分项工程名称时，按该项目综合单价确定调整；(2) 无对应但有参照分部分项工程名称时，参照工程量清单中类似项目综合单价调整；(3) 无对应和参照时，重新组价。

原中标清单为爆破土石方，后因现场有燃气管道等非施工单位原因导致设计变更，由爆破土石方变更为机械开挖。现场实际情况坡度很大，车辆无法到达底部，部分除渣的方式必须由 4 台挖机接力把土石方往路面上翻挖（台阶式），部分需要垂直运输方式除渣。现场增加了大量的支撑防护措施，专项施工方案也经过业主及监理同意。

问题：(1) 变更后的新增组价是否有考虑现场实际发生的措施费（机械翻挖、翻运、垂直提升出渣、围护基坑开挖施工降效。中标清单中有垂直运输这个包干措施项，中标价为 50 万元)？(2) 发生设计变更时，是否可以跨单位工程进行相同或相似清单的参照（同一个清单项在不同的单位工程中综合单价不一致)？

关键词：合同变更、施工方法

关于第一个问题，首先，施工方法的改变是否构成工程变更？《施工合同示范文本》第 10.1 条规定："除专用合同条款另有约定外，合同履行过程中发生以下情形的，应按照本条约定进行变更：(1) 增加或减少合同中任何工作，或追加额外的工作；(2) 取消合同中任何工作，但转由他人实施的工作除外；(3) 改变合同中任何工作的质量标准或其他特性；(4) 改变工程的基线、标高、位置和尺寸；(5) 改变工程的时间安排或实施顺序。"根据这一规定，爆破土石方改为机械开挖土石方的施工方法的改变并不构成工程变更。

《建筑工程施工发包与承包计价管理办法》第14条规定："发承包双方应当在合同中约定，发生下列情形时合同价款的调整方法：（一）法律、法规、规章或者国家有关政策变化影响合同价款的；（二）工程造价管理机构发布价格调整信息的；（三）经批准变更设计的；（四）发包方更改经审定批准的施工组织设计造成费用增加的；（五）双方约定的其他因素。"根据第4项的规定，"发包方更改经审定批准的施工组织设计造成费用增加的"应该调整合同价款。关于施工方法的改变是否构成变更，《施工合同示范文本》和《建筑工程施工发包与承包计价管理办法》这两个文件的规定存在冲突。

其次，无论是否构成变更，爆破土石方改为机械开挖土石方是否会造成运渣等施工费用的增加？如果改变施工方法后实际情况发生变化需要执行变更估价程序，则可以按照土石方项目进行变更估价。《清单计价规范》第9.3.2条规定："工程变更引起施工方案改变并使措施项目发生变化时，承包人提出调整措施项目费的，应事先将拟实施的方案提交发包人确认，并应详细说明与原方案措施项目相比的变化情况。拟实施的方案经发承包双方确认后执行，并应按照下列规定调整措施项目费：1. 安全文明施工费应按照实际发生变化的措施项目依据本规范第3.1.5条的规定计算。2. 采用单价计算的措施项目费，应按照实际发生变化的措施项目，按本规范第9.3.1条的规定确定单价。3. 按总价（或系数）计算的措施项目费，按照实际发生变化的措施项目调整，但应考虑承包人报价浮动因素，即调整金额按照实际调整金额乘以本规范第9.3.1条规定的承包人报价浮动率计算。如果承包人未事先将拟实施的方案提交给发包人确认，则应视为工程变更不引起措施项目费的调整或承包人放弃调整措施项目费的权利。"如果实际施工情况在改变施工方法后并没有发生变化，则应该直接按照施工单位的合同报价进行结算而无须调整价款。

结合实践中类似案例的具体情况来看，爆破土石方改为机械开挖土石方的施工方法后，施工单位挖渣和运渣的工作性质和工作量实际上并没有发生变化。一般在招标清单的土石方工程项目特征中不会特别说明采用何种施工方法，挖土石方的方法以及运距属于投标人自行考虑的范围。当然，如果这个案例的项目特征中写明是爆破但实际采用的方法是液压锤破碎，直观上看也构成工程变更。

关于第二个问题，在之前的案例分析中提到过，一个工程的几个标段同一项目的单价完全有可能不一样，如果建设单位要求所有标段同一项目都按照最低的报价计价，显然是不合理的。同样，在这个案例中，参考其他单位工程的同一项目报价也是没有依据的。假设另外两个单位工程的这一项目报价不同，应该按照哪个价格执行？这里仍然应该执行变更估价程序确定变更后的价格。

六、删减工作

132 初步设计图纸还不足以构成施工图总价

业主与施工单位签订了一份轨道交通地下车站的总价施工合同，签约的时候是初步设计图纸。施工图出来后，对比招标时的图纸，地铁车站的规模缩小了30%。结算时依据变更进行了结算，总的结算金额比签约时的总价金额少了约20%。目前，业主与施工单位不能达成一致意见。施工单位强调是总价合同，不同意核减。业主认为发生了变更就要重新核算价格。请问，作为业主能否依据《清单计价规范》第9.3.3条“当发包人提出的工程变更因非承包人原因删减了合同中的某项原定工作或工程，致使承包人发生的费用或（和）得到的收益不能被包括在其他已支付或应支付的项目中，也未被包含在任何替代的工作或工程中时，承包人有权提出并应得到合同的费用及利润补偿”之规定，给施工单位一些经济上的补偿费用？这种补偿，将来能否通过审计？

关键词： 总价合同、合同变更

问题中的工程是通过初步设计的概算进行招标的，而且合同采用的是概算总价的计价方式，这和一般的施工图总价不同。关于总价合同，《施工合同示范文本》将其定义为：合同当事人约定以施工图、已标价工程量清单或预算书及有关条件进行合同价格计算、调整和确认的建设工程施工合同，在约定的范围内合同总价不作调整。这里总价合同包括施工图总价，而不含初步设计总价。因为就施工图而言，除非有签证等表示变更的文件，施工图本身是能够直接办理结算的，所以施工图总价有其合理性。而初步设计并没有达到可以施工的内容程度，其项目特征也无法确定，所以无法简单依据初步设计编制有效的模拟清单。之前上海利比造价咨询单位的王老师谈到过他们的数据管理，即便是他们那样的数据管理能力非常强大的企业，也认为编制模拟清单是比较复杂的工作，何况初步设计图纸也没有达到一定的深度，没有相应的数据和指标支撑，根本无法依据初步设计图纸做出可参考的总价合同。另外根据概算做总价合同也是不符合现有法律规定的，虽然实务中很多政府项目为了尽快落实资金，都是先通过设计概算尽早招标，再通过招标下浮率等方式确定总价，或者等后期编制完施工图以后再签订合同重新商定价格，但显然这在管理上也是比较困难的。

《房屋建筑和市政基础设施项目工程总承包管理办法》第 15 条第 1 款规定了建设单位和工程总承包单位应当加强风险管理，合理分担风险，而后第 2 款列明了一些建设单位应当承担的风险。根据《建筑工程施工发包与承包计价管理办法》第 14 条规定，发承包双方应当在合同中约定，发生法律法规变化、变更设计时合同价款的调整方法。《工程经济》期刊中的《浅谈如何做好概算总价包干模式下的施工合同价款确定及合同条款设定》一文提道："按合理分摊、对价补偿的原则，将需要承包商承担的风险考虑进入包干风险中，主要有：……(2) 初步设计与施工图设计之间的设计方案、施工工法、施工工艺、施工措施变化的费用风险。"这篇文章也是很好的参考。

现在题目中图纸设计规模的缩小究竟是应当作为风险对待，还是应该作为设计变更来对待？从初步设计图纸到施工图纸规模有了大幅度的缩小，作为施工单位肯定认为，这里的价差应该作为自己可以盈利的部分；但甲方却认为初步设计图纸和施工图纸图纸之间的区别应该按照设计变更处理，结算时减少相应的合同价款。如果执行设计变更，根据《建设工程司法解释一》第 19 条的规定，因设计变更导致建设工程的工程量或者质量标准发生变化，当事人对该部分工程价款不能协商一致的，可以参照签订建设工程施工合同时当地建设行政主管部门发布的计价方法或者计价标准结算工程价款。根据这条规定，设计变更导致工程量发生的变化是需要调整合同价格的，而且要依据定额来调整。

笔者最近接手了一个案例，工程中的钢结构单独平行发包出去，投标单位报价是根据建筑的面积计价，比如每平方米多少钱，然后再在附注的表上根据初步设计图纸报了一个吨数和综合单价，据此算出了整个工程的价格。在报价单之后还附有一份技术指标，内容包括抗震系数等要求。在签订合同阶段，建设单位委托施工单位深化该施工图纸，并把初步设计的内容制作成施工图纸。施工单位在制作图纸时一定会考虑如何合法合理地降低单位面积的成本，比如减少施工图设计中的钢筋含量等。施工图纸经发包人批准后已经实施完工，但在办理竣工结算时，招标方发现根据该施工图纸完成施工的建筑在一些指标上发生了变化，不符合原施工图纸总说明部分载明的指标。在这种情况下，虽然物理指标发生了变化，但由于在后编制的施工图是建设单位批准的，也就是说，甲方认可了这种变化，所以这里构成工程的变更。

题目中的案例从初步设计图纸到施工图纸，规模减小 30%，由于没有交代具体的原因和程序，所以无法认定初步设计图纸的设计责任归属于谁。如果把它作为设计优化，对于这一部分节省的金额首先应当根据双方约定的分摊比例进行分配；但如果把它作为一种变更，司法裁判的结论基本上都是需要进行调价的。所以这里主要提供一种思路，如果是承包人利用合理合法的手段改变了施工方案的部分设计，只要符合甲方要求，那就应该不构成变更；但如果改变了甲方要求中的一些物理属性，显然就构成变更了。

133 投标文件属合同组成部分，对当事人具有约束力

EPC 项目采用模拟清单，单价合同，承包人报价存在不平衡报价，土方开挖及外运单价严重低于成本。后发包人调整合同施工范围，合同价由 4.2 亿元调整为 2.6 亿元。承包人能否主张调整严重亏损的土方开挖及外运单价？

关键词：模拟清单、合同变更

这是一个 EPC 模拟清单的项目，2019 年福建省住建厅在《关于房屋建筑和市政基础设施项目工程总承包招标投标活动有关事项的通知》中规定，工程总承包项目推行模拟清单计价模式。模拟清单列出项目实施过程中实际要发生的和可能要发生的各类项目清单，包括项目名称、项目特征与工程内容、计量单位及综合单价等，招标人不提供工程量，投标人根据招标要求填报工程量与综合单价。省厅组织编制工程总承包模拟清单计价与计量规则，并另行发布。模拟清单不同于 EPC 模式下常见的工程量清单，工程量清单通常都是招标人写明项目特征和工程量，投标人只需要填报各项目综合单价，而模拟清单中的量和价都是由投标人自主填报，这是二者最主要的区别之一。

就目前模拟清单的使用情况来看，容易引起纠纷的地方比较多，实践中并不

推荐使用。比如在之前的案例中提到过，模拟清单中给的工程量要比实际发生的工程量小很多，而投标人报价时又利用不平衡报价投报极高的综合单价，这就导致最后结算时的工程价款远远超过概算价，这是典型的没有利用好模拟清单的案例。近年来也有很多与模拟清单相适应的计价规则相继出台，根据《工程总承包合同示范文本》第 14. 1. 2 条的规定，价格清单列出的任何数量仅为估算的工作量，不得将其视为要求承包人实施的工程的实际或准确的工作量。工程总承包主要还是采用总价合同的价格形式，承包人按照发包人要求也就是设计成果文件进行施工，如果没有发生变更等情形，通常都是直接执行固定价，而无须再根据实际发生的工程量重新确定结算款。价格清单中列出的工作量和价格数据应当仅用于变更和支付的参考，而不能用于其他目的。

回到案例中的问题，发包人调整施工范围后能否要求其赔偿亏损？发包人调整施工范围属于工程变更的一种，既然是变更就应该执行变更估价规则。案例中的情况可以认为是发包人主动删减了部分工作，根据《造价鉴定规范》第 5. 8. 5 条的规定，因发包人原因，发包人删减了合同中的某项工作或工程项目，承包人提出应由发包人给予合理的费用及预期利润，委托人认定该事实成立的，鉴定人进行鉴定时，其费用可按相关工程企业管理费的一定比例计算，预期利润可按相关工程项目报价中的利润的一定比例或工程所在地统计部门发布的建筑企业统计年报的利润率计算。对于发包人删减的部分工作，承包人可以主张未做部分工程的相应利润，但没有删减而实际已经完成的工程，应该根据合同约定结算相应的工程价款。

总结来说，投标人报价的投标文件属于合同文件的组成部分，其中的价格条款对合同当事人具有法律约束力。案例中应当以投标文件中投标人的报价作为结算工程款的依据，承包人因自己的不平衡报价导致亏损，以此要求发包人调整已完工程的价款并没有足够的法律依据。

134 建设单位删减工作，应赔偿承包人因此遭受的损失

关于总价包干项目，若总价包干项目有一部分内容业主不要求做，施工单位如何维护自己的利益？不做项目部分的管理规税是否能要求索赔？

关键词： 承揽合同、删减工作

一般来说，建设单位是有权取消部分工作的，因为承包合同的本质是承揽人按照定做人的要求完成工作，建设单位取消部分工作是其正当的权利。《民法典》第 777 条规定："定作人中途变更承揽工作的要求，造成承揽人损失的，应当赔偿损失。"如果施工总承包施工单位为了做某一幢楼，已经在现场铺设了临时道路也堆放了很多材料，做了塔吊基础，工作人员也到位做好了其他的准备，这时建设单位忽然变更承揽工作的要求，根据《民法典》第 777 条的规定，承揽人因此蒙受的损失，建设单位应当予以赔偿。

关于删减部分工作，《造价鉴定规范》第 5. 8. 5 条规定："因发包人原因，发包人删减了合同中的某项工作或工程项目，承包人提出应由发包人给予合理的费用及预期利润，委托人认定该事实成立的，鉴定人进行鉴定时，其费用可按相关工程企业管理费的一定比例计算，预期利润可按相关工程项目报价中的利润的一定比例或工程所在地统计部门发布的建筑企业统计年报的利润率计算。"承包人应当说服鉴定机构按照第 5. 8. 5 条的规定，在造价鉴定意见中加上利润和管理费部分，其中利润可以参照投标报价中的利润比例或者按照工程所在地统计部门发布的建筑企业统计年报的利润率来计算，费用部分可以参照企业管理费的一定比例计算。顺便提一下，规费和税金是不可以要求赔偿的。

135 因设计变更导致工程量增减超过 15%以上，工程款应重新计算

固定总价合同，投标时为 4000 万元，中标下浮 14. 85 个点。进场后，工程量删减 30%（一个厂房由 7000 平方米减少至 4200 平方米，3 个筒仓减少为 1 个筒仓），并且施工方把投标内容的桩摘出来分包给另外一个单位（大概 500 万元）。施工方如何进行索赔？

关键词：合同变更、价格调整

根据《民法典》和《施工合同示范文本》的相关规定，甲方是有权取消部分工作的。至于施工方能否据此主张索赔，根据《民法典》第 777 条的规定，定作人中途变更承揽工作的要求，造成承揽人损失的，应当赔偿损失。根据这个条款规定，施工单位只能主张损失，并不能争取到相应利润的赔偿。但是，根据《清单计价规范》第 9. 3. 3 条的规定，当发包人提出的工程变更因非承包人原因

删减了合同中的某项原定工作或工程，致使承包人发生的费用或（和）得到的收益不能被包括在其他已支付或应支付的项目中，也未被包含在任何替代的工作或工程中时，承包人有权提出并应得到合理的费用及利润补偿。如案例中所述，施工内容由三个筒仓减为一个筒仓，但进场时施工单位安排的所有机械脚手架等都是按照施工三个筒仓的需求准备的，所以甲方临时取消两个筒仓的施工，由此导致的损失，施工单位是可以主张赔偿的。根据《清单计价规范》的规定，施工单位还可以主张相应利润的赔偿。主张利润的金额，可以参照《造价鉴定规范》第5.8.5条的规定，因发包人原因，发包人删减了合同中的某项工作或工程项目，承包人提出应由发包人给予合理的费用及预期利润，委托人认定该事实成立的，鉴定人进行鉴定时，其费用可按相关工程企业管理费的一定比例计算，预期利润可按相关工程项目报价中的利润的一定比例或工程所在地统计部门发布的建筑企业统计年报的利润率计算。

现在工程量减少了2/3，剩余部分工程的价款能否上调？比如原来做三个筒仓一共是300万元，现在只做一个筒仓的话利润率能否提高？根据《施工合同示范文本》的规定，因设计变更导致工程量增加或减少超过15%以上时，这一部分工程款应该按照合理成本加利润的规则重新计算，所以单价也是可以调整的。

后来甲方把投标内容的桩摘出来分包给另外一个单位。根据《施工合同示范文本》第10.1条变更的范围规定："除专用合同条款另有约定外，合同履行过程中发生以下情形的，应按照本条约定进行变更：（1）增加或减少合同中任何工作，或追加额外的工作；（2）取消合同中任何工作，但转由他人实施的工作除外……"显然，甲方把本该属于承包人施工的部分工程交给其他人不属于正当的工程变更，应当认定为甲方的违约行为。甲方可以取消部分工作，但不能任意转由他人施工。发包人违反《施工合同示范文本》第10.1条变更的范围第2项约定，自行实施被取消的工作或转由他人实施的属于发包人违约，发包人违约的责任包括应承担因其违约给承包人增加的费用和（或）延误的工期，并支付承包人合理的利润。

所以在这个案子中，对甲方的行为可以分为两个部分来认定，前半部分是甲方正常地提出工程变更，而后半部分则是甲方的违约行为。

136 合同履行过程中不正当的变更应承担违约责任

甲方在履约过程中取消占合同总价25%的精装修。承包方要求推翻原合同价，重新谈价。重新议价有明确的法律法规依据吗？

关键词：合同变更、违约责任

这个问题关于删减合同中的部分工作，实际上想解决的是重新认价的问题。甲方取消合同中的精装修部分，这是一种违约行为。承包人完成了75%的工作，可能剩余25%的精装修工作利润很高，施工单位现在想要推翻原来75%部分的价格，重新确认单价或总价。这个思路是有问题的，可以换个角度来考虑，不要谈已经完成施工的75%，而是把重点放在还没做的25%，因为这一部分的法律依据更加充分。

关于删减部分工作，《民法典》第777条规定："定作人中途变更承揽工作的要求，造成承揽人损失的，应当赔偿损失。"第787条规定："定作人在承揽人完成工作前可以随时解除合同，造成承揽人损失的，应当赔偿损失。"建设工程合同作为承揽合同的一种，也是可以适用《民法典》第777条的规定，但是第787条规定的是承揽合同的定作人享有单方解除权，施工合同的发包人不享有该权利。

《施工合同示范文本》中第10.1条关于变更的范围规定："除专用合同条款另有约定外，合同履行过程中发生以下情形的，应按照本条约定进行变更：……（2）取消合同中任何工作，但转由他人实施的工作除外……"这个案件中甲方不会取消精装修工作，而一定是交给其他人来做。一旦交给其他人或者他自己来做精装修工作，就超出了《施工合同示范文本》允许变更的范围，是一种不正当的变更，是违约行为。《施工合同示范文本》第16.1.1条规定了发包人违约的情形："在合同履行过程中发生的下列情形，属于发包人违约：……（3）发包人违反第10.1款［变更的范围］第（2）项约定，自行实施被取消的工作或转由他人实施的……"显然甲方擅自取消精装修工作构成违约，应当承担相应的违约责任。根据《民法典》第584条规定，当事人一方不履行合同义务或者履行合同义务不符合约定，造成对方损失的，损失赔偿额应当相当于因违约所造成的损失，包括合同履行后可以获得的利益。

本案要求推翻原合同价格重新确认75%的价格其实很难，但是可以考虑主张25%的管理费和预期利润，直接要求甲方承担违约责任并赔偿相应损失。《造价鉴定规范》第5.8.5条也提到，因发包人原因，发包人删减了合同中的某项工作或工程项目，承包人提出应由发包人给予合理的费用及预期利润……费用可按相关工程企业管理费的一定比例计算，预期利润可按相关工程项目报价中的利润的一定比例或工程所在地统计部门发布的建筑企业统计年报的利润率计算。诉讼时也可以直接要求鉴定机构按照这个条款算出合理的费用和预期利润，并写在造价咨询报告中交给法院。

七、合同担保

137 保证责任需要保证人明确的意思表示

总包的项目部在供应商持有的供应给分包商的建材入库单空白处盖了项目部的章（盖章时说是为了证明货到了，但是口头的），这是否构成担保？如果已经签字，该如何使总包的风险降到最低？

关键词：保证合同、意思表示

先来分析材料入库时项目部的盖章行为能否成立保证合同？《民法典》第142条第1款规定："有相对人的意思表示的解释，应当按照所使用的词句，结合相关条款、行为的性质和目的、习惯以及诚信原则，确定意思表示的含义。"案例中，项目部在材料入库单上签字盖章，口头认可了收到材料的事实，这个盖章可以理解成对材料验收入库的认可。至于能不能构成保证，根据《民法典》第681条的规定，保证合同是为保障债权的实现，保证人和债权人约定，当债务人不履行到期债务或者发生当事人约定的情形时，保证人履行债务或者承担责任的合同，可以看出保证合同是一个要求相对严格的法律行为，仅仅在材料入库单上签字盖章并不能表明行为人作出了担保债权的意思表示。《民法典》第472条规定："要约是希望与他人订立合同的意思表示，该意思表示应当符合下列条件：（一）内容具体确定……"显然在这个案例中，行为人并没有提供保证的明确意思表示。

再来看最高院《关于适用〈中华人民共和国担保法〉若干问题的解释》（现已废止）第22条第2款规定："主合同中虽然没有保证条款，但是，保证人在主合同上以保证人的身份签字或者盖章的，保证合同成立。"所以该案要认定项目部承担保证责任，至少也要在盖章处写上"保证人"的字样。《人民法院案例选》2001年第1辑中有个案例再审时，也认定了保证责任为严格的民事责任，必须以双方当事人明确的意思表示并通过书面形式才能成就。所以仅仅一个签字盖章行为并不能够推定保证合同的成立。

138 当事人可在合同中自由约定是否提供支付担保

发承包双方可以在合同中约定发包人不提供支付担保，因为按照《施工合同示范文本》通用条款第2.5条"除专用合同条款另有约定外，发包人要求承包人提供履约担保的，发包人应当向承包人提供支付担保"，双方可以在合同中约定发包人不提供支付担保。但是根据2020年5月1日生效的《保障农民工工资支付条例》第24条第1款规定："建设单位应当向施工单位提供工程款支付担保。"请问发包人是否必须提供支付担保？如果必须提供，是否只有在要求承包人提供履约担保的情况下，发包人才有法定义务提供支付担保？

关键词： 法律法规变化、支付担保

这是一个典型的法律变化情形。案例中有关合同价款的法律规定发生了重大的变化，这种情况可以通过法律法规变化的相关规定来理解此种情形对合同约定的影响。《施工合同示范文本》第2.5条规定："除专用合同条款另有约定外，发包人应在收到承包人要求提供资金来源证明的书面通知后28天内，向承包人提供能够按照合同约定支付合同价款的相应资金来源证明。除专用合同条款另有约定外，发包人要求承包人提供履约担保的，发包人应当向承包人提供支付担保。支付担保可以采用银行保函或担保公司担保等形式，具体由合同当事人在专用合同条款中约定。"根据《施工合同示范文本》的规定，发包人是否需要提供支付担保完全可以由双方在合同中进行约定。

《保障农民工工资支付条例》第24条规定："建设单位应当向施工单位提供工程款支付担保。建设单位与施工总承包单位依法订立书面工程施工合同，应当约定工程款计量周期、工程款进度结算办法以及人工费用拨付周期，并按照保障农民工工资按时足额支付的要求约定人工费用。人工费用拨付周期不得超过1个月。建设单位与施工总承包单位应当将工程施工合同保存备查。"第49条规定："建设单位未依法提供工程款支付担保或者政府投资项目拖欠工程款，导致拖欠农民工工资的，县级以上地方人民政府应当限制其新建项目，并记入信用记录，纳入国家信用信息系统进行公示。"第57条规定："有下列情形之一的，由人力资源社会保障行政部门、相关行业工程建设主管部门按照职责责令限期改正；逾期不改正的，责令项目停工，并处5万元以上10万元以下的罚款：（一）建设单位未依法提供工程款支付担保；（二）建设单位未按约定及时足额向农民工工资专用账户拨付工程款中的人工费用；（三）建设单位或者施工总承包单位拒不提供或者无法提供工程施工合同、农民工工资专用账户有关资料。"

为了保障农民工工资的支付，《保障农民工工资支付条例》对建设单位的义务作出了较为严格的限制。但如果双方在合同中明确约定建设单位不提供支付担保，该约定是否有效？《保障农民工工资支付条例》在法律位阶中属于行政法规，《民法典》第153条第1款规定："违反法律、行政法规的强制性规定的民事法律行为无效。但是，该强制性规定不导致该民事法律行为无效的除外。"根据《全国法院民商事审判工作会议纪要》的规定，导致民事法律行为无效的行政法规应当是效力性的强制性规定，而上述条款应该更多地被理解为是一种管理性的强制性规定，违反该规定会受到相应的行政处罚。也就是说，当事人在合同中的约定违反该规定并不直接导致合同无效。另外，合同被认定无效后，通常会有返还原物或折价补偿等涉及合同无效的法律后果，但在建设单位未提供支付担保的情况下，施工单位显然还是可以要求建设单位及时提供支付担保并继续承担履行合同的义务。从这个角度来说，违反《保障农民工工资支付条例》的约定也不应该导致合同无效。

总结来说，是否提供支付担保可以由当事人在合同中自由约定，建设单位违反《保障农民工工资支付条例》不提供支付担保不会导致合同无效，但会受到相应的行政处罚。

八、合同转让

139 建设工程施工合同也能发生债权转让

建设单位与施工单位正在办理竣工结算，结算金额尚未确定。请问，在债权金额不确定的情况下，施工单位可否将其对建设单位的结算款债权转让给实际施工人，由实际施工人与建设单位办理竣工结算？

关键词：债权转让

这个案件本质上是实际施工人借用了施工单位的名义与建设单位订立了施工合同，现在工程正在办理竣工结算，如何通过一个合法有效的债权转让协议，让实际施工人能够与建设单位直接办理竣工结算。如果这里的债权不是转给实际施工人，而是转给一个普通的第三方，根据《民法典》第545条的规定，债权人可以将债权的全部或者部分转让给第三人，但是有下列情形之一的除外：（1）根据债权性质不得转让；（2）按照当事人约定不得转让；（3）依照法律规定不得转让。一般情形下如果没有上述例外情况，普通债权是可以通过债权人与债务人协商一致后转让的，债务人只要通知到接受债务的次债务人即可。

至于建设工程合同的债权可不可以转让，上海市高院在《关于审理涉及债权转让纠纷案件若干问题的解答》中对沪高法民二（2006）13号案件的解答中提到，债权转让合同系债权让与人与受让人就债权转让达成的协议，如双方未就合同生效作出特别约定，债权转让合同成立即生效。债权受让人与债务人就债权金额的争议，不影响债权转让协议的生效。因此，在一般情形下，债权受让人不得以债权金额存在争议为由请求债权转让合同不生效。也就是说，如果双方没有就合同生效作出特别约定，债权人与债务人之间关于债权金额的争议不影响债权转让合同的效力。这种债权在学理上又叫作“将来的债权”，转让“将来的债权”在理论上是合法且有效的。

《最高人民法院公报》2007年第12期（总第134期）在（2007）民一终字第10号案件中也提道：“三公司履行了部分合同义务，取得了向西岳山庄请求支付相应工程款的权利。转让行为发生时，三公司的此项债权已经形成，债权数额后被本案鉴定结论所确认。西岳山庄接到三公司的《债权转移通知书》后，并未对此提出异议，法律、法规亦不禁止建设工程施工合同项下的债权转让，债权转让无须征得债务人同意。根据《合同法》第八十条、八十一条的规定，本院确认涉案债权转让合法有效，建发公司因此受让三公司对西岳山庄的债权及从权利。西岳山庄虽然主张涉案债权依法不得转让，但并未提供相关法律依据，故对西岳山庄关于三公司转让债权的行为无效的主张，本院不予支持。”从这个案例也可以看出，现行的法律法规并不禁止建设工程施工合同项下的债权转让，施工合同中未确定金额的结算款债权债务也可以转让给第三方。

140 工程转让的三方协议有效不影响在先的施工单位承担质保责任

一个工程已基本完工，初验也组织完成了，这时施工单位被住建局撤回总承包二级资质。请问，接下来的竣工验收、结算、质保服务，经发包方同意，施工方能否转让给另一家？三家签订三方协议，明确施工方的权利义务都由第二家承担，这样是否合适？在这个工程转让中，第一家施工单位对整个工程的质量保证责任能否转让给第二家？第二家施工单位承诺对质保负责，是否有效？是不是只要竣工验收完成了，就代表第一家施工单位不需要承担责任了？

关键词：合同转让、质保责任、侵权责任

这个问题是关于施工合同的概括转移。只要解决前半部分三方协议的效力问题，后面的问题就可以迎刃而解了。首先看施工单位的资质问题，施工单位在施工过程当中被住建局撤销了总承包的二级资质。根据《建设工程质量管理条例》的规定，施工单位应当依法取得相应等级的资质证书，并在其资质等级许可的范围内承揽工程。所以题干中的施工单位被撤回总承包二级资质，就不再具有施工企业的资质，不能再继续承担后续的施工工作，这时必须找另外一家施工单位继续施工。

根据《招标投标法（修订草案公开征求意见稿）》第 57 条的规定，依法必须进行招标的项目，中标人在中标项目实施过程中，不按照合同约定履行义务或者存在其他情形，致使合同目的不能实现的，招标人可以依法解除合同，重新招

标，或者在报有关行政监督部门备案后，不再重新招标，选择其他中标候选人或者相邻标段中标人签订合同。也就是说，招标人可以在承包人根本违约或存在其他违约行为的情况下行使法定解除权，解除合同。问题是一个经过招标的项目，解除合同之后是否需要重新招标？《招标投标法（修订草案公开征求意见稿）》规定的是可以重新招标，但是在报有关行政部门备案后，可以不再重新招标，可以选择与其他中标人或相邻标段的其他中标人签订合同。回到这个问题，施工单位被撤回资质后，发包方能否直接发包给第二家施工单位，这里需要考虑一下这个项目是否依法必须招标，如果是，从交易程序上来说，发包方是不能够直接和第三方签订权利义务概括转让的协议，而是应该由发包方通过再行招投标的方式选择另一家施工单位。再从责任角度来考虑，第一家施工单位的质量责任能否转给第二家？首先来看第一家施工单位有哪些质量责任？第一，根据《建设工程质量管理条例》第 32 条的规定，施工单位对施工中出现质量问题的建设工程或者竣工验收不合格的建设工程，应当负责返修。所以竣工时发现施工单位存在偷工减料或者其他导致验收不通过的情况，发包人当然可以要求承包人承担相应的质量责任。第二，根据《建设工程质量管理条例》第 41 条的规定，建设工程在保修范围和保修期限内发生质量问题的，施工单位应当履行保修义务，并对造成的损失承担赔偿责任。施工单位需要承担的第二个责任是保修责任。综合以上两点来说，施工单位应当承担的责任主要是质量责任和保修责任。

接下来的一个问题是，原施工单位的这两类责任能否概括地转移给第三方。根据《民法典》第 555 条的规定，当事人一方经对方同意，可以将自己在合同中的权利和义务一并转让给第三人。显然在本案中，第一家施工单位和第二家施工单位，还有业主单位三方共同签订的转让协议中，可以明确约定将第一家施工单位的责任，也就是后续的竣工验收、结算、质保义务交由第二家单位来承担。

关于这种约定是否违反了关于效力性的强制性规定，可以先看《建设工程质量管理条例》第 64 条和第 66 条规定的施工单位偷工减料，不履行质量责任以及不履行保修责任的法律后果分别是什么。第 64 条规定，施工单位有不按照工程设计图纸或者施工技术标准施工的其他行为的，责令改正，处工程合同价款百分之二以上百分之四以下的罚款，这是一种行政责任。如果造成建设工程质量不符合规定的质量标准的，负责返工、修理，并赔偿因此造成的损失，这是一种民事责任。从中我们也可以看出，施工单位在履行过程中，把合同权利义务概括转让给第三方，并不违反效力性的强制性规定，所以也不会造成施工单位所签订的合同无效，即这种权利义务的概括转让是合法有效的。回到本案例，施工方将后续包含竣工验收、结算、质保等工作转让给另外一家，三方签订的协议是合法且有效的。第一家施工单位对工程的质量责任也就据此转移给了第二家，那么第二家单位对工程的质保和保修的责任也是合法有效的。

至此，问题已解决一半。再来看《民法典》第 802 条的规定，因承包人的原因致使建设工程在合理使用期限内造成人身损害和财产损失的，承包人应当承担赔偿责任。这个条文背后反映的问题事实上是，除了签订三方协议的三方当事人以外，还存在其他可能与之有关的第四方。也就是说，在工程完工后的建筑使用过程中，比如发生外墙立面倒塌造成人员伤亡的情况，第四方如果找到业主单位和施工单位，那么最终可以要求哪一方来承担责任呢？根据《民法典》第 802 条的规定，完全可以找原来的施工单位承担侵权责任。

总结来说，这个问题的关键在于梳理案件中的法律关系并且结合《民法典》和《建设工程质量管理条例》综合考虑。三方协议是合法有效的，但是对于案外人来说，第一家施工单位还是应当按照《民法典》第 802 条来承担相应的质量保证责任。所以并不能说只要竣工验收完成就代表第一家施工单位没有责任了，还要看合同可以约束的内部关系和外部关系。在三方协议约定的内部关系中，施工单位好像确实是没有责任了，但是在合同范围之外，如果对第四方造成了损失，第一家施工单位仍然要承担损害赔偿责任。

第七章 Chapter 07 签证与索赔

一、签证

(141) 发包人迟延批准签证时，可类推适用沉默规则确认其已认可签证内容

一项目从2017年8月开始施工，合同约定工期是2019年4月30日。后来又签署补充合同，合同约定工期为2021年，2018年签证还没有审核完毕。请问，在这种情况下，我们可以要求业主按上报价格进行审批吗？现在业主不同意按照《清单计价规范》中签证的条文处理。

关键词： 签证、沉默、类推

在实践中，建设单位的这种做法是比较常见的。根据《清单计价规范》第9.14.2条的规定，承包人应在收到发包人指令后的7天内向发包人提交现场签证报告，发包人应在收到现场签证报告后的48小时内对报告内容进行核实，予以确认或提出修改意见。发包人在收到承包人现场签证报告后的48小时内未确认也未提出修改意见的，应视为承包人提交的现场签证报告已被发包人认可。可知，对报告内容进行核实与确认，是发包人的管理义务。如果发包人不同意按照《清单计价规范》中的规定处理，能否直接要求发包人认可签证内容？这个问题可以从两个角度来考虑。

《民法典》第140条规定："行为人可以明示或者默示作出意思表示。沉默只有在有法律规定、当事人约定或者符合当事人之间的交易习惯时，才可以视为意思表示。"发包人可以明确表示认可按上报价格进行审批，但如果发包人没有明确表示，那么在特定情况下也是可以视为其认可了承包人的意见。由于《清单计价规范》并不属于强制性国家标准，也不能转化成强制性的法律规范；而且双方

也没有在合同当中约定，在一方当事人沉默时视为认可，所以题干中的情形并不能依照《民法典》第 140 条的规定来主张要求对方承担沉默产生的法律后果。当然如果双方在合同的补充协议中都同意适用《清单计价规范》的规定，也就把《清单计价规范》的内容转化成了合同条款，这时候也是可以据此要求业主直接按照上报价格进行审批的。

另外，《建设工程司法解释一》第 10 条第 1 款规定："当事人约定顺延工期应当经发包人或者监理人签证等方式确认，承包人虽未取得工期顺延的确认，但能够证明在合同约定的期限内向发包人或者监理人申请过工期顺延且顺延事由符合合同约定，承包人以此为由主张工期顺延的，人民法院应予支持。"这一条文是关于工期签证的规定，承包人虽然没有取得发包人或者监理人确认的签证，但承包人只要能够证明在合同约定的期限之内向发包人申请过顺延工期，也是可以得到法院支持的。关于造价方面的签证，也可以类推适用该条文，要求发包人相应地予以认可签证的内容。

总结来说，如果没有补充协议中的一致意思表示，可以根据《建设工程司法解释一》第 10 条的规定类推适用相关法律条文，要求业主按上报价格进行审批。

142 签证本身是一种合同，决定其能否作为鉴定依据的权力在法院而不在鉴定机构

在司法鉴定过程中，因施工单位的经济签证资料上的监理及业主签字不完整，鉴定机构不予结算，法官要求鉴定机构提供施工单位经济签证不予结算的理由或者证明。请问有法律法规规定签字不齐全的签证资料无效吗？

关键词： 鉴定依据、签证

先来看鉴定机构不予结算的做法是否正确？这里需要理解审判权和鉴定机构的鉴定权。鉴定机构应当按照法院的要求进行鉴定，而一份签证资料能否作为定案依据，这应该是由法院决定而不是由鉴定机构来决定的。《建设工程司法解释一》第 34 条规定："人民法院应当组织当事人对鉴定意见进行质证。鉴定人将当事人有争议且未经质证的材料作为鉴定依据的，人民法院应当组织当事人就该部分材料进行质证。经质证认为不能作为鉴定依据的，根据该材料作出的鉴定意见

不得作为认定案件事实的依据。”这个条文是关于鉴定意见应当质证的规定。也就是说，作为鉴定依据的材料应当是经过双方当事人质证的。在这个案例中，施工单位的经济签证资料能否作为鉴定依据，应当由法院组织双方当事人进行质证后形成结论。如果鉴定机构认为一份材料不能作为鉴定依据，应向法官请示并最终由法院决定，也就是说，决定一份材料能否作为鉴定依据的决定权并不在鉴定机构而是在法院。

如笔者最近做接办的一个关于打桩和接桩的案子，笔者向法院提供了大量的证据证明打桩和接桩的工程量和价格。法官不太懂什么是接桩，笔者就向其形象地展示了如何接桩，接桩是指两个桩相互衔接，衔接的方法可以是焊接技术等。同时也向法官举证证明了关于接桩的计价是如何约定的，包括监理日记、施工记录在内的大量证据都表明，接桩的数量是 274，但是鉴定机构出具的鉴定意见书却不是。于是笔者又申请了补充鉴定，向法院提交了补充鉴定申请书和补充鉴定的多份相关证据材料。而鉴定机构却以笔者没有提供证据为由拒绝补充鉴定。笔者已经通过基层法院向中院的技术中心递交过申请和相关证据，所以鉴定机构不予鉴定的理由不成立。中院在给鉴定机构的委托书当中列明了对鉴定人的要求以及相关证据材料，笔者提供给法院的资料里也清楚地写了打桩的施工记录和工程监理日志，将这两个资料提交给鉴定机构，鉴定机构却发函说没有提供相应的资料，而且鉴定机构还回复说没有进行补充鉴定是因为没有缴纳补充鉴定费用。当时都没有启动补充鉴定，何来让我们缴纳鉴定费用一说？通过这个案子，我们可以看到，个别鉴定机构是带着情绪在做鉴定的，或者说盲目地进行鉴定。一份经济签证的文件能否作为鉴定依据，不是由鉴定机构来决定的，而是应该由法院决定。

在这里也给大家提一个醒，造价咨询机构在做鉴定的时候有问题应该及时提交给法院，由法官来决定该怎么做，这才是比较稳妥和安全的做法。我国刑法中规定了出具证明文件重大失实罪，该案子也可以追究鉴定机构的刑事责任。总结一下，这个问题的关键就在于，施工单位的具体的签证资料能否作为鉴定依据，应该交给法院来判断而非鉴定机构自行决定。

再来看另一个问题，国家有无法律法规限制不齐全的签证资料的效力？这里需要对签证文件本身的性质有所了解。签证其实是一种合同。《民法典》第 136 条第 1 款规定：“民事法律行为成立时生效，但法律另有规定或者当事人另有约定的除外。”第 490 条规定：“当事人采用合同书形式订立合同的，自当事人均签名、盖章或者按指印时合同成立……”签证作为一种合同书形式的补充协议，一般情况下当事人签字时合同便成立并且生效。至于签字是否齐全，这里主要涉及签字人权限的问题。对于工程量和设计变更的签证，监理单位是有权签字盖章的，但监理单位一般无权签署一些经济类的签证。造价咨询单位签字认可的签证价格一般是可以作为有效的签证来对待。至于有哪条法律规定限制了不齐全的签证资料的效力问题，应该反过来回答。只要有权限的人签了字，这个签证就是有效的，至于签证什么时候无效，可以参考《民法典》中关于合同无效、效力待定和可撤销的具体情形的规定。

所以这个问题的答案是，鉴定机构应该将签证是否有效的问题交给法院来判断。而签证本身作为合同书的一种，自当事人签名、盖章或者按指印时成立并生效。

143 业主盖章的签证是合法有效的补充协议，也是具有证明力的证据

签证单上列明“原件留存4份，甲方、乙方、监理方、投资监理”各留一份原件，分包单位把4份原件报上去，返回来的只有一份原件，并在总包单位处留存，其余单位仅留存复印件，业主仅在复印件加盖公章，请问，竣工结算时是否具有法律依据？在签证双方签字盖章以后，业主方要求二审签证（合同中没有约定需要二审）。此时，二审的签证是否完全可以推翻以前的签证？在合同清单以外新增的单体，业主不同意重新报价，单价参照原合同清单价，怎么处理比较好？

关键词： 书证提出命令、签证

只要业主在复印件上盖章，签证就是经过认可的，结算时是可以作为结算依据的。这种说法的法律依据是，依法成立的合同对当事人具有约束力。签证是一种补充协议，业主盖过章的签证对业主自然是有约束力的，施工单位或者分包单位想认可它的效力，可以日后出具确认函。如果业主想二审签证以推翻以前的签证，一般来说是不可以的，因为合同中没有相关的约定。根据《民法典》第136条的规定，民事法律行为自成立时生效。当事人签名盖章的时候合同就成立了。作为一种补充协议，施工单位或分包单位只要事后追认，补上签名盖章，这个签证就是有效的。

根据最高院《关于民事诉讼证据的若干规定》第47条第1款规定，控制书证的当事人应当提交书证。当业主持有签证原件时，业主应当提供相关原件材料。对方当事人依照法律规定有权查阅、获取的书证、账簿、记账凭证等法院认为应当提交书证的其他情形也同样如此。民事诉讼中的举证责任分配原则中有一项是推定责任原则，最高院《关于民事诉讼证据的若干规定》第48条规定：“控制书证的当事人无正当理由拒不提交书证的，人民法院可以认定对方当事人所主张的书证内容为真实。”这种情况下如果业主不出示原件证据，法院可以认定分包单位或施工单位提出的复印件是真实的。

最后一个问题，在合同清单以外，业主不同意对新增的单体重新报价，怎样参照原合同单价处理比较好？对于合同清单以外新增的工程内容，首先应该遵循变更估价三原则：有相同按相同，无相同按类似，无相同无类似的按照成本加利润的原则来报价。主要看合同的约定，如果业主不同意重新报价，新增部分的单价可以根据《建设工程司法解释一》第19条的规定参照签订建设工程施工合同时当地建设行政主管部门发布的计价方法或者计价标准结算工程价款。

144 建设单位不能擅自变更签证内容

施工单位在编写签证时，工程量已经确认好，双方也已经签字盖章。后来业主方成本部发现工程量多算了一点，现在要求之前签字盖章的那份作废，重新认价，请问，这样做合理吗？（签证之前，业主方口头要求一旦签字盖章之后就不能改）有什么应对办法？

关键词：签证、补充协议

这个问题是施工单位经常需要面对的建设单位出的难题，实际上法律规定得非常明确。《建设工程司法解释一》第20条规定：“当事人对工程量有争议的，按照施工过程中形成的签证等书面文件确认……”由此可知，签证是确认工程量的法定依据。但是现在工程量已确认好，对方发现多计算了一部分而要求重新认价，显然这种行为违背了双方已经达成的一致意见。在签证过程中，因为某笔账没办法走，所以在另一个工程量上多签一点，这是一种实践常见的变通做法，也被认为是合理的。《民法典》第7条规定：“民事主体从事民事活动，应当遵循诚信原则，秉持诚实，恪守承诺。”所以已经签好的工程量正常情况下就不该再发生改变了。

作为施工单位要如何说服建设单位接受这样的说法呢？根据《民法典》第136条第2款规定，行为人非依法律规定或者未经对方同意，不得擅自变更或者解除民事法律行为。也就是说，建设单位未经过施工单位的同意，不能擅自变更已经签好的文件，主要的理论依据还是在于双方应该遵守承诺，信守约定。另外，需要从两个角度来理解签证：第一，签证是一种证据。《江苏省高级人民法院建设工程施工合同案件审理指南》中提到，法官的专长在于从证据上把关、审核。合同虽然是当事人结算的重要依据，但合同履行中的签证也是认定当事人之间结算的依据。法官应当从证据的真实性、关联性、合法性上来认定证据的效力。第二，签证是一个补充协议。该审理指南中也说道，从签证的内容来判断当事人是否通过签证改变了合同中的约定，如果签证中涉及工程量或对某些项目计价方式的确定与合同约定不符，可以认为是对合同的变更，法官应根据变更的签证对当事人之间的争议进行认定。对于已经成立且生效的补充协议，建设单位不应该要求施工单位再去改变。

总结来说，签证是一种证据，也是一种补充协议。作为已经成立并生效的合同，补充协议对双方当事人都具有法律约束力，根据《民法典》第136条的规定，建设单位不能擅自变更签证文件的内容。

145 未取得建设单位确认的签证并不当然无效

施工总承包合同中明确约定了签证办理的流程，包括签认人授权，上报及审核期限等。但在实际履约过程中，发包人代表对于设计变更的签证，不予签认，口头表示将在竣工结算阶段统一考虑，并解释因在合同中有约定，最终以竣工图工程量为结算依据，变更均在竣工图中有所体现。请问，发包人的做法是否合理？承包人该如何避免因逾期未办理签证而失权？

关键词：签证、设计变更

这个问题与签证有关，一般竣工图中会包含设计变更和签证。本案中除了设计变更，还有工期顺延等其他方面的签证。《清单计价规范》中有一个关于签证的默认条款即第9.14.2条：“承包人应在收到发包人指令后的7天内向发包人提交现场签证报告，发包人应在收到现场签证报告后的48小时内对报告内容进行核实，予以确认或提出修改意见。发包人在收到承包人现场签证报告后的48小时内未确认也未提出修改意见的，应视为承包人提交的现场签证报告已被发包人认可。”所以如果执行的是《清单计价规范》，直接发签证跟进就可以，当然签证能被正式承诺认可自然是最有利的。

《造价鉴定规范》中对签证的瑕疵也作出了相关规定，其中第5.9.2条规定：“当事人因工程签证存在瑕疵而发生争议的，鉴定人应按以下规定进行鉴定：1. 签证发包人只签字证明收到，但未表示同意，承包人有证据证明该签证已经完成，鉴定人可作出鉴定意见并单列，供委托人判断使用；2. 签证既无数量，又无价格，只有工作事项的，由当事人双方协商，协商不成的，鉴定人可根据工程合同约定的原则、方法对该事项进行专业分析，作出推断性意见，供委托人判断使用。”

《建设工程司法解释一》第10条第1款规定：“当事人约定顺延工期应当经发包人或者监理人签证等方式确认，承包人虽未取得工期顺延的确认，但能够证明在合同约定的期限内向发包人或者监理人申请过工期顺延且顺延事由符合合同约定，承包人以此为由主张工期顺延的，人民法院应予支持。”当事人约定顺延工期，应当经发包人或监理人签证等方式确认。也就是说，顺延工期必须经由承包人提交签证，发包人批准顺延工期的具体天数。或者只要能够证明在规定期限内承包人申请过顺延工期的签证，且符合合同约定的签证事由，即使未取得工期顺延的确认，法院也应该认可该签证的效力。

对于这个问题，《民法典》第467条第1款规定：“本法或者其他法律没有明文规定的合同，适用本编通则的规定，并可以参照适用本编或者其他法律最相类似合同的规定。”所以根据本条的类推适用规则，可以类推适用《建设工程司法解释一》第10条，以处理工期签证的方法来解决设计变更的签证问题。只要是发生实际变更时申请过签证，而且申请的内容符合合同约定，即便未取得建设单位的确认，法院也会支持认可签证的效力。

146 签证具有证据效力，绝不能伪造

一室外管网工程，施工过程中发生的签证单已经监理单位、建设单位签字生效。签证内容大概为：施工过程中部分路由发生改变，改变后的路由恰

巧位于淤泥、湿地位置，导致无法正常施工，需换填砂或打钢板桩。砂换填签证工程量为长 200 米 × 深 5 米 × 宽 3 米，打钢板桩 200 吨。

请问，这种已经过监理、建设单位签字确认的签证单，如果集体审计认为工程量虚大，但又是隐蔽工程无法核实，作为造价咨询单位应该如何结算工程量？执行签证中的工程量有问题吗？强行核减（核减也是没有依据的），施工单位不同意且提起诉讼，法律会怎么执行？

关键词：签证、证据

签证有两种性质，一是作为补充协议，二是作为证据。根据《建设工程司法解释一》第 20 条的规定，当事人对工程量有争议的，按照施工过程中形成的签证等书面文件确认。通常来说，如果已经有各方确认过的签证，工程量就应当按照签证来结算。原来有一个类似于抛石填水坑的隐蔽工程，在审计过程中，审计人员认为签证的工程量有问题，于是通过询问调查有多少车石头运到现场，也确实发现签证的工程量存在虚高的现象。最后在审计单位的要求下建设单位和施工单位也达成了新的一致意见。可见审计人员还是比较客观的，尤其在对国有资产的使用情况进行审计时，审计人员通常会更加严格，这也与国有资产本身的性质有关。

（2019）最高法民终 1082 号民事判决书中写道：“通州建总公司提交的经济签证、现场签证对应的款项能否纳入应付工程款。通州建总公司主张除了宏信公司审核的 330, 755, 800. 32 元外，工程价款还应包括其提交的 11 份经济签证和现场签证涉及的 1. 39 亿元。本院认为，虽然 11 份签证上都有芝兴公司的签字盖章，其中 10 份上还有总监理工程师的签字，但是在一审庭审时，总监理工程师陈伟刚出庭作证，称其签字的所有签证都是芝兴公司当时的负责人韩某某、赵某某分几次让他签的，其中 4 份数额较大的签证是虚假的，其他 6 份签证虽有相关事实，但是数额偏大。一审时，芝兴公司还提交了烟台市公安局芝罘分局经济犯罪侦查大队出具的《情况说明》，《情况说明》载明芝兴公司当时的法定代表人韩某某和项目负责人赵某某涉嫌利用职务便利编制虚假工程经济签证单、现场签证侵占芝兴公司工程款，涉嫌职务侵占罪，已立案侦查。”通过签订虚假签证牟利的行为构成职务侵占罪。“另一方面，从签证内容看，签证涉及数千万元误工费、机械租赁费、材料租赁费等，但是芝兴公司没有提交任何能够与签证相对应的工程资料等证据相佐证，而且签证体现的巨大的人材机数量、停窝工天数等确实与常理不符，不符合工程签证应遵循的实事求是原则。《最高人民法院关于适用〈中华人民共和国民事诉讼法〉的解释》第一百零八条规定：‘对负有举证证明责任的当事人提供的证据，人民法院经审查并结合相关事实，确信待证事实的存在具有高度可能性的，应当认定该事实存在。对一方当事人为反驳负有举证证明责任的当事人所主张事实而提供的证据，人民法院经审查并结合相关事实，认为待证事实真伪不明的，应当认定该事实不存在。’通过对上述证据的分析可知，通州建总公司仅凭所提交的签证无法达到令人确信签证所载事实‘存在具有高度可能性’的证明程度。通州建总公司二审时主张签证所载事实至少有部分是真实的，但是其并未提交充足证据证明哪部分是真实的，在这种情形下，其有关经济签证、现场签证涉及的1.39亿元应当计入工程价款的主张不能成立，一审判决对此认定并无不当。”

从以上案例中可以看到，建设单位和施工单位为了否定签证的效力，甚至会采取刑事报案的手段。在实践中，虽然隐蔽工程造假的空间很大，但风险也很大。律师应依法取证，不能主动或者纵容当事人伪造证据。

二、索赔

147 承包人能够证明在合同约定期限内申请过工期顺延的，应予支持

施工方在2012年3月停工，施工方无任何证据证明窝工和现场人员在场办公的证据，索赔顺延工期的签证是2017年签的，时效及费用索赔是否成立？

关键词：工期顺延

《施工合同示范文本》第19.1条规定：“根据合同约定，承包人认为有权得到追加付款和（或）延长工期的，应按以下程序向发包人提出索赔：（1）承包人应在知道或应当知道索赔事件发生后28天内，向监理人递交索赔意向通知书，并说明发生索赔事件的事由；承包人未在前述28天内发出索赔意向通知书的，丧失要求追加付款和（或）延长工期的权利；（2）承包人应在发出索赔意向通知书后28天内，向监理人正式递交索赔报告；索赔报告应详细说明索赔理由以及要求追加的付款金额和（或）延长的工期，并附必要的记录和证明材料；

（3）索赔事件具有持续影响的，承包人应按合理时间间隔继续递交延续索赔通知，说明持续影响的实际情况和记录，列出累计的追加付款金额和（或）工期延长天数；（4）在索赔事件影响结束后28天内，承包人应向监理人递交最终索赔报告，说明最终要求索赔的追加付款金额和（或）延长的工期，并附必要的记录和证明材料。”

本案中，承包人虽然没有在索赔事件发生后28天内发出索赔通知，但双方于2017年签订的索赔顺延工期的签证仍然是合法有效的。根据《建设工程司法解释一》第10条的规定，当事人约定顺延工期应当经发包人或者监理人签证等方式确认，承包人虽未取得工期顺延的确认，但能够证明在合同约定的期限内向发包人或者监理人申请过工期顺延且顺延事由符合合同约定，承包人以此为由主张工期顺延的，人民法院应予支持。所以即便是2012年就开始停工，直到2017年才取得发包方对顺延工期的认可，该签证也是有效的。至于停工期间现场产生的费用及相关的损失，则应该另行举证主张。

148 存在不利物质条件时，承包人应采取合理措施减损

某工程由于不良物质条件导致工程延期21个月。原工期24个月，由于出现不良物质条件的部位在关键线路上，且无额外新增项目，承包人已获得索赔工期（21个月已经监理和承包人认可）和费用的权利，但是承包人索赔管理费用3000万元（理由是工程延期期间管理人员一直在项目上，组织结构正常运转，监理人与发包人未下达停工指令，管理费用为实际支出），承包人与发包人就索赔管理费用无法达成一致，如何从法律角度确定管理费用？对于管理费用的索赔，承包人应提供什么依据作为费用核定的支撑？且国内对于索赔管理费用的计算无明确计价依据，这类问题在现实审计审核过程中如何处理？

关键词：不利物质条件

如果是因为发包方的原因造成工程项目的停工，工人的工资及现场停工的损失都应该由发包方进行赔偿。但案例中所谓的“不良物质条件”与“发包方原因”是有一定区别的。根据《施工合同示范文本》第7.6条的规定，不利物质条

件是指有经验的承包人在施工现场遇到的不可预见的自然物质条件、非自然的物质障碍和污染物，包括地表以下物质条件和水文条件以及专用合同条款约定的其他情形，但不包括气候条件。可知不利物质条件是一种不可归责于双方，又不同于不可抗力的情形。

（2020）粤01民终6599号民事判决书中写到，中华人民共和国交通部强制性行业标准《港口工程嵌岩桩设计与施工规程》第4.1.4条规定："当桩端下一定深度范围内存在溶洞、溶沟和溶槽等不利因素，应采取有效的技术措施。"第6.1.5条规定："（施工准备）当发现地质状况与勘测报告有出入时，应根据具体情况进行补充勘探。"另外，《施工合同》第4.11.2条也约定"承包人遇到不利物质条件时，应采取使用不利物质条件的合理措施继续施工，"故此，中基公司在对第二根灌注桩B6施工中发现存在溶洞地质时，虽向建设单位航道中心及监理单位、设计单位反映报告，但其既未按照《工程地质勘察报告》（2011年6月）的要求向航道中心和监理单位、设计单位提出开展桩位超前钻探工作及变更设计的建议，又没有在后续的施工中通过加大对钻孔渣样的观察、分析、鉴别力度或按上述技术规范的要求及《工程地质勘察报告》（2011年6月）的建议径行开展桩位超前钻探工作等技术措施来保证其施工的桩端持力层符合设计要求，故中基公司对此产生的质量问题也存在一定过错，应当承担相应的责任。这个案子因为施工单位没有在发现地下不利物质条件后及时采取合理措施避免损失，法院最后判决施工单位也需要承担一定的责任。

《施工合同示范文本》第7.6条还规定了承包人遇到不利物质条件时，应采取克服不利物质条件的合理措施继续施工，并及时通知发包人和监理人。通知应载明不利物质条件的内容以及承包人认为不可预见的理由。监理人经发包人同意后应当及时发出指示，指示构成变更的，按第10条［变更］约定执行。承包人因采取合理措施而增加的费用和（或）延误的工期由发包人承担。这里其实就赋予了承包人向发包人主张因不利物质条件导致增加费用的权利，但前提在于承包人采取了合理的措施。

回到本案例中，在遇到不利物质条件后的延误期间内，因为发包方没有及时下达停工指令，施工方一直安排所有工作人员都在现场。《造价鉴定规范》第5.8.4条规定："因不利的物质条件或异常恶劣的气候条件的影响，承包人提出应增加费用和延误的工期的，鉴定人应按以下规定进行鉴定：1. 承包人及时通知发包人，发包人同意后及时发出指示同意的，采取合理措施而增加的费用和延误的工期由发包人承担；发承包双方就具体数额已经达成一致的，鉴定人应采纳这一数额鉴定；发承包双方未就具体数额达成一致，鉴定人通过专业鉴别、判断作出鉴定；2. 承包人及时通知发包人后，发包人未及时回复的，鉴定人可从专业角度进行鉴别、判断作出鉴定。”案例中发包人与承包人难以就索赔管理费用达成一致，就这种情况而言，由于国内对索赔管理的费用没有明确的计价依据，造价咨询机构仅根据自身的专业判断也较难作出鉴定。

《民法典》第509条规定：“当事人应当按照约定全面履行自己的义务。当事人应当遵循诚信原则，根据合同的性质、目的和交易习惯履行通知、协助、保密等义务。当事人在履行合同过程中，应当避免浪费资源、污染环境和破坏生态。”这是诚信原则在合同履行过程中的具体体现。《民法典》第591条规定：“当事人一方违约后，对方应当采取适当措施防止损失的扩大；没有采取适当措施致使损失扩大的，不得就扩大的损失请求赔偿。当事人因防止损失扩大而支出的合理费用，由违约方负担。”这是在合同关系中一方违约情形下另一方应当遵守的减损规则。案例中不利物质条件本就不是发包方原因导致，施工单位在现场更应采取合理的措施避免损失扩大，例如减少部分人员降低日常消耗，待不利物质条件缓和或解除后再恢复施工等。但是施工单位在不适宜施工的期间，让所有管理人员依旧在现场“维持”项目正常运转，以一个理性人的视角来看这显然是不合理的，故而由此产生的3000万元的费用也明显不应该由发包人承担。

总结来说，解决这个问题首先应当区分不利物质条件和因发包人原因导致工期延误停工的区别；然后需要明确，在不利物质条件发生的情形下，承包人应当遵循的诚信原则及减损规则中应当采取合理措施的义务。

149 索赔期限并不等同于诉讼时效和除斥期间，即使经过也不必然丧失索赔权

2015年，某建设工程施工合同中约定，索赔事件发生后，要在15天内向对方书面提出。乙方未在该期间提出，2017年结算时也未对索赔内容予以结算，但甲方出具了一份书面说明：索赔部分另行协商。至今未协商，结算的工程款也未支付完毕。如何看待本案索赔的诉讼时效问题？

关键词：索赔期限、诉讼时效、除斥期间

先来分析《建设工程司法解释一》第10条第2款规定，当事人约定承包人未在约定期限内提出工期顺延申请视为工期不顺延的，按照约定处理。也就是说，关于索赔期限当事人有约定的从约定，原则上凡是合法有效的约定都应该遵守。虽然第10条第2款只规定了有关工期方面的索赔，但《民法典》第467条第1款规定："本法或者其他法律没有明文规定的合同，适用本编通则的规定，并可以参照适用本编或者其他法律最相类似合同的规定。"根据民法上类推适用的原则，既然《建设工程司法解释一》第10条规定了工期顺延的索赔期限之约定是有效的，那么其他方面索赔期限的约定也应当是有效的。

再来通过比对诉讼时效和除斥期间来分析索赔期限的性质。一般来说，诉讼时效期间经过，债务人可以获得法律上的抗辩权，但不影响实体权利本身。比如笔者欠范师兄10万元，应还款之日3年后范师兄才起诉，这时候诉讼时效已经经过，笔者可以向法院主张抗辩，这样法院就会以此驳回范师兄的诉讼请求。因为诉讼时效期间经过导致范师兄丧失了胜诉权，但诉讼中胜诉权的丧失并不意味着笔者和范师兄之间的实体债权债务关系消灭。也就是说，笔者欠范师兄10万元的实体债务还是存在的。除斥期间则是指某些民事权利有效存续的期间，期间届满后民事权利也归于消灭。索赔期限既不同于诉讼时效也不同于除斥期间，而是工程领域中比较特殊的规定，根据《建设工程司法解释一》第10条第2款的规定，双方当事人完全可以对索赔期限的内容自主约定，但发包人在约定期限后同意工期顺延或者承包人提出合理抗辩的除外。所以即便索赔期限经过，当事人是否就丧失索赔权也要看具体的情况。

本案中，合同约定索赔事件发生后要在15天内向对方书面提出索赔。由于乙方未在该期间内提出，根据《建设工程司法解释一》第10条的规定，乙方原则上已经丧失了索赔的权利。但是甲方出了一个书面说明，索赔部分另行协商。根据这样一份书面文件，我们可以认为甲方放弃了合同约定的索赔期限，认可了对方当事人在索赔期限后提出索赔的权利。

下面再来看甲方出了书面文件后至今未结算，结算的工程款也未支付，如何看待诉讼时效问题。双方在2017年完成工程结算，根据《民法典》第188条的规定，向人民法院请求保护民事权利的诉讼时效期间为三年。法律另有规定的，依照其规定。诉讼时效期间自权利人知道或者应当知道权利受到损害以及义务人之日起计算。施工单位主张权利后，诉讼时效是可以重新计算的，所以本案的诉讼时效显然还没有经过，同时，乙方对于索赔的部分也完全可以继续主张权利。

150 当事人破产重整不影响其承担违约责任

破产重整项目中，原施工单位针对破产前已完工部分提出损失索赔，争议主要集中在未完成部分的利润及停工后管理人员工资两部分。项目概况：合同价约8000万元，2栋楼C3#约3800万元，C4#约4200万元，C3#已施工完成约1900万元，C4#尚未施工。（1）合同通用条款中约定，若业主违约应支付施工单位合理利润，但破产停工的情况未包含在内。（2）停工开始时间为2017年6月，宣布破产日期为2019年6月，停工撤场截止时间为2020年8月，其间，施工单位管理人员的损失如何计算？

关键词：违约责任

《民法典》第577条第1款规定："当事人一方不履行合同义务或者履行合同义务不符合约定的，应当承担继续履行、采取补救措施或者赔偿损失等违约责任。"违约责任是无过错责任，也就是不考虑违约方是故意还是过失违约，只要不履行合同义务违约方就应该承担违约责任。案例中存在的破产重整的情形也同样不影响违约方承担违约责任。

（2019）川1322民初2389号民事判决书写道："中能公司管理人根据评估报告与原告对已完工程的实体工程、临时设施、签证进行了结算，确认共计6,332,017.23元，不违反法律规定，本院予以准许……对管理人员工资、塔基租赁费用，考虑到被告营山县中能置业有限公司对于停工存在主要过错，但原告应采取有效措施及时止损，且应对损失扩大的部分自担一定责任，故本院酌定管理人员工资为40万元、塔基租赁费用为230万元，而保险费系原告为该工程已实际支出的费用，故按原告报价250,000元为准……对于原告主张的违约金及预期利润，虽然导致合同无法履行的主要过错在被告方，但考虑到被告公司现已进入破产重整程序，涉及众多债权人利益，为使所有债权人得到公平清偿，故本院酌定违约金为300万元，对其主张的预期利润不予支持。"这个案例就是针对一方当事人存在破产情形时酌定判处的违约金。关于停窝工的损失，合同履行过程中应当尽量保留好相应的票据和凭证，包括管理人员的名单等，这些都是索赔中确认赔偿金额时的参考依据。

第八章 Chapter 08 工期与造价

一、合同工期

151 违约的工期等于实际工期减去合同工期，与定额无关

合同工期比定额工期明显少20%以上，结算时计算逾期竣工违约金可先抵销二者之间的差额工期吗？

关键词：工期、定额

比如定额工期是100天，双方约定的工期是80天。现在逾期竣工，实际工期是120天。按照实际工期减去合同工期，施工应该逾期了40天。但由于定额工期比约定的工期多，能否从逾期的40天中扣除20天作为实际违约的工期天数？答案肯定是不能。《建设工程质量管理条例》第10条第1款规定：“建设工程发包单位，不得迫使承包方以低于成本的价格竞标，不得任意压缩合理工期。”这是关于工期压缩的最高级别法律规定，但这里并没有具体说明合理工期的标准。《建设工程定额管理办法》第3条第1款规定：“本办法所称定额是指在正常施工条件下完成规定计量单位的合格建筑安装工程所消耗的人工、材料、施工机具台班、工期天数及相关费率等的数量基准。”定额是个数量基准，正如之前所说，定额就是一个数据库，是国有资金投资工程编制投资估算、设计概算和最高投标限价的依据，仅供其他工程参考。但《建设工程定额管理办法》在法律位阶上也只是一个规范性文件，即使实践中的投资估算、设计概算和高投标限价没有按照定额来算，也并不会导致无效的法律后果。所以在本案中，先确定开工时间和竣工时间，再用实际工期减去合同工期就可以得出施工单位的违约天数，合同工期与定额工期的差额不能用来抵消实际的逾期工期。

顺便了解一下关于开工日期和竣工日期的规定。《建设工程司法解释一》第8条规定："当事人对建设工程开工日期有争议的，人民法院应当分别按照以下情形予以认定：（一）开工日期为发包人或者监理人发出的开工通知载明的开工日期；开工通知发出后，尚不具备开工条件的，以开工条件具备的时间为开工日期；因承包人原因导致开工时间推迟的，以开工通知载明的时间为开工日期。（二）承包人经发包人同意已经实际进场施工的，以实际进场施工时间为开工日期。（三）发包人或者监理人未发出开工通知，亦无相关证据证明实际开工日期的，应当综合考虑开工报告、合同、施工许可证、竣工验收报告或者竣工验收备案表等载明的时间，并结合是否具备开工条件的事实，认定开工日期。"第9条规定："当事人对建设工程实际竣工日期有争议的，人民法院应当分别按照以下情形予以认定：（一）建设工程经竣工验收合格的，以竣工验收合格之日为竣工日期；（二）承包人已经提交竣工验收报告，发包人拖延验收的，以承包人提交验收报告之日为竣工日期；（三）建设工程未经竣工验收，发包人擅自使用的，以转移占有建设工程之日为竣工日期。"比如工程已经竣工，但发包人拖延验收，双方后来又办理了竣工验收，这时竣工验收报告上载明的时间就不能作为竣工验收的时间，而是应该适用第2项的规定以承包人提交验收报告之日为竣工日期。

二、开工日期

152 因发包人原因延误开工，对价格的调整视情况而定

合同约定因发包人原因造成监理人未能在计划开工之日起90天内发出开工通知的，承包人有权提出价格调整要求，或者解除合同。那么，在实际中，超过计划开工之日起90天后，承包人可以怎样调整价格？调整范围是哪些？调整中标清单综合单价是否有效？最终审计部门会把该部分审减吗？

关键词：价格调整、工期延误

根据《施工合同示范文本》第7.3.2条的规定，除专用合同条款另有约定外，因发包人原因造成监理人未能在计划开工日期之日起90天内发出开工通知的，承包人有权提出价格调整要求，或者解除合同。如果计划开工是1月1日，

结果5月1日才开工，因为延误了90天以上，承包人可以提出价格调整的要求。在没有约定的情况下，应该如何调整？可以参考以下几个案例。

安徽高院的（2019）皖民申2412号民事裁定书中写道："合同条款仅赋予施工方有权提出价格调整要求，但双方未约定价款的具体调整方式，南通六建公司诉求以实际市场信息价作为调价标准无合同依据。且案涉工程除肥西城投公司延误的140天外，尚有460天在合同工期之内，南通六建公司诉请调整案涉合同整体价款缺乏事实依据。原判鉴于上述情况对于南通六建公司要求对案涉合同的三类主材价款依照实际市场信息价进行调整的主张不予支持并无不当。"这是一个典型的人民法院以当时没有依据为理由判决不调整合同价格的案例。

再来看一个法院支持价格调整的案例。（2020）浙05民终543号民事判决书中写道："该条款的约定赋予大东吴集团公司符合约定条件时有提出价格调整的权利，对大东吴集团公司有权提出价格调整的范围亦未做限定。本案因中节能公司原因导致大东吴集团公司延迟开工且符合合同约定条件，期间又遇材料价格上涨，大东吴集团公司主张除主材料以外的其余材料价格予以调整，有合同依据。关于价格调整的方法，双方在合同中虽未约定，但根据大东吴集团公司履行两份合同的实际开工时间均在2018年9月，双方就主材料价格调整已达成'按2018年9月《湖州市建设工程造价信息》及人工市场信息价与原合同约定的基准价格之差进行调整，调差部分只计取差价和税金'的一致意见，故大东吴集团公司主张其余材料价格亦按会议纪要确定的调整主材料价格的方法进行调整，并无不当，中节能公司亦未对该调整方法提出异议，该院予以支持。"该案按照开工当期的价格进行调整，很有道理。如果合同约定的开工时间材料价格是100元，因为工程延误到项目开工时材料价格已经达到900元，这两个基准价之间的价差显然是应该予以调整的。这个案子的判决认可了全部的价格都可调整，还是比较公平的。

还有一个案例是关于法院对调价权的解读。（2018）渝03民终624号民事判决书中写道："此处约定的有权提出价格调整，应系双方协商一致后对合同条款的变更，若双方不能协商一致，则承包人有权提出解除合同。本案川九公司并未提供证据证明因南阳公司迟延交付综合管廊的施工图纸导致工程停工持续84天以上的事实，即使该事实存在，其也应就此向上诉人主张调整价款或者主张解除合同，而不能直接请求人民法院对合同价格进行调整。"在这里，审理法院对《施工合同示范文本》的解读是，承包人可以提出价格调整的合同条款变更，然后由双方协商。协商不成，承包人就不能够单方调整合同价格，只能行使合同解除权。法院的这种理解其实是有问题的，以双方协商不成而否定承包人提出的调整价格的主张显然有失偏颇。合同的解除权是一种形成权，是承包人可以提也可以不提的单方权利。如果承包人提出了解除合同的主张，法院可以判断这种主张是否合理；如果当事人没有提出，法院也没有理由替当事人作出选择。

（2020）浙0109民初3313号民事判决书中写道：“《建设工程施工合同》通用条款第11.1条‘除专用合同条款另有约定外，市场价格波动超过合同当事人约定的范围，合同价格应当调整’；专用条款第12.1条……因工期延误所产生的人工、材料、施工机械台班等价格要素变化，应界定双方责任后按以下原则处理：（a）由于承包人原因延误工期而遇价格涨跌的，延误期间的价格上涨费用由承包人自行承担；反之，因价格下降造成的价差则由发包人受益，发包人分段计算调价时扣回价差。（b）非承包人原因延误工期而遇价格涨跌的，延误期间的价格上涨费用由发包人承担，价差计入工程造价；反之，因价格下降造成的价差则由承包人受益，发包人不得扣回价差。”这里值得注意的一点是，《施工合同示范文本》第7.3.2条规定的承包人有权提出的价格调整，不仅仅是指的是调增，也包含了承包人获得部分利益拒绝调减价格的权利，拒绝调减就意味着可以按照原合同约定的价格结算，并且因为承包人实际采购成本比较低，可以获得一部分价差，这也是合理的。

关于这个问题，法律并没有明确规定，但是通过类案的检索可以看到各地法院对是否支持调整合同价款的态度是有所区别的。支持调整合同价款的方式主要是根据计划开工时间和实际开工时间之间价格变化的幅度，在此基础上调整价差。这几个案例分享给大家，至于具体的案件中的价格能不能调整，也还是依赖于实践中的法律检索工作和各地的法官态度。

三、工期顺延

153 设计变更导致工程量大幅增加，应当相应顺延工期

某国有资金投资项目，根据2013版《清单计价规范》及计算规范结合类似工程设计图纸，编制了工程量模拟清单和招标文件，并以此清单文件进

行招标。中标后双方签订的合同约定："措施费包干使用不调整。"现本工程处于实施阶段，根据施工图和合同进行清标工作。将施工单位报审的施工图预算与原招标模拟清单比较，其中一栋楼原无地下室，现施工图新增地下室。施工单位作为单位工程进行计量计价。实体量及模板工程的计取、核对不存在争议，但新增地下室的措施费（脚手架、垂直运输、基坑降排水等）及增加工期（工期增加的理由是因为工程量较模拟清单有较大幅度增加，经清标核对，所有楼号因工程量的增加引起造价增加占原合同价的12%）。

审核工程师否决理由：(1) 新增地下室，只是建筑规模变化，合同约定措施费包干不调整；(2) 工程量增加为非关键线路，不引起工期的变化。

施工单位理由：(1) 本工程合同价款是依据发包人提供的工程量清单确定的，进而约定措施费包干。通常情况下，只有在合同约定的工程施工内容和有关条件不发生变化时，发包人付给承包人的合同价款总额就不发生变化。而原招标清单措施费包干的范围/内容并无32#地下室工程，亦即本工程施工内容已发生变化，应根据变化情况和合同约定调整合同价款。原招标清单无32#楼地下室工程，属于新增单位工程，不仅需计算实体项目工程量，尚应根据合同及相关计价依据计算相应的措施费用。(2) 实体工程量均来自主体结构且主体结构均在关键线路上。合同工期虽根据建筑面积结合工期定额确定，建筑面积较之招标文件描述发生的变化不大，但因工程量增加应适当考虑增加部分工期。

关键词：合同变更

如果合同约定了措施费包干不调整，对于施工图新增地下室部分施工的措施费是否可以调整？《施工合同示范文本》第10.1条关于变更的范围中第一项就是"追加额外的工作"，因此这里新增地下室的情形显然属于工程变更，理应调整相应的工程价款。这里解释两个不同的概念：合同变更与合同更改。合同变更是指合同内容的调整和部分修改，但合同更改则是完全变更了原合同的核心内容。在这里，解释这两种情况的区别是因为合同变化以后对调整发承包双方计价规则的影响不同。如果是合同更改，双方需要重新确定计价规则；如果只是合同变更，则只要在原计价规则的基础上对最终的工程价款进行调整即可。虽然这种理解目前还没有明确的法律依据，但在理论和实践中都是合理的。

关于新增地下室是否应该调整工期的问题，审核人员的理由是该工程量的增加不属于关键线路不应调整工期，这种说法显然不合理。本案因设计变更导致工程量大幅增加，这种情况下工期应该顺延。《造价鉴定规范》第 5.7.5 条规定："当事人对鉴定项目因设计变更顺延工期有争议的，鉴定人应参考施工进度计划，判别是否因增加了关键线路和关键工作的工程量而引起工期变化，如增加了工期，应相应顺延工期；如未增加工期，工期不予顺延。"据此可以看出，施工单位主张顺延工期是合理的。

154 发包人要求暂停施工，应承担因此增加的费用和延误的工期

食堂雅间装修施工，工期 60 天，由于建设单位方案调整，工程施工 20 天后，建设单位要求施工单位暂停施工，并发出了暂停施工令。3 个月后，建设单位通知施工单位该项目不再实施。针对此问题，施工单位向甲方提出房屋租赁费、办公费、管理人员工资以及场外已下单采购合同等一系列费用。建设单位要求乙方提供采购合同及相关往来凭证，施工单位均未能提供，只提供部分收据。

问题：针对此情况，建设单位应承担哪些费用？如果施工单位不能提供有效凭证，建设单位是否要承担相应费用？如房屋租赁费、采购合同预付款凭证、发票，撤场费用还有场外已加工材料的损失等。

关键词：暂停施工

建设单位要求施工单位暂停施工，施工单位应如何进行停工索赔?《民法典》第 804 条规定："因发包人的原因致使工程中途停建、缓建的，发包人应当采取措施弥补或者减少损失，赔偿承包人因此造成的停工、窝工、倒运、机械设备调迁、材料和构件积压等损失和实际费用。"对于甲方提出的暂停施工，实践中经常存在的一种后续处理是只延长工期，而不对施工方进行任何补偿。双方在合同中约定施工过程中停建、缓建时，发包人不赔偿任何损失，该约定是否有效？根据《民法典》第 804 条的规定，发包人引起的暂停施工理应承担因此增加的费用和延误的工期，并且根据《施工合同示范文本》的有关规定，发包人还应该承担一定的利润补偿。

本案中，工程暂停施工一段时间后甲方提出项目终止，对于甲方原因导致的

合同解除，根据《施工合同示范文本》第16.1.3条规定，除专用合同条款另有约定外，承包人按第16.1.1项［发包人违约的情形］约定暂停施工满28天后，发包人仍不纠正其违约行为并致使合同目的不能实现的，或出现第16.1.1项［发包人违约的情形］第（7）目约定的违约情况，承包人有权解除合同，发包人应承担由此增加的费用，并支付承包人合理的利润。施工单位已经和第三人签订的合同，应由建设单位继续履行；施工单位已经采购的所有材料，建设单位也应当支付相应价款，包括其他所有的费用以及施工单位应当获得的合理利润，建设单位都应当予以赔偿。

155 因发包人原因导致的工期延误，承包人有权主张索赔

工程于2009年5月开工建设，合同签订日期为2009年6月30日，约定竣工日期2010年6月10日。该工程的中标价是2272万元，投标及计价采用工料单价法，且合同结算方式为竣工后据实结算，依据《内蒙古建筑工程消耗量定额（2004）》（以下简称2004届内蒙古定额）和相关配套文件执行。开工后施工单位日夜加班赶工，2009年年底主体全部完工，期间甲方外装修由原设计涂料改为石材（需要重新设计审图）、部分窗户也变更，到2010年6月工程款支付了570万元，前期变更图纸刚刚设计审图完成，窗户价格还未确定，工程只能延期进行，接下来该工程就是边施工边屋面钢结构、室内装修等变更，边施工边等待工程款、等待变更方案图纸的确定，等待特殊部位价款的确认。2010年6月以后直到2013年9月交付使用前，一直有变更发生。在施工过程中，内蒙古消耗量定额换届为2009届定额且执行日期为2009年7月1日。该项目由于工程变更及资金问题直至2013年9月交付使用，请问，按照合同签订的竣工日期2010年6月10日以后施工的工程量是否可以执行2009届定额计价依据（施工过程中未签补充协议）？

关键词：工期延误、违约责任

由于甲方的原因导致工期顺延，在原定工期后执行新版定额其实是不合理的。《施工合同示范文本》第7.5.1条因发包人原因导致工期延误规定："在合同履行过程中，因下列情况导致工期延误和（或）费用增加的，由发包人承担由此

延误的工期和（或）增加的费用，且发包人应支付承包人合理的利润：（1）发包人未能按合同约定提供图纸或所提供图纸不符合合同约定的；（2）发包人未能按合同约定提供施工现场、施工条件、基础资料、许可、批准等开工条件的；（3）发包人提供的测量基准点、基准线和水准点及其书面资料存在错误或疏漏的；（4）发包人未能在计划开工日期之日起 7 天内同意下达开工通知的；（5）发包人未能按合同约定日期支付工程预付款、进度款或竣工结算款的；（6）监理人未按合同约定发出指示、批准等文件的；（7）专用合同条款中约定的其他情形。”以上都是发包人原因导致工程延误的情形。《民法典》第 803 条规定：“发包人未按照约定的时间和要求提供原材料、设备、场地、资金、技术资料的，承包人可以顺延工程日期，并有权请求赔偿停工、窝工等损失。”这一条款规定的是发包人违反合同条款的违约责任。第 804 条规定：“因发包人的原因致使工程中途停建、缓建的，发包人应当采取措施弥补或者减少损失，赔偿承包人因此造成的停工、窝工、倒运、机械设备调迁、材料和构件积压等损失和实际费用。”这一条规定了即使发包人没有违约，但因发包人原因导致的停建、缓建仍需由发包人承担相应的损失费用。本案例中承包人应该及时主张工期索赔。

《建设工程司法解释一》第 19 条第 1 款规定：“当事人对建设工程的计价标准或者计价方法有约定的，按照约定结算工程价款。”案例中双方既然已经约定按照 2004 届内蒙古定额结算，那就应该按照约定进行结算。如果双方没有在合同中约定如何结算，那么根据《民法典》第 510 条和第 511 条规定的合同漏洞填补规则，在价款或报酬约定不明时，先考虑协议补充，否则按照订立合同时履行地的市场价格履行。在本案中，定额的更新并不会导致双方合同约定内容的改变，由于合同仍然合法有效，因而应当继续按照 2004 届内蒙古定额结算价款。

四、工期延误

156 任何人不能因自己的违约行为而受益

某工程工期顺延一年，没有说明非承包人原因，有相关证明发包人原因导致的延误。合同材料价格按照材料涨跌以《工程造价信息》某年某期发布的材料价格信息为基准价。请问，现延期的施工期间的材料价是否执行调整？一般而言，延误后材料价格上涨要调增，材料价格下降不进行材料调差。现材料价格下跌，是否调整价格？

关键词：诚信原则、价格调整

违约者不受益，这是基于民法中的诚信原则而在造价领域中衍生的规则，任何人不能因自己的违约行为而受益。《施工合同示范文本》第7.5.1条列举了在合同履行过程中因发包人原因导致工期延误的各种情况，因此导致工期延误和（或）费用增加的，由发包人承担，且发包人应支付承包人合理的利润。《清单计价规范》第9.8.3条规定："发生合同工程工期延误的，应按照下列规定确定合同履行期的价格调整：1. 因非承包人原因导致工期延误的，计划进度日期后续工程的价格，应采用计划进度日期与实际进度日期两者的较高者……"承包人在本来的计划工期内可以完成工作并获得较高的利润，现在工程因非承包人原因被拖到了新的价格区间，如果根据下跌的材料价格调整工程价款，显然会大大压缩承包人的盈利空间，这对承包人而言是十分不公平的。

《民法典》第7条规定："民事主体从事民事活动，应当遵循诚信原则，秉持诚实，恪守承诺。"比较经典的一个案例是，西安某开发商自己告自己没有取得预售许可证，要求收回已经卖出的房子。这个案件形成了后来的司法判例，即任何人不能因为自己的违约行为而获利，这也是民法诚信原则的具体体现。所以本案中，由于发包人原因导致的工期延误，即使发生了有利于发包人的调价情形，也不应该再调整材料价格。

五、竣工时间

157 部分工程单独发包，竣工时间仅指该部分工程完工时间

由于甲方手续不齐全，消防工程未验收（消防工程为甲方单独分包），导致工程未能办理竣工验收手续，但是工程已完工并移交甲方使用。建设单位以工程未办理竣工验收手续为由，不接收结算资料。请问，建设单位不接收结算资料合理吗？如何解决这一问题？

关键词：竣工验收、工程结算

这是关于质量保修期起算点的问题，之前也探讨过类似问题。首先，如果一个工程项目正常竣工验收，发包人的付款时间应该如何确定？根据《施工合同示范文本》第 14.1 条关于竣工结算申请的规定，除专用合同条款另有约定外，承包人应在工程竣工验收合格后 28 天内向发包人和监理人提交竣工结算申请单，并提交完整的结算资料，有关竣工结算申请单的资料清单和份数等要求由合同当事人在专用合同条款中约定。可见，提交完整的结算资料是承包人的义务，针对本案中发包人不接受承包人的结算资料的情况，承包人可以直接把所有结算资料邮寄给对方并留存相应证据材料。

其次，关于结算文件的审核，根据《施工合同示范文本》第 14.2 条的规定，除专用合同条款另有约定外，监理人应在收到竣工结算申请单后 14 天内完成核查并报送发包人。发包人应在收到监理人提交的经审核的竣工结算申请单后 14 天内完成审批，并由监理人向承包人签发经发包人签认的竣工付款证书。监理人或发包人对竣工结算申请单有异议的，有权要求承包人进行修正和提供补充资料，承包人应提交修正后的竣工结算申请单。竣工付款证书在一般项目中可能不常见，在一些公路项目或者比较大的项目中相对常见。第 14.2 条还规定了发包人在收到承包人提交竣工结算申请书后 28 天内未完成审批且未提出异议的，视为发包人认可承包人提交的竣工结算申请单，并自发包人收到承包人提交的竣工结算申请单后第 29 天起视为已签发竣工付款证书。作为甲方律师，审查合同时遇到这个条款，一定要在专用合同中改成，“发包人收到承包人提交的竣工结算申请书后 28 天内没有完成审批且未提出异议的，不视为发包人认可”。根据《民法典》的规定，沉默在当事人约定的情况下可以视为意思表示，会对双方产生法律上的约束力。因此，出于对甲方利益的考虑，将视为认可的条款改为在承包人提交的竣工结算申请单后，发承包双方应该共同积极地完成竣工结算的审核。从承包人的角度出发，如果甲方没有修改条款，可以直接根据通用条款中的内容主张权利。在本案中，承包人提出竣工结算申请，经过一段时间以后可以认为发包人的付款条件就已经成就。根据《施工合同示范文本》第 14.2 条规定除专用合同条款另有约定外，发包人应在签发竣工付款证书后的 14 天内，完成对承包人的竣工付款。发包人逾期支付的，按照中国人民银行发布的同期同类贷款基准利率支付违约金；逾期支付超过 56 天的，按照中国人民银行发布的同期同类贷款基准利率的两倍支付违约金。通用条款中关于逾期付款利息的约定，刚开始违约时是按照中国人民银行发布的同期同类贷款基准利率支付违约金，超过 56 天之后就要按照双倍利息支付。作为甲方律师，在审查合同时也一定要注意，在专用条款中对双倍利息的约定作出调整。实务中有一个案例，由于双方对竣工结算没有达成一致意见，拖了3年多都没有结算，最后诉讼时甲方需要承担的违约金责任就已经达到了7000多万元，而整个项目的总工程价款也才2亿元，这一高额违约金对于发包人而言显然是难以承受的。作为甲方律师，有必要为当事人在专用合同中争取最有利的条款约定。

以上是正常竣工情况下甲方的应付款时间。但如果一个项目没有完整履行竣工验收手续，正如本案中甲方把消防工程单独分包出去，由于消防工程没有验收合格导致整个项目都没有竣工验收完毕，这时候应该如何确定甲方的付款时间？根据《建设工程司法解释一》第27条的规定，利息从应付工程价款之日开始计付。当事人对付款时间没有约定或者约定不明时，建设工程已实际交付的，交付之日视为应付款时间。本案中工程已交付甲方使用，那么工程交付移转之日就是甲方的应付款时间。

最后是关于竣工时间的确定，甲方把其中一部分工程平行发包给第三方，那只完成其中一部分的施工单位的竣工时间应当如何确定？（2015）沪一中民二（民）终字第1300号民事判决书中提道："档案馆备案的资料显示，铭诚公司在2011年6月15日申报了其施工的1－3号房的单体质量竣工验收，监理单位和设计单位分别于2011年6月17日、18日签署了合格意见。上述证据足以证明铭诚公司已经按约于2011年6月15日完成了自身的全部工作量，至于工程整体验收备案的时间，并不影响铭诚公司已经完工的事实。桥泰林公司称铭诚公司逾期竣工，应承担违约责任，无事实依据，本院不予支持。"在这个案件中，施工单位就是只负责部分的施工项目，工程完工后也验收合格了，这部分工程的完工时间，根据法院的判决，是不受工程整体竣工验收备案时间影响的。笔者在山西接办的一个高速公路案件中，当事人只负责路基部分，路面部分交给了另一家施工单位，整个高速公路最后竣工验收通车是路基工程交付之日的两年后，显然负责路基部分施工单位的完工时间就是移交工程的时间点。所以一个中间交工的施工单位的完工时间，就是合同内工程的完工时间，与整个项目的竣工时间应当加以区分。本案中施工单位已经完成了合同内的全部工作也移交给了甲方，工程在合同范围内已经完工了。根据《民法典》第793条的规定，建设工程施工合同无效，但是建设工程经验收合格的，可以参照合同关于工程价款的约定折价补偿承包人。《民法典》用的是"验收合格"这样的用语，并无"竣工"要求，这也意味着，即使合同被认定无效时工程只完成了一半，承包人也无须等到整个工程都竣工验收合格，即可主张参照合同关于工程价款的约定主张工程款。

另外，如果发包人出于自己的利益不接收结算材料，还可以类推适用《民法典》中关于附条件生效合同的相关规定。一方当事人为了维护自己的利益不正当地阻止条件成就的，视为条件已成就。

六、赶工费

158 建设单位要求提前竣工应当重新调整合同价款

合同协议部分工期条款约定，若提前完工不增加任何费用。施工期间发包人要求赶工，实际提前半年完成工程（竣工验收合格），现施工单位提出赶工措施的索赔，请问是否应该予以支持？

关键词：提前竣工、合同变更

合同中约定“提前完工不增加任何费用”应该如何理解？《施工合同示范文本》第7.2条规定：“承包人应按照第7.1款［施工组织设计］约定提交详细的施工进度计划，施工进度计划的编制应当符合国家法律规定和一般工程实践惯例，施工进度计划经发包人批准后实施。施工进度计划是控制工程进度的依据，发包人和监理人有权按照施工进度计划检查工程进度情况。施工进度计划不符合合同要求或与工程的实际进度不一致的，承包人应向监理人提交修订的施工进度计划，并附具有关措施和相关资料，由监理人报送发包人。除专用合同条款另有约定外，发包人和监理人应在收到修订的施工进度计划后7天内完成审核和批准或提出修改意见。发包人和监理人对承包人提交的施工进度计划的确认，不能减轻或免除承包人根据法律规定和合同约定应承担的任何责任或义务。”

施工进度计划是约束承包人施工工期的重要依据，如果承包人没有按照施工进度完成工作，根据《施工合同示范文本》第16.2.1条的规定，承包人未能按施工进度计划及时完成合同约定的工作，造成工期延误的属于承包人违约。通常缩短工期提前完工必然导致费用增加，如果合同约定“提前完工不增加任何费用”，施工单位肯定没有任何想要提前完工的动力。案例中发包人又要求承包人提前竣工，根据《施工合同示范文本》第7.9.1条的规定，发包人要求承包人提前竣工的，发包人应通过监理人向承包人下达提前竣工指示，承包人应向发包人和监理人提交提前竣工建议书，提前竣工建议书应包括实施的方案、缩短的时间、增加的合同价格等内容。发包人接受该提前竣工建议书的，监理人应与发包人和承包人协商采取加快工程进度的措施，并修订施工进度计划，由此增加的费用由发包人承担。承包人认为提前竣工指示无法执行的，应向监理人和发包人提出书面异议，发包人和监理人应在收到异议后7天内予以答复。任何情况下，发包人不得压缩合理工期。第7.9.2条规定了发包人要求承包人提前竣工，或承包人提出提前竣工的建议能够给发包人带来效益的，合同当事人可以在专用合同条款中约定提前竣工的奖励。

所以案例中发包人要求提前竣工，实质上已经改变了原合同约定的工期。在原合同约定的工期范围内，承包人可以自行决定是否提前完成，但如果是发包人要求的提前完工，根据《施工合同示范文本》的规定，发包人应给予施工单位一定的奖励。根据《民法典》第777条的规定，定作人中途变更承揽工作的要求，造成承揽人损失的，应当赔偿损失。据此也不能因为合同约定“提前完工不增加任何费用”就免除发包人改变工作要求后的损害赔偿责任。

当然，如果发包人没有要求提前竣工，而承包人自行决定提前完工，这种情况是不能要求发包人支付提前竣工的费用的。民法中有一条关于禁止强迫得利的原则，规定在《民法典》第985条：“得利人没有法律根据取得不当利益的，受损失的人可以请求得利人返还取得的利益，但是有下列情形之一的除外：（一）为履行道德义务进行的给付；（二）债务到期之前的清偿；（三）明知无给付义务而进行的债务清偿。”如果合同中已经约定了明确的工期，建设单位也没有改变原合同的工期要求，施工单位自行决定加速施工提前完工，由此产生的额外费用，施工单位是不能以提前完工为由，从而主张建设单位支付该费用甚至要求给予奖励的，这种强迫得利的行为已经被排除在民法中应当返还的不当得利范围之外。

总结来说，合同中约定“提前完工不增加任何费用”指的是施工单位自行提前完工时不另外增加费用调整合同价款。但如果是建设单位要求缩短原定合同工期，则属于改变原合同的定作要求，根据《民法典》及《施工合同示范文本》的相关规定，施工单位可以主张相应的费用和合理补偿。

159 承包人有权向发包人主张应发包人提前竣工要求而赶工的费用

某路面工程，合同工期是至2020年3月8日，免责期至2020年9月8日，现在已经进入索赔期。2019年赶工时（至2020年1月22日）承包人按合同配置了相应的设备（原合同要求配置2套设备），而且比合同要求富余了很多。春节后由于路基工作面移交不连续，经监理同意，便将部分沥青设备、水稳设备撤出现场，只留下一套设备且满足施工要求。现在主线关门工期定在2020年11月28日，这样的话，除了要满足合同要求的设备数量的同时，还要另外再增加设备。

问题：（1）2019年赶工增加的设备是否可以向业主主张费用？（2）2020年9月8日后增加的设备，主要是原合同内要求配置的设备，是否可以向业主主张费用？

关键词：赶工费用、不可抗力

结合这个案例先来分析几个概念。《民法典》第803条规定，发包人未按照约定的时间和要求提供原材料、设备、场地、资金、技术资料的，承包人可以顺延工程日期，并有权请求赔偿停工、窝工等损失。这是关于承包人可以要求顺延工期的规定，像因为新冠肺炎疫情，承包人同样可以要求顺延工期。如果工期顺延后发包人要求赶工，根据《施工合同示范文本》第17.3.2条的规定，不可抗力导致的人员伤亡、财产损失、费用增加和（或）工期延误等后果，由合同当事人按以下原则承担：……（5）因不可抗力引起或将引起工期延误，发包人要求赶工的，由此增加的赶工费用由发包人承担。也就是说，发包人可以要求赶工，但由此产生的费用和损失也应该由其自行承担。《清单计价规范》第3.4.4条规定："由于承包人使用机械设备、施工技术以及组织管理水平等自身原因造成施工费用增加的，应由承包人全部承担。"综合上述条款来看，承包人能否向发包人主张赶工费用要看赶工是由哪一方的原因造成的。案例中的赶工是由于不可抗力导致的，承包人可以向发包人主张增加费用。

在案例中，由于路基工作面移交不连续，施工单位无法按原定计划进行施工，只能往后顺延工期。这种情况应该视作由发包人原因导致的工期顺延，同时建设单位又要求必须按照原定工期完成工程，这实质上就是发包人要求承包人提前竣工。根据《清单计价规范》第2.0.25条的规定，提前竣工（赶工）费是指承包人应发包人的要求而采取加快工程进度措施，使合同工程工期缩短，由此产生的应由发包人支付的费用。第9.11.2条规定："发包人要求合同工程提前竣工的，应征得承包人同意后与承包人商定采取加快工程进度的措施，并应修订合同工程进度计划。发包人应承担承包人由此增加的提前竣工（赶工补偿）费用。"《施工合同示范文本》第7.9条也规定："发包人要求承包人提前竣工的，发包人应通过监理人向承包人下达提前竣工指示，承包人应向发包人和监理人提交提前竣工建议书，提前竣工建议书应包括实施的方案、缩短的时间、增加的合同价格等内容。发包人接受该提前竣工建议书的，监理人应与发包人和承包人协商采取加快工程进度的措施，并修订施工进度计划，由此增加的费用由发包人承担。承包人认为提前竣工指示无法执行的，应向监理人和发包人提出书面异议，发包人和监理人应在收到异议后7天内予以答复。任何情况下，发包人不得压缩合理工期。发包人要求承包人提前竣工，或承包人提出提前竣工的建议能够给发包人带来效益的，合同当事人可以在专用合同条款中约定提前竣工的奖励。"这里发包人承担赶工费的前提是发承包双方约定的提前完成施工；如果是施工单位自行加快工期再向发包人主张索赔，是不能得到支持的。

另外，当因路基工作面移交不连续无法进行施工时，施工单位应采取适当的措施防止损失的进一步扩大。《民法典》第591条第1款规定："当事人一方违约后，对方应当采取适当措施防止损失的扩大；没有采取适当措施致使损失扩大的，不得就扩大的损失请求赔偿。"在甲方违约的情形下，施工单位尚且应采取适当措施防止损失扩大，本案中施工方更是负有这样的一种义务。为了项目能尽早完工，可能需要几千人同时施工，一旦停工无法在短时间内把所有的工人都安排到其他项目上。这时如果停工，绝大多数工人只能被晾在现场，由此产生的停窝工损失很难采取适合的措施有效减少。所以这种停工情形下施工方产生的损失就可以视作一种合理的损失，而不再是因未采取适当措施而造成的损失扩大。《民法典》第591条第2款规定："当事人因防止损失扩大而支出的合理费用，由违约方负担。"本案中施工单位考虑到暂时无法施工先撤出一部分设施，这种做法也是为了防止损失的进一步扩大，根据第591条第2款的规定，施工单位可以要求建设单位予以支付相应费用。

总结来说，建设单位要求提前竣工可以向其请求支付赶工费用，同时施工单位在经监理同意后将部分用不上的设施暂时撤出现场，是为了减少损失所采取的合理措施，由此产生的费用可以要求甲方予以补偿。

160 发包人要求提前竣工增加的费用由发包人承担

某大型地下工程，按原施工组织设计模板可周转使用。由于环境治理等原因工期延误。后发包方要求赶工，模板均一次性投入，请问，增加的费用可否向发包方索赔?

关键词： 提前竣工

本案中，显然可以向发包方索赔。在另一个类似的索赔项目中，建设单位把征地拆迁事宜交由施工单位协助处理，由于征地拆迁问题，原定的工期都应该相应顺延，但建设单位却要求施工单位必须在一定时间内完成既定的产值。在建设单位要求赶工的情况下，施工单位只能多管齐下，安排几个标段同时施工，还因此增设了梁场等设施，梁场里原来可以周转使用的材料后来也只能一次性投入使用。增设的梁场以及不能周转使用材料等增加的费用达百万元，这些都应该由发包人承担。同样在这个项目中，原来可以周转使用的模板现在要一次性全部投入，这其中增加的费用也是可以向发包人索赔的。索赔的金额据实结算，可以用实际使用模板的价格减去剩余模板的价值。

关于工期索赔的计算，推荐使用“干扰事件分析法”。虽然现在的《造价鉴定规范》也把工期鉴定作为造价鉴定机构的鉴定内容，但在实务中，由于各类复杂的情况交加，很少有造价咨询机构能够很好地完成这一部分的鉴定。干扰事件分析法的过程，第一，确定合同约定的工期；第二，确定实际工期，通过实际开工时间和竣工时间计算；第三，也是最难的一部分，计算每一个干扰事件产生的顺延工期。每出现一个干扰事件，即确定相应顺延的工期。累积相加所有可顺延工期后再加上合同工期减去实际工期，多出的部分就是承包人可以主张费用和利润的索赔工期。当然，如果是承包人原因导致的工期延误，发包人是不承担赔偿责任的。以上是关于发包人要求赶工时，承包人可以主张的工期索赔和模板一次性投入使用所增加的费用。

值得注意的是，《清单计价规范》第 9.11.1 条规定：“招标人应依据相关工程的工期定额合理计算工期，压缩的工期天数不得超过定额工期的20%，超过者，应在招标文件中明示增加赶工费用。”如果定额工期是100天，合同工期是70天，根据《清单计价规范》的规定，招标人应该明示增加赶工费。但《建设工程定额管理办法》也规定了定额只是可以参考的数量基准，并不是一个必须遵守的强制性规定。(2018)黑民终208号民事判决书中写到，关于赶工费，在双方签订的土建工程合同中明确约定不计赶工费，因此，对恒泰公司的该项诉讼请求应予驳回。因此，关于工期及赶工费，主要还是看当事人在合同中的约定。

根据《清单计价规范》第2.0.25条的规定，承包人应发包人的要求而采取加快工程进度措施，使合同工期缩短，由此产生的费用应由发包人支付。第9.11.2条规定：“发包人要求合同工程提前竣工的，应征得承包人同意后与承包人商定采取加快工程进度的措施，并应修订合同工程进度计划。发包人应承担承包人由此增加的提前竣工（赶工补偿）费用。”所以发包人要求赶工是需要补偿施工单位相应的赶工费用的，这一条文的法律依据可以参考《民法典》第777条的规定，即定作人中途变更承揽工作的要求，造成承揽人损失的，应当赔偿损失。

161 建设单位要求提前竣工，对措施费应当按实结算

某EPC项目，投标时报了总价措施费的取费项目和费率，含赶工措施费，约定按实结算。现审计过程中提出赶工措施费要根据现场是否发生才能计取。请问，投标时已经报的取费标准，审计时能否调整？审计提出的关于赶工措施费的审核方式是否合理？

关键词：工程结算、提前竣工

这是关于EPC合同中计价原则的问题。在工程总承包合同中，总价措施项目费是由投标人根据招标工程量清单给定的项目和投标人自己拟定的施工方案进行报价，最终再按照投标时的报价进行结算。比如在一个比较极端的案例中，已完工程保护设施的措施项目费在投标时的报价是1400万元，但在实际施工过程中施工单位并没有搭建任何相关临时保护设施，由于约定的是总价措施项目，因此即便是在这种情况下，施工单位也可以要求建设单位按照中标时约定的1400

万元进行总价结算。

问题中的措施费按费率报价，但同时约定按实计算，在计价约定存在冲突的情况下，赶工措施费是应该按照费率计算还是应该按实结算？

《房屋建筑和市政基础设施项目工程总承包计价计量规范（征求意见稿）》第 8.1.5 条规定：“发承包双方应在合同中约定了提前竣工每日历天补偿额度的，此项费用应作为增加合同价款列入竣工结算文件中，与结算款一并支付。”这是在合同中事先约定提前竣工补偿的相关规定。《民法典》第 777 条规定：“定作人中途变更承揽工作的要求，造成承揽人损失的，应当赔偿损失。”合同履行过程中，如果建设单位要求施工单位提前完工，根据《民法典》第 777 条规定建设单位也应当赔偿施工单位由此造成的损失。

《工程总承包合同示范文本》第 8.8.1 条规定：“发包人指示承包人提前竣工且被承包人接受的，应与承包人共同协商采取加快工程进度的措施和修订项目进度计划。发包人应承担承包人由此增加的费用，增加的费用按第 13 条［变更与调整］的约定执行；发包人不得以任何理由要求承包人超过合理限度压缩工期。承包人有权不接受提前竣工的指示，工期按照合同约定执行。”从这条规定来看，承包人有权拒绝发包人提前竣工的要求，依旧按照原合同约定的工期完成施工。但在承揽合同关系中，承包人又确实应该按照发包人的指示完成工作，如果发包人改变要求，包括要求提前竣工，承包人都应该按照要求提前竣工，这是根据承揽合同关系承包人应该履行的合同义务。由于工期的约定本身就是合同约定的一部分，如果发包人要求提前竣工，实际上是合同约定的内容发生了变更，而合同变更应在双方当事人协商一致的基础上达成合意才能发生法律效力。

关于“按实结算”的概念在某些方面也是存在争议的。按实计量一般需要实际测量人工花费的工日数、机械使用的台班量以及材料实际的消耗量等，这些都是需要考虑成本的。测量实际用量有几个常用的方法：可以按照定额计算，因为定额反映了社会的平均水平，所以按照定额中的消耗量计算可以作为实际工程量的参考标准；也可以按照承包人实际施工的工程量进行计算。

《房屋建筑和市政基础设施项目工程总承包计价计量规范（征求意见稿）》第 6.2.4 条规定：“项目清单中以‘项’报价的金额为总价包干金额。”这是关于项目清单中以项报价的项目的结算规定。另外，第 4.1.5 条规定：“项目清单和价格清单列出的数量，不视为要求承包人实施工程的实际或准确的工程量。”在工程总承包的计价计量规范体系下，仍然是有工程量清单的，只是这个清单主要用作变更估价而非工程结算的依据。在总价合同中，除合同另有约定外，合同价款不予调整。虽然住建部推行的工程总承包合同价格形式主要是总价合同，但实务中总承包合同的价格形式也是多种多样的。比如“集成式的工程总承包计价计量方法”，就是把整个工程造价划分成不同的项目，部分采用总价包干，部分按实结算或者执行定额按照费率计算等，这种价格形式也可以很好地实现投资管控的效果。

《房屋建筑和市政基础设施项目工程总承包计价计量规范（征求意见稿）》与新出台的《工程总承包合同示范文本》是相配套的。《工程总承包合同示范文本》也提到，合同价格形式为总价合同，除根据合同约定的在工程实施过程中需进行增减的款项外，合同价格不予调整，但合同当事人另有约定的除外。合同约定工程的某部分按照实际完成的工程量进行支付的，应按照专用合同条款的约定进行计量和估价，并据此调整合同价格。工程总承包合同采用总价的形式，当事人可以同时约定部分项目按照实际完成的工程量进行支付。

案例中，在投标时就考虑到赶工措施费，说明建设单位在前期就已经通过一定的方式试图解决提前竣工的成本问题。即使如此，在合同履行过程中如果建设单位要求赶工，也还是按实结算更为妥当合理。另外，合同中也约定了按实结算，因此审计根据合同的约定据实调整也没有问题。

关于工期的问题，如果定额工期是 300 天，但施工单位按照 200 天的工期报施工方案与建设单位签订合同，约定的 200 天工期也应该是有效的。在实践中，并不鼓励任意压缩工期的做法，2016 年 11 月 24 日江西某工程就因为抢工期而发生了严重的安全事故，造成七十多人死亡。从民法的角度来看，当事人对工期的约定对双方而言是有法律约束力的，因此应该根据合同约定判断是否逾期或者赶工，而不是将合同工期与定额工期做比对从而判断是否需要进行调价，这是民事法律关系中意思自治原则的体现。承包人中标后自愿与建设单位签订合同，就应该受到合同效力的约束，判断是否违约的标准应该是合同的具体约定，定额本身只是数据库。即使《清单计价规范》中有关于不得低于定额工期一定比例的规定，违反《清单计价规范》也并不必然导致合同无效，也不能以此作为调整合同价款的依据。

七、缺陷责任期

162 保修期自竣工验收之日起算，不因质量问题而重新起算

工程的防水保修期是5年，若第三年出现漏水，进行了维修。请问，保修期是自工程验收之日起计算还是按维修后重新计算？

关键词： 保修期起算点、违约责任

这个问题关于工程保修期的计算。工程的防水保修5年，符合《建设工程质量管理条例》的相关规定，也是最低期限的保修期。如果在第三年漏水，也就是在保修期之内产生了质量问题，施工单位应该进行修理。但修理也需要查清楚原因，到底是哪一方造成的。工程漏水有可能是甲方使用不当，也可能是住户使用不当，还有可能是施工单位本身的施工质量就有问题。无论如何，施工单位都应该在保修期之内进行保修。

施工单位进行维修后，保修期是从工程验收之日起算，还是维修后重新计算？这个问题是把保修期与诉讼时效混淆了。诉讼时效有中止和中断的情形，但工程保修期并不等同于《民法典》中所规定的诉讼时效。一般认为，工程的保修期是一个绝对期限，在绝对期限之内发生了质量问题应该修理，但是不会因为修理而重新计算工程保修期。《施工合同示范文本》第15.4.1条关于保修责任的部分写到，工程保修期从工程竣工验收合格之日起算，具体分部分项工程的保修期由合同当事人在专用合同条款中约定，但不得低于法定最低保修年限。在工程保修期内，承包人应当根据有关法律规定以及合同约定承担保修责任。保修责任既是一种合同约定的责任，也是《建设工程质量管理条例》意在加强的一种管理责任。

关于保修期还有一个需要注意的问题：如果竣工验收时是合格的，在保修期之内发现了工程质量的问题，但该质量问题是施工单位在履行合同义务过程中没有按照合同图纸的内容进行施工或者偷工减料造成的，也就是施工单位在施工过程中存在违约行为，这种情况下即使在保修期内也不能免除施工单位的违约责任。所以在保修期内，施工单位仅仅需要承担保修责任，还是说还要承担违约

责任？

根据最高院的相关判决，施工单位在合同约定的履行期限内，没有按照合同约定履行合同条款，这是一种违约行为。虽然竣工验收环节是由甲方组织的，但是也不能免除施工单位的违约责任。进入保修期内，保修是一种合同义务，也是一种法定义务，这种义务并不会替代原来的违约责任。所以如果在保修期之内发现施工单位存在偷工减料的违约行为，依然可以要求施工单位承担违约责任。违约责任和保修责任的区别就在于，违约责任可以要求施工单位赔偿损失，而保修责任仅仅是维修。所以对于违约行为造成的损失，建设单位可以要求施工单位赔偿。

通过这个问题我们可以总结出，工程保修期从竣工验收之日起计算，不适用有关诉讼时效中止和中断的规定，除非合同当中作出明确约定。如果合同中约定出现保修情况后重新计算保修期，这种约定也是有效的。至于公不公平，那是另一回事。

163 平行发包的情况下，保修期自竣工之日起算更为公平合理

某项目中，委托方负责土建。2011 年移交给业主进行装修，2015 年验收。防水也是由委托方施工，在 2011 年已完成。请问，防水保修期是从 2011 年起算还是从 2015 年起算？

关键词： 保修期、起算时间、公平原则

施工单位负责包含有防水工程的土建部分施工。2011 年土建部分全部完成，随即整个工程交由业主进行装修。业主按照施工阶段进行发包，将前段土建部分发包给总包单位，后面装修部分发包给另一家单位。2015 年验收应该是指的整个工程项目，也就是包含土建和装修的总体验收。2015 年工程验收合格，施工单位认为防水保修期应该从 2011 年土建部分完成时开始算。

这里需要了解几个法律规定。第一，《建设工程质量管理条例》第 40 条规定：……建设工程的保修期，自竣工验收合格之日起计算。第二，《建设工程司法解释一》第 9 条规定："当事人对建设工程实际竣工日期有争议的，人民法院应当分别按照以下情形予以认定：（一）建设工程经竣工验收合格的，以竣工验

收合格之日为竣工日期……”

在这个案例中，如果竣工验收合格从2015年起算，容易产生的疑问是，2011～2015年这4年里会不会有其他因素造成土建的防水的损坏？因为在业主装修的过程中，施工不当导致破坏了原来的防水层是完全有可能的。从2011年起算，到2015年验收合格时土建防水的保修期还剩一年，但是从2015年起算，土建防水的保修期还要再延续5年，这对土建单位非常不公平。出于更加公平地来确定各方权利和义务的考量，这里的保修期从总包将整个防水做完之后移交给业主的这个时间点起算似乎更加合理。秉持着这样一种考量，先来分析什么是竣工验收合格？竣工是指施工方在自己的合同范围之内完成全部施工工作；而竣工验收则是指甲方组织检验工程的完成情况和质量情况，只有达到一定的标准才能是验收合格。所以竣工和竣工验收是两回事。

在这个案例中，防水保修期到底从哪个时点起算，可以分几种情况来考虑：第一种情形，后面的装修部分完全交由另一家单位来做，这时土建工程的竣工时间可以确定，因为甲方是分阶段发包的，所以竣工时间从2011年起算。第二种情形，如果甲方把工程给了总包方，总包方又把装修工程给了他的分包单位来做，这种情况下土建和装修都在总包的范围之内。装修单位的装修做了4年，这种延误工期的责任应该属于总包单位的责任，所以总包单位的竣工日期应该是整个项目的竣工日期，工程的保修期也是整个项目的保修期，因此就应该是从2015年起算保修期。第三种情形，甲方将土建和装修平行发包，由总包单位对装修单位进行管理。这种情况下总包单位收取了管理费，对于装修工程的工期有一定的管理责任，这时需要区分到底是哪一方的责任造成了工期的延误，再视情况确定起算日期。

有一个相类似案件的判决书，主要内容是平行发包工程或指定分包工程影响了工程的整体竣工验收，在这种情况下，就应该以总承包人的施工完成时间作为总承包人完工的日期。也就是说，从总包人完成了其合同范围之内的全部工作这一天开始计算保修期。回到本案，这一基于公平原则的观点依然是成立的。也就是防水保修期的起算点应该是2011年，而不是2015年。

164 质量保证金在缺陷责任期满后予以返还

根据《建设工程质量管理条例》的规定，如果主体结构保修期是50年，业主扣了3%的质量保修金。50年后拿回这笔钱，时间太久了。从法律方面有什么解决方案？

关键词：质量保证金、缺陷责任期、质量保修期

这是关于质量保证金的返还问题。首先主体结构的保修期是50年，是符合法律规定的。业主扣了3%的质量保修金，现在叫作质量保证金，这个质量保证金的返还期限是从哪一天开始计算？根据《建设工程司法解释一》第17条第1款的规定，承包人请求发包人返还工程质量保证金，人民法院应予支持。质量保证金的起算点，有约定按约定，没有约定就从工程通过竣工验收之日起满两年起算，这是法定质量保证金的返还期限起算点。由于发包人原因使建设工程没有按照约定进行竣工验收，比如承包人向发包人提交了竣工验收报告，但发包人看到之后觉得不愿意支付工程款或者说现在不具备条件不想验收，那么就从承包人提交工程竣工验收报告之日满90日后起算，如果当事人约定了返还期限就按约定期限；如果没有约定期限就自提交工程竣工验收报告之日满90日后起算两年，也就是90日后再经过法定期限两年，就应该返还质量保证金了。

《建设工程质量管理条例》第40条规定了工程质量保修期，与这里的缺陷责任期不同。按照法律的规定，在正常使用条件下，建设工程的最低保修期限为：（一）基础设施工程、房屋建筑的地基基础工程和主体结构工程，为设计文件规定的该工程的合理使用年限；（二）屋面防水工程、有防水要求的卫生间、房间和外墙面的防渗漏，为5年；（三）供热与供冷系统，为2个采暖期、供冷期；（四）电气管线、给排水管道、设备安装和装修工程，为2年。其他项目的保修期限由发包方与承包方约定。建设工程的保修期，自竣工验收合格之日起计算。《建设工程质量管理条例》规定了最低的质量保修期，在这个案例中，约定的质量保修期是50年，3%的质量保证金要等质量保修期经过之后才能返还，其实是混淆了质量保修期和缺陷责任期的概念。质量保修期指的是按照合同约定对工程保修责任的期限，在这个期限内承包人有负责保修的义务。缺陷责任期是配合质

量保证金的期限，如果在两年的缺陷责任期内，承包人按照约定进行维修，缺陷责任期满了就应该返还质量保证金。

这个案件的问题在于，合同中明确约定了只有保修期满后才返还质量保证金，这种约定是否有效？先来看一下《建设工程质量保证金管理办法》的文件效力。这是 2017 年建设部和财政部共同印发的一个管理办法，它不是行政法规也不是部门规章，因此违反《建设工程质量保证金管理办法》也并不必然导致合同无效。管理办法中规定的缺陷责任期是一年，最长也不超过两年，所以合同中约定保修期 50 年满后再返还质量保证金的条款，在理论上是有效的，但是并不公平。

辽宁省高级人民法院（2017）辽民终 52 号案件的民事判决书中提到，这种约定“绝不意味着质量保修金就应该直至竣工验收后 50 年或者工程的合理使用年限后才予以返还，这无异于变相使发包人永不支付该部分工程质量保修金，显然背离了立法本意，也违背了订立合同的目的和交易习惯”。所以这个案件的本质不在于判断保修期满后返还保证金的合同条款是否有效，而是要判断当事人的缔约本意，通过合同解释方法以及公平原则来调整当事人的权利和义务。辽宁省高院在判决书中认为，本案中双方在合同中对工程质量保修期的做法与法定期限同样约定都是 50 年，但是对于缺陷责任期没有作出明确具体的约定，只是约定质量保修金在质量保修期满 14 天内返还。这和题目中的案例情况是一样的，都是约定质量保证金在保修期内返还，所以法院就把返还期限的问题，作为需要当事人去特别约定的情况，认定为合同关于返还期限的约定存在漏洞。法官认为，这种情况下对于缺陷责任期的约定不明，根据《民法典》合同编第 510 条及第 511 条的规定，由双方协议补充，协议不成的再根据合同有关条款和交易习惯确定。如果还不能确定具体期限的，参照《建设工程质量保证金管理暂行办法》的相关规定，缺陷责任期应适用最长不超过 24 个月的规定。

如果法院依照合同效力非常僵化地支持了保修期满后才返还质量保证金的约定，50 年之后法官显然也不需要负责了，但法院最终还是用法律解释方法和公平原则确定了缺陷责任期，从而平衡了当事人之间的权利义务。作为律师我们也需要注意，当在研究某一法律条款时，首先要摆正自己的价值观，当站在一个公平公正的角度对合同条款有所判断时，总能找到合适的理由，比如漏洞填补规则、公平原则以及利益平衡等。所以这个问题的答案是，两年之内就可以拿回 3% 的质量保修金而无须等到 50 年之后。

165 质量保修期不同于缺陷责任期

合同约定缺陷责任期为24个月，是否理解为质保期24个月？两者有什么不同？若双方结算确认时间超过质保期2年，利息按哪个时间计算？

关键词：质量保修期、缺陷责任期

质保期和缺陷责任期不同。根据《施工合同示范文本》第1.1.4.4条的规定，缺陷责任期是指承包人按照合同约定承担缺陷修复义务，且发包人预留质量保证金（已缴纳履约保证金的除外）的期限，自工程实际竣工日期起计算。如果缺陷责任期内工程出现问题，承包人没有及时维修，建设单位可以扣减预留的质量保证金。而保修期则是指承包人按照合同约定对工程承担保修责任的期限，从工程竣工验收合格之日起计算。《建设工程质量管理条例》第40条规定："在正常使用条件下，建设工程的最低保修期限为：（一）基础设施工程、房屋建筑的地基基础工程和主体结构工程，为设计文件规定的该工程的合理使用年限；（二）屋面防水工程、有防水要求的卫生间、房间和外墙面的防渗漏，为5年；（三）供热与供冷系统，为2个采暖期、供冷期；（四）电气管线、给排水管道、设备安装和装修工程，为2年。其他项目的保修期限由发包方与承包方约定。建设工程的保修期，自竣工验收合格之日起计算。"

缺陷责任期过后建设单位应当返还质量保证金，《施工合同示范文本》第15.3.3条规定："缺陷责任期内，承包人认真履行合同约定的责任，到期后，承包人可向发包人申请返还保证金。"《建设工程司法解释一》第17条规定："有下列情形之一，承包人请求发包人返还工程质量保证金的，人民法院应予支持：（一）当事人约定的工程质量保证金返还期限届满；（二）当事人未约定工程质量保证金返还期限的，自建设工程通过竣工验收之日起满二年；（三）因发包人原因建设工程未按约定期限进行竣工验收的，自承包人提交工程竣工验收报告九十日后当事人约定的工程质量保证金返还期限届满；当事人未约定工程质量保证金返还期限的，自承包人提交工程竣工验收报告九十日后起满二年。发包人返还工程质量保证金后，不影响承包人根据合同约定或者法律规定履行工程保修义务。"上述条款规定了返还质量保证金的起算时间和应该返还质量保证金的时间。

返还质量保证金时，根据《施工合同示范文本》第 15. 3. 2 条规定，发包人在退还质量保证金的同时按照中国人民银行发布的同期同类贷款基准利率支付利息。可见，返还质量保证金的同时还应该支付相应的利息。

第九章 结　算

Chapter 09

一、送审价

166 合同理解发生争议，可以考虑条款设置的目的来确定

一房产项目，清单定额计价合同下浮固定比例合同价，造价约 2 亿元。施工结算约定：若乙方报送的结算资料经甲方初步审计后，报送审计过程中又提出存在少算等原因造成送审总价增加，则视为乙方自愿让利，送审过程中将不予认可。请问，若在乙方与审计方核对过程中，发现有项目少算了，乙方可否在抵扣已审减金额后仍未超过送审价的情形下要求增补？举个例子说明一下，送审价 1000 万元，现阶段审计金额是 950 万元，发现有一个项目少算了 30 万元，可否增加，因为 980 万元没超 1000 万元。

关键词：沉默、合同解释

这个问题分两步来考虑。首先，施工单位报了一个结算价给甲方以后，甲方能否就以该结算价为报送金额的上限?《施工合同示范文本》中并没有关于施工单位的默示条款规定，只有关于甲方的默示条款。其第 14.2 条规定，发包人在收到承包人提交竣工结算申请书后 28 天内未完成审批且未提出异议的，视为发包人认可承包人提交的竣工结算申请单，并自发包人收到承包人提交的竣工结算申请单后第 29 天起视为已签发竣工付款证书。如果双方没有约定，根据《民法典》第 140 条第 2 款规定，沉默只有在有法律规定、当事人约定或者符合当事人之间的交易习惯时，才可以视为意思表示。从本质上来说，施工单位报送结算价格以后，又发现有遗漏部分，提出调整增加结算价款是承包人的一项权利。根据法律规定，在权利人没有明确表示放弃权利的情况下，沉默不能作为权利人放弃

权利的意思表示，因此承包人的沉默并不能视为其同意以第一次报送的结算价作为送审价的上限。最高院在第57号指导性案例中也表明，民事权利的放弃必须采取明示的意思表示才能发生法律效力，默示的意思表示只有在法律有明确规定及当事人有特别约定的情况下才能发生法律效力，不宜在无明确约定或者法律无特别规定的情况下，推定当事人对权利进行放弃。

在本案例中，双方在结算时明确约定，经甲方初步审查后，乙方再提出存在少算的部分视为乙方自愿让利。根据《民法典》第142条第1款的规定，有相对人的意思表示的解释，应当按照所使用的词句，结合相关条款、行为的性质和目的、习惯以及诚信原则，确定意思表示的含义。现在双方对约定条款的理解产生了分歧，甲方认为乙方提出的所有增加都不合理，而乙方认为在送审价之内的漏算部分是可以增加的。最直观的理解可能会认为乙方的主张是合理的，但是考虑到合同条款设置的目的，甲方设置这个条款就是为了避免乙方反复调整和增加价款，所以从这个合同目的出发，来理解双方结算时达成一致的意思表示，就能得出乙方不应该再提出增加价款的结论。

167 竣工结算是承包人的法定义务

工程竣工验收后，乙方迟迟不上报结算，因为某些原因无法强制结算。请问，如何规避不按合同要求结算的审计风险？

关键词： 竣工结算、违约责任

这是一个关于不配合结算的问题。施工单位是否有办理竣工结算的义务？《建筑工程施工发包与承包计价管理办法》第18条第1款规定："工程完工后，应当按照下列规定进行竣工结算：（一）承包方应当在工程完工后的约定期限内提交竣工结算文件……"所以，提交竣工结算文件应该是承包人的一项主合同义务。如果发承包双方在合同当中没有约定承包人提交竣工结算文件的期限，根据《施工合同示范文本》第14.1条关于竣工结算申请的规定，除专用合同条款另有约定外，承包人应在工程竣工验收合格后28天内向发包人和监理人提交竣工结算申请单，并提交完整的结算资料，有关竣工结算申请单的资料清单和份数等要求由合同当事人在专用合同条款中约定。所以承包人应当在工程竣工验收后的28

天之内，向发包人提交竣工结算文件的申请单，并且提交完整的结算资料。现在承包人不按照合同约定及法律规定来提交竣工结算文件，根据《民法典》第577条的规定，当事人一方不履行合同义务或者履行合同义务不符合约定的，应当承担继续履行、采取补救措施或者赔偿损失等违约责任。由于承包人不履行主要义务而应当承担违约责任，因此发包人可以向法院提出诉讼请求判令被告继续履行合同义务，向发包人提交工程竣工结算申请单并提交完整的竣工结算资料，而且此时的鉴定费用和诉讼费用都可以要求承包人来承担。

要求对方继续履行的诉讼请求能否得到法院的支持？根据《民法典》第580条的规定，当事人一方不履行非金钱债务或者履行非金钱债务不符合约定的，对方可以请求履行，但是有下列情形之一的除外：（1）法律上或者事实上不能履行；（2）债务的标的不适于强制履行或者履行费用过高；（3）债权人在合理期限内未请求履行。有前款规定的除外情形之一，致使不能实现合同目的的，人民法院或者仲裁机构可以根据当事人的请求终止合同权利义务关系，但是不影响违约责任的承担。竣工结算文件需要承包人汇总资料后再编制结算报告，如果对方仍拒绝履行或不能拒绝履行，也可以主张根据鉴定结论进行结算。

当施工单位不配合结算时，建设单位应该特别关注逾期付款利息免责的问题。《建设工程司法解释一》第27条规定："利息从应付工程价款之日开始计付。当事人对付款时间没有约定或者约定不明的，下列时间视为应付款时间：（一）建设工程已实际交付的，为交付之日；（二）建设工程没有交付的，为提交竣工结算文件之日；（三）建设工程未交付，工程价款也未结算的，为当事人起诉之日。"《施工合同示范文本》第14.2条关于竣工结算审核的规定："（1）除专用合同条款另有约定外，监理人应在收到竣工结算申请单后14天内完成核查并报送发包人。发包人应在收到监理人提交的经审核的竣工结算申请单后14天内完成审批，并由监理人向承包人签发经发包人签认的竣工付款证书……（2）除专用合同条款另有约定外，发包人应在签发竣工付款证书后的14天内，完成对承包人的竣工付款。发包人逾期支付的，按照中国人民银行发布的同期同类贷款基准利率支付违约金；逾期支付超过56天的，按照中国人民银行发布的同期同类贷款基准利率的两倍支付违约金。"这个条款也特别值得注意，前面讲述的一个案子的工程总结算大约2亿元，最后逾期3年按照双倍利率算得的违约金达到了7000余万元。所以，作为发包方的律师，一定要在合同条款的专用条款部分将双倍的违约金约定为一倍违约金。

另外，《民法典》第526条规定："当事人互负债务，有先后履行顺序，应当先履行债务一方未履行的，后履行一方有权拒绝其履行请求。先履行一方履行债务不符合约定的，后履行一方有权拒绝其相应的履行请求。"如果甲方以施工单位没有提供发票为由拒付工程款，这显然是不可以的，除非双方在合同中约定开票义务是主要合同义务，否则一般来说开票只能算是附随义务，并不能依据《民法典》第526条主张先履行抗辩权。但承包人提交竣工结算申请的文件肯定是主合同义务，所以如果施工单位不提交结算文件，建设单位可以主张先履行抗辩权不履行付款义务，从而无须承担违约责任。

168 建设单位收到竣工结算文件一定期限内不予答复，视为认可

施工合同为固定总价合同。工程为三个单体工程，两个完全一样的高层住宅13#、15#和一个商业楼。原计划2011年开工，2012年竣工。工程因甲方原因停工了。13#楼停工一年，索赔签证在2017年甲方给予只做工期顺延的签证。其余两个单体按计划竣工日期完工。在竣工5年后施工单位于2018年8月20日上报结算，到2020年11月末结算完毕。

施工单位上报结算后9月甲方预算部和施工单位负责人及相关人员接触过，并告知其上报资料不全请补充（但没有书面文字通知），但施工单位3个月没有回复。2018年1月，法院执行庭人员针对结算询问过情况，后达成口头协议于3月来核对结算。3月后甲方仍联系不上施工单位；2019年9月，甲方邮寄挂号信催促施工单位补齐资料核对结算；2019年11月，甲方和施工方书面签过现场未做工程和确认书，直到2020年11月末施工方配合进行结算。

施工合同对结算条款的约定：33.1条款约定工程竣工验收报告经发包人确认后28天内，承包人向发包人递交竣工验收资料及完整的结算资料，双方按照协议书约定的合同价款及专用条款约定的合同价款调整内容进行工程结算。33.2条款约定发包人收到承包人递交的结算报告及结算资料后28天内进行核实，给予确认或者提出修改意见。补充协议对于结算的约定为甲方应及时给予确认意见或者提出修改意见，乙方需配合甲方审核工作。

施工单位在2018年8月上报结算（3200万元），一年内甲方未予结算，

也未对结算提出意见，按施工方上报结算金额3200万元作为结算造价是否成立？

关键词： 竣工结算

《建设工程司法解释一》第21条规定：“当事人约定，发包人收到竣工结算文件后，在约定期限内不予答复，视为认可竣工结算文件的，按照约定处理。承包人请求按照竣工结算文件结算工程价款的，人民法院应予支持。”

最高院《关于发包人收到承包人的竣工结算文件后，在约定期限内不予答复，是否视为认可竣工结算文件的复函》中写道：“你院渝高法〔2005〕154号《关于如何理解和适用最高人民法院〈关于审理建设工程施工合同纠纷案件适用法律问题的解释〉第二十条的请示》收悉。经研究，答复如下：同意你院审委会的第二种意见，即：适用该司法解释第二十条的前提条件是当事人之间约定了发包人收到竣工结算文件后，在约定期限内不予答复，则视为认可竣工结算文件。承包人提交的竣工结算文件可以作为工程款结算的依据。建设部制定的建设工程施工合同格式文本中的通用条款第33条第3款的规定，不能简单地推论出，双方当事人具有发包人收到竣工结算文件一定期限内不予答复，则视为认可承包人提交的竣工结算文件的一致意思表示，承包人提交的竣工结算文件不能作为工程款结算的依据。”这份批复文件针对的是当时1999版《施工合同示范文本》，送审价条款只有在合同中有明确约定时才产生法律效力。在目前2017版《施工合同示范文本》中，送审价条款已经作为通用条款予以明确。所以根据2017版《施工合同示范文本》第14.2条关于竣工结算审核条款的规定，建设单位未及时对施工单位的结算提出意见的，应该视为认可施工方的上报金额。

169 接受工程款是承包人的受领义务，迟延履行应当承担继续履行的违约责任

施工单位不配合结算，建设单位急于结算，可以诉讼结算吗？这种情况下建设单位该怎么办？

关键词： 竣工结算、继续履行

一般是建设单位不想早结算，现在的情况反过来了。最简单的一种方法，如果不考虑成本可以直接起诉，要求施工单位返还多支付的工程款1万元（1万元标的诉讼费也极少），一旦对方应诉，法院肯定是要受理的。这个时候再启动工程造价鉴定，法院有可能会要求建设单位先交鉴定费用，最后可能也还是要承担一部分的。

建设单位也可以直接起诉施工单位，请求被告按照《施工合同示范文本》第14.1条规定履行办理竣工结算的合同义务。《民法典》第577条规定："当事人一方不履行合同义务或者履行合同义务不符合约定的，应当承担继续履行、采取补救措施或者赔偿损失等违约责任。"第799条第1款规定："……验收合格的，发包人应当按照约定支付价款，并接收该建设工程。"支付价款和接收建设工程是发包人的义务。根据《施工合同示范文本》第14.1条规定，除专用合同条款另有约定外，承包人应在工程竣工验收合格后28天内向发包人和监理人提交竣工结算申请单。验收合格后，提交竣工结算是承包人的义务。同时接受工程价款也是承包人的受领义务，承包人迟延不办理竣工结算已经构成违约，建设单位可以起诉承包人继续履行合同。这是关于继续履行的诉讼请求，如此工程造价鉴定的费用也可以由承包人来承担。

另外，关于这个案子，还可以再考虑一下是否属于《民法典》第580条所规定的不能履行的情形。根据《民法典》第580条规定，可以要求对方继续履行合同约定义务，但有下列情形之一的除外：（1）法律上或事实上不能履行；（2）债务的标的不适于强制履行或者履行费用过高；（3）债权人在合理期限内未请求履行。显然这个案件是可以继续履行的，也不存在履行费用过高或不适于强制履行的情况。所以该案提出继续履行的诉讼请求，至少在立案环节是没有问题的。等法院作出相应判决，判决后利息的起算点也相对较晚。因为《建设工程司法解释一》第27条规定了，利息从应付工程价款之日开始计付。应付工程款之日是承包人按照合同约定提交竣工结算申请的那天，而不是提交竣工文件之日，也不是实际交付之日。所以这个案子如果提出继续履行结算义务的诉讼请求，可以免除发包人支付未结算期间利息的责任。

综上所述，这个问题的结论是，建设单位可以向人民法院提出返还工程款的诉讼请求，也可以提出继续履行合同的诉讼请求。

170 鉴定机构应独立客观地作出鉴定结论

施工单位在向建设单位报送结算书后，由于各种原因结算没有办下来。施工单位诉诸法院，法院委托鉴定机构进行造价鉴定。在鉴定过程中发现施工单位的结算书中有些项目计少了，在这种情况下，鉴定机构应该按实际结算还是按施工单位报低的结算书来结算呢？

关键词：司法鉴定

首先需要明确的是鉴定机构的身份地位。最高院《关于人民法院民事诉讼中委托鉴定审查工作若干问题的规定》附件《鉴定人承诺书（试行）》规定鉴定人的承诺包含："一、遵循科学、公正和诚实原则，客观、独立地进行鉴定，保证鉴定意见不受当事人、代理人或其他第三方的干扰。……五、勤勉尽责，遵照相关鉴定管理规定及技术规范，认真分析判断专业问题，独立进行检验、测算、分析、评定并形成鉴定意见，保证不出具虚假或误导性鉴定意见；妥善保管、保存、移交相关鉴定材料，不因自身原因造成鉴定材料污损、遗失……"鉴定人最关键的特点在于独立性。

施工单位报价较低的结算书是否意味着施工单位放弃了多主张价款的权利呢？之前的案例中也分析过，民事权利的放弃需要当事人明确的意思表示，除非法定或约定以默示的方式视为放弃民事权利，否则不能依据行为人的默示认定其放弃民事权利的意思表示。因此，即使施工单位报送的结算书中的价款较低，也不影响鉴定机构应当据实进行鉴定的规则。

《施工合同示范文本》第14.1条规定："除专用合同条款另有约定外，承包人应在工程竣工验收合格后28天内向发包人和监理人提交竣工结算申请单，并提交完整的结算资料，有关竣工结算申请单的资料清单和份数等要求由合同当事人在专用合同条款中约定。"第14.2条规定："除专用合同条款另有约定外，监理人应在收到竣工结算申请单后14天内完成核查并报送发包人。发包人应在收到监理人提交的经审核的竣工结算申请单后14天内完成审批，并由监理人向承包人签发经发包人签认的竣工付款证书。监理人或发包人对竣工结算申请单有异议的，有权要求承包人进行修正和提供补充资料，承包人应提交修正后的竣工结算申请单。发包人在收到承包人提交竣工结算申请书后28天内未完成审批且未提出异议的，视为发包人认可承包人提交的竣工结算申请单，并自发包人收到承包人提交的竣工结算申请单后第 29 天起视为已签发竣工付款证书。”其实竣工结算的过程也可以按照合同的成立来理解，施工单位提出竣工结算申请单属于要约，建设单位的肯定回复是承诺。现在建设单位对承包人的结算书提出异议申请重新鉴定，实际上施工单位原来提出的邀约也就是原竣工结算申请就已经失去了效力。从这个角度理解，鉴定机构鉴定时也不应再依据原结算书的内容。

总结来说，无论是从鉴定机构的地位来看，还是从施工单位提交的结算书的效力来看，鉴定机构都应该依据造价的规则，独立客观地作出工程造价鉴定的结论，而不应受施工方已经提交的结算书内容的影响。

171 财政无权要求施工方报送结算额必须小于概算

有没有相关文件规定，施工方报审的结算金额，财政要求不得超过立项批文的概算额？

关键词：工程结算、财政评审

实践中有一种情况是，但凡结算价超过概算 10% 的，财政评审都会要求施工单位拿回去修改再重新报送，如果不修改财政评审就无限制拖延不评审，实际上这种做法是非常不合适的。《政府投资条例》第 12 条第 1 款规定：“经投资主管部门或者其他有关部门核定的投资概算是控制政府投资项目总投资的依据。”第 23 条第 1 款规定：“政府投资项目建设投资原则上不得超过经核定的投资概算。”笔者接触过一个严重超概的案例，由于该项目的招标控制价编制得非常失败，导致工程最后结算的价款远远高于概算。通常这种情况下财政评审部门也会要求施工单位在报送结算价时尽可能核减。

但是，《保障中小企业款项支付条例》第 11 条规定：“机关、事业单位和国有大型企业不得强制要求以审计机关的审计结果作为结算依据，但合同另有约定或者法律、行政法规另有规定的除外。”这是把原来 2017 年全国人民代表大会常务委员会法制工作委员会出具的法工备函〔2017〕22 号立法化，从而成为正式的行政法规，法规中明确规定了不得强制要求以审计结果作为结算依据。从效力上来说，这是一个管理性的强制性规定，如果在合同中另行约定以审计结果作为结算依据，并不会直接导致合同无效。《保障中小企业款项支付条例》第 13 条规定："机关、事业单位和大型企业不得以法定代表人或者主要负责人变更，履行内部付款流程，或者在合同未作约定的情况下以等待竣工验收批复、决算审计等为由，拒绝或者迟延支付中小企业款项。"《保障中小企业款项支付条例》在效力上属于行政法规，对于建设单位的支付义务规定得较为具体和严格，在实践中也值得多加关注。

另外，《保障中小企业款项支付条例》第15条规定："机关、事业单位和大型企业迟延支付中小企业款项的，应当支付逾期利息。双方对逾期利息的利率有约定的，约定利率不得低于合同订立时1年期贷款市场报价利率；未作约定的，按照每日利率万分之五支付逾期利息。"这里万分之五的日利率乘以365，年利率大约在18%，对于甲方而言这是非常高的逾期付款利息。所以为甲方服务的造价咨询公司或者律师，这里最好能够具体约定利率以减轻甲方负担的义务。如果没有约定，法院很可能会根据《民法典》第510条的合同漏洞填补规则，依据《保障中小企业款项支付条例》第15条规定按照日利率万分之五要求建设单位支付逾期利息。

总结来说，财政要求施工单位报送结算不得超过概算是没有法律依据的。

二、审减费

172 审计费用的承担主体可以由合同约定

关于工程咨询费用，很多省市的文件明确规定超5%部分费用由报审方缴纳，但涉及诉讼时如果采用了初步结果，法院仅是解决争议问题，该部分审计费用是否应由总承包方缴纳？还是由发包方代扣代缴？

关键词：审计费用

通常造价咨询单位比较关心这个问题，造价咨询单位一般会和律师一起参与对甲方合同的审查工作，咨询单位会在合同中加上关于"核减费"的约定，同时还会约定审计费用由甲方代扣代缴。因为在实践中，全过程造价咨询费收取的并不高，所以核减费是造价公司赚取收益的重点。如果不明确约定由甲方代扣代缴，发生纠纷时处理起来也比较烦琐。

下面介绍一些关于审计费用承担的案例。（2018）最高法民终557号民事判决书中提道：“一审法院认为，现有证据表明案涉工程实际发生的审核咨询费用为514,649元，双方合同中虽然约定审计结算按区财政局审计办管理规定进行办理，但该规定系合同外的第三方江西桑海经济技术开发区财政局单方制定的，具体的相应处罚条款并未明确纳入双方签订的合同中，该规定不能直接约束合同相对方，并产生相应的约束力，且按合同约定，审计是桑海公司的职责和义务，除另行约定外，所发生的费用由责任方负责，也就是桑海公司承担审核咨询费用，因此，桑海公司、南昌经开委主张工程款的审核咨询费用全部由亿隆公司承担不妥，但是鉴于亿隆公司送审金额明显超出核定金额，对审核咨询费用显著增加存在一定的责任，根据公平原则酌定亿隆公司承担171,550元。……关于审计费用承担的问题。首先，尽管双方在合同中约定审计结算按区财政局审计办管理规定进行办理，但该规定没有作为合同的附件，其中审计费用承担的内容也没有纳入合同的内容，并不能由此认定双方对审计费用负担形成了一致的意思表示。其次，一审判决考虑亿隆公司送审金额明显过高，基于公平原则酌定由亿隆公司承担171,550元，已充分考虑本案实际以及桑海公司的诉求，桑海公司认为由亿隆公司承担全部审计费用的上诉理由，没有事实与法律依据，本院不予支持。”通过这个案例可以看出，各地区出台的文件里很多都规定超5%部分的咨询费用由报审方缴纳，但这些规定并不一定能直接约束建设工程施工合同的双方当事人。也就是说，只有在合同中明确约定适用地方的规定，其内容才能在合同中生效。根据最高院《关于裁判文书引用法律、法规等规范性法律文件的规定》第4条的规定，民事案件应当适用的法律规定，其最低级别也应该是地方性法规，因此对于此类地方性规定的适用，只有在当事人明确约定的情形下才能发生法律效力。

（2019）琼民终168号民事判决书中写道：“虽然双方在《总包施工合同》中约定‘华建公司上报的竣工结算核减率超过10%的，华建公司就超过部分向咨询人支付2%的咨询费’，因本案系华建公司起诉主张工程款，咨询费并不属于工程款的范围，博鳌公司并未就咨询费的负担问题在本案中提出反诉，故华建公司是否应向咨询人支付超过部分咨询费的问题不属于本案的审理范畴。”借助这个案例是要说明，如果双方在合同中没有关于代扣代缴咨询费的约定，那么咨询费部分的争议在诉讼中是需要另行主张的；而如果在合同中明确约定由甲方代扣代缴，这部分费用可以算作工程款一起结算。

（2019）黑民终143号民事判决书中写道：“关于中兴牧业公司是否承担部分

审计费的问题。中兴牧业公司与中博公司签订的《现代化牧场建设合同》中约定，中博公司报审工程款数额被审查减10%以上时，超出部分的审计费由中博公司承担。本案中，中博公司报审的工程款数额，审减额超过了10%，按双方约定，中博公司应承担超出部分的审计费。但因中兴牧业公司未举示案涉工程应交纳审计费用的具体数额及实际发生的数额，故不能计算出中博公司应承担审计费的具体数额，待中兴牧业公司证据充分后，可另行主张权利。”在这个案例中，值得注意的一点是，对于希望法院支持的审计费用数额，需要当事人举证予以明确，至少也要有可以证明的口头约定。如果合同中没有明确约定甲方可以代扣、代缴，建设单位很难主张到这笔费用。

（2018）皖民终374号民事判决书中提到关于一审鉴定费分担是否合理的问题。“《土建工程附协议》中虽对工程造价审计费的分担进行了约定，但该约定是针对阜阳建工公司香江置业公司提交送审价后，由香江置业公司依约委托审计作出审核报告的情形，而本案中双方对阜阳建工公司是否报送了完整的符合要求的工程结算资料产生争议，从而使得合同约定的情形无法实现，最终导致一审法院依法委托鉴定单位对案涉工程造价进行鉴定，一审法院直接适用《土建工程附协议》中关于对工程造价审计费的约定，对鉴定费用进行分担应属不当，本院综合本案实际情况，酌定由案涉双方各自承担鉴定费用的二分之一，即阜阳建工公司与香江置业公司各自承担鉴定费用946,946元。”可知，审计费用和鉴定费不同，合同中关于审计费用的约定并不当然地适用于鉴定费用的分担。

总结来说，地方性的规定并不能要求施工单位直接承担超过一定比例的审计费用，通常情况下最好的做法是，在签订合同时就明确约定审计费用的计算方法以及由甲方代扣代缴的结算方法。

三、结算依据

173 发改委的调价文件不是政策，只有在双方明确约定的前提下才能作为调价依据

清单计价方式下的总价合同，有发改委增价的调整文件，原合同价是否可以调整？

关键词： 价格调整、政策性变化

如果原来的总价合同中约定适用发改委的文件，显然有约定的应该按约定。如果原合同中没有约定是否适用发改委的文件，法官能否利用发改委的文件来调整合同呢？

大部分的调价文件是由住建部门发布的，除非双方当事人约定，否则发改委的调价文件一般不能作为调整依据。因为从法律的角度来说，《清单计价规范》第 3. 4. 2 条规定："由于下列因素出现，影响合同价款调整的，应由发包人承担：1. 国家法律、法规、规章和政策发生变化；2. 省级或行业建设主管部门发布的人工费调整，但承包人对人工费或人工单价的报价高于发布的除外；3. 由政府定价或政府指导价管理的原材料等价格进行了调整。因承包人原因导致工期延误的，应按本规范第 9. 2. 2 条、第 9. 8. 3 条的规定执行。"由此可见，政策的变化可以作为调价的依据。

但能不能将发改委的文件理解为政策呢？对于政策性调整的概念，在实务当中也是有很大争议的。一般政策是指国家的大政方针，包括省级政府的一些关于规费的政策，所以不应该把发改委的调价文件列为政策。《民法典》第 10 条规定："处理民事纠纷，应当依照法律；法律没有规定的，可以适用习惯，但是不得违背公序良俗。"最高院《关于裁判文书引用法律、法规等规范性法律文件的规定》第 4 条规定："民事裁判文书应当引用法律、法律解释或者司法解释。对于应当适用的行政法规、地方性法规或者自治条例和单行条例，可以直接引用。"显然发改委的调整文件不是法律，也没有上述文件的效力，因此不能在司法实践中作为调整合同价格的法律依据。

综上所述，发改委的调价文件只有在双方有明确约定的前提下才能作为调价依据。

174 发、承包人间的结算协议对实际施工人并非当然适用

如果发包人与承包人已结算完毕，该结算的结果对实际施工人当然适用吗？

关键词： 结算、实际施工人、合同效力

这个问题涉及结算协议的效力。发包人和承包人结算完毕，发包人和承包人之间的结算协议效力如何？《建设工程司法解释一》第 29 条已经明确规定：“当事人在诉讼前已经对建设工程价款结算达成协议，诉讼中一方当事人申请对工程造价进行鉴定的，人民法院不予支持。”结算协议对发承包双方的效力毋庸置疑，但对实际施工人是否当然适用，下面分两种情况来解释。

根据《建设工程司法解释一》第 43 条第 2 款的规定，实际施工人以发包人为被告主张权利的，人民法院应当追加转包人或者违法分包人为本案第三人。这里发包人把工程发包给承包人，当承包人存在转包或者违法分包情形时，又叫转包人或违法分包人。当实际施工人以发包人为被告主张权利时，法院应当追加中间人也就是转包人或违法分包人为案件第三人。该条款后半句规定：“在查明发包人欠付转包人或者违法分包人建设工程价款的数额后，判决发包人在欠付建设工程价款范围内对实际施工人承担责任。”如果发包人已经根据结算协议向转包人支付了全部价款，那么实际施工人就不能再向发包人主张承担责任了。

发包人和承包人签订的结算协议金额是否适用于转包人和实际施工人之间？一般情况下答案是否定的。因为合同具有相对性，转包人和实际施工人之间的结算理应按照他们之间的合同来确定。比如建设单位给转包人是 100 元，转包人给到实际施工人是 50 元，根据合同相对性，他们之间的结算应该依据各自的合同分别计算。所以这里发包人和转包人之间的结算协议并不能当然地对实际施工人产生效力。其实这个问题中的情况对于实际施工人来说是有很大好处的。《建设工程司法解释一》第 43 条第 2 款要求人民法院应该查明发包人和转包人之间的结算数额，如果他们已经完成了结算协议的签订，那么对于有效结算协议的实际金额，发包人或者转包人需要承担相应的举证责任，一般由发包人来举证，此时实际施工人需要承担的举证责任就很少了。如果发包人已经支付全部价款，实际施工人主张权利就很难了。

另外，《建设工程司法解释一》第 43 条的规定是不适用于挂靠的。根据《建设工程司法解释一》第 1 条的规定，挂靠情况下第三方也叫作实际施工人，但第 43 条规定的是转包或违法分包的情形，因此挂靠的情形是不适用第 43 条的。那对于挂靠的情形，发包人与被挂靠单位签订的结算协议能当然地适用于实际施工人吗？这里仍然分两种情况来讨论。

第一种情况，如果被挂靠单位完全遵照实际施工人的意思，只是用自己的名义与建设单位签订了结算协议，在这种情况下，根据《民法典》第 146 条第 1 款规定："行为人与相对人以虚假的意思表示实施的民事法律行为无效。"被挂靠单位与发包人签订结算协议的目的，显然不是由被挂靠单位来获取工程款，而是由实际施工人获得。所以从主体上来说，被挂靠单位作出的意思表示行为是一个虚假的意思表示，根据《民法典》的规定这个行为是无效的。第 146 条第 2 款还规定："以虚假的意思表示隐藏的民事法律行为的效力，依照有关法律规定处理。"在这种情况下，虽然是发包人和被挂靠单位签订的结算协议，但真实的法律关系应该是建立在发包人和实际施工人之间的，已经签订的结算协议根据《建设工程司法解释一》第 29 条的规定应当认定是有效的。此时，表面是发包人跟承包人的结算，实际隐藏的法律行为是发包人和实际施工人的结算，所以结算协议对实际施工人是能够直接适用的。

第二种情况，发包人和被挂靠单位之间签订了结算协议，结算协议并不是实际施工人要求被挂靠单位或者委托被挂靠单位来和发包人签订的，而是被挂靠单位自己和发包人之间办理的结算。比如，河北的某一施工企业和上海一单位想联手甩开实际施工人，于是签了一个价格很低的结算协议。这时可以根据《民法典》第 154 条的规定，行为人与相对人恶意串通，损害他人合法权益的民事法律行为无效。这样的协议对实际施工人不会产生法律效力。所以尽管发包人和承包人已经结算完毕，但结算结果对实际施工人也不会产生任何的法律效力。

总结来说，这个问题要分为几种情况分别讨论：一个是转包或违法分包情况；另一个是挂靠情况下的实际施工人，在挂靠情形下又要区分发包人和被挂靠单位办理结算时的意思表示的不同情形。

175 措施项目费的结算以合同为依据，与定额文件无关

工程项目招标时按照 2009 年定额招标，2009 年定额的费用定额上写明了如果住宅小区由同一个施工单位施工，总价措施费项目都要乘以 0.8。投标时按照《清单计价规范》投标，结算时甲方按地方定额扣减投标时的措施项目合理吗？有无法律依据？

关键词：措施项目费、定额

这个问题与措施项目费相关。采用《清单计价规范》投标，项目费用包括分

部分项工程费、措施项目费、其他项目费等，措施项目费一般又分为两种，单价项目和总价项目。以下先从招标控制价、投标报价、合同变更和结算价这几个角度来理解措施项目费。第一，根据《清单计价规范》招标控制价的规定，分部分项工程和措施项目中的单价项目，应根据招标文件和招标工程量清单项目中的特征描述及有关要求确定综合单价计算；措施项目中的总价项目金额应根据招标文件及投标时拟定的施工组织设计或施工方案，按《清单计价规范》第 3.1.4 条的规定自主确定。所以，单价项目和总价项目在招标控制价环节都是有确定依据的。第二，在投标报价部分，投标人所报措施项目费的单价项目，应根据招标文件和招标工程量清单项目中的特征描述确定综合单价计算。对于单价的措施项目费，投标人没有理由去改变甲方提供的项目特征，只能按照标准来确定综合单价。措施项目中的总价项目金额应同时根据招标文件及投标时拟定的施工组织设计或施工方案来确定。第三，如果工程变更引起施工方案改变并使措施项目发生变化、新增分部分项工程清单项目后引起措施项目发生变化、招标工程量清单中措施项目缺项以及工程量偏差导致的措施项目费的改变，所有的调价依据都不包含地方定额。第四，在竣工结算时，部分项工程和措施项目中的单价项目应依据发承包双方确认的工程量与已标价工程量清单的综合单价计算；发生调整的，应以发承包双方确认调整的综合单价计算。总价项目应依据已标价工程量清单的项目和金额计算；发生调整的，应以发承包双方确认调整的金额计算。无论是单价项目还是总价项目，在结算时都和定额文件没有关系。地方定额在合同履行、合同价款调整，招标控制价制作、投标报价以及结算过程中都没有出现，所以定额的改变以及定额与招投标文件不符的情况，都不会改变措施项目费，更不会导致某些措施项目费的取消。

根据《建设工程定额管理办法》的规定，定额指的是在正常施工条件下，完成规定计量单位的合格建筑安装工程所消耗的人工、材料、工期天数、相关费率的数量基准。定额是国有资金投资工程涉及估算、设计概算和最高投标限价的依据，不是结算的依据，对其他工程提供参考。所以定额可以作为招标投标时的参考文件，但不是天然地可以作为合同结算的依据。也可以把定额理解成一个数据库。比如对于使用苹果电脑的人来说，Windows 系统的数据升级对使用苹果电脑是没有影响的。所以，定额的规定对于已经约定好措施项目费的施工合同来说，也是没有影响的。

招标控制价的编制依据包括《清单计价规范》和国家或省级、国务院有关部门建设主管部门颁发的计价定额和计价办法等。在编制招标控制价时，如果当地费用定额中包含总价措施项目费乘以 0.8 的规定，甲方在制作招标控制价时就应该考虑到由同一个施工单位施工的措施成本比较低，然后去降低招标控制价。但是项目一旦进入招投标环节，就应该将投标的价格作为合同价格。投标文件是要约，中标通知书是承诺，《民法典》第 119 条规定：“依法成立的合同，对当事人具有法律约束力。”对于依法成立的合同，双方应当自觉履行。合同成立后甲方没有权利自行改变合同内容，也没有任何法律规定定额的不同会改变当事人的合同效力。

所以案例中甲方按地方定额扣减投标时的措施项目费是不合理的。

176 框架协议可以作为结算依据

甲乙双方签订的总包框架协议，主要内容为定额、取费、人工材料、税后独立费等的计算方法，可否作为结算依据？

关键词：框架协议、结算依据

双方签订了总包的框架协议，履行过程中可能还会签订正式的施工合同，包括补充协议、结算协议等。如果双方只签了一个总包框架协议，以此作为结算依据完全没有问题。《建设工程司法解释一》第 19 条第 1 款规定：“当事人对建设工程的计价标准或者计价方法有约定的，按照约定结算工程价款。”无论是框架协议还是体现细节的具体协议，只要包含了当事人的权利义务和计价的原则方法等内容，都是可以作为结算依据的。

通常情况下，我们要注意区分框架协议和其他协议。一般当事人在招投标之前会根据双方商定的结果签订框架协议，框架协议包含了施工范围、计价方法、计价原则、工期，违约金等内容。中标后一般还会签订中标协议，履行过程中也可能会签订补充协议，最后结算时还会签订结算协议等。在有多份协议的情况下，结算时究竟应该以哪一份协议为准？根据《建设工程司法解释一》第 24 条第 1 款的规定，当事人就同一建设工程订立的数份建设工程施工合同均无效，但建设工程质量合格，一方当事人请求参照实际履行的合同关于工程价款的约定折价补偿承包人的，人民法院应予支持。如果双方先达成了框架协议之后进行的招投标，显然无论是框架协议还是招投标的行为都是无效的，当一系列的合同都无效时，就以实际履行的合同作为结算依据。至于如何证明实际履行的合同，可以看是否有保证金或者预付款，工程量是按月计算还是按照项目进度来计算的，等等。通过这些都可以比较容易地判断出实际履行的合同。根据《建设工程司法解释一》第 24 条第 2 款的规定，实际履行的合同难以确定，当事人请求参照最后签订的合同关于工程价款的约定折价补偿承包人的，人民法院应予支持。如果实在判断不出实际履行的合同，就以最后签订的合同作为结算依据。

177 造价咨询合同并非一定按照属地定额结算

施工单位与建设单位签订的合同中未约定按照项目属地定额。建设单位与施工单位均为 A 省公司，去外地施工，口头协商按 A 省定额。前期审核结果已由建设单位、项目管理公司、咨询确认签署完毕并回复，审核报价基本执行的是市场信息参考价人工及主材。建设单位换人后，要求咨询单位提供前期建设单位指令按 A 省定额的证明，因原项目班子已经解散，无人出这个证明。建设单位现提出因属地定额给建设单位造成的损失，由咨询公司承担或者说服施工单位重新申报结算再审。请问，法规中是否有支持建设单位现诉求的相关条款？

关键词：承揽合同、违约责任、定额

先来看建设单位和咨询单位之间的法律关系是承揽合同关系。根据《民法典》第 770 条的规定，承揽合同是承揽人按照定作人的要求完成工作，交付工作成果，定作人支付报酬的合同。承揽包括加工、定作、修理、复制、测试、检验等工作。所以造价咨询单位应该按照建设单位的要求完成工作，并不一定要按照当地的定额标准来执行，所以这部分内容也可以由当事人自行约定。《民法典》第 780 条规定："承揽人完成工作的，应当向定作人交付工作成果，并提交必要的技术资料和有关质量证明。定作人应当验收该工作成果。"造价咨询单位最后应该将成果文件交给建设单位，并由建设单位审核该成果文件，文件里一定会写明具体适用的是哪个省份的定额，定作人在文件上签字确认的行为可以理解成造价咨询成果文件已经验收合格。

对于验收合格的成果，并没有具体的法律规定，但是《民法典》第467条第1款规定："本法或者其他法律没有明文规定的合同，适用本编通则的规定，并可以参照适用本编或者其他法律最相类似合同的规定。"所以我们可以参照《民法典》第799条第1款的规定，建设工程竣工后，发包人应当根据施工图纸及说明书、国家颁发的施工验收规范和质量检验标准及时进行验收。验收合格的，发包人应当按照约定支付价款，并接收该建设工程。本案中的建设单位应该接收造价咨询的结果，并按照咨询合同支付价款。

另一个问题是，现在承揽人按照A地定额做出的造价咨询结果不被建设单位接受，并且建设单位还要求承揽人承担相应的损失赔偿，也就是要求咨询单位承担违约责任。《民法典》第781条规定："承揽人交付的工作成果不符合质量要求的，定作人可以合理选择请求承揽人承担修理、重作、减少报酬、赔偿损失等违约责任。"本案中，定作人以成果文件不符合质量要求主张违约责任，主要还是由于没有确定的书面合同表示双方对结算参考的定额有所约定，而建设单位又认为造价咨询公司理应按照项目所在地的定额进行结算。

定额的法律效力究竟如何呢?《建设工程定额管理办法》第2条规定："国务院住房城乡建设行政主管部门、各省级住房城乡建设行政主管部门和行业主管部门（以下简称各主管部门）发布的各类定额，适用本办法。"所以省级政府发布定额的法律效力和国家定额其实是一样的。《建设工程定额管理办法》第3条第2款规定："定额是国有资金投资工程编制投资估算、设计概算和最高投标限价的依据，对其他工程仅供参考。"即使当地有省级部门发布的定额，也并不意味着造价咨询合同就天然地要求造价咨询单位一定要执行该标准，而且双方也没有明确的证据表明造价咨询合同的质量要求内容是什么，所以建设单位以承揽人没有按照当地定额认为其违反咨询合同质量要求的主张并不合理。

《民法典》第140条第1款规定："行为人可以明示或者默示作出意思表示。"本案中前期审核结果已由建设单位、项目管理公司、咨询确认签署完毕，这种签字行为就足以表明建设单位已经接受并认可了造价咨询单位按照A省定额计算制作的文件。《民法典》第142条第1款规定："有相对人的意思表示的解释，应当按照所使用的词句，结合相关条款、行为的性质和目的、习惯以及诚信原则，确定意思表示的含义。"既然建设单位已经对咨询单位出具的咨询成果文件签字确认了，依据诚信原则不能随意推翻造价咨询文件的效力。

178 总价包干的合同对变更后的建筑物保护费不再另行结算

某轨道交通项目的招标文件及合同规定：原设计图纸中有10栋未明确设计的建筑物保护费，按项进行投标报价（800万元），合价包干；施工中施工图进行更新：将原设计图中未明确设计加固的两栋建筑物明确加固保护，结算时施工方按照设计变更图，按实上报了结算价（300万元）。业主认为：未明确设计的建筑物保护费，合同约定按照投标报价包干结算，增加部分不计入结算；施工方不认同，双方争议较大。

关键词：计价原则

按照招标文件及合同的规定，在甲方未明确如何进行保护的情况下，由施工单位按项进行投标报价。如果将其理解为一种暂估价，期末再按实结算，这肯定是一种比较好的做法。但暂估价不需要报价参与竞争，因此这里不能适用关于暂估价的规定。

这个问题实质上是两种计价原则的冲突。如果按照合同约定建筑物保护费合价包干，那么无论施工过程中采用何种方式对建筑物进行保护，甚至施工单位没有采取保护措施，结算时都应该按照约定的800万元进行结算。案例中，施工单位又按照实际施工的保护措施另行上报了300万元的结算款，这实际上是按实结算的另一种计价原则了。根据招标文件及合同的明确约定，本案例中建筑物保护费用已经明确约定采总价包干的计价原则。

虽然施工单位招标文件在报价时并未明确是否需要对10栋建筑物都予以保护，但是投标人应该考虑到其中的风险和可能发生的成本，因此可以认为该800万元的报价包括了对10栋建筑物全部予以保护的工程价款。根据合同约定，这是一项总价包干的项目，施工过程中类似于冬雨季施工和二次搬运等费用都不应该再行结算了。本案例中更新图纸后明确两栋建筑物的加固保护，也应该在合价包干的范围内，不应另行结算。

四、结算协议

179 室内精装修工程属于建设工程合同，结算协议对当事人具有约束力

酒店竣工验收后，室内精装修工程应认定为一般的承揽工程还是建设工程？是否属于《建设工程司法解释一》调整范围？转包方与实际施工人签订《对账单》，对价款总金额及工程量进行了确认，但注明工程未验收，应如何认定《对账单》的效力？现工程竣工马上过保修期，能否主张直接按对账单结算？

关键词：装修工程、对账单、结算协议

室内精装修工程当然是建设工程合同。《建设工程质量管理条例》第 2 条规定："凡在中华人民共和国境内从事建设工程的新建、扩建、改建等有关活动及实施对建设工程质量监督管理的，必须遵守本条例。本条例所称建设工程，是指土木工程、建筑工程、线路管道和设备安装工程及装修工程。"其中就包含了装修工程，所以室内装修工程合同属于建设工程合同的说法没有问题。《建设工程司法解释一》第 37 条规定："装饰装修工程具备折价或者拍卖条件，装饰装修工程的承包人请求工程价款就该装饰装修工程折价或者拍卖的价款优先受偿的，人民法院应予支持。"室内精装修工程显然属于《建设工程司法解释一》的调整范围。

转包方与实际施工人签订对账单，对价款总金额及工程量进行了确认，也就是双方签订了结算协议。《建设工程司法解释一》第 29 条规定："当事人在诉讼前已经对建设工程价款结算达成协议，诉讼中一方当事人申请对工程造价进行鉴定的，人民法院不予准许。"也就是说，只要双方达成结算协议，基本都是有效的，没有经过竣工验收也不影响结算协议的效力。即便工程马上过保修期，也可以主张按照对账单来结算工程价款。

180 造价咨询单位和建设单位之间成立承揽合同关系

造价咨询公司最终的结算报告，是否具有法律效力？若工程造价咨询企业编制的造价咨询成果文件存在重大失误，导致甲方增加投资100万元，是否需要承担相应的法律责任？如何承担？

关键词：承揽合同、违约责任

首先来确认一下，造价咨询公司接受甲方委托出具造价的结算文件和结算报告，这里造价咨询单位和建设单位之间是什么法律关系？《建设工程司法解释一》第30条规定："当事人在诉讼前共同委托有关机构、人员对建设工程造价出具咨询意见，诉讼中一方当事人不认可该咨询意见申请鉴定的，人民法院应予准许，但双方当事人明确表示受该咨询意见约束的除外。"这个规则不是单方委托，而是由建设单位和施工单位共同委托造价咨询单位编制咨询意见。即使是双方共同委托编制的咨询报告，当事人也可以反悔不接受报告的内容，《建设工程司法解释一》规定了只有双方当事人明确表示受该咨询意见约束时，咨询意见才具有法律约束力。

再来分析一下委托关系和承揽关系的区别。造价咨询单位的工作重点在于是结果还是过程。承揽合同是指承揽人按照定作人要求完成工作，交付工作成果，重点在于结果；而委托合同是指受托人按照委托人的委托对第三人作出法律行为，更多情况下是一种委托代理关系，在这种代理关系下，受托人以委托人的名义对外实施法律行为，行为过程很重要。在承揽合同中，承揽人以自己的名义做出行为，并不会对外产生法律关系。这里造价咨询单位的主要工作是出具最终的造价咨询报告，所以建设单位或施工单位和造价咨询单位之间的法律关系更加符合承揽合同关系的特征。

既然是承揽合同关系，在本案中，如果承揽人交付的工作成果不符合要求，因为造价咨询单位的重大失误导致编制的文件增加100万元，根据《民法典》第781条的规定，承揽人交付的工作成果不符合质量要求的，定作人可以合理选择请求承揽人承担修理、重作、减少报酬、赔偿损失等违约责任。所以本案中，造价咨询单位应该承担违约责任。

至于如何承担违约责任，监理合同、造价咨询合同等通常会设置赔偿上限，比如以不支付劳动报酬为赔偿上限，所以赔偿额较少。但在本案中，因为造价咨询单位的重大失误导致甲方增加投资100万元，这里要判断造价咨询单位是否存在重大失误，可以根据《建设工程造价咨询规范》中规定的3%的误差允许范围进行判断。法院也一定会根据偏差程度最终判断造价咨询单位的过错程度，并以此判定造价单位在什么样的范围内承担相应的违约责任。

181 合同约定单方结算一般应认定为无效

总承包项目合同约定，工程交工验收后，若发包人和承包人对结算发生分歧，则发包人有权进行单方结算。请问该约定是否有效？

关键词： 工程结算、自愿原则

《建设工程价款结算暂行办法》第16条第1、2款规定："发包人收到竣工结算报告及完整的结算资料后，在本办法规定或合同约定期限内，对结算报告及资料没有提出意见，则视同认可。承包人如未在规定时间内提供完整的工程竣工结算资料，经发包人催促后14天内仍未提供或没有明确答复，发包人有权根据已有资料进行审查，责任由承包人自负。"根据该条规定，本案例中当事人的约定可以理解为是一种附条件生效的合同，条件生效的后果是由甲方决定工程结算价款。

《民法典》第158条规定："民事法律行为可以附条件，但是根据其性质不得附条件的除外。附生效条件的民事法律行为，自条件成就时生效。附解除条件的民事法律行为，自条件成就时失效。"第159条规定："附条件的民事法律行为，当事人为自己的利益不正当地阻止条件成就的，视为条件已经成就；不正当地促成条件成就的，视为条件不成就。"双方对结算款产生争议的情况下由甲方决定最终的工程价款，虽然该约定也是双方自愿达成的一致意思表示，但从价值判断上来看，显然甲方决定的最终价款很可能会违背对方的自由意志，从而违反民法中的自愿原则。如果发包人故意在某些项目上与承包人产生分歧，就可以轻易获得单方决定结算款的权利。通常工程款结算的过程也是当事人通过不断协商达成一致的过程，如果发包人可以自行决定最终结算款，有违《民法典》第5条规定，即民事主体从事民事活动，应当遵循自愿原则，按照自己的意思设立、变更、终止民事法律关系。

从民法的基本原则来看，案例中的这种约定应该被认定为无效条款。发包人无权对最终的工程价款享有单方决定权，最后仍应由双方协商或者法院委托造价鉴定机构对工程造价进行鉴定以最终确定工程价款。

182 双方结算后，发包人仍有可能向承包人主张违约金

发包人与承包人签订《结算协议》后，发包人可否再向承包人主张逾期竣工违约金？

关键词：违约金、竣工结算

在实务中，比较常见的一种情况，就是在双方签订结算报告后或者是造价咨询单位出具了定案表后，双方产生了纠纷。施工单位认为建设单位应该就已经确定的金额及时支付工程价款，而建设单位想方设法提出工期违约从而要求承包人承担违约责任以减少支付工程价款。一般造价咨询单位在编制竣工报告时不会主动去考虑逾期竣工违约金，除非特别出于甲方的立场考虑。但在审计阶段，审计人员通常会要求扣减逾期竣工的违约金。

这里需要先了解一下结算协议的效力。《建设工程司法解释一》第 29 条规定："当事人在诉讼前已经对建设工程价款结算达成协议，诉讼中一方当事人申请对工程造价进行鉴定的，人民法院不予准许。"如果协议本身不存在违反强制性规定的情形，已经达成的结算协议是合法有效的。对于之后还能否再主张逾期竣工违约金，这里可以简单归纳为大结算和小结算的问题，大结算是指整个项目的全部结算，包括逾期竣工违约金的结算等；而小结算则是指造价方面的结算。关于这个问题各地高院的观点有所不同。

北京市高院《关于审理建设工程施工合同纠纷案件若干疑难问题的解答》第 24 问，当事人就工程款结算达成一致后又主张索赔的，如何处理？法院解答内容为："结算协议生效后，承包人依据协议要求支付工程款，发包人以因承包人原因导致工程存在质量问题或逾期竣工为由，要求拒付、减付工程款或赔偿损失的，不予支持，但结算协议另有约定的除外。当事人签订结算协议不影响承包人

依据约定或法律、行政法规规定承担质量保修责任。结算协议生效后，承包人以因发包人原因导致工程延期为由，要求赔偿停工、窝工等损失的，不予支持，但结算协议另有约定的除外。”如今，北京市高院的观点有些落后了，因为在最新的《建设工程司法解释一》中已经明确规定，发包人在诉讼过程中可以针对质量问题提起反诉，即便工程已经竣工验收合格，当发现施工方存在没有按图施工或偷工减料等问题时，发包人仍然可以追究其违约责任。可以看出，在北京市高院的观点里，结算协议的范围是一种广泛的结算。

（2019）最高法民终1093号民事判决书中提到，《支付协议》具有决算性质，是置业公司与南通二建对诉争工程结算事宜的最终确认，其中并未约定还有其他债权债务尚待解决，置业公司亦未提供证据证明自竣工验收之日起至上述协议签订之日止长达一年多时间里曾经向南通二建提出过上述主张或者双方就此达成过协议。置业公司在结算后、诉讼中又提出从双方已确认的结算价款中扣减减项工程款、工期延误损失等，理据不足。可以看出，最高院的观点里也认为结算后就不应该再主张扣减违约金了。

广东省高院《关于审理建设工程施工合同纠纷案件若干问题的意见》第4条规定：“没有证据证明当事人已同意不计算结算前的违约金和垫资款利息，一方当事人在结算完毕后再主张结算前的违约金和垫资款利息的，可予支持。但如果当事人对违约金和垫资款利息的支付时间有约定的，应从约定支付之日起计算诉讼时效期间；如果当事人对违约金和垫资款利息的支付时间没有约定的，应从工程结算之日起计算诉讼时效期间。如双方未自行结算需委托中介机构进行造价鉴定的，从收到中介机构的鉴定报告之日起计算诉讼时效期间。”广东省高院认为在达成结算协议以后，当事人仍然可以主张支付违约金。

笔者更加倾向于广东省高院的观点。因为违约金的主张本身也可以视为一种权利，在之前的案例分析中也提到过，民事权利的放弃需要权利人以明示的方式作出意思表示。所以在竣工结算的过程中，如果当事人没有明确表示放弃主张违约金，或者像在广东省高院的文件中阐释的“没有证据证明当事人已同意不计算结算前的违约金和垫资款利息”，当事人应该可以再行主张违约金。需要注意的是，权利的主张受到诉讼时效限制。

不同法院对这一问题有不同的观点。在不同的地区参与办理这类的案件会有不同的结果，做好支持性案例的类案检索报告，对于案件的实务处理非常有利。

五、以房抵债

183 在认定以物抵债协议的效力时，应注重利益平衡

在实际施工中，业主存在用房产充当工程款的情况。由于近几年房价突飞猛进，业主在工程结算时想要回房产，支付人民币结款。当时用房产付工程款时未完工，没有预售证，也没有签订合同，如何保护施工方利益？

关键词： 以物抵债、流押、利益平衡

这个问题关于以房抵债。首先了解一下禁止流押的问题。《民法典》第401条规定："抵押权人在债务履行期限届满前，与抵押人约定债务人不履行到期债务时抵押财产归债权人所有的，只能依法就抵押财产优先受偿。"比如笔者向范师兄借款100万元，并将自己名下的一处房产办理了抵押登记，然后约定如果笔者到期不能还款房子就归范师兄所有。这种约定叫作流押，是法律所禁止的行为，流押的约定也是无效的。《全国法院民商事审判工作会议纪要》中关于合同履行与救济的规定："在认定以物抵债协议的性质和效力时，要根据订立协议时履行期限是否已经届满予以区别对待。"以本案为例，施工过程中业主就约定将来用八层楼的房产作为工程款支付给承包人。这里存在的问题是，工程完工后，房屋价格可能已经发生巨大的变动，再以该八层楼房产作为工程款支付，可能会导致当事人之间的利益严重失衡，正如本案中的情形就十分不利于甲方。案例中问应该如何维护施工方的利益，首先法院在这个案件中一定会充分考虑双方的利益并且寻求利益平衡点，而不会让一方得到的利益远远超出市场价平均水平而让另一方的利益严重受损。

根据《全国法院民商事审判工作会议纪要》第44条关于履行期届满后达成的以物抵债协议的规定，当事人在债务履行期限届满后达成以物抵债协议，抵债物尚未交付债权人，债权人请求债务人交付的，人民法院要着重审查以物抵债协议是否存在恶意损害第三人合法权益等情形，避免虚假诉讼的发生。经审查，不存在以上情况，且无其他无效事由的，人民法院依法予以支持。也就是说，如果工程已经办理完竣工结算，现在甲方因为缺少资金再用八层楼的房产抵销工程款

交付给承包人，法院是可以准许的。因为这时工程已经结算完毕，八层楼房的市场价双方也都清楚，基于这种情形达成的以物抵债协议，通常不会造成利益严重失衡的后果，双方也都能接受。

如果是在履行期届满前达成的以物抵债协议，《全国法院民商事审判工作会议纪要》第45条规定：“当事人在债务履行期届满前达成以物抵债协议，抵债物尚未交付债权人，债权人请求债务人交付的，因此种情况不同于本纪要第71条规定的让与担保，人民法院应当向其释明，其应当根据原债权债务关系提起诉讼。经释明后当事人仍拒绝变更诉讼请求的，应当驳回其诉讼请求，但不影响其根据原债权债务关系另行提起诉讼。”也就是说，当事人在债务履行期限届满前达成的以物抵债协议，抵押物尚未交抵债务尚未交付债权人，债权人请求交付的，交付的诉讼请求不会得到法院的支持，但工程欠款的债权债务关系依然存在，施工单位还可以继续请求对方支付工程价款。

所以，关于施工合同工程款的以房抵债约定，我们要把握的基本原则是利益平衡，如何不因过度倾斜而让一方当事人的利益严重受损。如果履行期限已经届满，工程款也已确定，那么以房抵债的协议就是有效的，合同可以继续履行。但如果是在履行期限届满前达成的协议，法院不会支持交付房产的诉讼请求，施工单位只能主张建设单位支付工程价款。

第十章 Chapter 10 审　计

一、审计报告

184 不得以审计结论作为结算依据，除非合同明确约定

相关文件指出，不得以审计结果作为政府投资项目竣工结算依据。财政部门的审核结果是否同样不能作为竣工结算依据？合同约定以审计结果作为竣工结算依据的，该如何处理？

关键词：审计、竣工结算

题目中的相关文件有两个：一个是全国人民代表大会常务委员会法制工作委员会《关于对地方性法规中以审计结果作为政府投资建设项目竣工结算依据有关规定提出的审查建议的复函》，其中规定："……地方性法规中直接以审计结果作为竣工结算依据和应当在招标文件中载明或者在合同中约定以审计结果作为竣工结算依据的规定，限制了民事权利，超越了地方立法权限，应当予以纠正。"另一个是最高院《关于建设工程承包合同案件中双方当事人已确认的工程决算价款与审计部门审计的工程决算价款不一致时如何适用法律问题的电话答复意见》，在该意见中，最高院回复河南省高院指出，审计是国家对建设单位的一种行政监督，不影响建设单位与承建单位的合同效力。建设工程承包合同案件应以当事人的约定作为法院判决的依据。只有在合同明确约定以审计结论作为结算依据或者合同约定不明确、合同约定无效的情况下，才能将审计结论作为判决的依据。

另外，题目中提到了两种审计结果：一种是《审计法》规定的审计局的审计，就是审计机关对以政府投资为主的建设项目的预算、执行和决算的审计监督。《审计法实施条例》也有相应的规定。另一种是《财政投资评审管理规定》

中财政部门通过对财政性资金投资项目预（概）算和竣工决（结）算进行评价与审查，由财政部门委托其所属财政投资评审机构或经财政部门认可的有资质的社会中介机构进行。这里有审计局和财政局两种审核意见，财政部门的审核结果不能当然地作为竣工结算的依据，除非双方当事人明确约定以财政部门的审核结果作为依据，当然这种约定也是合法有效的。

虽然这种约定的内容与上述两个文件不一致，但并不属于《民法典》第153条规定的违反法律、行政法规的强制性规定而导致民事行为无效的情形。《全国法院民商事审判工作会议纪要》指出："下列强制性规定，应当认定为'效力性强制性规定'：强制性规定涉及金融安全、市场秩序、国家宏观政策等公序良俗的；交易标的禁止买卖的，如禁止人体器官、毒品、枪支等买卖；违反特许经营规定的，如场外配资合同；交易方式严重违法的，如违反招投标等竞争性缔约方式订立的合同；交易场所违法的，如在批准的交易场所之外进行期货交易。"这里顺便提一下，违反《招标投标法》第46条规定签订的黑白合同，黑合同也是无效的。

185 审计机关无须审计施工单位是否盈利

问题：(1) 在工程决算审计时，合同是固定单价，在审计时审计单位认为是不平衡报价，要重新组价。(2) 若投标文件中路面工程单价高于5倍或10倍正常单价，评标时未修正单价，结算时是否执行投标时的单价？(3) 有项垃圾外清单，特征描述：包括拆除后从楼层运到指定堆放点，再垃圾外运，运距综合考虑，投标综合单价52.5元/立方米。而在施工过程中，施工单位签证办理得非常细，从楼上运至集中堆放点3万元，外运多少车垃圾外运距离75千米共计8万元。签证结算价远远超过按投标价52.5元/立方米，请问应按哪个结算审核？

关键词： 审计

《审计法》第2条第3款规定："审计机关对前款所列财政收支或者财务收支的真实、合法和效益，依法进行审计监督。"审计部门要从真实、合法和效益三个方面来审计。《审计法实施条例》第20条第2款规定："审计机关对前款规定的建设项目的总预算或者概算的执行情况、年度预算的执行情况和年度决算、单项工程结算、项目竣工决算，依法进行审计监督；对前款规定的建设项目进行审计时，可以对直接有关的设计、施工、供货等单位取得建设项目资金的真实性、合法性进行调查。"《审计法实施条例》取消了对效益进行审计的内容，审计机关无须审计施工单位是否盈利。

对于投标人的不平衡报价，审计单位没有理由要求必须重新组价，只要是根据双方合同中真实且合法的内容进行结算，审计单位都应该认可其效力。至于如何判断合同是否具有法律约束力，根据《民法典》的规定，只要是依法成立的合同就有法律约束力。审计单位包括造价咨询单位，在做鉴定及审计工作时，一定要按照法律的规定操作。所有的造价问题归根结底都是法律问题，所以问题的答案是应该按照法律的规定，依据双方约定来进行结算审核。

186 审计部门应当尊重当事人的合同约定

某政府工程2004年招标，按清单固定的工程量总价（投标人投标总价）包干，增减工程量按投标单价结算。招标单位提供的工程量清单若有漏项、错计或者由于图纸变更，则按实际发生的工程进行结算（合同的原文）。由于种种原因，工程停建，到2013年才复工，并签订补充协议，补充协议中2013年所完成的工程套2010年广东省相关定额计价（没有提到下浮率）。现在审核部门结算，提出要扣投标下浮率。请问扣下浮率是否合理？

关键词：工程停工、合同自由

首先明确扣下浮率肯定是不合理的。由于工程停建，双方签订了补充协议，这种情况下并不违反关于黑白合同的禁止性规定。《建设工程司法解释一》第23条规定："发包人将依法不属于必须招标的建设工程进行招标后，与承包人另行订立的建设工程施工合同背离中标合同的实质性内容，当事人请求以中标合同作为结算建设工程价款依据的，人民法院应予支持，但发包人与承包人因客观情况发生了在招标投标时难以预见的变化而另行订立建设工程施工合同的除外。"在本案中，工程停建本身并没有规避招投标或者为了躲避监管架空招投标，并没有实质性地破坏公平竞争的规则，因而属于第23条的例外规定，发承包方因发生签订合同时难以预见的客观情况，从而认定签订的补充协议是合法有效的。

关于工程停建，《施工合同示范文本》第 7.8.1 条发包人原因引起的暂停施工规定："因发包人原因引起暂停施工的，监理人经发包人同意后，应及时下达暂停施工指示。情况紧急且监理人未及时下达暂停施工指示的，按照第 7.8.4 项［紧急情况下的暂停施工］执行。因发包人原因引起的暂停施工，发包人应承担由此增加的费用和（或）延误的工期，并支付承包人合理的利润。"因发包人原因导致的停工以及因此造成的损失包括利润都应该赔偿给承包人，这也与《民法典》的规定相契合。《民法典》第 804 条规定："因发包人的原因致使工程中途停建、缓建的，发包人应当采取措施弥补或者减少损失，赔偿承包人因此造成的停工、窝工、倒运、机械设备调迁、材料和构件积压等损失和实际费用。"以上条款都赋予了承包人在因发包人原因导致工程停建情形下的索赔权，赔偿的内容包括费用及相应的利润。

关于工程停工的后续，《施工合同示范文本》第 7.8.6 条规定："监理人发出暂停施工指示后 56 天内未向承包人发出复工通知，除该项停工属于第 7.8.2 项［承包人原因引起的暂停施工］及第 17 条［不可抗力］约定的情形外，承包人可向发包人提交书面通知，要求发包人在收到书面通知后 28 天内准许已暂停施工的部分或全部工程继续施工。发包人逾期不予批准的，则承包人可以通知发包人，将工程受影响的部分视为按第 10.1 款［变更的范围］第（2）项的可取消工作。暂停施工持续 84 天以上不复工的，且不属于第 7.8.2 项［承包人原因引起的暂停施工］及第 17 条［不可抗力］约定的情形，并影响到整个工程以及合同目的实现的，承包人有权提出价格调整要求，或者解除合同。解除合同的，按照第 16.1.3 项［因发包人违约解除合同］执行。"之前在一个有关工期的问题中提到过，如果在约定的计划工期 90 天后仍没有开工，承包人有权提出价格调整。所以目前在《施工合同示范文本》中，承包人有权提出价格调整的地方有两处，一处是计划工期开始后未开工，一处是持续停工不复工。在本案中，双方在复工后达成了一致的补充协议，由于协议中并未提及下浮率，直接套取定额即可，无须考虑下浮。《民法典》第 543 条规定："当事人协商一致，可以变更合同。"根据合同自由原则，双方约定了不考虑下浮率的定额计价方式。《民法典》第 5 条规定："民事主体从事民事活动，应当遵循自愿原则，按照自己的意思设立、变更、终止民事法律关系。"第 130 条规定："民事主体按照自己的意愿依法行使民事权利，不受干涉。"第三方审核单位应该充分尊重当事人的意思自治。所以审计人员的审计行为应当遵循法律的规定，包括《民法典》中的相关规定。

总结来说，审计部门没有理由提出根据投标下浮率扣减价款，应当充分尊重当事人自己的意思。另外通过这个案例也了解到，因发包人原因导致的工程停建，承包人可以提出调整合同价款以及全部或部分解除合同的要求。

二、审计调查

187 审计部门对不具有真实性的材料可以依法予以调查

变更洽商描述为所有石材抛光打蜡，但常识是人工石材不需要这道工序。请问结算时扣除人工石材工程量合理吗?

关键词：审计监督

这个问题主要是从审计的角度进行分析。通常的造价咨询都是通过委托合同的形式，约定由受托人处理委托人所委托的造价鉴定事项。如果建设单位是普通民企，根据合同约定，造价咨询公司应该基于勤勉尽责的合同义务，以完成建设单位要求为目的履行合同义务。如果是审计局聘请的造价咨询机构对建设单位进行审计检查，基于国家权力的审计，应该对施工过程中存在的问题进行严格审查，及时提出相应的问题。

《审计法》第2条规定："国家实行审计监督制度。国务院和县级以上地方人民政府设立审计机关。国务院各部门和地方各级人民政府及其各部门的财政收支，国有的金融机构和企业事业组织的财务收支，以及其他依照本法规定应当接受审计的财政收支、财务收支，依照本法规定接受审计监督。审计机关对前款所列财政收支或者财务收支的真实、合法和效益，依法进行审计监督。"这一条文就规定了国家审计机关的责任。

本案例中，如果是审计机关发现人工石材不需要抛光打蜡，一定会质疑签证单的真实性。根据《审计法实施条例》第20条第2款的规定，审计机关对前款规定的建设项目的总预算或者概算的执行情况、年度预算的执行情况和年度决算、单项工程结算、项目竣工决算，依法进行审计监督；对前款规定的建设项目进行审计时，可以对直接有关的设计、施工、供货等单位取得建设项目资金的真实性、合法性进行调查。不同于民事法律关系中的委托关系，民事法律中规定的签证是双方达成一致的协议，仅对当事人具有法律约束力。而审计部门是代表国家公权力进行审计，对不具有真实性的材料可以依法予以调查，这也体现出国家审计的行政监管性质。

由于这类疑问多由咨询人员提出，通过这个角度的分析，可以让造价咨询人员了解到，依据不同的法律关系对施工过程的造价鉴定，其目的和方式是不一样的。从某种程度上说，身份决定了审计的业务范围，不同视角下的审计有着不同的处理方式。

188 审计机构可以调查价款合理性，但无权直接否定合同效力

施工过程中新增加施工便道，经报二级公司审批，签订了补充协议，固定总价300万元包死（未经过招投标，直接谈判到300万元），没有合同明细。但集团审计单位认为300万元补充协议价格虚高，后来集团审计单位拿到了施工单位的分包合同（施工便道分包合同），分包合同为190万元，分包合同比补充协议少110万元。请问，中介机构在结算审核阶段，能否对补充协议300万元强行核减？如果施工单位不同意强行核减，引发诉讼，法律上怎么判决？

关键词： 合同变更、审计监督

先来分析施工过程中新增施工便道是否属于《招标投标法》中禁止的改变工程范围的行为？虽然《建设工程司法解释一》第2条第1款规定："招标人和中标人另行签订的建设工程施工合同约定的工程范围、建设工期、工程质量、工程价款等实质性内容，与中标合同不一致，一方当事人请求按照中标合同确定权利义务的，人民法院应予支持。"但仅在施工过程中增加一条可能因为特殊情况或加速施工等原因而需要的便道，这种情况应该并不属于当事人恶意变更工程范围的情形。即使是其他单位中标，在施工过程中也同样需要增加施工便道。在这类施工过程中发生的设计变更，当事人直接签订补充协议是不违反法律法规的强制性规定的。

至于300万元的价款约定是否过高，审计部门可以根据审计监督的职责和规

定要求建设单位解释说明，但不能以分包合同的价款明显低于300万元而强制要求核减价款。《民法典》第119条规定："依法成立的合同，对当事人具有法律约束力。"第465条规定："依法成立的合同，受法律保护。依法成立的合同，仅对当事人具有法律约束力，但是法律另有规定的除外。"根据合同的相对性，审计人员显然不能以分包合同为由否定该补充协议的效力。

《审计法实施条例》第20条规定："审计法第二十二条所称政府投资和以政府投资为主的建设项目，包括：（一）全部使用预算内投资资金、专项建设基金、政府举借债务筹措的资金等财政资金的；（二）未全部使用财政资金，财政资金占项目总投资的比例超过50%，或者占项目总投资的比例在50%以下，但政府拥有项目建设、运营实际控制权的。审计机关对前款规定的建设项目的总预算或者概算的执行情况、年度预算的执行情况和年度决算、单项工程结算、项目竣工决算，依法进行审计监督；对前款规定的建设项目进行审计时，可以对直接有关的设计、施工、供货等单位取得建设项目资金的真实性、合法性进行调查。"审计机构作为客观中立的第三方，可以调查工程价款的合理性，但无权直接否定合同的效力，无权要求承包人必须核减价款，这种做法是没有法律依据的。

一般来说，如果审计人员认为双方签订的补充协议价格需要核减，可以把分包合同作为附件提交给建设单位管理层，然后在审计报告中作出必要的说明。如果审计人员强行要求核减，会导致施工单位和建设单位之间产生一定的纠纷。

第十一章 Chapter 11 合同文件

一、合同文件

189 已标价工程量清单构成合同，应该严守

一截污管网工程，已经过审计，出具招标控制价经建设单位公开招标确定中标施工单位，并签订合同。现审计单位提出，招标控制价中钢板桩这一项（费用约600余万元）已被误列入绿色施工安全防护措施单列费（未参与下浮）；这一部分费用本来是统计进入一般措施费用（如模板费用），需要参与下浮。现财审要求建设单位同施工单位谈判，调整中标合同价格，请问是否合理？

关键词：合同、价格调整

招标控制价中总价600余万元的钢板桩项错误的列入安全防护措施费，原本应纳入一般措施费参与下浮的，现在因为误列而没有下浮，是否需要调整合同价格？结论是，审计单位要求调整合同价格是不合理的。

招标控制价中列明的具体项目对当事人并没有约束力。《施工合同示范文本》规定合同文件的构成包括：（1）中标通知书（如果有）；（2）投标函及其附录（如果有）；（3）专用合同条款及其附件；（4）通用合同条款；（5）技术标准和要求；（6）图纸；（7）已标价工程量清单或预算书；（8）其他合同文件。本案中的钢板桩列在已标价工程量清单中的安措费项下，是不需要参与下浮的项目，也是构成合同文件的组成部分。根据《民法典》第119条的规定，依法成立的合同，对当事人具有法律约束力。所以，建设单位应该按照合同约定，根据已标价工程量清单支付价款。

《民法典》第 136 条规定："民事法律行为自成立时生效，但是法律另有规定或者当事人另有约定的除外。行为人非依法律规定或者未经对方同意，不得擅自变更或者解除民事法律行为。"即便招标控制价内容有误，对当事人有约束力的还是合同文件，根据《民法典》第 465 条第 1 款规定，依法成立的合同，受法律保护。所以施工单位可以依据合同向建设单位主张支付工程价款。毕竟承包人的投标价格也是通过一定的策略慎重考虑得出的，经过竞争成为最终的合同价格，只要成为合同的组成部分，再要求施工单位调低价格显然是不合理的。

190 招标文件不是合同，但工程量清单应当依照规范制作

做审计的时候，招标文件里约定的内容是否需要考虑？招标文件在审计中有什么作用？

关键词：招标文件、黑白合同

首先明确招标文件不是合同文件。《施工合同示范文本》规定的合同文件范围并不包含招标文件。《民法典》中也规定，招标文件只是要约邀请，投标文件和中标通知书才分别属于要约和承诺。《招标投标法》第 19 条第 1 款规定："招标人应当根据招标项目的特点和需要编制招标文件。招标文件应当包括招标项目的技术要求、对投标人资格审查的标准、投标报价要求和评标标准等所有实质性要求和条件以及拟签订合同的主要条款。"最新的《招标投标法（修订草案公开征求意见稿)》中已经明确，中标通知书是具有确定的法律效力的，当事人改变中标结果或者放弃中标的，需要承担相应的违约责任。

《建设工程司法解释一》第 22 条规定："当事人签订的建设工程施工合同与招标文件、投标文件、中标通知书载明的工程范围、建设工期、工程质量、工程价款不一致，一方当事人请求将招标文件、投标文件、中标通知书作为结算工程价款的依据的，人民法院应予支持。"如果投标人中标后签订了中标合同，之后又通过补充协议约定让利 200 万元，这就是"白皮黑心合同"。黑白合同是指有一个在先的白合同和一个在后的黑合同，当黑白合同不一致时应该按照白合同来结算。而白皮黑心合同则是通过补充协议的方式改变了原中标合同的实质性内容，表面上看仍然是合法的中标合同，但其内容已经完全发生了变化。这样的合

同结算时仍然应当按照招投中文件的内容进行结算。

接下来再介绍一种观点，重点在于展示观点呈现的逻辑。《清单计价规范》中有很多黑体加粗的强制性条文，比如工程量必须按实际量，清单缺项漏项的责任应该由发包人承担等，违反这些强制性条文的合同约定是否有效?

《招标投标法》第19条第2款规定:“国家对招标项目的技术、标准有规定的，招标人应当按照其规定在招标文件中提出相应要求。”国家对招标标准有规定的，招标人应当在招标文件中按照规定列出相应要求，而不能把清单的准确性和完整性责任推给承包人。《建筑工程施工发包与承包计价管理办法》第7条规定:“工程量清单应当依据国家制定的工程量清单计价规范、工程量计算规范等编制。工程量清单应当作为招标文件的组成部分。”这里规定的是工程量清单“应当”作为招标文件的组成部分，如果没有按照工程量清单计价规范来做招标文件，根据《招标投标法实施条例》第81条的规定，依法必须进行招标的项目的招标投标活动违反《招标投标法》和《招标投标法实施条例》的规定，对中标结果造成实质性影响，且不能采取补救措施予以纠正的，招标、投标、中标无效，应当依法重新招标或者评标。这里中标是无效的，那么中标无效的合同是否有效?《建设工程司法解释一》第1条第1款规定:“建设工程施工合同具有下列情形之一的，应当依据民法典第一百五十三条第一款的规定，认定无效:……(三)建设工程必须进行招标而未招标或者中标无效的。”所以违反《招标投标法》的规定导致中标无效的，合同也无效。因为中标无效导致合同无效，显然这里价款方面的约定也是无效的，所以就不能再按照价款参照合同约定的折价补偿条文进行工程价款结算。一般的逻辑是，如果施工合同无效，验收合格的工程可以参照合同约定结算工程价款。但是因为价款条款无效，所以不能再参照合同约定进行结算，也就相当于双方没有约定价款结算问题。既然没有约定价款，就应该按照合同漏洞的填补规则处理。先由当事人协议补充，协商不成的再按照交易习惯或有关条款进行结算。根据《建设工程司法解释一》第19条第2款的规定，应该按照签订合同时项目所在地的计价标准，也就是按照当地的定额进行价款结算。

总结来说，违反《清单计价规范》强制性标准会导致合同无效，包括合同约定的价款条款也同样无效。也有人认为，在没有价款约定的情况下，根据合同漏洞填补规则，应该根据交易习惯即当地的定额进行结算。笔者并不认可这种观点。

191 对合同的理解产生争议时，应依据诚信原则作出合理解释

建设工程施工合同专用条款中明确了合同文件的解释优先顺序，其中施工图排在工程量清单的前面；同时在合同中也明确了，当工程量清单出现错误时调整总价。如果工程量清单中漏项太多，发包方是根据施工图优先于清单不予调整总价？还是按工程量错误的约定给签证变更调整总价？

关键词：合同解释、诚信原则

《施工合同示范文本》规定了合同文件的优先顺序，同时明确了组成合同的各项文件应互相解释、互为说明。一般情况下，解释合同文件的优先顺序为：合同协议书、中标通知书（如果有）、投标函及其附录（如果有）、专用合同条款及其附件、通用合同条款、技术标准和要求、图纸、已标价工程量清单或预算书、其他合同文件。如果当事人对合同的理解产生了争议，比如图纸中的做法和工程量清单中描述的做法不一致，在这种情况下显然应该优先按照图纸中的做法来施工。

当争议是关于工程价款的时候，显然图纸并不能直接反映工程项目的价格信息。在理解合同争议条款时，应先根据合同的目的从整体上把握合同订立的意图。《民法典》第466条第1款规定："当事人对合同条款的理解有争议的，应当依据本法第一百四十二条第一款的规定，确定争议条款的含义。"第142条第1款规定："有相对人的意思表示的解释，应当按照所使用的词句，结合相关条款、行为的性质和目的、习惯以及诚信原则，确定意思表示的含义。"基于民法所规定的诚信和全面履行合同的原则，当事人应该共同努力促成双方完成合同义务的履行，同时应该履行协助、保密和通知等义务。

题目中关于工程量清单多处漏项的问题，应该按照计价问题的思路进行考虑，而关于合同的优先顺序，解决的主要是在对合同的理解产生争议时用以参考的规则。由于《施工合同示范文本》通用条款的普遍性，一般合同文件解释的优先顺序都是固定的。在合同解释的过程中，关键还是在于共同实现合同目的，所以从诚信原则的价值出发，虽然本案合同中约定了图纸优先于清单的解释规则，但由于图纸并不能反映明确的工程价款，因此更应该关注的是合同文件中关于清单出现错误时的特殊约定，而不能片面僵化地仅通过解释合同文件的优先顺序来理解。

二、专用条款

(192) 专用合同条款的编号应与相应的通用合同条款的编号一致

合同的通用条款顺序与专用条款的顺序要一一对应，可以调整吗？

关键词：示范文本、条款顺序

通常来说，通用条款和专用条款的顺序应该是一致的，因为在使用合同示范文本时，示范文本就已经列明了相关注意事项。《施工合同示范文本》的说明部分规定："专用合同条款是对通用合同条款原则性约定的细化、完善、补充、修改或另行约定的条款。合同当事人可以根据不同建设工程的特点及具体情况，通过双方的谈判、协商对相应的专用合同条款进行修改补充。在使用专用合同条款时，应注意以下事项：1. 专用合同条款的编号应与相应的通用合同条款的编号一致；2. 合同当事人可以通过对专用合同条款的修改，满足具体建设工程的特殊要求，避免直接修改通用合同条款；3. 在专用合同条款中有横道线的地方，合同当事人可针对相应的通用合同条款进行细化、完善、补充、修改或另行约定；如无细化、完善、补充、修改或另行约定，则填写'无'或划'/'。"以上是适用《施工合同示范文本》的规则。

施工合同文件构成包括：中标通知书（如果有）、投标函及其附录（如果有）、专用合同条款及其附件、通用合同条款、技术标准和要求、图纸、已标价工程量清单或预算书以及其他合同文件。虽然《施工合同示范文本》只是示范性文本文件，但只要选择适用该文件，就应该受到其中通用条款的约束。即便当事人在专用合同中没有另行约定，也没有细化、完善、补充、修改通用条款的内容，通用条款也是具有法律效力的。比如有人会认为，送审价条款中关于发包人在一定期限之内没有审核完毕视为认可送审价，还有关于索赔条款中的逾期失权约定等，如果在专用条款中没有特别约定，这些放弃权利的通用条款是不发生法律效力的，这种观点显然是错误的。

（2014）民一终字第 56 号民事判决书中提到，关于 2004 年 3 月至 2005 年 3 月的停窝工损失问题。根据合同通用条款第 53 条的约定，如果承包人根据合同条款中任何条款提出任何附加支付的索赔时，其应该在该索赔事件首次发生的21天之内将其索赔意向书提交监理工程师，并抄送业主；监理工程师在与业主和承包人协商后，确定承包人有权得到的全部或部分索赔款额。对于2004年至2005年第一次停窝工期间的确定部分造价为6,778,661.54元，经查明，是指既有现场监理人员签字确认的每日停窝工情况具体统计表，也有现场监理人员签字确认的每月停窝工情况统计表，这说明对于这部分损失，中铁公司已经按照索赔程序提出了索赔，且该索赔已经经过监理签字予以确认，故中铁公司的该索赔符合上述合同通用条款第53条的约定，一审法院判决瑞讯公司赔偿中铁公司此部分确定款项的损失，并无不当，应予维持。最高院的观点也很明确，通用条款对当事人具有法律约束力。

三、综合单价分析表

193 建设单位一般不能以综合单价分析表为由约束施工单位

某市政项目，合同清单中桩基工程项目特征含混凝土，但合同清单又将混凝土单列。施工单位报价时，桩基按不含混凝土投标。审计单位以桩基工程含混凝土为由，审减合同单列的混凝土清单费用。请问审计审减是否合理？施工单位应以什么理由反驳？

关键词：综合单价

在之前一个关于钢筋消耗量的案例中分析过，综合单价分析表体现了投标人报价的过程，但真正约束当事人的是综合单价而非综合单价分析表。这个问题可以从以下两个角度进行分析：

一方面，《清单计价规范》第6.2.3条规定："分部分项工程和措施项目中的单价项目，应根据招标文件和招标工程量清单项目中的特征描述确定综合单价计算。"根据这一条款，甲方可以认为投标人的报价依据是招标工程量清单，招标人主要审查的是投标人的报价及汇总价，其本身并没有义务去审查投标人的综合单价分析表等材料。从这个角度来说，甲方完全能够认为混凝土项目存在重复列项，因此能够以桩基工程项目特征中包含混凝土从而审减单列混凝土的价款。

另一方面，甲方在清单中同时列明了含混凝土的桩基工程和单独列明的混凝土，这是编制招标工程量清单时由于甲方原因导致的问题。由于关于价款的约定存在两种不同解释的矛盾，因此可以理解成一种合同漏洞。根据民法中漏洞填补规则，即《民法典》第510条规定："合同生效后，当事人就质量、价款或者报酬、履行地点等内容没有约定或者约定不明确的，可以协议补充；不能达成补充协议的，按照合同相关条款或者交易习惯确定。"如果已标价工程量清单中的价款约定存在冲突，可以结合合同的其他文件也就是综合单价分析表来明确这一冲突问题。

在（2019）黔民终532号民事判决书中提到关于"楼梯抹灰面钢丝网""烟道""天棚抹灰""脚手架"的问题。四冶公司上诉主张，双方合同约定为固定单价，并未约定施工工艺，不应对单价进行调整。本院认为，第一，双方当事人的《建设工程施工合同》虽约定固定单价，但合同附件《工程量清单》也是合同组成部分，《工程量清单》表08中对楼梯间抹灰面钢丝网、烟道、天棚抹灰均明确了项目名称、项目编码、计量单位、工程量、综合单价、合价等。第二，一审中，悦城公司提供的电子版的综合单价分析表虽未作为《建设工程施工合同》的附件内容，但双方在一审中也认可作为鉴定依据，也可以反映合同约定的固定单价的组成。……综合以上情况来看，悦城公司根据一审法院的安排，将综合分析表电子版发四冶公司，四冶公司书面回复无异议后，悦城公司将电子版发给鉴定机构，该综合分析表电子版应作为鉴定依据。综上，YC20140613合同附件《工程量清单》《综合单价分析表》均应作为计算工程价款的依据，四冶公司上诉主张应按建设工程施工合同约定的固定单价计算的理由不能成立。……（2）关于烟道的费用：根据YC20140613合同附件《工程量清单》中垃圾道、通风道、烟道的项目编码010514001001，结合的《综合单价分析表》中相应项目编码下所列的171.99元的综合单价组成中包括"玻璃钢烟道400×400×2900"，说明案涉工程烟道的施工需是玻璃钢烟道，而四冶公司实际施工为玻镁板，鉴定机构据实调整并无不当，本院予以维持。在这个案例中，综合单价分析表虽然没有作为合同附件，但由于鉴定过程中双方都认可将其作为鉴定依据而没有异议，因此法院最终能够将综合单价分析表作为定案的依据。但一般情况下这种做法并不妥当，因为综合单价分析表体现的是施工单位自主组价的过程，建设单位没有理由以此作为约束施工单位的依据。

秉承着民法中的诚信原则，这个问题可以参考承包人综合单价分析表来确定承包人是否重复报价，如果投标人在报价时确实没有在桩基工程中考虑混凝土的价格，则发包人不应将单列的混凝土价款予以审减。

194 综合单价分析表一般并不作为对双方有约束力的合同文件

重庆某给水安装工程，招标清单中的水表安装工程量清单明确说明水表为甲供，施工方清单报价时误报了水表的材料费，施工时水表也确实为甲供。现该工程办理结算审核，审计方以清单报价不应包含水表材料费为由，将投标清单报价扣减投标水表材料费后作为结算价。请问审计方此种做法是否合理?

关键词：工程结算

投标人“误报了水表的材料费”主要体现在综合单价分析表上。《清单计价规范》第16.0.6条规定：“投标人应按招标文件的要求，附工程量清单综合单价分析表。”第2.0.8条规定：“综合单价是完成一个规定清单项目所需的人工费、材料和工程设备费、施工机具使用费和企业管理费、利润以及一定范围内的风险费用。”由于不包含规费和税金，一般综合单价也只是一个半费用综合单价。综合单价分析表是施工单位在组价过程中自己组价形成价格的表格，而非对外作出意思表述的文件。

《民法典》第472条规定：“要约是希望与他人订立合同的意思表示，该意思表示应当符合下列条件：（一）内容具体确定；（二）表明经受要约人承诺，要约人即受该意思表示约束。”投标人根据甲方的项目清单填写的综合单价就是内容具体明确的要约，综合单价分析表一般并不作为对双方有约束力的合同文件。在司法实践中，法官有时会参考综合单价分析表来分析投标人投标时的真实意思，从而通过价值判断来平衡各方的利益。但是一般而言，考虑到市场秩序，综合单价分析表最好还是不要作为司法裁判参考的依据。因为在市场交易过程中，当事人主要是依据对方做出的行为来作出应对性的判断，而非把重点放在揣摩对方内心的另一层意思上。因此，审计人员也不应该根据综合单价分析表的内容扣除水表的费用。

四、施工组织设计

195 只有工程变更引起的施工组织设计变化才需要变更估价

投标文件中的《施工组织设计》和施工前报审且经建设单位和监理批准的《施工组织设计》关于土方运距的内容不一致，应该按照哪个运距计算造价？哪个是合同文件？后审批的《施工组织设计》中运距的变化是否构成实质性变更？是否可以约定《施工组织设计》不是合同文件，不作为计价依据？

关键词： 合同变更、施组设计

《施工合同示范文本》关于合同文件构成规定："本协议书与下列文件一起构成合同文件：(1) 中标通知书（如果有）；(2) 投标函及其附录（如果有）；(3) 专用合同条款及其附件；(4) 通用合同条款；(5) 技术标准和要求；(6) 图纸；(7) 已标价工程量清单或预算书；(8) 其他合同文件。" 从示范文本的内容来说，《施工组织设计》不是合同文件。《施工合同示范文本》第 3.1 条规定："承包人在履行合同过程中应遵守法律和工程建设标准规范，并履行以下义务：…… (4) 按合同约定的工作内容和施工进度要求，编制施工组织设计和施工措施计划，并对所有施工作业和施工方法的完备性和安全可靠性负责……" 施工组织设计是在签订合同后由承包人编制的文件。《施工合同示范文本》第 7.1.2 条规定："除专用合同条款另有约定外，承包人应在合同签订后 14 天内，但至迟不得晚于第 7.3.2 项［开工通知］载明的开工日期前 7 天，向监理人提交详细的施工组织设计，并由监理人报送发包人。除专用合同条款另有约定外，发包人和监理人应在监理人收到施工组织设计后 7 天内确认或提出修改意见。对发包人和监理人提出的合理意见和要求，承包人应自费修改完善。根据工程实际情况需要修改施工组织设计的，承包人应向发包人和监理人提交修改后的施工组织设计。" 因此施工组织设计需经甲方批准，在施工过程中也可以根据实际情况进行调整和修改。

需要注意的是，如果施工组织设计的变化属于合同变更，那就应该执行变更估计程序。第一，《清单计价规范》第6.2.3条规定："分部分项工程和措施项目中的单价项目，应根据招标文件和招标工程量清单项目中的特征描述确定综合单价计算。"第6.2.4条规定："措施项目中的总价项目金额应根据招标文件及投标时拟定的施工组织设计或施工方案，按本规范第3.1.4条的规定自主确定……"由此可知，单价项目通常直接根据清单中的特征描述来确定综合单价，总价项目则根据施工组织设计或施工方案确定总价金额。结算时，分部分项工程和措施项目中的单价项目应依据发承包双方实际确认的工程量与已标价工程量清单的综合单价进行计算；总价项目则根据已标价工程量清单的项目和金额计算，发生调整的，再按照发承包双方确认调整的价格计算。《清单计价规范》第9.3.2条规定，工程变更引起施工方案改变并使措施项目发生变化时，承包人提出调整措施项目费的，应事先将拟实施的方案提交发包人确认，并应详细说明与原方案措施项目相比的变化情况。拟实施的方案经发承包双方确认后执行，并应按照下列规定调整措施项目费……按照《清单计价规范》的逻辑，如果不是工程变更导致的施工组织设计和施工方案的改变，就不属于需要调整价格的情形。

第二，《标准施工招标文件（2007年版）》第15.1条关于变更的范围和内容规定："除专用合同条款另有约定外，在履行合同中发生以下情形之一，应按照本条规定进行变更。(1) 取消合同中任何一项工作，但被取消的工作不能转由发包人或其他人实施；(2) 改变合同中任何一项工作的质量或其他特性；(3) 改变合同工程的基线、标高、位置或尺寸；(4) 改变合同中任何一项工作的施工时间或改变已批准的施工工艺或顺序。"由此可知，在《标准施工招标文件》中，施工工艺的改变被认为是属于变更范围的。

第三，《建筑工程施工发包与承包计价管理办法》第14条规定："发承包双方应当在合同中约定，发生下列情形时合同价款的调整方法：（一）法律、法规、规章或者国家有关政策变化影响合同价款的；（二）工程造价管理机构发布价格调整信息的；（三）经批准变更设计的；（四）发包方更改经审定批准的施工组织设计造成费用增加的；（五）双方约定的其他因素。"该管理办法也明确表示施工组织设计的变更造成费用增加的，需要进行价格调整。

在上述四个文件中，《施工合同示范文本》没有涉及施工组织设计的改变会产生变更估价的内容；《清单计价规范》只规定了工程变更时的施工组织设计改变才需要调整合同价格；《标准施工招标文件》和《建筑工程施工发包与承包计价管理办法》都表示改变经审批的施工组织设计属于变更，应该调整合同价格。

回到本问题，投标文件中的《施工组织设计》和施工前报审且经建设单位和监理批准的《施工组织设计》的确不一致，在二者不一致的情况下一般应该以后者为准。关于土方的运距问题，在其他的问题中会有案例予以详细说明。按照《清单计价规范》的规定，只有工程变更或设计变更引起的施工组织设计变化才需要调整措施项目和综合单价。所以改变经审批的施工组织设计不一定产生设计变更，也不一定需要采变更估价程序。如果施工单位改变施工方法产生了额外的费用，不应该向建设单位主张，同样如果施工单位改变施工方法降低了费用，建设单位也没有理由予以扣减。这个问题的结论相对较复杂，法官可能也会有不同的观点。但是根据《清单计价规范》的规定，只有设计变更导致施工方案变化产生的变更才需要变更估价。

五、专项施工方案

196 投标人在投标时的施工组织设计方案对双方当事人有约束力

一综合楼项目在顶层四周40米高度，水平悬挑出近6米宽的现浇有梁板，水平投影面积超1800平方米，专项超高措施方案为用工字钢加槽钢悬挑，实际花费200多万元。业主招标文件给的清单项为“满堂脚手架”，描述部位为“悬挑部位”，工程量为“12,535平方米”，施工方投标报价为18.2万元（14.52元/平方米）。发包人或监理人在施工过程中对施工方案、施工措施、进度计划的批准，除发包人明确同意调整工程价款外，不作为调整合同价款的依据。承包人自行超出设计图纸范围（不含设计变更范围）及施工规范的工程量、与承包人技术水平不符的措施工程量、承包人原因造成返工的工程量，发包人均不予计量。

结算的风险为：即使将悬挑板的脚手架按结构浇筑和铝板装饰各算1800平方米，工程量结算时可能会扣除12,535－3600（平方米），而致使最终悬挑脚手架费用只支付了5.2万元，这么高难度的、花费如此巨大的高大专项方案价值只有5.2万元。

关键词：施工组织方案、合同变更

案例中实际施工悬挑板花费200多万元，而招标清单当中给的是满堂脚手架和悬挑部位，按照原清单价格结算只有5.2万元。现在的问题在于，施工单位能否要求据实变更合同价款。这个案例的产生是因为甲方在写项目特征时比较模糊，只写了悬挑部位，然后投标人在投标时也没有考虑悬挑部位到底是什么，因此投标人的造价员就按照招标文件的满堂脚手架报了一个比较低的价格。

先来看什么是施工组织方案，《施工合同示范文本》第7.1.2条关于施工组织设计的提交和修改规定：“除专用合同条款另有约定外，承包人应在合同签订后14天内，但至迟不得晚于第7.3.2项〔开工通知〕载明的开工日期前7天，向监理人提交详细的施工组织设计，并由监理人报送发包人。”提交施工组织方案文件的时间应该在签订合同后正式开工前。《清单计价规范》第4.1.5条规定：“编制招标工程量清单应依据：……6. 施工现场情况、地勘水文资料、工程特点及常规施工方案……”这是招标文件中的施工方案。第6.2.1条规定投标报价应根据下列依据编制和复核：“……6 施工现场情况、工程特点及投标时拟定的施工组织设计或施工方案……”第6.2.4条规定：“措施项目中的总价项目金额应根据招标文件及投标时拟定的施工组织设计或施工方案，按本规范第3.1.4条的规定自主确定。其中安全文明施工费应按照本规范第3.1.5条的规定确定。”投标人的投标文件包含了施工方案，而且它在项目特征、投标报价和措施上应该是和施工方案一一对应的。

《清单计价规范》第9.3.2条规定：“工程变更引起施工方案改变并使措施项目发生变化时，承包人提出调整措施项目费的，应事先将拟实施的方案提交发包人确认，并应详细说明与原方案措施项目相比的变化情况。拟实施的方案经发承包双方确认后执行，并应按照下列规定调整措施项目费：1. 安全文明施工费应按照实际发生变化的措施项目依据本规范第3.1.5条的规定计算。……如果承包人未事先将拟实施的方案提交给发包人确认，则应视为工程变更不引起措施项目费的调整或承包人放弃调整措施项目费的权利。”因此，如果合同履行过程中施工方案发生了改变，双方应该调整合同价格。

确定中标后，投标人的投标方案肯定是对发承包双方都具有法律约束力的。投标人在投标时只是按照满堂脚手架这种从楼内开始的方法编制的施工组织方案，至于后来的专项专家论证说明原来的施工方案已经发生改变，改变后的施工方案能否作为调价依据？由于本案合同中明确约定，除发包人明确同意调整工程价款外，发包人施工过程中对方案，计划等的批准不作为调整合同价款的依据，据此施工方是不能主张按照专家论证之后的专项超高措施要求较高价的悬挑费用了。

总结一下，投标人在投标时的施工组织设计方案对双方当事人有约束力，如果在合同履行过程中发生了施工方案的改变，根据《清单计价规范》的规定应该调整合同价款。由于本案中合同明确约定，除发包人同意外不作为调价合同的依据，只能由法院根据公平原则对合同价格进行调整。

197 支护工程属于分部分项工程，招标清单中应列明项目特征

甲方在编制招标清单时，有5米深的池子，甲方是按正常放坡考虑编控制价，因为不清楚具体采用什么支护方式，项目特征中写了5米挖深。如果投标单位按其他方案报价，报价是否会超过控制价?

关键词：支护工程、招标清单

基坑支护属于分部分项工程还是措施项目？根据《建筑安装工程费用项目组成（按造价形成划分)》的规定，措施项目费是指为完成建设工程施工，发生于该工程施工前和施工过程中的技术、生活、安全、环境保护等方面的费用。措施项目及其包含的内容详见各类专业工程的现行国家或行业计量规范。《房屋建筑与装饰工程工程量计算规范》中编号010202010是钢筋混凝土支撑，编号010202011是钢支撑，因此基坑支护应该属于分部分项工程。另外，2018年《住房城乡建设部办公厅关于实施〈危险性较大的分部分项工程安全管理规定〉有关问题的通知》在危险性较大的分部分项工程范围部分列举了包括开挖深度超过3米（含3米）的基坑（槽）的土方开挖、支护、降水工程，以及开挖深度虽未超过3米，但地质条件、周围环境和地下管线复杂，或影响毗邻建、构筑物安全的基坑（槽）的土方开挖、支护、降水工程等。还规定，开挖深度超过5米（含5米）的基坑（槽）的土方开挖、支护、降水工程属于超过一定规模的危险性较大的分部分项工程。所以案例中5米深的池子应该是属于超过一定规模的危险性较大的分部分项工程。

根据《危险性较大的分部分项工程安全管理规定》的规定，施工单位应当在危大工程施工前组织工程技术人员编制专项施工方案。对于超过一定规模的危大工程，施工单位应当组织召开专家论证会对专项施工方案进行论证。在本案中，

甲方在列清单时不清楚具体的支护方式，只在项目特征写了5米深，但是施工单位应当据此出具施工方案，这也是施工单位应当履行的合同义务。《施工合同示范文本》第6.1.3条特别安全生产事项规定：“需单独编制危险性较大分部分项专项工程施工方案的，及要求进行专家论证的超过一定规模的危险性较大的分部分项工程，承包人应及时编制和组织论证。”所以施工单位应该编制施工方案并组织专家对危险性较大分部分项专项工程施工方案进行论证。

2016年浙江省住建厅《关于规范建设工程施工招标文件计价条款的指导意见》中提到，加强对危险性较大的分部分项工程安全管理，招标控制价编制时应考虑安全专项施工方案，并计取相应费用。同时，招标文件应要求投标人提供与自身报价相应的安全专项施工方案，防范建筑施工生产安全事故的发生。在编制招标控制价时应当考虑到安全专项施工方案，并根据专项方案列明具体的项目，提取相应费用。

2013年江苏省住建厅《关于〈建设工程工程量清单计价规范〉（GB 50500－2013）及9本工程量计算规范的贯彻意见的通知》中提到，对于工程中设计达到一定规模的危险性较大的分部分项工程（以下简称危大工程）如深基坑、地下暗挖工程、高大模板工程等需编制专项施工方案并组织专家进行论证、审查的情况，其措施费用及专项论证、审查费用应以暂估价的形式列入招标控制价的其他项目费中，竣工结算时根据专家论证后的实施方案进行价格调整。招标人在提供设计图纸的措施项目中，就应按照分部分项工程项目的性质进行计价。江苏省以暂估价形式将危大工程列入招标控制价的其他项目费的做法非常值得借鉴，可以在后期根据专家论证的实施方案进行调整，符合工程实际且结算合理。甲方在招标工程量清单中简单说明根据项目特征来计价，最后施工结算还需要经过甲方批准，按照实际论证后的方案进行施工。

2014年版《台州市建设工程施工招标投标办法》规定：“工程项目涉及基坑围护的，招标人应当先委托有资质的单位对基坑围护方案进行设计和论证，涉及高大支模架等危险性较大的分部分项工程，招标人应当编制安全专项施工方案合理确定技术措施费。”这也体现了招标人在编制招标控制价或给出工程量清单时，就应该在项目特征中明确如何施工。

回到本案例，按照《清单计价规范》的逻辑，只要是分部分项工程中的单价项目，甲方就应该准确地描述项目特征，投标人再根据甲方给出的项目特征来确定如何进行投标报价。在本案中，甲方不清楚具体的支护方式，只写明了需要挖

5 米深。承包人据此给出的施工方案，在履行过程中也极有可能作出变更。所以从另一个角度来说，承包人因此获得了一个不平衡报价的机会，投标人完全可以报低价，再在履行过程中通过变更收获较高的工程价款。

通过这个案例，我们了解了实体项目和措施项目的概念，2013 版《房屋建筑与装饰工程工程量计算规范》将支护工程列为分部分项工程的范围。另外，需要强调的是，甲方在编制招标工程量清单时应该列明项目特征，因为甲方提供的项目特征是投标人进行投标报价的主要依据。

198 合同履行过程中确认危大工程，应相应作出价格调整

厂房工期压缩，时间紧，8.96 米层属于高大模板支撑体系，以及 23.5 米层属于超荷载模板支撑体系，并且有专家论证方案，方案规定支撑体系必须自上而下逐层进行，导致施工单位模板、方木、架杆、卡扣等周转性材料无法周转使用，均为一次性投入使用。模板等材料一次摊销应如何计算？（合同规定是定额），摊销系数如何确定？专家论证的高大模板费用如何收取？如超荷载模板支撑体系，架杆加密，铺设工字钢等。

关键词： 危大工程、合同变更、价格调整

这个案件中，项目施工方案很复杂，施工单位原打算周转使用的材料都不能周转而只能一次性投入使用，这就使施工单位的成本一下增加了很多。计算摊销和确定摊销系数暂且不提，从法律的角度来说，超过一定规模的危大工程需要专家论证的确认，由施工单位来做专项方案。《施工合同示范文本》第 6.1.3 条有关特别安全生产事项规定：“需单独编制危险性较大分部分项专项工程施工方案的，及要求进行专家论证的超过一定规模的危险性较大的分部分项工程，承包人应及时编制和组织论证。”在投标过程中，投标人应该考虑到工程是否属于危大工程，对于超过一定规模的危大工程，需要组织专家进行论证形成专项方案，并在此基础上形成投标报价，投标人的报价与方案的内容一定是相匹配的。如果在合同履行过程中经过专家论证形成新的方案，专项方案改变了已标价工程量清单中的措施项目费的项目特征，是否需要重新计价？《危险性较大的分部分项工程安全管理规定》第 7 条规定：“建设单位应当组织勘察、设计等单位在施工招标

文件中列出危大工程清单，要求施工单位在投标时补充完善危大工程清单并明确相应的安全管理措施。”建设单位应该在招标文件清单中列明，项目是否属于重大危险工程。《清单计价规范》第4.3条措施项目规定：“措施项目清单必须根据相关工程现行国家计量规范的规定编制。措施项目清单应根据拟建工程的实际情况列项。”第6.2.3条规定：“分部分项工程和措施项目中的单价项目，应根据招标文件和招标工程量清单项目中的特征描述确定综合单价计算。”投标人投标报价的基础是单价项目，单价项目又是根据招标文件和招标工程量清单中的特征描述确定的综合单价。所以根据《清单计价规范》的规定，招标人应该在项目特征列明项目是否属于危大工程，投标人再按照项目特征描述来报价。如果因为项目特征描述不清导致投标人报价有误，与实际情况相差甚远，甲方应当承担相应的责任。如果在合同履行中，施工单位发现需要进行专家论证，论证后产生的方案与最初甲方给定的项目特征不相符，施工单位应根据实际情况按照方案的内容进行施工，对于实际产生的变更，根据《清单计价规范》第9.3.2条的规定，工程变更引起施工方案改变并使措施项目发生变化时，承包人提出调整措施项目费的，应事先将拟实施的方案提交发包人确认，并应详细说明与原方案措施项目相比的变化情况。拟实施的方案经发承包双方确认后执行，采用单价计算的措施项目费，应按照实际发生变化的措施项目，按《清单计价规范》第9.3.1条的规定确定单价。也就是说，施工方案改变导致措施项目发生变化的，合同价款也应该依据实际情况作出相应的调整。

（2019）浙04民终2937号民事判决书中写到，一审认为，永仁公司、巨城公司双方均有责任。理由如下：第一，对于永仁公司来说，其作为建设单位，在委托浙江恒欣建筑设计股份有限公司设计1#车间设备基础结构图纸时，应该已经知道本工程基坑深度超过5米，却没有按照国家的规定要求委托设计单位设计基坑围护施工图纸，并提供危险性较大的分部分项工程清单和制定安全管理措施，使巨城公司在预算报价时缺少必需的基坑围护设计图纸及可以核对工程量的分部分项清单，永仁公司的这一责任对巨城公司报价时偏差如此之大这一后果负有一定的责任。第二，对于巨城公司来说，作为一家具有相应施工资质并长期从事房屋建筑工程施工的建筑公司，在签订合同时应该已经知晓本工程有超过5米的基坑工程，却不要求建设单位提供基坑围护的设计图纸和设计方案，仅凭经验报价，还约定了固定总价，足见巨城公司对因基坑费用缺少设计图纸的情况下进行报价可能导致的风险是漠视的，其在合同中预算报价的基坑费用与实际施工所需价款相差如此巨大，确实有失专业水准，对此造成的后果应自负主要责任。这个判决明确了对于清单缺项的部分，如果后期发现属于重大危险工程，需要专家论证得出新的专项方案进行施工的，发包人应该承担相应的价款调整责任。因为甲方没有在项目特征描述中说明属于重大危险工程的情况，显然承包人也没有报价时尽到注意义务。

（2019）苏08民终648号民事判决书中写到，本案中原审原、被告双方对涉案工程款的争议，主要集中在涉案工程脚手架使用费的确定。首先，关于脚手架工程变更的责任，原审原告淮建公司称原审被告淮安市气象局在招标时未能编制脚手架工程量清单，致使原审原告在投标时未能认识到涉案工程为危险性较大的分部分项工程，原审被告辩称，脚手架使用费属于措施费，原审被告在招标时无须编制脚手架工程量清单，原审原告应根据图纸确定脚手架的搭设，故本案中增加的脚手架使用费是原审原告的投标失误。江苏省建设厅苏建招〔2002〕231号《关于进一步加强房屋建筑和市政基础设施工程施工招标投标及质量监督管理的通知》第4条规定："招标人应严格按照招标文件、经建设行政主管部门审查通过的施工设计图纸、施工现场条件和工程量计算规则、分部分项工程划分、计量单位等编制工程量清单，并将其提供给投标人，作为投标人编制投标报价的依据。"一审法院审理查明，原审被告在招标时未能制作分部分项工程量清单，也未能提供证据证明其在招标时为原审原告脚手架施工方案的确定提供了足够、准确的信息，故一审法院对原审被告该答辩意见不予支持。其次，关于涉案脚手架工程是否属于工程变更，原审原告称经过监理单位、建设单位的认可进行了涉案脚手架工程的变更，原审被告辩称该案脚手架施工方案的调整不属于工程变更。经审理查明，《建设工程施工合同》专用条款第8条第1项关于工程变更约定："……若需变更改变施工方案，必须征得监理工程师批准，并报设计单位和发包人签字盖章方可生效……"原审原告提供的《淮安新一代天气雷达塔楼脚手架工程方案论证意见书》由监理单位、建设单位签字同意，《脚手架平面布置图》及《脚手架正立面图》由监理单位、审计单位、建设单位签字认可，《现场签证审核表》由监理单位审核认可，故涉案脚手架施工方案的调整属于工程变更，且原审被告作为建设单位认可了这一变更。关于脚手架的费用，法院的观点认为，脚手架施工方案的调整属于工程变更的范围，应该采变更估价程序。

（2017）皖05民终1164号民事判决书中写到，案涉工程经工程造价鉴定为可确认部分造价为82，212，473.19元，该部分包括1～3#成品库脚手架专项方案

1,003,902.51 元。因双方在合同中对措施费的约定为“承包人综合考虑措施费用自行报价，投标人应根据招标人提供的措施项目（详见招标人提供的措施项目报价单）进行措施费的报价，并可以结合本工程特点、现场条件、企业自身情况在招标人提供的措施项目清单的基础上增加措施项目并报价。由于工程量变更造成措施费增减的，按马造〔2008〕6 号文规定对投标价格中的措施费进行相应调整。”且双方又约定“措施费按投标报价不做调整”。同济公司作为国家房屋建筑工程施工总承包壹级资质建筑施工企业，具有丰富的建筑施工经验，其在案涉工程投标时应结合本工程特点、现场条件、企业自身情况在招标人提供的措施项目清单的基础上增加措施项目并报价，其一旦提出报价并被招标人接受后，在案涉工程量并未发生变更的情况下，应受到双方约定的“措施费按投标报价不做调整”的约束。安徽永涵工程咨询有限公司在合同明确约定“措施费按投标报价不做调整”的情况下，仍将属于措施费用范围内的 1～3#成品库脚手架专项方案 1,003,902.51 元计入工程价款内，显然缺乏事实和法律依据，该部分费用 1,003,902.51 元不应再计入案涉工程价款内，应予以扣除。这个案件已经在合同中明确了措施项目费包干，且要求承包人自行考虑措施项目费报价。承包人应该对工程量清单的准确性和完整性进行复核，所以法院也是依据当事人之间的明确约定作出了相应判决。

以上不同观点的法院判决，在判断类似的问题中可以作为参考，之后也可以考虑专门针对专家论证方案的效力问题进行探讨。如果按照专家论证后的方案施工，显然是在实际施工中改变了原来的投标清单，是应该重新计价的。判断这类问题的原则，还是应该遵守《清单计价规范》中关于投标报价的规定，总价项目可以考虑招标人的施工方案，但单价项目的报价依据的主要是甲方给定的招标工程量清单中的项目特征。所以如果招标人没有在清单中描述清楚，履行过程中经过专家论证改变了原来的项目特征，无论是执行项目特征不符还是执行设计变更，都应该相应地调整合同价格。

199 合同履行过程中新增危大工程措施项目，应当重新调整价款

合同约定：除工程变更引起施工方案改变外，承包人不得以招标工程措施项目清单缺项为由要求新增措施项目。招标清单编制说明：对招标人所列

的措施项目，投标人可根据工程实际与施工组织设计进行增补，但不应更改招标人已列措施项目。结算时，除工程变更引起施工方案改变外，承包人不得以招标工程措施项目清单缺项为由要求新增措施项目。现在工程结算施工单位认为高支模增加的费用对于招标清单属于漏项。请问，此经专家论证的高支模方案增加的费用是否可以按实计取？

关键词：危大工程、合同变更、措施项目

这是一个典型的危大工程，合同中已经明确约定措施项目不调价，现在经专家论证的高支模方案增加的费用能否按实计取？有观点认为，招标清单的某些错误属于承包人自愿承担的风险之一；也有观点认为，高支模不是普通的技术措施费，属于因现场地质条件变化而发生的工程变更；还有观点认为，上述合同约定属于无效的免责条款。本案中的高支模项目能否理解为清单缺项？又或者是否可以认为这是一种项目特征的改变？其实投标人按照常规方案报价，虽然没有考虑高支模的措施项目，但也未必就能确定是属于缺项的情形。

高支模方案应该属于危大工程的施工方案。《施工合同示范文本》第 6. 1. 3 条规定："需单独编制危险性较大分部分项专项工程施工方案的，及要求进行专家论证的超过一定规模的危险性较大的分部分项工程，承包人应及时编制和组织论证。"但在招标时，一般招标人无法确定具体的做法。根据浙江省的文件规定，对于无法准确判断的危大工程在招标时应该通过暂估价的方式列明，待专家论证过后再按照实际发生的金额计取。

在本案中，合同约定不得以招标工程措施项目清单缺项为由要求新增措施项目，但履行过程中又确实通过专家论证改变了施工方案。由于投标时投标人只能根据自己的施工组织设计投标报价，很难要求投标人在投标时就考虑到履行过程中才会确定的专家论证的危大工程的措施费用。因此，投标人按照正常方案投标，对于后期专家论证后确定实施的高支模方案应该执行工程变更程序重新确认价款。

《施工合同示范文本》第 7. 1. 2 条规定："承包人应在合同签订后 14 天内，但至迟不得晚于第 7. 3. 2 项［开工通知］载明的开工日期前 7 天，向监理人提交详细的施工组织设计，并由监理人报送发包人……"通常来说，施工组织设计并不属于合同文件，对施工方案的改变也不是变更。如果构成变更，就可以据此调整合同价款。从公平原则的角度来看，案例中这种情况的价格变动其实也更应该

由建设单位承担。毕竟投标人在投标阶段根本无法预见该项目在实际履行过程中具体会采用什么方案，以及该方案实施后的具体造价。因此履行过程中经过专家论证，该项目是可以按照工程变更重新确认价款的。

民法中对于合同履行有很多原则性的要求，包括全面履行、适当履行、协作履行原则等，其实还有一个未明文规定的经济合理原则，也就是以最小的成本实现最大的收益。例如建设单位要求的措施项目是满堂脚手架，但施工单位在施工中发现移动脚手架就足以完成施工，施工单位就没有按照建设单位的要求实施措施项目，在没有告知建设单位的情况下，建设单位可以主张其没有遵循经济合理原则提出合理化建议。总之，这个原则启示我们从经济学角度解决实践中的一些法律问题。

第十二章 Chapter 12 合同效力

一、有效合同

200 合同当事人应严守合同约定

甲方的范本合同中约定，措施费包干，工程量减少时措施费减少，工程量增加时措施费不调整。现在有一个7000万元的工程合同，结算时，乙方提出这个条款不合理，甲方该怎么回应？这个条款，是不是无效条款？

关键词：合同有效性

本题中合同条款的约定给人最直观的感受就是不公平。但是这里约定措施费包干，工程量减少时措施费减少，工程量增加时措施费不调整的约定，是有效的。关于措施项目费的结算，《清单计价规范》第8.2.1条规定："工程量必须以承包人完成合同工程应予计量的工程量确定。"第11.2.2条规定："分部分项工程和措施项目中的单价项目应依据发承包双方确认的工程量与已标价工程量清单的综合单价计算；发生调整的，应以发承包双方确认调整的综合单价计算。"从这两个条款可以看出，单价项目按实计量，而措施项目费中的总价项目应当依据已标价工程量清单中的项目和金额计算，发生调整时也有相应的调整规则。

首先可以确定，这个问题中双方的约定是有效的，至于甲方的回应，可以依据《民法典》的两个条文来作出：第799条第1款规定："建设工程竣工后，发包人应当根据施工图纸及说明书、国家颁发的施工验收规范和质量检验标准及时进行验收。验收合格的，发包人应当按照约定支付价款，并接收该建设工程。"第136条规定："民事法律行为自成立时生效，但是法律另有规定或者当事人另有约定的除外。行为人非依法律规定或者未经对方同意，不得擅自变更或者解除民事法律行为。”所以，已经成立且生效的合同具有法律约束力，合同既然明确约定工程量减少时措施费减少，工程量增加时措施费不调整，当事人就应该按照合同约定来履行合同。当然在导致一方当事人的利益严重受损时，法院也完全有可能依据公平原则来介入并调整双方的权利义务关系。

201 合同约定质量保证金比例超3%并不一定导致合同无效

《建设工程质量保证金管理办法》规定质量保证金比例不超过3%。今某地产公司招标文件规定质保金比例5%，理由是，地产私人单位不受该文件约束。请问，如此约定是否合法？按5%比例签订的合同条款是否有效？应该如何结算？另外，《建设工程质量保证金管理办法》属于部门规章，部门规章是否具有法律的强制效力？

关键词：质量保证金

这是关于质量保证金的问题。《建设工程质量保证金管理办法》第7条规定：“发包人应按照合同约定方式预留保证金，保证金总预留比例不得高于工程价款结算总额的3%。合同约定由承包人以银行保函替代预留保证金的，保函金额不得高于工程价款结算总额的3%。”现在合同约定的质量保证金比例超过了《建设工程质量保证金管理办法》所规定的上限，该条款是否有效？

（2020）赣民终136号民事判决书中提道：“关于工程质量保证金的问题。亚宏公司上诉提出，本案《建设工程施工合同》约定质保金为工程款的5%，不符合《建设工程质量保证金管理办法》关于质保金预留不高于工程款3%的规定，因此亚宏公司认为合同关于质保金的约定无效。对此，本院认为，《建设工程质量保证金管理办法》是部门规章，本案双方当事人自愿约定质保金为工程款的5%，并非《中华人民共和国合同法》第五十二条关于‘违反法律、行政法规的强制性规定’的合同无效情形，而且合同约定质保金为工程款的5%也没有损害国家、集体或者他人的利益，故亚宏公司该点上诉主张，本院不予采纳。”所以，《建设工程质量保证金管理办法》是部门规章，而违反部门规章的合同约定不会导致合同无效。

《民法典》第153条第1款规定：“违反法律、行政法规的强制性规定的民事法律行为无效。但是，该强制性规定不导致该民事法律行为无效的除外。”关于什么是“法律、行政法规的强制性规定”，《全国法院民商事审判工作会议纪要》第 30 条规定：“人民法院在审理合同纠纷案件时，要依据《民法总则》第 153 条第 1 款和合同法司法解释（二）第 14 条的规定慎重判断‘强制性规定’的性质，特别是要在考量强制性规定所保护的法益类型、违法行为的法律后果以及交易安全保护等因素的基础上认定其性质，并在裁判文书中充分说明理由。下列强制性规定，应当认定为‘效力性强制性规定’：强制性规定涉及金融安全、市场秩序、国家宏观政策等公序良俗的；交易标的禁止买卖的，如禁止人体器官、毒品、枪支等买卖；违反特许经营规定的，如场外配资合同；交易方式严重违法的，如违反招投标等竞争性缔约方式订立的合同；交易场所违法的，如在批准的交易场所之外进行期货交易。关于经营范围、交易时间、交易数量等行政管理性质的强制性规定，一般应当认定为‘管理性强制性规定’。”

对于工程项目的合同而言，最需要关注的是“交易方式严重违法”，例如《招标投标法》第 46 条的规定就属于强制性规定的范畴。另外，根据《建设工程司法解释一》第 23 条的规定，发包人将依法不属于必须招标的建设工程进行招标后，与承包人另行订立的建设工程施工合同背离中标合同的实质性内容，当事人请求以中标合同作为结算建设工程价款依据的，人民法院应予支持，但发包人与承包人因客观情况发生了在招标投标时难以预见的变化而另行订立建设工程施工合同的除外。也就是说，即使是非法定招标项目，如果执行了招投标程序，那么也应该遵守关于招标投标的强制性规定，不得再签订与中标合同的实质性内容不一致的合同，否则在存在黑白合同的情形下也应该以白合同作为结算依据。

总结来说，虽然问题中双方约定 5% 的质量保证金条款违反了部门规章中质保金不得超过 3% 的规定，但双方的约定仍然是合法有效的。

202 当事人可以通过补充协议变更合同，原则上成立即生效

补充协议必须满足哪些条件才能生效？

关键词： 补充协议、合同的变更、合同生效

第一，根据《民法典》第 136 条第 1 款的规定，民事法律行为自成立时生

效，但是法律另有规定或者当事人另有约定的除外。补充协议作为合同，只要双方当事人签字盖章，合同成立时也就生效了。第二，补充协议一般意味着对原来的合同内容进行了调整。《民法典》第543条规定："当事人协商一致，可以变更合同。"由此可知，法律允许当事人经过协商后，通过补充协议的方式变更合同。

原则上补充协议成立即生效，除非具备《民法典》规定的合同无效的情形。也就是说，法律行为推定有效，除非存在错误、欺诈、胁迫等意思表示瑕疵才会发生撤销、效力待定等法律效果。

203 当事人对计价方法有约定的按约定结算

设计变更合同约定参照地方计价依据，但按定额套取的价格明显低于市场价，可以按市场价结算吗？例如，钢板桩定额考虑的摊销，实际施工时是租赁的，可以按租赁结算吗？

关键词： 工程结算

《建设工程司法解释一》第19条第1、2款规定："当事人对建设工程的计价标准或者计价方法有约定的，按照约定结算工程价款。因设计变更导致建设工程的工程量或者质量标准发生变化，当事人对该部分工程价款不能协商一致的，可以参照签订建设工程施工合同时当地建设行政主管部门发布的计价方法或者计价标准结算工程价款。"既然合同已经约定了参照地方计价依据，就应该按照合同约定依据定额结算。

案例中钢板桩是租赁的，可以按照实际发生的租赁费用向甲方主张相应的摊销费用。在另一个案例中，某项目由于甲方的原因导致工程延期，现场的活动板房由于该项目的延期不能及时周转，给施工方造成了一定的损失。另外，现场活动板房因工程变更而多次在现场进行移动，这些移动板房产生的费用，包括给施工单位造成的材料不能周转产生的损失，也都应该算作临时设施费由甲方承担。

二、合同相对性

204 合同仅对当事人具有法律约束力

某施工合同约定“工程完工后进行结算审计，如果核减率超过8%（含8%），审计费全部由施工单位承担。”工程完工后建设单位委托造价咨询机构进行了审计，核减额超过了8%。委托咨询合同由建设单位与咨询单位签订。施工单位认为费用太高，拒绝支付。请问该怎么处理？

关键词：合同相对性、第三人利益合同

《民法典》第465条第2款规定：“依法成立的合同，仅对当事人具有法律约束力，但是法律另有规定的除外。”由于委托咨询合同是由建设单位与咨询单位签订的，因此咨询单位只能要求建设单位支付价款，一般情况下不能突破合同相对性要求施工单位支付费用。

但是，《民法典》第522条规定：“当事人约定由债务人向第三人履行债务，债务人未向第三人履行债务或者履行债务不符合约定的，应当向债权人承担违约责任。法律规定或者当事人约定第三人可以直接请求债务人向其履行债务，第三人未在合理期限内明确拒绝，债务人未向第三人履行债务或者履行债务不符合约定的，第三人可以请求债务人承担违约责任；债务人对债权人的抗辩，可以向第三人主张。”如果建设单位与施工单位在合同中约定：核减率超过8%，由施工单位向造价咨询单位支付费用。这种情况下如果施工单位没有向咨询单位支付费用，根据《民法典》第522条的规定，咨询单位可以直接请求施工单位承担违约责任。建设单位在与施工单位签订合同的时候，可以依据第522条规定的内容对审计费用的支付方式和支付对象予以约定，这是《民法典》新增的关于“第三人利益合同”在建设工程造价咨询领域的应用。

由于本案只约定了核减率超过8%时审计费用由施工单位承担，并未约定由施工单位向咨询单位支付，因而不能适用《民法典》第522条的内容突破合同相对性。从另一角度来说，如果咨询单位和建设单位在造价咨询合同中约定由施工单位向咨询单位支付费用，咨询单位能否突破合同相对性向建设单位主张费用？

这里的答案应该是否定的，因为根据合同自由原则，民事主体不能擅自为他人设定义务，根据《民法典》第523条的规定，当事人约定由第三人向债权人履行债务，第三人不履行债务或者履行债务不符合约定的，债务人应当向债权人承担违约责任。

总结来说，如果本案中的施工单位拒绝支付审计费，咨询单位只能向建设单位主张支付，而建设单位可以通过扣除工程价款等方式应对施工单位拒绝支付的行为。至于施工单位认为审计费用过高的问题，可以另行通过协商或造价鉴定等方式解决。

205 总包人破产重整，承包人有权行使不安抗辩权

某建安项目，政府与投资方签订投资协议（建安部分按现行定额及规范计算），投资方与总包方按招投标流程签订总包合同（固定单价合同，合同中约定最终以政府审计为准），然后总包方对某些专业工程依法进行专业分包（根据政府审计下浮，背靠背条款）。现在投资方和总包方都处于破产预重整阶段，专业分包能否要求直接与政府结算并支付剩余工程款项？

关键词：合同解除、破产重整

当专业工程分包单位得知总包单位出现破产事由时，根据《企业破产法》第18条的规定，人民法院受理破产申请后，管理人对破产申请受理前成立而债务人和对方当事人均未履行完毕的合同有权决定解除或者继续履行，并通知对方当事人。管理人自破产申请受理之日起二个月内未通知对方当事人，或者自收到对方当事人催告之日起三十日内未答复的，视为解除合同。管理人决定继续履行合同的，对方当事人应当履行；但是，对方当事人有权要求管理人提供担保。管理人不提供担保的，视为解除合同。也就是说，在法院受理总包单位的破产申请后，对当事人均未履行完毕的合同，管理人有权决定解除或者继续履行，但如果总包单位的管理人决定继续履行合同，施工单位应当继续履行。专业承包单位不能因总包单位存在破产事由而享有解除合同的权利，但继续履行合同可以要求总包单位提供担保。

根据《民法典》第527条第1款的规定，应当先履行债务的当事人，有确切

证据证明对方经营状况严重恶化的，可以中止履行。第528条规定：“当事人依据前条规定中止履行的，应当及时通知对方。对方提供适当担保的，应当恢复履行。中止履行后，对方在合理期限内未恢复履行能力且未提供适当担保的，视为以自己的行为表明不履行主要债务，中止履行的一方可以解除合同并可以请求对方承担违约责任。”这是关于不安履行抗辩权的规定，如果总包单位进入破产重整阶段，可以依据不安抗辩权及时通知对方中止履行合同，除非对方提供适当担保，否则可以解除合同并要求对方承担违约责任。

根据《建设工程司法解释一》第43条第2款的规定，实际施工人以发包人为被告主张权利的，人民法院应当追加转包人或者违法分包人为本案第三人，在查明发包人欠付转包人或者违法分包人建设工程价款的数额后，判决发包人在欠付建设工程价款范围内对实际施工人承担责任。实际施工人起诉发包人支付工程价款，人民法院应当追加转包人或违法分包人为本案第三人，但该条规定的实际施工人实际是通过不合法的手段承包的工程，因而法律规定其可以突破合同相对性直接向发包人请求支付价款。而本案中的发包、分包都是合法的程序，因而专业分包单位只能根据合同的相对性向总包方主张权利，而不能向政府或投资方主张权利。

206 合同没有约定过程审计费用，应由建设单位承担

本工程业主委托现场跟踪审计，双方签订了工程造价咨询协议书，约定收费标准（比现行市场价高）。施工单位与业主的施工合同内约定，中标后采用清标方式确定合同总价，签订固定价补充协议，但仅对工程结算审计费用的计取作了约定，未涉及过程审计费用的计取。现业主合约对施工单位进行合同交底，要求施工单位承担超出合同约定的5%核减率以外的跟审费。根据合同相对性原理，业主和咨询公司的咨询协议的约束力仅限于合同双方，虽然进行清标，但整个项目的结算还得进行审计。清标对施工单位来讲并无多大意义，施工单位与业主合同并未提及过程咨询费的承担事项。施工单位认为清标超核减率部分的咨询费不应该由其承担。

关键词：审计、债务转移

在这个案例中，施工单位和建设单位在合同中只约定了由施工单位承担结算审计的费用，没有约定承担过程审计的费用。现在业主方要求施工单位承担过程审计费用有没有依据?《民法典》第928条第1款规定：“受托人完成委托事务的，委托人应当按照约定向其支付报酬。”现在造价咨询单位完成了全过程的跟踪造价咨询，建设单位理应按照约定向造价咨询单位支付报酬，支付报酬的主体应该是建设单位。《民法典》第551条第1款规定：“债务人将债务的全部或者部分转移给第三人的，应当经债权人同意。”由此可知，建设单位要想把欠付造价咨询单位的造价咨询费债务转给施工单位，必须要获得债权人也就是造价咨询单位的同意，这是民法中关于债务转移的要求。

假设造价咨询单位同意建设单位将债务转移给施工单位，施工单位也可以提出抗辩理由：建设单位与施工单位签订的合同中并未约定，全过程的造价费用和审计费用都由施工单位支付。根据《民法典》第465条第1款规定，依法成立的合同，受法律保护。所以合同没有约定的内容，施工单位无须承担义务。根据《民法典》第523条规定，当事人约定由第三人向债权人履行债务，第三人不履行债务或者履行债务不符合约定的，债务人应当向债权人承担违约责任。所以在施工单位不履行付款义务的情况下，只能由建设单位承担对造价咨询单位的违约责任。《民法典》第577条也规定了违约责任的承担方式：当事人一方不履行合同义务或者履行合同义务不符合约定的，应当承担继续履行、采取补救措施或者赔偿损失等违约责任。所以最终仍应由建设单位向造价咨询单位承担付款义务。

三、背靠背条款

207 合同约定的背靠背条款合法有效

某住宅工程于2013年年底通过公开招投标程序确定施工单位为A公司。承接工程后，A公司（甲方）与其项目经理B（乙方）签订了《承包合同》。《承包合同》约定“甲方按约定收取工程结算造价的6%”。后A公司与发包方签订《总承包补充协议》，对工程结算价格进行了具体约定。项目经理B在该补充协议的签订合同会签表中签字确认。工程竣工后，根据造价咨询单位出具的《结算审核报告》，发包方与A公司达成了结算协议，并按照结算协议向A公司支付了全部工程价款。项目经理B认为结算协议损害其利益，起诉了发包方和A公司，向法院主张通过鉴定确定该工程价款。请问，《承包合同》的"背靠背条款"是否有效？该结算协议对项目经理B具有约束力吗？

关键词：背靠背条款

这个问题是关于"背靠背"条款效力的问题。项目经理B对发包方与A公司达成的结算协议有异议，在内部承包关系前提下，该项目经理能否主张启动司法鉴定重新确认工程价款？

曹文衔律师在《工程结算"背靠背"条款再探讨：效力、法律后果及相关举证责任》一文中提道：工程价款结算的"背靠背"条款，是指后手合同中约定其工程价款结算和（或）支付以前手合同相应部分工程价款的结算结果和（或）支付为前提条件，通常表述为：前手发包人向前手承包人（后手发包人）结算和（或）支付工程价款后，后手发包人再按后手合同约定的比例（或金额）在一定期限内（也有条款不约定明确期限）向后手承包人结算和（或）支付价款。"背靠背"条款的实质是后手发包人将其在后手合同中的工程价款结算和（或）支付风险和义务与前手发包人对前手合同工程款的结算和（或）履行情况挂钩，以达到规避风险的目的。

北京市高院《关于审理建设工程施工合同纠纷案件若干疑难问题的解答》第22个问题："分包合同中约定总包人收到发包人支付工程款后再向分包人支付的条款的效力如何认定？"北京市高院的解答为："分包合同中约定待总包人与发包人进行结算且发包人支付工程款后，总包人再向分包人支付工程款的，该约定有效。因总包人拖延结算或怠于行使其到期债权致使分包人不能及时取得工程款，分包人要求总包人支付欠付工程款的，应予支持。总包人对于其与发包人之间的结算情况以及发包人支付工程款的事实负有举证责任。"

所以本案中的情形，项目经理B已经把结算的权利委托给前手了，该背靠背协议对协议双方当事人具有法律约束力。现前手已经与发包人完成合同结算，项目经理B再想去推翻该结算协议，一方面不具备充分的理由以要求重新结算；另一方面，一旦该项目启动鉴定重新结算，对已经完成结算的发承包人而言，本身已经确定的权利义务将会发生变动，甚至会引起在发承包方之间引发新的纠纷。

综合来说，本案中的“背靠背”条款是有效的，该结算协议对项目经理 B 也是有效的，项目经理 B 没有理由主张重新结算工程价款。

208 背靠背条款对结算价约定不明，可直接依据定额结算

总承包单位将钢结构工程分包给专业施工单位，并在分包合同中约定该分包工程的结算价以发包人和总承包单位的结算价下浮 15% 计算。现钢结构施工单位起诉发包人和总承包单位，并申请造价鉴定。在鉴定过程中，因总承包单位拒绝提供投标报价文件致使鉴定无法继续开展，该怎么处理？

关键词：背靠背条款、约定不明

根据《民法典》的规定，依法成立的合同仅对当事人具有约束力，所以总包合同约束的对象是建设单位和总包单位，而分包合同约束的是总包单位和承包钢结构工程的单位。首先，钢结构工程是否属于主体工程，总承包单位将钢结构工程分包给专业施工单位的合同是否有效？《建筑工程施工发包与承包违法行为认定查处管理办法》第 12 条规定：“存在下列情形之一的，属于违法分包：（一）承包单位将其承包的工程分包给个人的；（二）施工总承包单位或专业承包单位将工程分包给不具备相应资质单位的；（三）施工总承包单位将施工总承包合同范围内工程主体结构的施工分包给其他单位的，钢结构工程除外；（四）专业分包单位将其承包的专业工程中非劳务作业部分再分包的；（五）专业作业承包人将其承包的劳务再分包的；（六）专业作业承包人除计取劳务作业费用外，还计取主要建筑材料款和大中型施工机械设备、主要周转材料费用的。”从第 3 项可以看出，钢结构工程的分包是被排除在违法分包的范围之外的，因此总承包单位将钢结构工程分包给专业施工单位的分包合同是合法有效的。

分包合同中约定该分包工程的结算价以发包人和总承包单位的结算价下浮 15% 计算。通过之前的案例介绍可以分析出，这实际上是一个合法有效的背靠背条款。现在钢结构公司起诉总包单位要求支付工程款，由于背靠背条款的限制，鉴定机构只能依据总包合同的相关文件进行鉴定，在总包单位拒绝提供相关文件的情况下，鉴定应该如何开展？《民诉解释》第 112 条规定：“书证在对方当事人控制之下的，承担举证证明责任的当事人可以在举证期限届满前书面申请人民法

院责令对方当事人提交。申请理由成立的，人民法院应当责令对方当事人提交，因提交书证所产生的费用，由申请人负担。对方当事人无正当理由拒不提交的，人民法院可以认定申请人所主张的书证内容为真实。”这个规定通常又被称作“书证提出命令”，如果持有书证的一方拒不提供证据，应当承担不利的举证后果。例如一方提出复印件进行举证，而原件只有对方持有，经当事人申请法院可以要求对方提交原件证据，但如果对方没有正当理由拒不提供原件，那么复印件载明的内容就具有了足够的证明力。在这个案件中，分包单位可以向法院申请要求总包单位提交与建设单位之间的合同文件。

如果总包单位拒不提交证据资料，根据《建设工程司法解释一》第 32 条第 1 款的规定，当事人对工程造价、质量、修复费用等专门性问题有争议，人民法院认为需要鉴定的，应当向负有举证责任的当事人释明。当事人经释明未申请鉴定，虽申请鉴定但未支付鉴定费用或者拒不提供相关材料的，应当承担举证不能的法律后果。在书证提出命令规则下，总包单位负有相关证据材料的举证责任。如果当事人拒绝提供，根据《建设工程司法解释一》第 32 条第 1 款的规定，总包单位应该承担举证不能的法律后果。

如果鉴定单位有建设单位与总包单位的投标材料，就可以对总包合同中的钢结构工程进行造价鉴定，再将鉴定的总包钢结构工程价格下浮 15% 计算分包钢结构工程的价款。但现在由于没有原投标报价的相关材料，下浮 15% 的条款根本无法适用。在总包单位不提供投标价相应材料的情况下，鉴定机构鉴定的对象、依据和范围都处于不确定的状态。这种情况下，分包合同的双方当事人对钢结构工程的价款可以被认定为约定不明。

《造价鉴定规范》第 5. 3. 3 条规定：“鉴定项目合同对计价依据、计价方法约定不明的，鉴定人应厘清合同履行的事实，如是按合同履行的，应向委托人提出按其进行鉴定；如没有履行，鉴定人可向委托人提出‘参照鉴定项目所在地同时期适用的计价依据、计价方法和签约时的市场价格信息进行鉴定’的建议，鉴定人应按照委托人的决定进行鉴定。”由此可知，当双方对计价依据和计价方法约定不明时，鉴定机构也就无须再依据下浮 15% 的条款对原总包合同的工程进行鉴定了。因此在本案例中，鉴定单位可以直接对分包合同施工范围内的工程价款依据当地定额进行鉴定。

四、内部承包

209 当事人之间的内部承包协议合法有效

某住宅工程于2013年年底通过公开招投标程序确定施工单位为A公司。承接工程后，A公司与其项目经理B签订了《承包合同》。《承包合同》约定“工程承包范围及方式：同甲方与发包方承包的合同内容，风险承包，即乙方包工包料，承担该工程的所有债权债务及一切责任”。在实际施工过程中，施工所需的材料、机械、人工费用等均由A公司承担，并且A公司对该施工过程进行了管理和监督。其中，A公司与项目经理B在承接工程前签订了劳动合同，支付劳动报酬，但未缴纳社保。在该住宅工程结束后，B还管理了A公司的其他项目的施工。该《承包合同》是转包合同还是内部承包合同？

关键词： 内部承包

如果将案例中的合同定性为转包合同，显然合同效力应该归于无效；如果定性为内部承包合同，双方的权利和义务就完全适用另一套规则了。

《建筑工程施工发包与承包违法行为认定查处管理办法》第8条规定：“存在下列情形之一的，应当认定为转包，但有证据证明属于挂靠或者其他违法行为的除外：（一）承包单位将其承包的全部工程转给其他单位（包括母公司承接建筑工程后将所承接工程交由具有独立法人资格的子公司施工的情形）或个人施工的；（二）承包单位将其承包的全部工程肢解以后，以分包的名义分别转给其他单位或个人施工的；（三）施工总承包单位或专业承包单位未派驻项目负责人、技术负责人、质量管理负责人、安全管理负责人等主要管理人员，或派驻的项目负责人、技术负责人、质量管理负责人、安全管理负责人中一人及以上与施工单位没有订立劳动合同且没有建立劳动工资和社会养老保险关系，或派驻的项目负责人未对该工程的施工活动进行组织管理，又不能进行合理解释并提供相应证明的；（四）合同约定由承包单位负责采购的主要建筑材料、构配件及工程设备或租赁的施工机械设备，由其他单位或个人采购、租赁，或施工单位不能提供有关采购、租赁合同及发票等证明，又不能进行合理解释并提供相应证明的；（五）专业作业承包人承包的范围是承包单位承包的全部工程，专业作业承包人计取的是除上缴给承包单位‘管理费’之外的全部工程价款的；（六）承包单位通过采取合作、联营、个人承包等形式或名义，直接或变相将其承包的全部工程转给其他单位或个人施工的；（七）专业工程的发包单位不是该工程的施工总承包或专业承包单位的，但建设单位依约作为发包单位的除外；（八）专业作业的发包单位不是该工程承包单位的；（九）施工合同主体之间没有工程款收付关系，或者承包单位收到款项后又将款项转拨给其他单位和个人，又不能进行合理解释并提供材料证明的。两个以上的单位组成联合体承包工程，在联合体分工协议中约定或者在项目实际实施过程中，联合体一方不进行施工也未对施工活动进行组织管理的，并且向联合体其他方收取管理费或者其他类似费用的，视为联合体一方将承包的工程转包给联合体其他方。”这一条款规定了违法转包的多种表现形式。

各地高院在关于审理建设工程施工合同纠纷案件若干疑难问题的解答中明确了内部承包合同的构成及效力。北京市高院《关于审理建设工程施工合同纠纷案件若干疑难问题的解答》第5问：“如何认定建筑企业的内部承包行为?”北京市高院的解答为：“建设工程施工合同的承包人将其承包的全部或部分工程交由其下属的分支机构或在册的项目经理等企业职工个人承包施工，承包人对工程施工过程及质量进行管理，对外承担施工合同权利义务的，属于企业内部承包行为；发包人以内部承包人缺乏施工资质为由主张施工合同无效的，不予支持。”福建省高院《关于审理建设工程施工合同纠纷案件疑难问题的解答》第1问：“如何认定施工企业内部承包合同的性质与效力?”福建省高院的解答为：“建设工程施工合同的承包人与其下属分支机构或职工就所承包的全部或部分工程施工所签订的承包合同为企业内部承包合同，属建筑施工企业的一种内部经营方式，法律和行政法规对此并不禁止，承包人仍应对工程施工过程及质量等进行管理，对外承担施工合同的权利义务。当事人以内部承包合同的承包方无施工资质为由主张合同无效的，不予支持。”

由此可见，内部承包是法院认可的一种内部管理方法。不同于转包和挂靠行为，内部承包协议是合法有效的。本案中 A 公司与项目经理 B 之间就是典型的内部承包合同关系。虽然合同约定由项目经理 B 承担一切施工义务，但由于施工过程中所有材料、机械设备、人工都是由 A 公司负责的，所以双方事实上成立的就是内部承包合同关系，该合同是合法有效的。

210 内部承包合同与背靠背条款并不当然无效

总包单位把部分项目以内部承包责任制的形式分包给员工，内部责任制协议规定单位按总造价提15%后该员工自负盈亏（工程竣工结算方法条款以总包与建设单位的施工合同为准）。总包单位投标时采用了不平衡报价，压低分包部分综合单价，并清单有许多漏项及工程量偏少现象。但总包施工合同规定只调减（清单量大于实际量调减，小于实际量不调增），另外，图纸未变更引起清单漏项，也不予以调增清单项。单位与员工签订协议时未出示施工合同及讲明施工合同结算方法，只说明总包施工合同按清单单价固定形式结算。最后员工亏本。请问员工可以就少量及清单漏项事宜向单位主张补偿吗？

关键词：合同效力、背靠背条款

这是一个典型的“背靠背条款”，总包单位和内部员工的结算完全以总包单位与建设单位的结算结果为依据。由于工程量清单存在漏项和工程量偏少的情形，且总包单位在投标时采用不平衡报价压低了部分综合单价，这种情况导致的员工损失能否向总包单位主张补偿？

建设单位和总包单位之间签订的合同应该是有效的，虽然合同中约定了很多对总包单位不利的条款，结算时也没有据实结算，看起来非常不公平，但基于双方自由意思表示，合同是具有约束力的。现在这些不利因素通过分包协议转嫁给了分包人，根据合同相对性，分包人也应该接受这些条款的约束。

关于总包单位和内部承包人员之间的法律关系，福建省高院《关于审理建设工程施工合同纠纷案件疑难问题的解答》第1问：“如何认定施工企业内部承包合同的性质与效力？”福建省高院解答为：“建设工程施工合同的承包人与其下属分支机构或职工就所承包的全部或部分工程施工所签订的承包合同为企业内部承包合同，属建筑施工企业的一种内部经营方式，法律和行政法规对此并不禁止，承包人仍应对工程施工过程及质量等进行管理，对外承担施工合同的权利义务。当事人以内部承包合同的承包方无施工资质为由主张合同无效的，不予支持。”由此可见，对内部承包合同的效力问题是没有争议的，但总包合同中关于不调整工程量和不增加漏项清单项的约定是否无效？

根据《民法典》的规定，只有违反法律和行政法规的强制性规定才会导致合同无效，在之前的案例分析中也提到过，仅违反《清单计价规范》的强制性规定并不会导致合同无效。因此，在这个问题中，无论是总包合同还是背靠背条款，对当事人都是具有法律约束力的。只是在有些情况下，法官可以给予公平原则和诚信原则介入当事人之间的自由约定，通过公权力来调整当事人之间存在的不平衡利益。

五、联合体

211 项目建设或者运营过程中，联合体成员发生变更应当承担违约责任

《招标投标法实施条例》第37条第2款规定："招标人接受联合体投标并进行资格预审的，联合体应当在提交资格预审申请文件前组成。资格预审后联合体增减、更换成员的，其投标无效。"

问题：(1) 该规定的适用时间是项目的全过程，还是仅在招投标阶段？(2) 若在项目建设或者运营过程中，联合体成员发生变更，是否可能导致项目中标无效？

关键词：合同变更、违约责任

《招标投标法实施条例》第37条主要是用来解决招标投标程序中的问题，该条款规定资格预审后联合体增减、更换成员的，其投标无效。这其中并没有涉及项目实施过程中成员增减和更换的问题，何况施工过程中再去改变联合体成员，这样一个事后发生的行为通常不会改变原民事法律行为的效力。

对项目建设过程中变更联合体成员的行为应该如何定性？从合同法的角度来看，联合体成员的改变属于合同主体的变更，正常情况下应该属于债权的概括转移，但在建设单位不知情甚至不同意的情形下擅自变更联合体的成员，这实际上是承包人的一种根本违约行为，承包人应该对此承担违约责任。承担违约责任后的效果有两种，一种是通过强制履行、赔偿损失或承担违约金等方式承担违约责任，另一种是建设单位行使合同解除权以解除合同。根据《民法典》第566条第

1 款的规定，合同解除后，尚未履行的，终止履行；已经履行的，根据履行情况和合同性质，当事人可以请求恢复原状或者采取其他补救措施，并有权请求赔偿损失。由于建设工程施工合同解除后无法恢复原状，因此只能参考不当得利对施工单位折价补偿。合同解除后计算工程价款的方法包括比例法、定额法、扣减法等。除支付工程价款外，守约方同样可以要求违约方赔偿损失，包括建设单位通过其他施工单位完成剩余施工所产生的费用，也能够要求承包人予以赔偿。

总结来说，项目建设或者运营过程中，联合体成员发生变更，是承包人的一种违约行为，其不一定会影响中标行为的法律后果，但构成违约的需要承担违约责任以及合同解除后产生的系列后果。

六、施工资质

212 施工单位超越资质导致合同无效，不影响合同价款结算

项目立项为公路工程，业主为县交通运输局。招标文件要求投标人资质为市政资质一级或公路一级资质，因设计图纸不完善，以费率进行招标，中标价为“县财政评审中心审定价格×98.9%”。施工单位以市政资质投标取得中标资格。合同约定，价格调整依据市政定额执行。请问应执行哪一项定额？

关键词：工程资质

首先需要明确的问题是，是否能够以市政资质承接公路工程？通常市政包含的范围是绿化、排水，也包括一些市区内的道路施工等；而公路一般是区县之间的高速公路项目，这显然和市政工程需要的资质不同。并且公路项目依据的是《公路工程技术标准》，与一般工程适用的《清单计价规范》等文件不同。如果以市政资质来承接高速公路的项目，根据《建筑法》第 26 条的规定，承包建筑工程的单位应当持有依法取得的资质证书，并在其资质等级许可的业务范围内承揽工程。禁止建筑施工企业超越本企业资质等级许可的业务范围或者以任何形式用其他建筑施工企业的名义承揽工程。从合同效力上来说，以市政资质承揽公路施工项目的合同应该是无效的，但这种合同无效的情形并不影响合同价款的结算。根据《民法典》第 793 条规定，建设工程施工合同无效，但是建设工程经验

收合格的，可以参照合同关于工程价款的约定折价补偿承包人。所以，即便施工单位没有公路资质承揽工程而导致合同无效，工程验收合格后也同样能够参照合同约定计算价款。所以案例中合同约定价格调整按照市政执行，最后也应该按照合同约定参照市政定额计价。

213 总包人无消防资质，由其对外分包对建设单位更有利

EPC 总承包单位无消防资质，是签订三方协议比较好，还是由总包单位分包比较好？

关键词： 资质

首先了解一下关于资质的相关规定，《建筑业企业资质标准》罗列了施工总承包序列资质标准，施工总承包序列设有 12 个类别，分别是：建筑工程施工总承包、公路工程施工总承包、铁路工程施工总承包等 12 类。承包工程范围包括各类结构形式的民用建筑工程、工业建筑工程、构筑物工程以及配套的道路、通信、管网管线等设施工程。工程内容包括地基与基础、主体结构、建筑屋面、装饰装修、建筑幕墙、附建人防工程以及给排水及供暖、通风与空调、电气、消防、智能化、防雷等配套工程。其中，工程内容包含了消防的部分，对资质标准也有相应的要求。

《建筑法》第 26 条第 1 款规定："承包建筑工程的单位应当持有依法取得的资质证书，并在其资质等级许可的业务范围内承揽工程。"对于题干中的 EPC 总承包单位，《建筑业企业资质标准》提到，施工总承包工程应由取得相应施工总承包资质的企业承担。取得施工总承包资质的企业可以对所承接的施工总承包工程内各专业工程全部自行施工，也可以将专业工程依法进行分包。对设有资质的专业工程进行分包时，应分包给具有相应专业承包资质的企业。施工总承包企业将劳务分包时，应分包给具有施工劳务资质的企业。所以取得施工总承包资质的企业，可以对外承接施工总承包并自行施工完成全部施工，也可以将专业工程依法对外分包给具有相应资质的企业。案例中的总承包单位没有消防资质，显然可以把消防工程依法交给具有消防资质的单位承包。

《建筑业企业资质标准》还提到，设有专业承包资质的专业工程单独发包时，

应由取得相应专业承包资质的企业承担。取得专业承包资质的企业可以承接具有施工总承包资质的企业依法分包的专业工程或建设单位依法发包的专业工程。也就是说，具有消防资质的单位既可以承接总包单位依法分包的工程，也可以承担建设单位直接发包的专业工程。那在本案中，应该选择由总包单位对外分包还是选择签订三方协议？

首先可以确定对外分包是合法有效的。《民法典》第593条规定："当事人一方因第三人的原因造成违约的，应当依法向对方承担违约责任。当事人一方和第三人之间的纠纷，依照法律规定或者按照约定处理。"如果总包单位由于负责消防工程单位的原因造成了违约，无论是因为质量不合格还是延误工期造成的违约，都应由总包单位直接向建设单位承担违约责任，而总包单位和专业承包单位之间的纠纷，则依照法律规定或约定另行处理。根据《民法典》第791条第2款的规定，总承包人经发包人同意，可以将自己承包的部分工作交由第三人完成。第三人就其完成的工作成果与总承包人向发包人承担连带责任。所以如果选择由总包单位对外分包消防工程，总包单位和消防单位应该共同对消防的质量向建设单位承担质量责任。按照这样一种线性发包的组织模式，建设单位只需要管理好总包单位即可，这种方式对建设单位而言是有利的。

签订三方协议，也就是由建设单位将工程平行发包给具有消防资质的企业和上述总包单位。平行发包也不一定会改变EPC合同的性质，也可能是部分工程的总承包，而原来的总包单位在这里承担的就是总承包服务费里面的配合义务，和总包单位对外分包基本是一样的效果，只是上述总包单位无须对消防单位施工的工程承担连带责任。

七、串通投标

214 串通投标的合同无效，但承包人可以验收合格主张折价补偿

政府扶持的棚户区改造项目，实际开工日期是2017年3月，2018年6月主体封顶，2018年10月完工。但本项目实际是2018年7月进行的招投标，2018年8月签订施工合同，2018年10月取得规划许可证和施工许可证。开竣工报告载明的日期为2018年8月开工，2019年10月竣工。施工合同约

定结算时材料价格按照施工同期的指导价进行调整。结算时施工单位报送结算按照开竣工报告载明的施工段指导价进行了调整（该阶段指导价高于实际施工时的指导价），建设方也同意。请问，该工程由于程序上的不合规导致材料调差与实际不符，将来会不会存在审计隐患？

关键词：串通投标、工程结算

本案中，当事人双方根据一个虚假的招投标项目签订了虚假的合同，包括规划许可证和施工许可证也都是虚假的。施工单位按照开竣工报告载明的施工段指导价报送了结算报告，建设单位也同意了。《招标投标法》第 32 条第 2 款规定："投标人不得与招标人串通投标，损害国家利益、社会公共利益或者他人的合法权益。"第 53 条规定："投标人相互串通投标或者与招标人串通投标的，投标人以向招标人或者评标委员会成员行贿的手段谋取中标的，中标无效……"由这两条可以确定，本案中的招投标行为是无效的法律行为。《建设工程司法解释一》第 1 条第 1 款规定："建设工程施工合同具有下列情形之一的，应当依据民法典第一百五十三条第一款的规定，认定无效：……（三）建设工程必须进行招标而未招标或者中标无效的。"

对于无效的建设工程施工合同，根据《民法典》第 793 条第 1 款的规定，建设工程施工合同无效，但是建设工程经验收合格的，可以参照合同关于工程价款的约定折价补偿承包人。所以在这个项目中，即使双方签订的合同是无效的，也仍然应当按照签订的合同来进行价款结算。合同中约定的是按照施工同期的指导价，显然施工同期是真实的开工时间和竣工时间，而不是违法的开竣工报告载明的虚假开竣工时间。如果双方对开竣工时间有争议，根据《建设工程司法解释一》第 8 条和第 9 条的规定可以分别确定开工时间和竣工时间。但本案的特殊之处在于，双方对开竣工时间并没有争议，施工单位按照虚假开竣工报告上的时间调整材差的行为是经过甲方同意的。即便双方都认可了签订的结算协议，合同依旧是无效的。《建设工程司法解释一》第 29 条规定："当事人在诉讼前已经对建设工程价款结算达成协议，诉讼中一方当事人申请对工程造价进行鉴定的，人民法院不予准许。"一般来说，施工合同被确认无效，双方在诉讼前达成的结算协议也被认为是有效的，但根据《民法典》第 153 条的规定，违反法律、行政法规的强制性规定的民事法律行为无效。违背公序良俗的民事法律行为无效。本案中发承包双方签订的结算协议既违反了法律和行政法规的强制性规定，也损害了国家利益，违背了公序良俗，显然该结算协议应该被认定为无效。

另外，这里还涉及相关的刑事犯罪。简单提示一下，比如最高院《关于审理贪污、职务侵占案件如何认定共同犯罪几个问题的解释》第1条规定：“行为人与国家工作人员勾结，利用国家工作人员的职务便利，共同侵吞、窃取、骗取或者以其他手段非法占有公共财物的，以贪污罪共犯论处。”显然建设单位与施工单位的这种串通行为已经触犯《刑法》。有人会发出疑问：这里如果是私人投资项目中达成的结算协议，是否有效？根据《建设工程司法解释一》第29条的规定，私人投资项目中，如果双方达成了协议，协议通常是有效的，也不会涉及招投标和审计的问题。本案例中，正因为是政府项目，才会认为协议无效甚至触犯刑法规范。

总结来说，案例中的竣工结算协议应该被认定为无效，最后结算应该按照实际施工的同期政府指导价进行调整。值得注意的是，造价问题有时不仅仅是民法方面的问题，甚至会涉及刑事犯罪，比如贪污罪、非国家工作人员受贿罪、出具证明文件重大失实罪等。

八、黑白合同

215 合同实质性内容是不确定的概念，需要法院个案具体化

除了工程范围、质量要求、工期、价款支付与结算外，如何认定施工合同实质性内容？

关键词：实质性内容

《招标投标法》第46条第1款规定：“招标人和中标人应当自中标通知书发出之日起三十日内，按照招标文件和中标人的投标文件订立书面合同。招标人和中标人不得再行订立背离合同实质性内容的其他协议。”

《招标投标法实施条例》第57条第1款规定：“招标人和中标人应当依照招标投标法和本条例的规定签订书面合同，合同的标的、价款、质量、履行期限等主要条款应当与招标文件和中标人的投标文件的内容一致。招标人和中标人不得再行订立背离合同实质性内容的其他协议。”

《建设工程司法解释一》第2条规定："招标人和中标人另行签订的建设工程施工合同约定的工程范围、建设工期、工程质量、工程价款等实质性内容，与中标合同不一致，一方当事人请求按照中标合同确定权利义务的，人民法院应予支持。招标人和中标人在中标合同之外就明显高于市场价格购买承建房产、无偿建设住房配套设施、让利、向建设单位捐赠财物等另行签订合同，变相降低工程价款，一方当事人以该合同背离中标合同实质性内容为由请求确认无效的，人民法院应予支持。"

《建设工程司法解释一》第22条规定："当事人签订的建设工程施工合同与招标文件、投标文件、中标通知书载明的工程范围、建设工期、工程质量、工程价款不一致，一方当事人请求将招标文件、投标文件、中标通知书作为结算工程价款的依据的，人民法院应予支持。"

《建设工程司法解释一》第23条规定："发包人将依法不属于必须招标的建设工程进行招标后，与承包人另行订立的建设工程施工合同背离中标合同的实质性内容，当事人请求以中标合同作为结算建设工程价款依据的，人民法院应予支持，但发包人与承包人因客观情况发生了在招标投标时难以预见的变化而另行订立建设工程施工合同的除外。"

以上都是关于合同实质性条款内容的法律规定，理解实质性内容的关键在于把握改变的内容是否构成躲避对招投标的监管、架空招投标程序的后果，是否损害了对其他投标人公平参与竞争的权利，这才是构成合同实质性内容的本质。实质性内容其实是一个不确定的法律概念，需要法官在具体的案件中进行判断并将其具体化。比如当一个违约金条款的改变引起双方权利义务发生重大变化时，关于违约金的约定也应当认定为构成合同的实质性内容，这在最高院以及各地的司法判例中都能找到支持性的判决论证，如（2020）最高法民终927号民事判决书、（2019）津01民初672号民事判决书等。

216 招投标文件与实际签订的合同不一致，应以招投标文件内容为准

新疆某项目招标文件约定的是定额计算固定总价，报价时要求考虑很多风险因素。签订合同时约定的也是固定总价，但合同价格调整约定又是按照固定单价的调整内容，与招标文件不符。一审单位与施工单位在合同执行上

有争议，参考招标文件中的调整方法做了结算；项目二审时，二审单位又按照固定单价对工程量超过5%的项目进行审减调整，是否合理？

关键词：工程结算、黑白合同

当招标文件和实际签订的合同不一致时，根据《建设工程司法解释一》第22条的规定，应该以招投中文件的内容作为结算依据。如果双方根据招投标文件的内容签订了中标合同，之后又通过签订补充协议对原中标合同的内容作出了实质性的修改，这时的补充协议是黑白合同中的黑合同，结算时仍应该按照白合同（中标合同）结算。

本案中，双方签订中标合同时就已经对合同的内容作出了实质性的修改，这样的合同形式上看起来是合法的，实质上已经违反了《招标投标法》《招标投标法实施条例》等法律法规的规定，在性质上属于表面合法实质内容违法的白皮黑心合同。虽然本案中，黑合同内容的约定才是当事人一致的意思表示，但因合同本身违反了法律和行政法规的强制性规定，因而自始不发生法律效力。所以双方还是应该按照招投标文件的内容进行结算。

招投标文件和实际签订的合同中关于价格调整的方法不一致，而这种不一致直接影响了整个施工合同的价款的结算，因而必须按照原招投标文件中价格调整方式进行价款结算。

217 经过招投标的施工合同，再行签订调整材料范围的补充协议构成黑白合同

主合同的材料价格调差是全口径（30余种材料条件），后来签订补充协议，缩小了材料调差的口径（10余种），调差应该按照哪一个协议进行调整？如果甲方（国有单位）考虑公平性原则，愿意扩大部分材料调差的口径，有没有依据，或者如何操作才是合规的？

关键词：补充协议、黑白合同

这里涉及几个问题：首先，《民法典》第543条规定当事人协商一致是可以变更合同的，所以如果不是经过招投标的项目，双方签订了合同之后又签了一个

补充协议，显然应该是按照签订在后的补充协议进行调整，因为签订在后的补充协议实质上是双方当事人协商后变更原合同的合意。但是，如果经过招投标签订了施工合同，之后又通过补充协议对工程价款中关于调差的范围进行变更，这种情况可能会违反《招标投标法》第46条、《建设工程司法解释一》第2条的相关规定。这时候签订的补充协议的调整内容是无效的，还是应当以签订的施工合同为调价依据。

问题提到，如果甲方（国有单位）考虑公平性原则，愿意扩大部分材料调差的口径，如何操作才是合规的？甲方是国有单位，这肯定是一个经过法定招标的项目，根据《建设工程司法解释一》第2条的规定，当事人对工程价款另行约定的实质性内容与主合同不一致时，应该以中标合同作为结算依据。现在甲方想扩大材料调差的口径，想通过签订合同进行调整，有没有法律依据？这里可以依据《招标投标法》第46条和《建设工程司法解释一》第2条的相关规定，通过一个双方的文件，表示原来签订补充协议时违反了相应的法律规定，现在主动纠正当时的错误，根据《建设工程司法解释一》第2条合法地履行合同。通过这种操作把合同内容调整回中标合同自然是合规的。

218 因客观情况变化签订的补充协议有效

公司是国有企业，2016年7月通过招标方式确定了一个项目的施工单位，并签订了施工合同，工期10个月。合同约定材料价格不可调，按投标时的固定综合单价计价，还约定以审计局审计结果为准且不超过中标金额。但是2017年9月公司向施工单位发函，表明因拆迁原因导致工期延期，后又遇到环保督查，材料价格上涨幅度较大，要求施工单位尽快组织施工完成剩余的工程建设，各方按实认价材料上涨的价格。后来各方对材料范围及价格进行了书面确认，但是没有签订补充合同。工程竣工后初审报告征求意见稿没有得到施工单位的认可，争议点在于材料价差部分的款项，其余没有争议。现在要解决工程竣工后材料价差及最终结算价不超中标金额的问题。主张赔偿材料涨价损失的诉讼请求是否可行？若此诉求无法得到支持，什么诉求会得到支持呢？

关键词：补充协议、价格调整

这个合同约定非常霸道，约定结算金额不能超过中标的价格，这几乎是不可能的。案例中原来约定材料价格不可调，后来因为一些客观原因，甲方又同意调整，双方还书面确认材料的实际价格。双方没有签订书面补充协议，是否也可以认为材料价格可以调整的补充约定生效了呢？有人认为这里涉及的是黑白合同的问题。《建设工程司法解释一》第 2 条、第 22 条和第 23 条都规定了禁止黑白合同，黑合同无效而只能依据在前的白合同作为结算依据。但是同时第 23 条规定了例外情况："但发包人与承包人因客观情况发生了在招标投标时难以预见的变化而另行订立建设工程施工合同的除外。"也就是说，因客观情况发生了在招标投标时难以预见的变化时，双方当事人可以在合同履行过程中签订补充协议。黑白合同基于公平原则，为了保护所有投标人的利益而不允许发承包方在中标后再重新签订补充协议，从而架空整个招投标来躲避监管。但是，如果施工过程中发生设计变更或出现材料价格大幅上涨的情形，又或者发生了在招标投标时难以预见的变化，双方基于合同自由原则也可以签订补充协议。黑白合同规则和双方依法变更合同，其实是法律的公平原则和合同自由原则之间的较量。

这里可以首先判断双方签订补充协议的目的，是架空招投标躲避监管还是因为设计变更、材料价格上涨等情况。本案中的项目虽是国有企业的法定招标项目，但在合同履行过程中材料价格大幅上涨，甲方为了让项目尽快完工而牺牲了自己的部分利益，从而和施工单位签订补充协议，这种做法完全没有问题，所以双方是可以签订补充协议的。

《政府投资条例》第 23 条规定："政府投资项目建设投资原则上不得超过经核定的投资概算。因国家政策调整、价格上涨、地质条件发生重大变化等原因确需增加投资概算的，项目单位应当提出调整方案及资金来源，按照规定的程序报原初步设计审批部门或者投资概算核定部门核定；涉及预算调整或者调剂的，依照有关预算的法律、行政法规和国家有关规定办理。"如何理解"客观情况发生了在招标投标时难以预见的变化"里的"客观情况"？我们国家是成文法国家，不可能把方方面面的内容都在法律中规定得很详细。成文法最大的问题在于，法律语言没有办法完全涵盖客观事实。有句话说，语言一旦表达出来，就与内心真正想要表达的意思有所背离了。所以在法律语言不够精确的情况下，需要让不确定的概念具体化，而这种让法律语言具体化的工作，就要由法官在判案过程中根据自己的经验和内心判断来完成了。

根据《政府投资条例》和《建设工程司法解释一》第 23 条的规定，可以确定双方是可以变更合同约定调整合同价格的。在本案中，甲方通过发函的方式确认了调整材料价格的约定，即使没有签订书面的补充协议也并不影响合同的成立。《民法典》第 134 条第 1 款规定："民事法律行为可以基于双方或者多方的意思表示一致成立，也可以基于单方的意思表示成立。"所以双方确认的合同价格调整的约定对双方有约束力，那么既然双方已经确认调价，最后就应该按照书面确认的文件来执行。至于主张赔偿材料涨价损失的诉请，因为建设单位已经同意调整材料价格，所以直接按照约定支付工程价款即可。

关于合同中约定结算价不能超过中标价格的问题。由于结算价肯定会超过中标价，那么应该如何突破这个条款？第一种方式，可以通过双方当事人协商一致变更合同，原来合同中约定不能超过中标价，但由于合同履行过程中，双方对材料价格上涨部分达成了新的一致意见，可以根据变更后的合同继续执行。第二种方式，可以用合同解释规则处理，双方约定结算价格不超过中标价格的真实意思表示，应该是基于合同履行过程中不发生任何变更或者调差的情况下成立的约定，既然合同履行过程中发生的客观情况需要调整合同价格，那么也应该及时地作出相应的价格调整。

219 当事人不得再行订立背离合同实质性内容的其他协议

鉴定中的问题：招投标文件均采用 2013 版《清单计价规范》进行编制，但后续合同的专用条款中约定措施费率执行 2008 版《清单计价规范》（费率较 2013 版有所提高），且约定此费率不得调整。这种情况下能否按合同约定，主动调整已标价工程量清单的措施费率？

关键词： 黑白合同

《建设工程司法解释一》第 22 条规定："当事人签订的建设工程施工合同与招标文件、投标文件、中标通知书载明的工程范围、建设工期、工程质量、工程价款不一致，一方当事人请求将招标文件、投标文件、中标通知书作为结算工程价款的依据的，人民法院应予支持。"《招标投标法》也规定，当事人不得签订实质性内容不一致的施工合同。

黑白合同规则，是指当事人在后签订的补充协议与在先达成的中标合同内容不一致时，应该按照中标合同也就是白合同的内容来履行。《建设工程司法解释一》第22条中的中标合同为白皮黑心合同，就是在签订中标合同时变更了招投中文件的实质性内容，虽然从形式上看中标合同是白合同，但其约定的内容已经违反了法律的强制性规定，因此应当归属于无效的合同。也就是说，在白皮黑心合同中，应该按照招投中文件的相关内容来履行合同义务。

如果招投中文件均采用《清单计价规范》进行编制，后续签订的合同却约定措施费率执行2008版《清单计价规范》，这实际上就是在签订合同的过程中调高了费率，显然是修改了原合同约定的实质性内容。根据上述分析，鉴定机构应该按照招投标文件的内容，采用2013版《清单计价规范》的费率计算价款。黑白合同规则的核心在于维护招投标程序提供给所有投标人公平竞争的机会，招投标双方在中标后签订实质性内容不一致的中标合同或补充协议，是法律明确禁止的架空招投标程序的违法行为。

220 当事人不得另行订立背离实质性内容的合同

合同约定偏差超过±5%的砼和钢筋需要调价。后因资金不到位，签订补充协议要求所有材料都要调差。请问是否合理？

关键词：合同变更、黑白合同

根据《民法典》第543条的规定，当事人协商一致，可以变更合同。变更合同是当事人的自由，一般来说，合同履行过程中当事人可以自由变更原合同约定的内容。

首先，合同约定偏差超过±5%的砼和钢筋需要调价，而没有约定其他材料是否调整价款。根据罗马法延续至今的“明示其一即排除其他”法律规则，如果当事人在合同中列明了特定的款项，未采用更为一般性的或包罗万象的术语，那么，其意图就是排除了未列明的项目，尽管未列明的项目与列明的项目类似。根据这种理解，合同既然约定调整超过±5%的砼和钢筋的价格，那么其他材料则应当视为不予调整。从另一个角度来说，合同没有明确约定其他材料是否调整，根据合同漏洞填补规则应该视为材料价格是可以调整的。如果实践中黄沙的价格上涨了2000万元，法官按照第一种理解方式不予调整价款，显然对施工单位来说是极不公平的。

其次，如果这是一个经过招投标的项目，中标合同只约定调整砼和钢筋的价格，合同履行过程中如果签订补充协议约定所有材料都要调差，显然涉及改变原合同约定的价款，应该受到招标投标程序及公平原则的限制。《建设工程司法解释一》第23条规定："发包人将依法不属于必须招标的建设工程进行招标后，与承包人另行订立的建设工程施工合同背离中标合同的实质性内容，当事人请求以中标合同作为结算建设工程价款依据的，人民法院应予支持，但发包人与承包人因客观情况发生了在招标投标时难以预见的变化而另行订立建设工程施工合同的除外。"也就是说，无论是否为法定招标项目，只要进行了招投标程序，发承包方另行订立的建设工程施工合同都不能背离原中标合同的实质性内容。如果构成黑白合同，一方当事人有权要求按照中标合同的约定结算工程款。第23条最后一句规定了一种特别情况，如果本案中原来的规划条件发生改变或甲方修改了原来的设计图纸，导致施工所使用的材料与原来相比产生了巨大的差异，这种情况下双方签订补充协议改变价款调整的规则也是可以的。

黑白合同规则是对当事人变更合同自由的一种限制，其实质是维护招标投标程序的秩序，保护投标人公平参与竞争的机会。黑白合同规则本是两种利益之间博弈权衡的结果，但如果合同履行过程中确实发生了难以预见的变化需要调整合同内容，而这种变更合同的行为本质上并不存在架空招标投标的限制以及躲避监管的情况等，双方在这种情况下签订补充协议变更中标合同内容的行为并不违反法律的强制性规定。像本案如果由于甲方的原因资金不到位，影响预付款或进度款的支付，造成工期延误材料价格上涨等，这种情形下签订补充协议调材差是没有问题的。

总结来说，自主变更合同内容是当事人的自由，但基于公平原则，经过招标投标程序签订的合同不允许当事人再另行签订背离中标合同实质性内容的补充协议。只要不违反《招标投标法》的精神，在合同履行过程中发生了在招标投标时难以预见的变化，当事人也可以根据实际情况调整合同内容。

221 合同履行过程中因客观情况变化可以另行订立补充协议

工程采用EPC施工+设计+地勘模式，合同约定各节点施工工期（如地勘完成时间、设计完成时间、审图完成时间、开工时间、竣工时间、交付时间等)。后双方签订了补充协议，在协议中明确因非承包人原因造成工期延长，双方同意将原合同中总施工日历天1010天工期延长为1224天，同时在补充协议中又对各里程碑阶段约定如下：“……三、发包人同意取消原《总承包合同》专用条款11.5条对承包人进行里程碑阶段工期延误的处罚，仅保留对承包人总工期延误的处罚；发包人不承担11.7条约定的赶工费、承包人不向发包人另行索取由于发包人原因引起的工期顺延产生的费用补偿。”

进入审计阶段，承包单位存在各里程碑阶段严重延后现象，现存在的问题如下：(1) 审计认为此合同中本条款无效，工期为合同的实质性条款，总工期延长对应的各里程碑阶段期应按原合同进行顺延，不能减少对承包人的处罚；(2) 补充协议未提供非承包人原因的相关资料，不能证明工期延长就是发包人的原因，合同签订存在问题；(3) 根据资料主要原因为施工许可证办理延长，但存在提供图纸、图纸审查等应由承包人完成的工作严重延长现象，审计认为工期延长是承包人提供资料不及时造成，所以不认可补充协议延长工期；(4) 现已进入审计阶段，如何让承包人不承担延期罚款，发承包人又能规避风险，审计规避风险。

关键词：补充协议、合同效力

问题是关于延长工期的补充协议是否无效。《民法典》第153条规定：“违反法律、行政法规的强制性规定的民事法律行为无效。但是，该强制性规定不导致该民事法律行为无效的除外。违背公序良俗的民事法律行为无效。”《招标投标法》第46条第1款规定：“招标人和中标人应当自中标通知书发出之日起三十日内，按照招标文件和中标人的投标文件订立书面合同。招标人和中标人不得再行订立背离合同实质性内容的其他协议。”

现在，承包人主张发承包双方协商一致可以变更合同内容，而审计人员则认为该补充协议违反《招标投标法》的规定，属于无效的约定。《建设工程司法解释一》第23条规定：“发包人将依法不属于必须招标的建设工程进行招标后，与承包人另行订立的建设工程施工合同背离中标合同的实质性内容，当事人请求以中标合同作为结算建设工程价款依据的，人民法院应予支持，但发包人与承包人因客观情况发生了在招标投标时难以预见的变化而另行订立建设工程施工合同的除外。”这个条款的本意在于，如果双方在合同履行过程中，根据合同自由原则自愿变更合同，目的不是躲避招投标或者躲避监管，只是根据合同的履行情况达成了新的补充协议，这种情形下合同当事人的一致意思表示是受法律保护的。何况这个案例中工期的延长也有发包人未提供资料等因素，所以审计人员不能仅根据《补充协议》中关于工期的约定就简单地判断合同无效。

222 对工程进度款支付方式的变更属合同实质性内容变更

某项目招标文件要求投标报价按费率投标，最终以财政评审金额作为签约合同金额。投标文件按费率报价，经过招投标程序后确定该公司中标；签署了 EPC 总承包合同，为了便于工程预付款的支付，合同金额暂估为 6.25 亿元，比概算金额低（最终以财政评审金额作为合同金额，合同签署时财评金额未确定），预付款支付比例为暂定合同金额 10%，进度款支付比例为 70%，2020 年 12 月 30 日竣工。资金来源为财政资金贷款 8.9 亿元，其余自筹。

存在的问题：目前产值与计划目标存在较大偏差（严重滞后），12 月 30 日肯定无法竣工，5.0 亿元财政贷款资金无法全部支付。对于财政的贷款资金5.0 亿元在12 月 30 日前必须全部支付完毕，否则对未支付资金全部收回，同时对相关领导进行问责处理。

基于这样的情况，建设单位提出如下措施：（1）由于财政评审金额至今未确定，通过签署补充协议的方式，把合同金额由原来暂定的 6.25 亿元调增为 8.2 亿元（已批复概算金额 10.4 亿元，其中 EPC 总承包费用为 8.2 亿元）；（2）提高预付款的支付比例，由原来的 10% 提高至 30%；（3）工程进度的支付比例由 70% 提高至 90%；（4）实行建设单位与总包单位资金共管措施，经过测算基本可以实现 12 月底财政贷款资金完成 8.9 亿元的支付额度。

建设单位提出的措施是否可行？

关键词： 黑白合同、进度款

这是一个采用当地的市政定额作为计价依据，然后按照费率进行招标的项目。投标人在投报费率时可能会做一定的拆解，包括设计采用的费率和施工采用的费率等。通常，EPC项目招标过程中没有甲方提供的工程量清单，也没有投标人填报的价格清单，为了约定工程价款的支付进度采用暂列金额的方式。合同暂估金额为6.25亿元，最终以财政评审的金额为准，预付款支付比例为10%，进度款支付比例为70%。现在财政评审金额没有确定，工程也无法按时竣工，而财政资金又必须在12月30日前支出，为了避免财政资金被收回，建设单位和施工单位通过签订补充协议调高原来的合同价款并改变工程进度款的支付方式，以此来完成财政资金支付额度的标准。实践中也会有类似的情况发生，而建设单位与施工单位签订这类补充协议是否合法有效？主要从以下几个角度分析：

首先，根据《招标投标法》第2条的规定，在中华人民共和国境内进行招标投标活动，适用本法。这个项目应当受我国《招标投标法》的约束，必须符合招标投标的法定程序并受到国家公权力的监督。《招标投标法》第46条第1款规定："招标人和中标人应当自中标通知书发出之日起三十日内，按照招标文件和中标人的投标文件订立书面合同。招标人和中标人不得再行订立背离合同实质性内容的其他协议。"如果投标人中标后，双方签订补充协议改变了原中标合同的实质性内容，两份合同应该属于黑白合同，只有白合同（中标合同）才能作为双方结算工程款的合法依据。案例中双方签订补充协议改变的是合同的暂列金额，而非改变合同价款，因为双方很明确地约定了最终的合同价款需要经过财政评审来确定，而投标费率也没有因此发生改变。从这个角度来说，双方并未通过补充协议改变合同价款这一实质性内容。

其次，改变进度款的支付比例是否属于改变中标合同的实质性内容？《建设工程司法解释一》第2条第1款规定："招标人和中标人另行签订的建设工程施工合同约定的工程范围、建设工期、工程质量、工程价款等实质性内容，与中标合同不一致，一方当事人请求按照中标合同确定权利义务的，人民法院应予支持。"条文没有直接规定进度款的支付是否属于实质性内容，判断是否属于实质性条款通常还需要结合招标程序的作用综合确定。由于在招标过程中，工程款支付进度会影响投标人的投标策略进而影响投标人公平参与竞争的机会，因此像这种对中标结果会产生重大影响的条款，通常都被认为是属于中标后禁止再行变更的实质性条款。所以改变工程进度款支付的方式属于合同实质性内容的变更。

实践中其实也并没有完全禁止中标后对合同实质性条款的变更。《建设工程司法解释一》中提道："为正确审理建设工程施工合同纠纷案件，依法保护当事人合法权益，维护建筑市场秩序，促进建筑市场健康发展，根据《中华人民共和国民法典》《中华人民共和国建筑法》《中华人民共和国招标投标法》《中华人民共和国民事诉讼法》等相关法律规定，结合审判实践，制定本解释。”第 23 条规定：“发包人将依法不属于必须招标的建设工程进行招标后，与承包人另行订立的建设工程施工合同背离中标合同的实质性内容，当事人请求以中标合同作为结算建设工程价款依据的，人民法院应予支持，但发包人与承包人因客观情况发生了在招标投标时难以预见的变化而另行订立建设工程施工合同的除外。”由于难以预见的变化在司法实践中很难举证，所以总体上看《建设工程司法解释一》对发承包人在招投标后改变合同实质性内容的限制还是非常严格的。

最后，《民法典》第 543 条规定：“当事人协商一致，可以变更合同。”如果建设单位的主管人员足够有能力又敢担当肯作为，在可以加快工期的情况下要求施工单位提前竣工应该是可以的。或者在施工过程中如果遇到材料价格大幅上涨，建设单位提出补偿部分工程价款等也是可以的。但严格按照《建设工程司法解释一》的规定，这些内容的变更依旧是不被允许的，从这点来说《建设工程司法解释一》的规定有些矫枉过正。

案例中存在关于国有资金使用的情形。在这个项目中，无论是哪个施工单位中标，建设单位都会同样提出签订调整进度款支付的补充协议，所以双方没有违反公平竞争的原则，没有违背《招标投标法》的限制性规定，因此应该尊重当事人的自由意志，认可补充协议的效力。

九、挂靠与转包、违法分包

223 挂靠合同是无效合同，合同主体可以请求折价补偿

城建局通过招投标的方式将若干条公路发包出去。甲公司因为资质不够借用乙公司的资质以乙公司的名义中标。甲公司又将公路的沥青摊铺以及水稳层摊铺分包给丙公司并签订了施工合同。丙公司施工完毕，甲公司支付了 420 万元，剩余 1000 多万元未付。丙公司负责施工的路段已经完工，但该工程其他路段没有施工完导致整个工程未验收。丙公司欲提起诉讼，应以谁为被告？是甲公司，还是甲公司和乙公司？另外，工程没有验收可以起诉吗？

关键词：挂靠、合同效力、合同相对性

这个问题涉及的主体较多。第一，先分析发包人城建局与合同相对人甲公司之间的法律关系。甲公司借用乙公司的资质以自己的名义与城建局签订了施工合同，根据《建设工程司法解释一》第1条的规定，建设工程施工合同中没有资质的实际施工人借用有资质的建筑施工企业名义的，依据《民法典》第153条第1款的规定，认定合同无效。所以甲公司借用资质与城建局签订的施工合同是无效的。

第二，再来看甲公司与提供资质方也就是乙公司之间的法律关系。《建筑法》第26条规定："承包建筑工程的单位应当持有依法取得的资质证书，并在其资质等级许可的业务范围内承揽工程。禁止建筑施工企业超越本企业资质等级许可的业务范围或者以任何形式用其他建筑施工企业的名义承揽工程。禁止建筑施工企业以任何形式允许其他单位或者个人使用本企业的资质证书、营业执照，以本企业的名义承揽工程。"可见，法律非常明确地禁止借用资质的行为，显然这里甲公司与乙公司之间关于借用资质的协议也是无效的。

第三，甲公司将工程分包给丙公司，甲公司本身就是借用了乙公司的资质才中的标，将公路的沥青摊铺以及水稳层摊铺分包给丙公司显然也没有经过甲方的同意，属于违法分包。根据《建设工程司法解释一》第1条的规定，承包人因转包、违法分包建设工程与他人签订的建设工程施工合同，应当依据《民法典》第153条第1款及第791条第2款、第3款的规定，认定无效。所以甲公司和丙公司之间的分包合同也是无效的。

以上三层法律关系分析完毕，合同皆因违反法律强制性规定而无效。关于借用资质中标的行为，也就是实际施工人与被挂靠单位之间通过签订协议，让被挂靠单位与建设单位签订施工合同的行为，可以认为城建局和被挂靠单位甲公司之间订立合同的意思表示其实是虚假的，实际的法律关系应该产生在实际施工人乙公司和城建局之间。根据《民法典》第146条第1款的规定，行为人与相对人以虚假的意思表示实施的民事法律行为无效。所以城建局和被挂靠单位之间的民事法律行为无效，而实际施工人乙公司和城建局之间成立了事实上的法律关系。《民法典》第146条第2款规定："以虚假的意思表示隐藏的民事法律行为的效力，依照有关法律规定处理。"依照相关法律规定，上述三个合同都是无效的，但是根据《民法典》第793条第1款规定，建设工程施工合同无效，但是建设工程经验收合格的，可以参照合同关于工程价款的约定折价补偿承包人。所以即使建设施工合同无效，这里也可以参照合同约定的价款折价补偿，这种折价补偿并不是说将一个无效合同作为有效合同来对待，而是无效合同的法律后果可以通过折价的方式进行补偿。

现在案件中真正的实际施工人丙公司想索要工程款，应当以谁为被告？丙公司是起诉合同的相对人，还是能够突破合同相对性向其他主体主张权利？《民法典》第465条规定："依法成立的合同，受法律保护。依法成立的合同，仅对当事人具有法律约束力，但是法律另有规定的除外。"这里规定了合同相对性的基本原则，即使合同被认定无效，最后真正的实际施工人也应该向前手主张权利。但《建设工程司法解释一》第43条规定了例外情形。该条规定："实际施工人以转包人、违法分包人为被告起诉的，人民法院应当依法受理。实际施工人以发包人为被告主张权利的，人民法院应当追加转包人或者违法分包人为本案第三人，在查明发包人欠付转包人或者违法分包人建设工程价款的数额后，判决发包人在欠付建设工程价款范围内对实际施工人承担责任。"这条规定实际上突破了《民法典》第465条关于合同相对性的规定，允许实际施工人直接起诉发包人。但规定说实际施工人起诉发包人时，人民法院应当追加转包人或者违法分包人为第三人，也就是说，第43条适用的情形只能是转包或违法分包。依照前文的分析，本案应该是属于挂靠情形，严格意义上来说并不适用《建设工程司法解释一》第43条的规定。

城建局和甲公司之间本质上成立了发承包的合同关系，作为实际施工人的甲公司又对外违法分包，现在真正的实际施工人丙公司是否享有要求发包人承担付款责任的权利？严格来看，《建设工程司法解释一》第43条只适用于转包人和违法分包人，与本案的情况并不一致，但是理解任何一个条文都需要考虑法律背后的立法价值。第43条突破合同相对性的规定，重点在于保护实际施工人也就是真实地把劳务物化在建设工程里的农民工的权利。从这个意义上来看，丙公司作为真正的实际施工人据此起诉发包人要求其承担付款责任也是有一定合理性的。

另外，根据《建设工程司法解释一》第43条的规定，整个案件链条上的发包人、转包人和实际施工人都进入诉讼阶段后，法院应该查明发包人欠付转包人或违法分包人的价款数额，并以此为依据偿付实际施工人。但是如果发包人已经向承包人支付了全部工程价款，就无须再向实际施工人承担付款责任了。

再来看最后一个问题，工程没有验收是否可以起诉？《民法典》第793条第1款规定："建设工程施工合同无效，但是建设工程经验收合格的，可以参照合同关于工程价款的约定折价补偿承包人。"案例中工程还有其他路段并没有完工导致整个工程未验收，但《民法典》并无要求整个工程要施工完毕，只要已完工程验收合格，实际施工人就可以起诉请求发包人或违法分包人支付工程价款。

总结来看，本案中涉及的几个合同都是无效合同，实际施工人丙公司可以随时起诉主张权利。因为合同的无效是自始无效、当然无效也确定无效的，所以合同义务无须履行，发包人也无须再负担竣工验收义务。只要工程验收合格，对方就产生了付款义务。实际施工人根据无效的合同主张折价补偿或者赔偿损失，可以随时请求债权。

224 劳务分包只含劳务，企业没有劳务资质并不一定导致合同无效

劳务分包合同约定劳务分包单位不仅提供劳务，还需要承担相关措施项目的材料。这样的劳务分包合同是否有效？取消劳务资质的地区，劳务分包合同是否不再因无资质而无效？

关键词：劳务分包、劳务资质

首先看北京市高院《关于审理建设工程施工合同纠纷案件若干疑难问题的解答》对劳务分包合同效力的认定。解答第4点中提到同时符合下列情形的，所签订的劳务分包合同有效：(1) 劳务作业承包人取得相应的劳务分包企业资质等级标准；(2) 分包作业的范围是建设工程中的劳务作业（包括木工、砌筑、抹灰、石制作、油漆、钢筋、混凝土、脚手架、模板、焊接、水暖、钣金、架线）；(3) 承包方式为提供劳务及小型机具和辅料。合同约定劳务作业承包人负责与工程有关的大型机械、周转性材料租赁和主要材料、设备采购等内容的，不属于劳务分包。北京市高院的解释已经很明确，如果题干中的劳务分包单位还需要承担相关措施项目的材料，这里可能存在违法转包的行为，而不再是一个合法的劳务分包，最终可能会导致合同无效。关于措施项目费，《建筑安装工程费用项目组成（按造价形成划分）》规定措施项目费是指为完成建设工程施工，发生于该工程施工前和施工过程中的技术、生活、安全、环境保护等方面的费用。北京市高院的解答其实也已明确，如果内容包含了周转性的租赁材料等，是不属于劳务分包合同的。也就是说，劳务分包只能要求提供劳务，至于能否扩大范围，在当前的法律规定下，不能够随意做扩大解释。

再来看第二个问题。关于劳务资质，根据《建设工程司法解释一》第1条的规定，建设工程施工合同中，承包人未取得建筑业企业资质或者超越资质等级的，依据《民法典》第153条第1款的规定，认定无效。所以如果承包人没有相应的劳务资质，该合同显然是无效的。《建设工程司法解释一》第5条规定：“具有劳务作业法定资质的承包人与总承包人、分包人签订的劳务分包合同，当事人请求确认无效的，人民法院依法不予支持。”劳务资质是确认劳务分包合同有效与否的必要条件，根据《建设工程司法解释一》第1条和第5条的规定，如果企业没有取得劳务资质而从事劳务作业，该劳务分包合同是无效的。

目前，江苏省、江西省等地方文件都表示取消劳务资质，比如江西省住建厅《关于改进建筑劳务企业资质管理有关事项的通知》中写道：“自发文之日起，在我省行政区域内的房屋建筑和市政基础设施工程建设活动中，持有营业执照的劳务作业企业即可承接施工总承包、专业承包企业的劳务分包作业，不再要求其具有施工劳务资质和安全生产许可证。”目前的改革趋势是逐步取消劳务资质的类别和等级，持有营业执照的企业即可承接劳务作业。但是《建设工程司法解释一》又明确规定了从事劳务作业必须取得劳务资质。对于这样的一种冲突又该如何解决？《民法典》第153条第1款规定：“违反法律、行政法规的强制性规定的民事法律行为无效。但是，该强制性规定不导致该民事法律行为无效的除外。”所以对于一些强制性规定，在改革的进程中，我们也可以把它看成一种开放性的强制性规定，地方法院在处理类似案件时也一定会尊重当地的制度改革情况，而不会简单地划定没有劳务资质的企业签订的劳务分包合同一律无效。

总结来说，如果劳务分包合同中还包含了措施项目等费用，该合同就不再是一个纯劳务合同，很可能因为存在违法转包的情形而被判定无效。但对于改革取消劳务资质的地方来说，企业没有劳务资质并不一定会导致合同无效。

225 违法转包合同无效，实际施工人可以主张折价补偿

甲公司与乙公司签订施工总承包合同，固定单价合同，2067.68万元；乙公司与丙公司签订转包合同，与总包合同承包范围一致，总价1780万元。现在主体结构还未完成，乙公司单方面更换施工单位，与丙公司解除合同。且不知道甲、乙公司是否经过正常招投标，一直未能提供招标文件，无法计

算总承包合同的中标浮动率。丙方申请做造价鉴定，能否按乙公司的投标清单作为固定单价，清单内外均按总价下浮 13.91% [（2067.68 - 1780）/2067.68 × 100% = 13.91%] 计算？

关键词：违法转包、工程结算

案例中乙公司把全部工程转包给丙公司，净盈利 300 万元就把合同范围内所有的施工项目都交给了实际施工人。现在主体工程未完工，总包单位单方解除了合同。实际上这里并不是解除合同，《民法典》第 791 条第 2 款最后一句规定："承包人不得将其承包的全部建设工程转包给第三人或者将其承包的全部建设工程支解以后以分包的名义分别转包给第三人。"根据法律规定，转包合同显然是无效的，因而也就不存在解除合同的问题。由于乙公司转包时只和丙公司约定了合同总价，没有约定合同总价的构成，因此鉴定机构想要得出结论是有一定难度的。

首先，从合同相对性出发考虑案例中的合同关系。根据以上分析，可知转包合同肯定是无效的。根据《民法典》第 806 条第 1 款的规定，承包人将建设工程转包、违法分包的，发包人可以解除合同。也就是说，转包合同无效并不意味着总包合同无效，但由于承包人的转包行为，发包人可以据此要求解除合同。这是承包人转包后发包人获得的违约解除权，发包人行使解除权后，无效的转包合同当事人之间的纠纷应该如何处理？根据《民法典》第 793 条第 1 款的规定，建设工程施工合同无效，但是建设工程经验收合格的，可以参照合同关于工程价款的约定折价补偿承包人。所以即使转包合同无效，也应该按照转包合同来结算价款。即实际施工人只能按照 1780 万元的总价合同主张乙公司支付相应的工程价款。

根据《造价鉴定规范》第 5.3.2 条的规定，委托人认定鉴定项目合同无效的，鉴定人应按照委托人的决定进行鉴定。问题在于丙公司并没有完成全部的工程。这种情况下工程价款的具体结算方式应当由法院来决定。比较常用的一种结算方法就是比例法，比如按照某地的定额，算出实际完工工程量在总项目工程量中的占比，然后乘以合同总价即可得出实际施工人可以主张的工程价款。至于下浮率问题，由于双方没有约定，根据具体情况，考虑不考虑都可以。另外，需要注意的是，一般还应该考虑导致合同无法继续履行的原因，由于导致合同解除的违约方的不同，所选择的价款结算方式也不一样。

226 合同主体一般只能向相对人主张权利

实际施工人在施工过程中签订了混凝土采购合同。因后期未支付货款，采购合同供货方将实际施工人、被挂靠单位一同诉至法院，要求被挂靠单位对支付货款承担连带责任。案件事实有以下几点：（1）《采购合同》中抬头部分甲方名称为被挂靠单位名称，签章处是实际施工人的盖章、签字；（2）混凝土是实际施工人接收并使用的；（3）被挂靠单位曾向采购合同供货方支付过部分货款，供货方亦向被挂靠单位开具过增值税发票。

问题：（1）存在挂靠关系的采购合同纠纷中，被挂靠单位是否应当承担连带责任？（2）被挂靠单位能否根据合同相对性主张不支付供货款？

关键词： 实际施工人、合同相对性

关于实际施工人的概念，《建设工程司法解释一》第 1 条规定："建设工程施工合同具有下列情形之一的，应当依据民法典第一百五十三条第一款的规定，认定无效：（一）承包人未取得建筑业企业资质或者超越资质等级的；（二）没有资质的实际施工人借用有资质的建筑施工企业名义的；（三）建设工程必须进行招标而未招标或者中标无效的。承包人因转包、违法分包建设工程与他人签订的建设工程施工合同，应当依据民法典第一百五十三条第一款及第七百九十一条第二款、第三款的规定，认定无效。"根据条文规定，只有在非法转包、违法分包和挂靠三种情形下才存在实际施工人。实际施工人能否突破合同相对性直接向建设单位主张权利，根据《建设工程司法解释一》第 43 条第 2 款的规定，实际施工人以发包人为被告主张权利的，人民法院应当追加转包人或者违法分包人为本案第三人，在查明发包人欠付转包人或者违法分包人建设工程价款的数额后，判决发包人在欠付建设工程价款范围内对实际施工人承担责任。本条规定只包含转包和违法分包两种情形，至于能否适用于挂靠的情形，目前并没有形成统一的观点。

本案中采购合同是由实际施工人和材料供应商直接签订的。如果有证据表明材料供应商有理由相信是被挂靠单位授权给实际施工人签订的材料采购合同，则供应商可以将被挂靠单位作为主张材料款的对象之一。但如果实际施工人与被挂

靠单位没有形成授权关系，则合同的相对方就只是实际施工人和材料供应商，即供应商只能向实际施工人主张材料款。本案中，合同抬头部分是被挂靠单位的名称、支付货款的主体是被挂靠单位，可以认为实际施工人是被授权以被挂靠单位的名义签订的合同，因此供应商可以要求被挂靠单位承担法律责任。

227 转包、违法分包和挂靠的情形下，实际施工人的法律地位以事实为准

实务中有转包、违法分包的实际施工人，还有挂靠的实际施工人。但是挂靠的实际施工人一旦查明，其签字的材料费、结算款会被法院认定。在被挂靠公司管理过程中，是否与实际承包人签订转包或者分包协议更妥当？还是签订挂靠协议（内部承包协议）承担的风险更小？

关键词： 实际施工人、转包、违法分包、挂靠

《建设工程司法解释一》第1条规定："建设工程施工合同具有下列情形之一的，应当依据民法典第一百五十三条第一款的规定，认定无效：（一）承包人未取得建筑业企业资质或者超越资质等级的；（二）没有资质的实际施工人借用有资质的建筑施工企业名义的；（三）建设工程必须进行招标而未招标或者中标无效的。承包人因转包、违法分包建设工程与他人签订的建设工程施工合同，应当依据民法典第一百五十三条第一款及第七百九十一条第二款、第三款的规定，认定无效。"《建设工程司法解释一》规定了非法转包、违法分包以及挂靠这三种情形下都会有实际施工人。但是在挂靠情形下，如果实际施工人跳过被挂靠单位直接和建设单位签订了结算款协议，对该结算款的效力法院也是认可的。通说是，实际施工人以挂靠单位的名义向建设单位投标，实际施工人和被挂靠单位之间是委托关系。受托人基于委托关系对外做出的法律行为产生的后果都由委托人来承担，所以施工合同和工程结算协议最终都是在建设单位和委托人之间发生法律效力。在查明挂靠关系的情况下，挂靠的实际施工人直接与建设单位签订的结算协议自然也是有效的。

此处的问题是，在被挂靠公司的管理中，是和实际施工人签订转包或者分包协议还是挂靠协议更妥当？如果是转包或者违法分包，建设单位将工程发给了总承包人，总承包人转包或者违法分包给了实际施工人，这里存在两个合同关系，

分别是建设单位和转包人之间的合同关系以及转包人或违法分包人和实际施工人之间的合同关系。这时，如果实际施工人跳过转包人或违法分包人直接向建设单位主张工程结算款，根据合同相对性的原则，这种主张是不被法律认可的。

至于到底是签订转包合同还是签订挂靠协议更妥当，这个问题主要取决于项目的承接方以及承接项目的方式，与挂靠公司的管理方式并无关联。如果是总包单位先拿到项目再给别人去施工，这显然是属于转包行为，而不属于挂靠。在转包的情况下，实际施工人大多以自己的名义对外签订合同，这时实际施工人是需要独立承担法律责任的。但如果是挂靠单位，实际施工人通常是会以被挂靠单位的名义对外签订合同，对于被挂靠单位来说，这里的风险更多的是基于表见代理而产生的。无论当事人签订了什么形式的协议，其法律关系仍然需要按照法律规定和案件事实予以认定，与当事人的自主选择无关。

所以不能通过转包或违法分包的方式避免挂靠的风险，法院对三种情形认定的标准是比较清晰的。实际施工人以被挂靠人的名义签订合同，更多的风险因表见代理而产生，与是否转包或违法分包无关。

228 只有实际施工人才有权突破合同相对性向发包人主张工程价款

《建设工程司法解释一》第 43 条第 2 款规定："实际施工人以发包人为被告主张权利的，人民法院应当追加转包人或者违法分包人为本案第三人，在查明发包人欠付转包人或者违法分包人建设工程价款的数额后，判决发包人在欠付建设工程价款范围内对实际施工人承担责任。"如果总承包人、发包人或违法分包人在施工过程中向第三方租赁建筑设备产生了租赁关系，该租赁关系的出租方可以参照该条款向总承包人、发包人及分包人主张权利吗?

关键词：合同相对性、实际施工人、优先受偿权

这是一个关于实际施工人突破合同相对性的问题。根据《建设工程司法解释一》第 43 条第 2 款的规定，实际施工人以发包人为被告主张权利的，人民法院应当追加转包人或违法分包人为本案第三人。实际施工人能够突破合同的相对性向发包人主张权利，在查明发包人欠付转包人或违法分包人建设工程价款后，应当判决发包人在欠付的工程价款范围内对实际施工人承担偿付的责任。

首先谈一下到底谁是实际施工人？最高院有判决认为，根据《建设工程司法解释一》第 1 条的规定，实际施工人包括三种形式，即非法转包、违法分包和挂靠。但是在 2019 年，最高院出台《关于审理建设工程施工合同纠纷案件适用法律问题的解释（二）》（现已废止）的同时，又编写了《最高人民法院建设工程施工合同司法解释（二）理解与适用》一书。这本书的前半部分说，实际施工人在挂靠的情况下是不能按照第 24 条（现《建设工程司法解释一》第 43 条）来主张权利的；书的后半部分又说，挂靠情况下的实际施工人是可以突破合同相对性来向发包人主张权利的。所以最高院关于实际施工人能否突破合同相对性向发包人主张权利这一问题本身就有两种观点，在实务中也给大家造成了很多困扰，这个问题只能等最高院再一次明确了。

问题还提到，如果总包人、分包人或违法分包人在施工过程中向第三方租赁了施工设备产生租赁关系，该租赁关系的出租方可以参照该条款向总包人、分包人及发包人主张权利吗？这个问题的核心是出租合同中设备的出租方能否参照《建设工程司法解释一》第 43 条来主张权利？本案当中租赁关系的出租方不能适用该条款向总包人、发包人或分包人主张租赁费用，租赁合同关系的出租方仅仅能够依据租赁合同向合同的相对方，比如总承包人、发包人或违法分包人主张工程设备租赁款。

另外，关于《建设工程司法解释一》中可以主张权利的主体，还有另外一个问题：谁是优先受偿权人？《建设工程司法解释一》第 35 条规定："与发包人订立建设工程施工合同的承包人，依据民法典第八百零七条的规定请求其承建工程的价款就工程折价或者拍卖的价款优先受偿的，人民法院应予支持。"这个条款只能适用于建设工程施工合同的当事人，也就是只有承包人才能够享有优先受偿权。而问题中所说的，是承包人与第三人签订的设备租赁合同，这个第三人显然不是施工合同的相对方，也不是承包人，所以不能通过施工合同根据《建设工程司法解释一》第 35 条向发包人主张权利。这个条款还明确规定了只有与发包人订立建设工程施工合同的承包人才能适用，也就排除了建设工程合同当中的其他当事人。比如在《民法典》"合同编"的"建设工程合同"一章，建设工程的类型包含了设计、勘察和施工，那勘察人是否享有优先受偿权呢？《建设工程司法解释一》第 35 条规定很明确，只有订立施工合同的承包人才有优先受偿权。该规定对设计人也同样适用。所以，优先受偿权的主体范围被限定在了与发包人订立施工合同的承包人，其他人并不享有优先受偿权。

综上所述，本案当中租赁关系的出租方不能适用《建设工程司法解释一》第43条向总包人、发包人或分包人主张租赁费用；租赁合同关系的出租方仅仅能够依据租赁合同向合同的相对方，比如总承包人、发包人或违法分包人主张工程设备租赁款。

229 支解就是将单位工程的分部工程单独发包

支解分包中的“支解”如何认定？是将分项工程分包还是将分部工程分包就可认定为“支解分包”？

关键词：支解发包、单位工程

首先从概念上来说，应该叫作支解发包，因为“支解”指的是建设单位不得支解发包，而不是由总包单位对外进行的违法分包。除了概念上的明确，还有非常有趣的一点，即关于“支解”的表述：《民法典》和原《合同法》规定得不太一样，原《合同法》用的是“肢解”，而《民法典》用的是“支解”，有人说这是因为“肢解”带有犯罪的意味，所以在最新的《民法典》中最终使用了“支解”一词，当然文字上的“游戏”在这里无关紧要。

回到问题本身，《建筑工程施工发包与承包违法行为认定查处管理办法》第6条规定：“存在下列情形之一的，属于违法发包：……（五）建设单位将一个单位工程的施工分解成若干部分发包给不同的施工总承包或专业承包单位的。”题干当中问道，支解分包是将分项工程分包还是将分部工程分包？实际上法条中表述的是将“单位工程”的施工分解。至于什么是“单位工程”，《建设工程造价管理基础知识》中的定义是：具有施工条件并能形成独立使用功能的工程，包含了土建工程、设备安装工程、工业管道工程。《工程造价鉴定术语标准》中说单位工程是具有独立设计文件，能够独立组织施工，但不能独立发挥生产能力和使用功能的工程项目。如果从定义上不容易理解，记住分部工程的类型也是一种认识路径，分部工程包含地基与基础主体、建筑装饰装修、屋面、建筑给排水及采暖建筑电气、智能建筑、空调与通风，电梯、建筑节能等。

《住房和城乡建设部关于印发〈建筑工程施工转包违法分包等违法行为认定查处管理办法（试行）〉释义的通知》第5条规定，本办法单位工程是指具备独立施工条件并能形成独立使用功能的建筑物或构筑物。除单独立项的专业工程外，建设单位不得将一个单位工程的分部工程施工发包给专业承包单位。从中可以看出，管理部门对于施工发包的对象是收得越来越紧。住建部在《关于基坑工程单独发包问题的复函》中对广东省住建厅回复说："按照现行的《建筑工程施工质量验收统一标准》（GB 50300－2013），建筑工程包括地基与基础工程、主体结构工程、建筑屋面工程建筑装饰装修工程等共10个分部工程。按照《建筑工程分类标准》（GB/T 50841－2013）分类，基坑工程（桩基、土方等）属于地基与基础分部工程的分项工程。鉴于基坑工程属于建筑工程单位工程的分项工程，建设单位将非单独立项的基坑工程单独发包属于肢解发包行为。"

总结来说，支解就是将单位工程（的分部工程）分别交给不同的施工单位或专业承包单位来施工。

230 转包人与实际施工人之间的管理费不属于工程造价

实际施工人与转包人约定的管理费是否属于造价组成的一部分？

关键词：管理费

首先需要明确的一点是，这里的管理费并不是工程造价当中约定的企业管理费。我们通常将转包人和实际施工人之间的管理费用称为"扒皮"的费用，也就是转包人在把工程转给实际施工人时收的一笔价差。转包人通过转包而从中牟利的扒皮费用其实涉及非法所得，与造价当中的管理费是完全不同的。

工程造价中的管理费指的是企业管理费，根据《工程造价术语标准》的规定，企业管理费指的是施工单位为组织施工生产和经营管理所发生的费用。建筑安装企业中的领导、项目经理、质量总监、技术负责人等人员的费用，还有甲方总部的纸张和印刷等办公费用以及甲方管理人员出差的费用等，通常算在企业管理费里。企业管理费是企业各项财务数据的综合，而管理费率的计算则基于人材机价格之和，如果企业的管理水平和管理效率比较高，相应的管理费率就会比较低，相比较市场的平均管理费率而言，企业盈利的空间更大。但实际施工人和转包人约定管理费与造价中的企业管理费完全是两回事。

另外留一个问题供大家思考，最高院《关于审理建设工程施工合同纠纷案件适用法律问题的解释》（现已废止）中规定当事人的非法所得应当予以收缴。如果转包人和实际施工人之间关于管理费的纠纷诉诸司法来解决，合同中约定的这笔所谓的管理费用，法院是否应该支持呢？关于这个问题，最高院也没有给出确定的答案，有些案例对于转包人的非法所得不予支持，认为“扒皮”的费用转包人不应该收，应该全部支付给实际施工人。在实践中，也有观点认为，转包人也可以基于公平原则收取部分费用。

十、重大误解

231 不平衡报价属重大误解时可撤销，否则按工程量偏差结算

招标工程量清单给定的砌体工程量是1立方米属明显错误，投标人未提出质疑，实际工程量可能是350立方米。投标人报价组价时，是按1立方米报价，还是按350立方米组价报价？本条清单引起的造价约计10万元，如果按350立方米组价报价，1立方米清单单价是10万元，能否实现索赔？关于不平衡报价，同一个项目不同标段的报价结算的时候互相比较材料单价，按各标段的低价结算，是否合理？

关键词：不平衡报价、重大误解、工程量偏差

实际砌体工程量可能是350立方米，而招标人给的清单只有1立方米，对于投标人来说，这是一个很好的不平衡报价的机会。如果价格报得高一点，可以赚取超额的利润。先来看一下实务中的不平衡报价一般是如何处理的。现在评标工作都不一定会有清标过程，所以未必能在清标环节解决不平衡报价的问题。比如《山西省房屋建筑和市政基础设施工程施工评标办法》第16条规定：“不平衡报价是投标人根据自身施工管理能力、施工技术以及以往施工经验等，对报价的一种差异调整。不平衡报价评审只进行分析，对可能存在的严重不平衡报价分析结果写入评审报告，但不得作为否决投标的条件。”可以看出，不平衡报价是一种合法的报价手段，关于不平衡报价的问题理应在清标过程中解决，但如果在清标阶段没有解决，签订合同阶段甲方又应该如何处理？

最高院《关于贯彻执行〈中华人民共和国民法通则〉若干问题的意见（试

行)》(现已废止)第71条规定:“行为人因对行为的性质、对方当事人、标的物的品种、质量、规格和数量等的错误认识,使行为的后果与自己的意思相悖,并造成较大损失的,可以认定为重大误解。”本案中施工图纸上显示的是350立方米,招标人在制作招标清单时错误地写成了1立方米,可以理解为招标人表示出来的行为和内心真正追求的效果意思相违背,因而构成重大误解。《民法典》第147条规定:“基于重大误解实施的民事法律行为,行为人有权请求人民法院或者仲裁机构予以撤销。”所以基于重大误解而做出的法律行为,法律是允许撤销的。这里需要注意的一点是,《民法典》第152条第1款规定:“有下列情形之一的,撤销权消灭:(一)当事人自知道或者应当知道撤销事由之日起一年内、重大误解的当事人自知道或者应当知道撤销事由之日起九十日内没有行使撤销权……”在本案中,甲方至少在评标时就知道招标工程量清单错误的事实了,应该及时行使撤销权。一旦撤销权消灭合同成立,根据《民法典》第465条的规定,依法成立的合同,受法律保护。依法成立的合同,仅对当事人具有法律约束力,但是法律另有规定的除外。

再来说一下工程量偏差,工程量偏差本身就有调整不平衡报价的效果,如果合同中约定了执行《清单计价规范》或者约定了工程量偏差是15%,那么实际工程量增加在1.15以内,可以按照比较高的价格来计算。如果工程量增加到超过1.15,超过15%的部分应该重新组价进行调整。至于如何重新组价,有的鉴定机构会按照定额组价,也有鉴定机构会按照信息价来组价,这都是比较公平合理的。

所以如果合同中约定了工程量偏差的规则或者引入了《清单计价规范》,这个问题还是比较好处理的;如果都没有,也可以考虑取消这部分工作,直接取消原图纸中的砌体项目。

十一、强制性国家标准

232 使用国有资金投资的建设项目采用总价合同形式并不必然导致合同无效

一个国有资金投资的中医院工程,施工是2012年,本工程经过清单招标,采用的是2008版《清单计价规范》。合同约定是总价合同,专用条款中约定:57.2合同价款的调整因素除包括通用条款57.2第1项至第8项规定外，还包括以下调整因素：(1) 经批准的设计变更。(2) 超过双方约定幅度的市场价格变化。

合同通用条款 57.2 内容如下：因下列因素发生而引起的价款变化，合同价款按第 60 条调整。(1) 基准日以后实施的国家和本省法律、法规、规定。(2) 省建设行政主管部门发布的造价调整规定。(3) 经批准的设计变更。(4) 经审定批准的施工组织设计、施工方案变更，但修正错误除外。(5) 超过双方约定幅度的市场价格变化。(6) 清单项目或工程数量的偏差。(7) 超过双方约定的风险范围及幅度。(8) 费用索赔事件或发包人负责的其他情况。(9) 专用条款约定的其他调整因素。

问题：(1) 应该怎样结算？2008 版《清单计价规范》第 1.0.3 条规定了"全部使用国有资金投资或国有资金投资为主的工程建设项目，必须采用工程量清单计价"；第 4.5.3 条规定了"工程计量时，若发现工程量清单中出现漏项、工程量计算偏差，以及工程变更引起工程量的增减，应按承包人在履行合同义务过程中实际完成的工程量计算"；第 4.7.2 条规定了"若施工中出现施工图纸（含设计变更）与工程量清单项目特征描述不符，发、承包双方应按新的项目特征确定相应工程量清单项目的综合单价"；第 4.8.4 条规定了"分部分项工程费应依据双方确认的工程量、合同约定的综合单价计算；如发生调整的，以发、承包双方确认调整的综合单价计算"。按实际竣工后工程量计算工程量，单价执行原清单单价。变更签证时，项目原清单没有的，按合同要求重新组价。这种结算是否正确？(2) 此专项条款中的 57.2 的约束是否违背规程，是否应该执行。如何可以执行，这与问题 (1) 的结算是否矛盾？(3) 合同没有对人工调整等政策性文件作出约束，政策性文件是否需要调整？

关键词： 总价合同、价格调整、合同效力

合同签订时将专用合同条款中关于价款调整的部分内容作了修改，用横线划掉了通用条款的规定，同时列明了两项价款调整的因素。根据《民法典》第 142 条的规定，有相对人的意思表示的解释，应当按照所使用的词句，结合相关条款、行为的性质和目的、习惯以及诚信原则，确定意思表示的含义。根据合同的解释规则以及文件所表明的内容，除经批准的设计变更以及超过双方约定幅度的市场价格变化以外，其他通用条款中的价格调整因素应该不再作为当事人需要调

整合同价款的因素。

原合同采用的是通过清单招标形成的总价合同，根据2008版《建清单计价规范》（现已废止）第1.0.3条的规定，全部使用国有资金投资或国有资金投资为主的工程建设项目，必须采用工程量清单计价。所以结算问题的核心就在于这是一份什么样的合同，这也直接决定了最后是对于清单中没有的项目重新组价，据实结算；还是按照总价合同结算，仅对约定的两种情形下的合同价款进行调整。

一种比较普遍的推论是通过违反《清单计价规范》的强制性规定这一要素推翻已签订合同的效力。《建筑法》第18条第1款规定："建筑工程造价应当按照国家有关规定，由发包单位与承包单位在合同中约定。公开招标发包的，其造价的约定，须遵守招标投标法律的规定。"《招标投标法实施条例》第81条规定："依法必须进行招标的项目的招标投标活动违反招标投标法和本条例的规定，对中标结果造成实质性影响，且不能采取补救措施予以纠正的，招标、投标、中标无效，应当依法重新招标或者评标。"在本案例中，该项目作为使用国有资金投资的建设工程项目，本该采用工程量清单计价的单价合同，实际却采用了总价合同的形式，显然是违反了国家的有关规定，应该认定其中标无效。中标无效直接导致中标合同中约定的结算条款归于无效。对于价款约定不明的情形，根据《民法典》第510条规定，合同生效后，当事人就质量、价款或者报酬、履行地点等内容没有约定或者约定不明确的，可以协议补充；不能达成补充协议的，按照合同相关条款或者交易习惯确定。关于工程价款结算的交易习惯，通常是参照《施工合同示范文本》中的通用条款包括竣工结算的申请、审核等，另外《清单计价规范》第8.3.1条规定："采用工程量清单方式招标形成的总价合同，其工程量应按照本规范第8.2节的规定计算。"第8.2节第8.2.1条规定："工程量必须以承包人完成合同工程应予计量的工程量确定。"第8.2.2条规定："施工中进行工程计量，当发现招标工程量清单中出现缺项、工程量偏差，或因工程变更引起工程量增减时，应按承包人在履行合同义务中完成的工程量计算。"这样的论证最终得出的结论是：总价合同的约定因为违反了《清单计价规范》中的强制性规定而无效，双方应该按照清单价格及实际完成的工程量进行工程结算。

在审判实践中，对这种观点也是存在争议的。河南省高院在（2016）豫民终840号民事判决书中提到，涉案施工合同是压煤办与泰丰公司、金茂公司经过招投标后签订的，其中关于工程价款的约定应系双方真实意思表示。压煤办虽然未采用工程量清单计价，与上述规范之规定不符，但违反该规范之规定的行为应由有关建设行政主管部门处理，并不能因此确认合同约定价款无效。河南省高院的这份判决就体现了与前述完全相反的结论，这也是拥有较多支持者的一种观点，违反《建筑法》第18条并不导致合同无效的法律后果。同时也给出了第二个问题的答案，违反规定的行为应该由有关建设行政主管部门处理。

这个项目最终怎么结算就看依据哪一套逻辑来说服当事人，合同中关于总价合同的约定是比较明确的，只有两种情形下的合同价款才会进行调整，即设计变更和市场价格波动，除此以外其他情形下的合同价款一概不调。如果严格按照《清单计价规范》的规定，就应该依据单价合同的计价规则进行结算。

根据《清单计价规范》第3.4.2条的规定，由于下列因素出现，影响合同价款调整的，应由发包人承担：(1) 国家法律、法规、规章和政策发生变化；(2) 省级或行业建设主管部门发布的人工费调整，但承包人对人工费或人工单价的报价高于发布的除外。根据前面的分析，政策性文件是被明确排除在合同约定调整合同价款因素的范围之外的，所以政策性文件并不应该引起合同价款的调整。但这里需要纠正的一点是，人工费调整文件不属于政策性文件，案例中有混淆二者的倾向。通常，政策性文件是国家大政方针，而人工费调整文件则是政府部门对于套定额的人工费进行调整的一种方式，二者不能混为一谈。

第十三章 Chapter 13 解释规则与漏洞填补

一、漏洞填补

233 合同约定竣工决算之日付款，可以参照约定不明或阻止条件成就的规定

施工合同约定：工程竣工决算后一次性付款。但交付三年后，还未竣工决算，却又结算了合同概算价内的工程量。请问“竣工决算”字样是否可以视为“约定不明”？

关键词：竣工决算、约定不明、附条件的合同

施工合同约定以竣工决算作为付款条件，也就是甲方把所有建设项目的投资项目都结算完毕才履行付款义务。这里建设单位的竣工决算和施工单位的结算是两个不同的概念，结算指的是工程造价方面的结算，而决算指的是建设单位的全部投资包括建设期的利息等财务方面的决算。如果约定工程决算后才支付价款，甲方完全可以以自己竣工决算没有办理完毕为由拖欠或拒绝支付工程价款。题干中提到建设单位已经结算了合同概算价内的工程量，可以推测是由于政府投资项目超概所以拒绝支付超出的价款。《政府投资条例》第 23 条第 1 款规定：“政府投资项目建设投资原则上不得超过经核定的投资概算。”对于政府投资项目而言，超概是个比较严重的问题，相关主管人员也是需要承担一定责任的。《政府投资条例》第 23 条第 2 款规定：“因国家政策调整、价格上涨、地质条件发生重大变化等原因确需增加投资概算的，项目单位应当提出调整方案及资金来源，按照规定的程序报原初步设计审批部门或者投资概算核定部门核定；涉及预算调整或者调剂的，依照有关预算的法律、行政法规和国家有关规定办理。”这家建设单位显然不敢超概，所以只能在合同概算价范围内结算工程量。

这种情况下，施工单位什么时候可以主张建设单位支付工程价款?《建设工程司法解释一》第27条规定：“利息从应付工程价款之日开始计付。当事人对付款时间没有约定或者约定不明的，下列时间视为应付款时间：（一）建设工程已实际交付的，为交付之日；（二）建设工程没有交付的，为提交竣工结算文件之日；（三）建设工程未交付，工程价款也未结算的，为当事人起诉之日。”只有在当事人对付款时间没有约定或者约定不明的情况下，条文列举的时间才能作为应付时间。题干中约定工程竣工决算后一次性付款，单从这个条件来说，是很明确地约定了付款时间就是竣工决算完成之时。但由于合同中并没有约定竣工决算的具体期限，而建设单位完全可以通过拖延竣工决算，达到逾期支付或拒绝付款的目的，这对于施工单位来说显然是不公平的。

根据《民法典》第142条第1款的规定，有相对人的意思表示的解释，应当按照所使用的词句，结合相关条款、行为的性质和目的、习惯以及诚信原则，确定意思表示的含义。根据诚信原则，双方真实的意思表示应该是要约定具体的付款期限，既然双方没有约定竣工决算的具体期限，这里又能够推定为约定不明，也就可以按照《建设工程司法解释一》第27条规定以建设工程实际交付之日作为应付款时间。因为工程完工后交给发包人，发包人获得了整个工程的实际掌控权后已经能够取得全部利益了，此时仍不支付价款对于承包人而言十分不公平。所以双方以竣工决算作为付款条件，但是对于决算时间并没有约定，可以认为是属于约定不明的情形，继而适用《建设工程司法解释一》第27条的规定。

另外，关于这个案例《民法典》还提供了另一种思路。根据《民法典》第158条的规定，民事法律行为可以附条件，但是根据其性质不得附条件的除外。附生效条件的民事法律行为，自条件成就时生效。合同中可以设置生效条件，只有条件成就才合同才发生效力。《民法典》第159条规定：“附条件的民事法律行为，当事人为自己的利益不正当地阻止条件成就的，视为条件已经成就；不正当地促成条件成就的，视为条件不成就。”所以本案中，双方约定甲方应该在竣工决算后支付工程价款，但是发包人以超过概算为由拒绝办理竣工决算，显然是为了自己的利益在实施不正当阻止条件成就的行为，那就可以视为已经完成竣工决算，发包人付款的条件已成就。

总结来说，这个问题可以从两个角度来考虑，既可以根据《建设工程司法解释一》第27条在约定不明的情况下以工程实际交付之日作为应付款时间主张建设单位支付工程价款，也可以根据《民法典》第158条和第159条的规定视竣工决算已完成，建设单位支付工程价款的条件已成立。

234 合同价款约定不明，可以按漏洞填补或变更估价确定价格

水电安装工程不在合同约定范围内，后期也未签订合同，甲方和其他施工单位在同一个项目二标段中约定按照100元/平方米结算。甲方多次要求和一标段的施工单位签订水电安装合同，但施工单位故意拖着不签（有证据证明施工单位恶意阻止合同成就，不符合诚信原则，是否构成缔约过失责任），法院是按照定额价还是市场价100元/平方米作出判决？

关键词：约定不明、漏洞填补规则、变更估价

这个案例是关于约定不明时价格如何确定的问题。水电安装工程本身并不在合同的范围内，后期也未签订合同，言外之意就是水电工程已经施工完毕了。所以这是一个没有签订合同，但是已经施工完毕的工程如何确定合同价格的问题。《民法典》第789条规定："建设工程合同应当采用书面形式。"法律明确规定，无论是水电安装工程，还是劳务分包合同，都应该采用书面形式。但如果没有签订书面合同，合同就一定会被认定为无效或者没有成立吗？《民法典》第490条第2款规定："法律、行政法规规定或者当事人约定合同应当采用书面形式订立，当事人未采用书面形式但是一方已经履行主要义务，对方接受时，该合同成立。"本案中虽然没有签订书面的施工合同，但水电公司已经履行了水电合同的义务，根据《民法典》第490条的规定，双方已经成立了水电安装的建设工程合同。

虽然双方成立了水电安装的建设工程合同，但是没有约定合同价款，显然双方对于价款的内容属于典型的约定不明。关于合同漏洞的填补规则规定在《民法典》第510条和第511条，这是处理每一个工程造价纠纷都会用到的法律条款，与合同解释规则同样重要。《民法典》第510条规定："合同生效后，当事人就质量、价款或者报酬、履行地点等内容没有约定或者约定不明确的，可以协议补充；不能达成补充协议的，按照合同相关条款或者交易习惯确定。"该条文明确了在价款约定不明确的情况下，应该如何确定价款。建设单位要求按照100元/平方米的价格来签订合同，施工单位不同意，一种可能是水电的实际定额价就高于100元/平方米，或者施工单位本身就希望能签更高的价格。如果协商不成，

又该如何按照相关的条款或交易习惯确定合同价格？第一步，可以看一下合同中有没有其他条款可以推测出价款的计算依据或计算方式，案件当事人没有签订合同，所以通过合同体系解释确定价格的方法行不通。第二步，再来看交易习惯，能否把定额文件或者《清单计价规范》的内容作为交易习惯？各地法院对此看法不太一致，所以按照交易习惯也比较难以确定价格。《民法典》第 511 条规定："当事人就有关合同内容约定不明确，依据前条规定仍不能确定的，适用下列规定：……（二）价款或者报酬不明确的，按照订立合同时履行地的市场价格履行；依法应当执行政府定价或者政府指导价的，依照规定履行。……"所以在依据合同解释规则以及当事人协商不能确定具体价格时，并不是直接在法律条文当中规定水电工程的单价或者是分部分项的单价，而是明确价款确定的方法，也就是按照订立合同时履行地的市场价履行。在本案中就是水电安装工程履行时的省、市市场价格。市场价格又如何来界定呢？《建设工程司法解释一》第 19 条第 2 款规定："因设计变更导致建设工程的工程量或者质量标准发生变化，当事人对该部分工程价款不能协商一致的，可以参照签订建设工程施工合同时当地建设行政主管部门发布的计价方法或者计价标准结算工程价款。"也就是说，人民法院可以直接依照当地建设行政主管部门发布的定额标准来填补合同价款漏洞。另外，甲方和其他单位在另一个标段签订了 100 元/平方米的合同价格，能否作为确定市场价的直接参照呢？由于这个价格并不是当地的平均市场价，也不是普遍遵守的价格，所以不能直接确定该价格就是市场价。虽然有地方法院是参考了类似工程的价格，但这种做法并没有被普遍采纳，本案最终还是应该按照《建设工程司法解释一》第 19 条规定采定额计价。

我们还可以从变更的角度来分析这个案件。《施工合同示范文本》第 10.1 条写道："除专用合同条款另有约定外，合同履行过程中发生以下情形的，应按照本条约定进行变更：（1）增加或减少合同中任何工作，或追加额外的工作……"后半句追加额外的工作，就像这个案件中，水电工程本身并不包含在合同范围内，可以说是在合同范围之外追加了额外的水电工程的工作。既然可以理解成是一种变更，那么就可以按照变更估价条款来结算。根据《清单计价规范》第 9.3.1 条的规定，因工程变更引起已标价工程量清单项目或其工程数量发生变化时，如已标价工程量清单中没有适用也没有类似于变更工程项目的，应由承包人根据变更工程资料、计量规则和计价办法、工程造价管理机构发布的信息价格和承包人报价浮动率提出变更工程项目的价格，并应报发包人确认后调整。承包人报价浮动率可按下列公式计算：招标工程：承包人报价浮动率 L =（1 - 中标价/招标控制价）×100%；非招标工程：承包人报价浮动率 L =（1 - 报价/施工图预算）×100%。可以看到，《清单计价规范》给出了完全参照定额结算以外的另一种方法，工程造价管理机构发布的信息价格和工程计价依据套出来的是定额价，但这里必须要考虑承包人在报价时的合同总价。原来招标控制价的浮动率，体现了承包人的竞争差异性，这里乘以投标人的报价浮动率，也是比较科学的。建设工程是一种特殊的产品，不是生产线的产品，很难确定市场价，所以《建设工程司法解释一》第 19 条才会规定定额计价。当然在《清单计价规范》确定的无相同无类似的情况下，考虑报价浮动率也具有一定的科学性。

笔者在拟定施工合同时，在无相同无类似的情况下，我们要求下浮的比例并不是按照报价浮动率，而是提出让利幅度应该是（1 - 中标价/按定额计算的合同总价）×100%。对方必须参照定额下浮的比例确定变更部分价款。也还有一个例子，投标时的招标控制价是 6900 万元，投标价是 6890 万元，报价浮动率只有 1% 左右。但按照当期的定额算出来投标报价浮动率下浮了百分之四五十，而按招标控制价就只下浮了 1%，这时候显然应该比照定额下浮的比例才更能体现承包人工程的实际价格水平。所以我们通常在合同中都要求必须按照定额下浮的浮动率确定变更估价部分价格，这样相对比较合理。

对于此处的问题我们可以从两个角度来理解：一种是根据合同漏洞的填补规则来解释，参照《建设工程司法解释一》第 19 条；另一种是按照变更估价来确定价格。

235 合同仅对当事人有约束力，没有约定时适用漏洞填补规则

某内蒙古企业进行正常招投标，因时间关系采用的是《清单计价规范》和 2009 年内蒙古定额进行组价。其中某施工单位总包中标，并和甲方按照合同中约定采用原投标价进行结算，且必须执行发包人的集团价格。由于施工单位又将劳务部分分包给了个人，且没有签订任何结算办法，劳务个人与发包单位无任何交集。目前劳务个人因结算问题和总包单位产生了分歧并诉诸法院，根据鉴定规范的约定，合同约定计价无约定的，按照地方现行计价方法进行鉴定。因目前实际施工日期应执行最新的《2017 定额》，如根据此

约定，则鉴定结果明显高于发包人和总包人履行合同结算的金额。目前总包方提出异议，大致意思是：甲方给我100元，如果按照鉴定结果得给分包人150元。是参考发包人和总包人签订的结算方式给予鉴定合理，还是按照现行的《2017定额》给予鉴定合理？

关键词： 工程结算、合同相对性、漏洞填补

建设单位和总包单位约定执行《清单计价规范》和《2009定额》进行组价，总包单位和分包单位之间没有约定结算办法，现在分包单位和总包单位之间产生关于价款结算的争议，根据案例中的情况，应该按照2017年的定额来结算。

根据2013版《造价鉴定规范》第5.3.4条的规定，鉴定项目合同对计价依据、计价方法没有约定的，鉴定人可向委托人提出“参照鉴定项目所在地同时期适用的计价依据、计价方法和签约时的市场价格信息进行鉴定”的建议，鉴定人应按照委托人的决定进行鉴定。所以当双方没有约定合同计价依据和计价方法时，鉴定机构可以提出按照当时当地的定额进行计算的意见，由法院决定是否按照定额结算。2013版《造价鉴定规范》规避了很多以鉴代审的情况，比较清晰地区分了鉴定人可以决定的事情以及应该由法院决定的事情。

案例中总包合同采用的是《2009定额》，现在双方结算时鉴定机构要求按照《2017定额》来计算。两版定额之间肯定有一定的差异，主要的差异在于消耗量的差异。新版定额比2009年要先进很多，机械设备和人工的消耗量等有所升级，比如因为更多依靠机械的力量所以人工的含量可能会降低，设备的更新不仅会提高效率还会减少设备的投入数量等。但执行《2017定额》时，执行的也是与之相配套的信息价，既然双方没有约定计价方式，那么按照同时期签约时的市场价格进行结算是比较公平的。

《民法典》第793条第1款规定：“建设工程施工合同无效，但是建设工程经验收合格的，可以参照合同关于工程价款的约定折价补偿承包人。”这是关于无效合同下工程如何结算的具体法律规定。这个案例中，因为总包单位把劳务分包给了个人，总包单位和个人之间形成的是劳务分包的关系，显然实际施工人也没有相应的资质，所以这种劳务分包是违法的，合同是无效的。这种情况下可以适用《民法典》第793条的规定，参照合同关于工程价款的约定折价补偿承包人，但问题是双方又没有关于计价方式的合同规定，所以这时又产生了关于合同漏洞填补规则的问题。

《民法典》第510条规定："合同生效后，当事人就质量、价款或者报酬、履行地点等内容没有约定或者约定不明确的，可以协议补充；不能达成补充协议的，按照合同相关条款或者交易习惯确定。"这个条文规定的是合同生效后发现了漏洞，这时应该按照漏洞填补规则来填补。但这个案件没有合同，双方建立的合同关系又是无效的，所以不能适用协议补充来填补合同漏洞，即使双方再去签订补充协议也还是无效的。《民法典》第511条规定："当事人就有关合同内容约定不明确，依据前条规定仍不能确定的，适用下列规定：……（二）价款或者报酬不明确的，按照订立合同时履行地的市场价格履行；依法应当执行政府定价或者政府指导价的，依照规定履行……"所以，这里可以直接采法定的填补规则，争议价款按照订立合同时的履行地市场价格执行。定额价是否就是市场价呢？定额价实际上只是市场价的一种，但造价领域一般认为定额价就是市场价，所以这个案件应该执行《2017定额》。

《民法典》第465条第2款规定："依法成立的合同，仅对当事人具有法律约束力，但是法律另有规定的除外。"所以总包单位和建设单位之间签订的合同，只对总包单位和建设单位具有法律约束力，合同中约定的结算价款是不能够约束其他人的，总包单位和劳务单位之间应该另行结算。另外需要考虑的问题是，违法分包是否属于可以突破合同相对性的情形？《建设工程司法解释一》第43条第2款规定："实际施工人以发包人为被告主张权利的，人民法院应当追加转包人或者违法分包人为本案第三人，在查明发包人欠付转包人或者违法分包人建设工程价款的数额后，判决发包人在欠付建设工程价款范围内对实际施工人承担责任。"所以实际施工人想要主张工程款，可以突破合同相对性，直接向发包人主张欠付范围内的工程价款。两个法律条文放在一起看，《民法典》第465条规定的合同相对性是基本原则，《建设工程司法解释一》第43条规定的是例外情形。

236 依法应招投标的项目没有进行招投标，可以按定额结算

总价1.3亿元交通客运枢纽站项目，原计划12层的司乘公寓建设方（某汽运公司）改为加盟酒店，装修费用增加了近2000万元。从法律角度讲，增加的2000万元装修款，没有经过招标程序，由原施工方完成。这部

分费用用什么模式结算更合适？定额还是清单？

关键词：工程结算、定额

这个项目是法定招标项目，但是没有经过招投标程序直接由原施工方完成。根据《招标投标法》第66条的规定，涉及国家安全、国家秘密、抢险救灾或者属于利用扶贫资金实行以工代赈、需要使用农民工等特殊情况，不适宜进行招标的项目，按照国家有关规定可以不进行招标。国家安全和国家秘密由于不能够公开，因此可以直接进行委托而不需要公开招标或者邀请招标；抢险救灾由于时间紧急因而也不适合经过招标程序；利用扶贫资金实行以工代赈、需要使用农民工等带有国家定向扶持性质的项目也无须经过招标程序。另外，《招标投标法实施条例》第9条规定："除招标投标法第六十六条规定的可以不进行招标的特殊情况外，有下列情形之一的，可以不进行招标：（一）需要采用不可替代的专利或者专有技术；（二）采购人依法能够自行建设、生产或者提供；（三）已通过招标方式选定的特许经营项目投资人依法能够自行建设、生产或者提供；（四）需要向原中标人采购工程、货物或者服务，否则将影响施工或者功能配套要求；（五）国家规定的其他特殊情形。招标人为适用前款规定弄虚作假的，属于招标投标法第四条规定的规避招标。"

在实践中，装修工程可以被单独分割出来，即便交给别人做也不会影响施工，因而不属于上述依法可以不招标的情形。所以案例中装修工程没有经过招投标直接交由原施工方完成是不合法的。至于增加的2000万元装修款的工程用什么模式结算更合适：如果把定额和清单理解为两种价格形式，这两种形式都可以，只要要求施工单位提交结算文件即可，结算文件的形式本身并不重要。但这里值得考虑的问题在于，定额究竟是不是政府定价或政府指导价。《价格法》第3条第4款规定："政府指导价，是指依照本法规定，由政府价格主管部门或者其他有关部门，按照定价权限和范围规定基准价及其浮动幅度，指导经营者制定的价格。"在《最高人民法院公报》2015年第12期（2014）民一终字第69号民事判决书中，法官的观点明确了政府部门发布的定额属于政府指导价。然而（2017）最高法民申4875号民事判决书表明了相反的观点："本院认为……《中华人民共和国合同法》第六十二条第（二）项规定：价款或报酬不明确的，按照订立合同时履行地的市场价格履行；依法应当执行政府定价或者政府指导价的，按照规定履行。该条规定排除适用市场价格的情形是：合同标的依据法律规定必须执行政府定价或政府指导价确定工程价款。兵团六建公司申请再审认为，造价定额及调差文件是政府指导价格，故案涉工程应适用政府指导价，是对法律规定的曲解和误读。《最高人民法院关于审理建设工程施工合同纠纷案件适用法律问题的解释》第十六条第二款和《建设工程价款结算暂行办法》第十一条对参照行政主管部门发布的计价方法或者计价标准结算工程价款的情形有明确具体的规定，案涉工程并不符合相关法律规定的情形，故兵团六建公司关于一、二审判决采纳市场价格确定案涉工程价款适用法律错误的主张，没有法律依据，不能成立。”这个案例就说明政府定价和指导价的范围其实是非常窄的。上述两个最高院案例的观点中，既有说定额是政府指导价的，也有说定额不是政府指导价的，实践中可以根据自己的需要寻找相应的依据。

《价格法》第3条第1款规定：“国家实行并逐步完善宏观经济调控下主要由市场形成价格的机制。价格的制定应当符合价值规律，大多数商品和服务价格实行市场调节价，极少数商品和服务价格实行政府指导价或者政府定价。”可见，只有极少数的商品和服务价格实行政府指导价或政府定价，而一个工程案件里涉及相当多的材料和机械，不可能都实行政府指导价或者政府定价，所以一般认为定额只是一种数据，而不是政府指导价或政府定价。至于题目中关于定额还是清单的问题，如果2000万元的装修款没有经过报价和审批的流程而直接由原施工单位完成，根据《建设工程司法解释一》第19条的规定，应该执行定额。何况清单在没有经过报价的情况下是没有对应价格的，定额却包含了完整的消耗量等内容，因而这里应该按照定额计价。

237 合同价款约定不明，法官通常采信息价作为合同价格

某政府绿化工程，因征地及其他原因，对绿化范围及种类规格进行调整，部分品种及规格属新增。施工过程中施工单位提出新增绿化主材进行询价，建设单位通知先施工。现进入结算审计阶段，建设单位拒绝询价，让审计单位审计。施工单位参照原有苗木清单及施工期间主材信息价申报结算。审计单位认为价格偏高（实际情况是当地绿化价格信息价偏高），按照其认为的主材市场价格进行审定，最终单价 = 取费计算综合单价 × （1 − 投标下浮率）。合同约定：新增工程量清单项目特征与投标报价中投标价中类似的，

综合单价参照类似项目的单价进行结算（与投标报价中类似的新增项目，指与原投标分部分项工程量清单项目编码1至9位完全相同的新增分部分项工程）。现在的分歧是如何确定主材价格及综合单价？

关键词：价格调整

关于材料种类规格的调整，《施工合同示范文本》规定有常用的变更估价三原则，即有相同按相同，无相同有类似按类似，无相同无类似按照合理成本加利润。《清单计价规范》还规定了一种通过市场询价确定材料价格的方式，这实际上就是变更估价四原则了。本案审计单位根据投标下浮率确定主材的最终单价，但使用投标下浮率必须结合配套的单价，比如是在定额价还是在招标控制价的基础上下浮。

关于问题中调整种类后的主材应该如何确定价格，显然建设单位与施工单位没有达成一致意见，根据《民法典》第511条的规定，当事人就有关合同内容约定不明确，依据前条规定仍不能确定的，价款或者报酬按照订立合同时履行地的市场价格履行；依法应当执行政府定价或者政府指导价的，依照规定履行。《建设工程司法解释一》第19条第1、2款规定："当事人对建设工程的计价标准或者计价方法有约定的，按照约定结算工程价款。因设计变更导致建设工程的工程量或者质量标准发生变化，当事人对该部分工程价款不能协商一致的，可以参照签订建设工程施工合同时当地建设行政主管部门发布的计价方法或者计价标准结算工程价款。"一般法院会认为信息价就是市场价，这也是当下有取消预算定额倾向的原因。但法官的这种推断未必合理，毕竟信息价经常存在不准确的情况，难以准确认定市场价，因为市场价通常是产生于每一笔交易中的，不同的购买渠道、购买水平，其采购价格也都不同。如果当事人没有足够的证据证明市场价是多少，法院有时也采用发票价格，或者直接采用工程附近另一工程相同材料价格的做法。总之法院一定会考虑到利益平衡，不会让一方承担巨额亏损或让另一方因此获得暴利。

所以，如果双方在合同中约定新增材料用市场询价的方式确定价格，应该按照合同约定确定价款，但如果询价方式走不通，双方又无法达成新的协议，那么根据合同漏洞填补规则，法官通常会采用信息价作为合同价格。

238 施工过程中可以通过补充协议或诉讼、仲裁等方式主张调价

某2016年项目，签订合同时，甲方按暂定单价×暂定面积=合同价，过程中按合同节点付款（暂定价低，暂定面积比实际面积也小）。2017年开始，市场材料、人工涨价，原暂定合同价远低于实际单方造价，建筑单位多次要求业主调价并按调价后进行节点付款，业主均未同意。实际业主也按合同约定支付所有应付工程款，但无法满足现场施工需要，现场进度滞后，工期延误20个月。目前无法如期交房，如果进行诉讼，施工单位怎样才能争取更大的优势？项目建设过程中，甲方拒绝重计量及调价，要求施工单位垫资，施工单位在施工过程中已垫资5000万元。

关键词： 价格调整

合同约定按暂定单价和暂定面积计算合同价，对于不确定的合同价格，根据《民法典》第510条的规定，合同生效后，当事人就质量、价款或者报酬、履行地点等内容没有约定或者约定不明确的，可以协议补充；不能达成补充协议的，按照合同相关条款或者交易习惯确定。因此，本案结算价可以视为约定不明，在结算时根据合同漏洞填补规则确定新的单价。根据《建设工程司法解释一》第19条第2款规定："因设计变更导致建设工程的工程量或者质量标准发生变化，当事人对该部分工程价款不能协商一致的，可以参照签订建设工程施工合同时当地建设行政主管部门发布的计价方法或者计价标准结算工程价款。"综合上述条款，可以通过漏洞填补规则再根据当地定额重新确定单价。

履行期内应该如何进行调价？如果是在竣工结算时主张调价，自然要等到工程完工验收合格后，再按照合同约定支付价款。如果在施工过程中主张调价，双方能够协商一致签订补充协议固然是最好的；如果业主不同意签订补充协议，这时施工单位可以先提起仲裁或诉讼主张工程进度款。单独针对进度款的争议，仲裁委或法院在裁决时也会考虑到双方是否存在违约行为，包括一方不完全履行合同义务的行为等。《保障中小企业款项支付条例》第7条第2款规定："政府投资项目所需资金应当按照国家有关规定确保落实到位，不得由施工单位垫资建设。"《保障农民工工资支付条例》第23条第2款规定："政府投资项目所需资金，应

当按照国家有关规定落实到位，不得由施工单位垫资建设。”《政府投资条例》第22条规定：“政府投资项目所需资金应当按照国家有关规定确保落实到位。政府投资项目不得由施工单位垫资建设。”本案中，让施工单位自行垫资施工的行为显然是不合理的。一方面，施工单位可以要求当地的行政管理部门干预以解决垫资问题；另一方面，甲方拒绝计量调价要求施工单位垫资施工的行为已经构成了根本违约，施工单位可以提出解除合同，要求其承担违约责任并赔偿相应的损失。

二、解释规则

239 合同约定不明确时，应依据诚信原则合理确定

某建筑公司因建造两栋大楼急需黄沙，遂于9月10日与某建筑材料公司签订了一份合同，合同约定建筑公司购买材料公司黄沙30车，每吨300元，合同订立一个月以后，由材料公司送货，货到付款。合同订立后，黄沙的市场价从每吨300元涨到350元，材料公司经理见状觉得按原价供货吃亏，不愿如数供货，遂于10月12日给建筑公司去电话，提出因货源紧张要求少供货，建筑公司不同意。李某遂于次日安排2辆（其中一辆是借用外单位车）“130”型货车装沙（每车装载2吨），送到建筑公司，并要求以后均以“130”型车为标准计算交货数量。建筑公司提出材料公司的做法是不合理的，尽管合同规定交货数量为30车，但应以“东风牌”大卡车作为计算标准，每车装载4吨，共120吨。为此，建筑公司向法院起诉，认为材料公司已构成故意违约，应承担违约责任。材料公司则提出，双方对交货数量的计算标准发生重大误解，因此应当撤销该合同。（案例出自王利明的《典型案例：合同法“诚信原则”违反不得》）

关键词：合同漏洞、重大误解

合同约定建筑公司购买材料公司黄沙30车究竟应该是以“东风牌”大卡车还是以“130”型车为标准计算交货数量？民法中最重要的原则是诚信原则，虽然双方并没有明确约定货车的型号，但根据《民法典》第510条规定，合同生效

后，当事人就质量、价款或者报酬、履行地点等内容没有约定或者约定不明确的，可以协议补充；不能达成补充协议的，按照合同相关条款或者交易习惯确定。运送材料的车型可以通过相应的条款或者交易习惯来解释。对于交易习惯，《民法典》第 142 条第 1 款规定："有相对人的意思表示的解释，应当按照所使用的词句，结合相关条款、行为的性质和目的、习惯以及诚信原则，确定意思表示的含义。"所以根据双方之前的交易习惯以及当地的交易习惯，双方约定的应该是运货量为 4 吨的"东风牌"大卡车。据此可以更为清楚地认识合同法中的漏洞填补规则。

对于材料供应商提出的重大误解，《民法典》第 147 条规定："基于重大误解实施的民事法律行为，行为人有权请求人民法院或者仲裁机构予以撤销。"第 152 条第 1 款规定："有下列情形之一的，撤销权消灭：（一）当事人自知道或者应当知道撤销事由之日起一年内、重大误解的当事人自知道或者应当知道撤销事由之日起九十日内没有行使撤销权……"这个案子中，在签订购货协议时，双方都明知运送货物的工具应该是运货量为 4 吨的"东风牌"大卡车，而不是"130"型车，不存在当事人表示出来的意思和内心追求的意思表示不一致的情形，因此不构成重大误解。另外，因重大误解而行使合同的撤销权时，需要注意行使撤销权的期限是知道或者应当知道撤销事由之日起 90 日内。

240 当事人对合同条款的理解有争议的，要遵照诚信原则明确意思表示的含义

图纸上约定有吊顶的区域的消防喷淋头为下喷。电梯前厅有吊顶区域，在施工过程中，施工方提出上喷改下喷的变更洽商，甲方监理工程师现场确认了，可否按技术洽商不产生经济费用处理？

关键词：合同变更、意思表示

首先，根据《建筑法》第 58 条的规定，建筑施工企业必须按照工程设计图纸和施工技术标准施工，不得偷工减料。所以按图施工是施工企业的法定义务，施工单位必须按图施工。本案中图纸上规定的是下喷，施工单位理解成了上喷，施工单位认为上喷不合理提出改成下喷，甲方监理工程师认可了施工单位的建

议。从案情来看似乎产生了工程变更的情形，但实质上签证单是否产生了变更呢?《施工合同示范文本》第10.1条规定："除专用合同条款另有约定外，合同履行过程中发生以下情形的，应按照本条约定进行变更：（1）增加或减少合同中任何工作，或追加额外的工作；（2）取消合同中任何工作，但转由他人实施的工作除外；（3）改变合同中任何工作的质量标准或其他特性；（4）改变工程的基线、标高、位置和尺寸；（5）改变工程的时间安排或实施顺序。"如果原来图纸上写的是上喷，现在改为下喷，这的确是工程变更。但原来图纸写的就是下喷，现在做了签证以后还是下喷，所以本质上并没有改变原图纸的内容，也没有改变质量标准，因此这不属于《施工合同示范文本》中工程变更的情形。

既然没有发生工程变更，显然也不产生新的经济费用。从法律的角度分析，可以从签证双方当事人的真实意思表示来理解。《民法典》第142条第1款规定："有相对人的意思表示的解释，应当按照所使用的词句，结合相关条款、行为的性质和目的、习惯以及诚信原则，确定意思表示的含义。"当双方对签证条款的理解有争议时，需要看签证的目的是什么，要遵照诚信原则来明确意思表示的含义。第一，这份签证在按照下喷的施工方式上是达成了一致意见的；第二，双方对于按照下喷的方式计价也是达成了共识的；第三，施工单位认为应该按照下喷重新计价，建设单位却认为应该遵守原合同中下喷的价格，这是问题的主要争议。根据上文的分析，可以发现双方并没有明确的变更合同的意思表示，根据《民法典》第544条的规定，当事人对合同变更的内容约定不明确的，推定为未变更。总结来说，施工单位错误地理解了施工方法，然后改变施工方法使其与图纸一致，这样的行为并未产生明确的关于双方当事人变更合同价格的合意，所以根据《民法典》第544条的规定应推定为合同未变更。

第十四章 Chapter 14 合同解除

一、合同解除的后果

241 因承包人原因导致合同解除时，发包人可以主张合同约定的违约金和实际损失

总包人无故撤场，业主可以主张损失的范围有哪些？

关键词：违约责任、合同解除、损害赔偿

《民法典》第 563 条第 1 款规定："有下列情形之一的，当事人可以解除合同：……（二）在履行期限届满前，当事人一方明确表示或者以自己的行为表明不履行主要债务……"总包人无故撤场，显然是以自己的行为表明不再履行义务，甲方因此可以提出解除合同。甲方提出解除合同后又该如何主张损失赔偿？《民法典》第 566 条第 2 款规定："合同因违约解除的，解除权人可以请求违约方承担违约责任，但是当事人另有约定的除外。"据此，甲方依法解除合同后可以要求承包人承担违约责任。

《施工合同示范文本》第 16. 2. 4 条关于因承包人违约解除合同后的处理部分规定："因承包人原因导致合同解除的，则合同当事人应在合同解除后 28 天内完成估价、付款和清算，并按以下约定执行：（1）合同解除后，按第 4. 4 款［商定或确定］商定或确定承包人实际完成工作对应的合同价款，以及承包人已提供的材料、工程设备、施工设备和临时工程等的价值；（2）合同解除后，承包人应支付的违约金；（3）合同解除后，因解除合同给发包人造成的损失……"第一，对于已完成工程部分，应按照约定或由双方重新协商价款后由发包人支付给承包人已完成工程款，同时承包人已经提供的材料、工程设备、施工设备和临时工程等，对于这部分还没有物化到建设工程中的材料，虽然无法按照定额或《清单计

价规范》进行结算，双方也应确定相应部分的价格，并由发包人支付给承包人。第二，合同解除后承包人应该支付违约金。笔者之前接办的一个案件，由于承包人原因没有在预定期限内完工，发包人行使了合同解除权，最后法院也判决承包人违约，支持发包人主张的工期违约金赔偿。一般来说，施工合同的内容中都会约定违约金条款。第三，合同解除后因解除给发包人造成的损失，承包人也应予赔偿。关于这部分损失的具体金额，需要发包人进行举证。比如房地产开发项目，开发商和业主签订了交房协议且约定了逾期交房的违约责任，由于承包人违约导致开发商不能如期交房，开发商赔偿给业主的这部分违约金是发包人的损失，是可以要求承包人来赔偿的。

在发包人违约的情况下，承包人解除了合同，《民法典》第584条规定："当事人一方不履行合同义务或者履行合同义务不符合约定，造成对方损失的，损失赔偿额应当相当于因违约所造成的损失，包括合同履行后可以获得的利益。"在发包人违约的情况下，承包人解除了合同，可以要求发包人支付未完工程部分的相应利润。

总结来说，业主方可以主张损失的范围主要包括违约金和实际损失部分。

242 工程无法继续施工时，守约方应当争夺合同解除权

业主与施工单位双方无过错，工程完成三分之一时，双方协商一致终止合同。施工单位除工程款项外还可追讨哪些直接损失？直接损失的定义是什么？剩余三分之二工程的利润可作为直接损失予以追讨吗？

关键词： 解除权、直接损失、间接损失

如果是双方协商一致终止的合同，通常情况下双方应该对损害赔偿有明确约定。如果是对方违约，自己行使了合同解除权，则可以要求对方承担违约责任。该问题的产生主要还是法律策略的选择错误，导致了对自己不利的局面。如果一开始就考虑基于单方的合同解除权去主张违约解除，那么对于现阶段的索赔就很有利了。现在双方是在协商一致的情况下解除合同，就很难再去主张违约责任了。

给施工企业做未完工程的案件时，对方起诉我们违约要解除合同，我们也一

定会起诉对方违约并主张解除合同，并且极力去推翻对方的解除权依据。因为一旦确立我们的合同解除权是正当的，就很容易确立对方的违约责任，也便于要求对方赔偿相应的损失。

第二个问题关于直接损失和间接损失。作一个通俗的比喻，张三口袋里原来有的500元钱消失不见了，这是所受损害，也可以称之为直接损失；如果张三明天去讲课能挣1000元钱，因为某些原因没能讲成课，这1000元钱的损失就是所失利益，也可以称之为间接损失。

题干中的情况，对于合同终止前的索赔签证、停工损失还有人工材料的调差等，这些都可以依照工程款来主张，但如果施工单位想要主张损害赔偿还是不太容易的。所以这个问题的关键并不在于法律上什么是直接损失，主要还是诉讼开始时的错误策略导致了现在的不利局面。

243 合同解除并不阻碍建设单位请求施工方承担质量责任

总包单位承建一栋框架结构的办公楼，主体结构封顶，填充墙砌体施工完成后，因建设单位资金问题停工。总包方与土建劳务友好协商，签订了合同解除协议解除了原合同中的所有权利和义务。现建设单位起诉总承包方已完工程存在质量问题，质量鉴定机构已出具鉴定报告，目前正在鉴定修复方案。土建劳务此时起诉总承包方未按解除协议支付剩余工程款。总承包方是否可以因本工程的质量问题反诉劳务方质量责任？

关键词：合同解除、质量责任

关于工程质量的问题，《民法典》第801条规定："因施工人的原因致使建设工程质量不符合约定的，发包人有权请求施工人在合理期限内无偿修理或者返工、改建。经过修理或者返工、改建后，造成逾期交付的，施工人应当承担违约责任。"第801条第一句规定的是施工人违约后应当承担的无偿修理或者返工、改建的强制性责任。第二句规定的是修理或者返工、改建后造成逾期交付的，应当承担违约责任。这是工程存在质量问题时施工人应当承担的两种责任形式。

《建设工程司法解释一》第13条规定："发包人具有下列情形之一，造成建设工程质量缺陷，应当承担过错责任：（一）提供的设计有缺陷；（二）提供或者指定购买的建筑材料、建筑构配件、设备不符合强制性标准；（三）直接指定分包人分包专业工程。承包人有过错的，也应当承担相应的过错责任。”这是《建设工程司法解释一》中关于工程质量缺陷建设单位需要承担法律责任的几种情形。在司法实践中，一旦涉及工程因质量问题需要进行修复的，关于造价鉴定主要有以下几个步骤：第一，鉴定工程是否存在质量问题；第二，确定质量问题的修复方案，如果鉴定表明工程无法通过修复达到预定使用状态，鉴定机构一般会出具关于拆除费用和实际损失情况的鉴定报告。

在本案例中，总包方和劳务方虽然已经协议解除合同，但该解除行为并不免除劳务方对已完工程的质量责任。《民法典》第 793 条规定：“建设工程施工合同无效，但是建设工程经验收合格的，可以参照合同关于工程价款的约定折价补偿承包人。建设工程施工合同无效，且建设工程经验收不合格的，按照以下情形处理：（一）修复后的建设工程经验收合格的，发包人可以请求承包人承担修复费用；（二）修复后的建设工程经验收不合格的，承包人无权请求参照合同关于工程价款的约定折价补偿。发包人对建设工程质量不合格造成的损失有过错的，应当承担相应的责任。”也就是说，对于工程质量问题，建设单位可以请求承包人承担修复费用，但如果工程无法通过修复达到预计可使用状态，承包人不仅不能获得相应的工程价款，甚至还需要承担恢复原状即拆除已施工工程的费用。

对于本案中建设单位与总包单位之间的质量纠纷，即便双方已协议解除合同，总包单位依然可以追究该分包单位对工程质量问题应当承担的法律责任。

二、已完工程计价

244 合同一般不因变更而解除

请问变更达到什么程度可以解除合同？有没有一个定性和定量的解释？

关键词：合同变更、合同解除

在建设工程施工合同关系中，变更合同是甲方的正当权利。《民法典》第 787 条规定：“定作人在承揽人完成工作前可以随时解除合同，造成承揽人损失的，应当赔偿损失。”施工合同作为承揽合同的一种，应该适用承揽合同中的相关规定，但并不意味着承包方有随时解除合同的权利。《施工合同示范文本》第16.1.3条规定："除专用合同条款另有约定外，承包人按第16.1.1项［发包人违约的情形］约定暂停施工满28天后，发包人仍不纠正其违约行为并致使合同目的不能实现的，或出现第16.1.1项［发包人违约的情形］第（7）目约定的违约情况，承包人有权解除合同，发包人应承担由此增加的费用，并支付承包人合理的利润。"关于解除合同，《施工合同示范文本》只规定了承包人在发包人违约或者不可抗力情形下才有合同解除权，并没有因合同变更而解除合同的规定。

因合同变更而解除合同的权利规定在《民法典》第533条第1款中，即合同成立后，合同的基础条件发生了当事人在订立合同时无法预见的、不属于商业风险的重大变化，继续履行合同对于当事人一方明显不公平的，受不利影响的当事人可以与对方重新协商；在合理期限内协商不成的，当事人可以请求人民法院或者仲裁机构变更或者解除合同。这个条款是关于情势变更下的合同解除权。根据最高院曾经发布的法〔2009〕165号文件，情势变更的缘由需要报到最高院批准才可以适用，所以依据情势变更主张解除合同很难实现。而且《施工合同示范文本》中也体现着不鼓励承包人随时解除合同的理念。比如第10.3.3条关于变更执行的部分规定："承包人收到监理人下达的变更指示后，认为不能执行，应立即提出不能执行该变更指示的理由。承包人认为可以执行变更的，应当书面说明实施该变更指示对合同价格和工期的影响，且合同当事人应当按照第10.4款［变更估价］约定确定变更估价。"可见当发包人提出变更执行时，如果承包人有异议应该及时提出，双方当事人按照争议解决条款来处理。即使存在争议，施工单位也应该暂时搁置争议，在问题解决之前仍应按照监理人的通知完成项目工作。

所以这个问题的结论是，根据《民法典》第533条的规定，当满足情势变更的条件时，当事人才可以提出解除合同。

245 合同解除后应考虑实际履行情况、过错等要素进行结算

《造价鉴定规范》第5.10.6条规定："委托人认定发包人违约导致合同解除的，单价项目按已完工程量乘以约定的单价计算，其中剩余工程量超过15%的单价项目可适当增加企业管理费计算。"

合同约定：按建筑面积10,000平方米，每平方米1000元结算。这种情

况是否适用上述条款？如果实际完成了建筑面积1000平方米，是不是剩余(9000－1000)×1.15的部分单价要加企业管理费？最后提到未完工程量要增加利润，剩余工程量与未完工程量如何区分？9000平方米是未完工程量还是剩余工程量？

关键词：合同解除、工程结算

《造价鉴定规范》第5.10.6条规定："单价合同解除后的争议，按以下规定进行鉴定，供委托人判断使用：1. 合同中有约定的，按合同约定进行鉴定；2. 委托人认定承包人违约导致合同解除的，单价项目按已完工程量乘以约定的单价计算（其中，单价措施项目应考虑工程的形象进度），总价措施项目按与单价项目的关联度比例计算；3. 委托人认定发包人违约导致合同解除的，单价项目按已完工程量乘以约定的单价计算，其中剩余工程量超过15%的单价项目可适当增加企业管理费计算。总价措施项目已全部实施的，全额计算；未实施完的，按与单价项目的关联度比例计算。未完工程量与约定的单价计算后按工程所在地统计部门发布的建筑企业统计年报的利润率计算利润。"

对于《造价鉴定规范》第5.10.6条规定的第二点，如果是承包人违约，比如施工到一半时承包人撤场不做了，此时甲方可以行使法定解除权解除合同。在合同解除后，对于已完部分工程价款的计算，包括分部分项工程的单价项目和措施项目等，应该按照实际已完工程量乘以约定的单价计算，约定的单价就是承包人的投标价格。另外还有一句"总价措施项目按与单价项目的关联度比例计算"。《房屋建筑与装饰工程工程量计算规范》表S.7罗列了各类安全文明施工及其他措施项目（011707），具体包括：安全文明施工，夜间施工，非夜间施工照明，二次搬运，冬雨季施工，地上、地下设施、建筑物的临时保护设施，已完工程及设备保护。这些都统归"总价措施项目"，在清单中是用一个项目来计价的，在未完整施工的情形下，总价措施项目的价款可以参考关联单价项目的完成比例，用总价乘以相应的费率。

比如，在河南省的一个施工项目中，施工单位搭设的脚手架既可以在主体项目施工时使用，也可以在后期装修项目中使用，在套定额计价时应该要考虑到整体工程的形象进度。再如，在高速公路施工项目中，工程包括路基、基层和层面等单价项目，投标人报价时用不平衡报价的方法，对路基和基层的报价非常高，而对层面的报价非常低。在施工过程中，施工单位把路基和基层部分施工完毕后，剩下层面部分还未施工就撤场了。这种情况下显然不能简单地按照《造价鉴定规范》第 5. 10. 6 条第 2 款来处理，因为这里《造价鉴定规范》没有考虑到投标人不平衡报价的问题，直接适用该条款按照当事人约定的价格计价对建设单位而言显然是不公平的。

根据《造价鉴定规范》第 5. 10. 6 条第 3 款前半部分规定，如果是发包人违约导致的合同解除，单价项目按照已完工程量的比例计价，但对于剩余工程量超过 15% 的单价项目，可以适当增加企业的管理费。比如施工单位只完成了 20% 的工程量，但前期已经投入的准备如果按照平均摊销的规则只算 20% 的管理费显然是不够的。因为一般来说，施工单位在前期的准备工作会比较多，边际效用是逐渐递减的，如果只按照已完工程量的比例乘以 20% 的管理费，是不能弥补施工单位的施工成本的，所以施工单位可以根据这个条款，主张增加企业管理费用。当然如果总价措施项目已经全部完成施工，比如安全文明措施项目中的临时设施已经全部做完，应该直接全额予以计价结算。对比在承包人违约的情形下，即便措施项目已经全部完成施工，也只按照与单价项目的关联度比例计算，这里也体现了违约者不受益的法律原则。

第 3 款最后一句规定了，未完工程量与约定的单价计算后按工程所在地统计部门发布的建筑企业统计年报的利润率计算利润。第 3 款前两句分别从单价项目和总价措施项目来计算已完工程量的价款，最后一句则对未完工程量的利润部分作出了规定。由于是发包人违约导致的合同解除，对承包人预期可得利益的损失也应该赔偿，因此有必要将这一部分的利润支付给承包人。在计算未完工程量的预期可得利益时，需要从项目整体上来把握，比如整个工程有 100 项，最终只做了 70 项，那么剩余 30 项就是未完工程量。

《最高人民法院公报》2015 年第 12 期在（2014）民一终字第 69 号民事判决书的裁判摘要中提道："对于约定了固定价款的建设工程施工合同，双方未能如约履行，致使合同解除的，在确定争议合同的工程价款时，既不能简单地依据政府部门发布的定额计算工程价款，也不宜直接以合同约定的总价与全部工程预算总价的比值作为下浮比例，再以该比例乘以已完工程预算价格的方式计算工程价款，而应当综合考虑案件实际履行情况，并特别注重双方当事人的过错和司法判决的价值取向等因素来确定。"案例中按平方米计价的项目，如果完全套定额，价格可能会远超合同价格水平；但如果简单按照比例法计算价款，又体现不出对违约方和守约方的区别对待。因此，在实践中，法院通常会综合考虑案件的实际履行情况，特别注重当事人的过错和司法判决的价值取向，达到保护守约方和维护公平原则的目的。

总结来说，《造价鉴定规范》第5.10.6条规定的是清单计价模式下，单价合同解除时的计价规则。本题中关于平方米计价的合同解除后的结算可以参考《最高人民法院公报》的案例，应该考虑到双方履行合同的实际情况以及导致合同解除的过错等因素综合判断价款计算方式。

246 合同解除前投入的措施项目费用承担，应视违约方而定

甲乙双方已经进入诉讼阶段，由于合同中建筑面积6.8万平方米，施工单位实际完成了5000多平方米。现在的疑问是，临时设施费是按照人工费+机械费计取的，施工单位的理由是甲方无法支付费用导致停工，措施费用已经按照合同面积6.8万平方米的规格进行了施工，但如果只按照5000多平方米的造价计取措施费，措施费仅7万多元，实际投入已经近百万元，此部分该如何处理？

关键词：合同解除、措施项目费

《建筑安装工程费用项目组成（按造价形成划分）》规定的安全文明施工费包括四种：（1）环境保护费：是指施工现场为达到环保部门要求所需要的各项费用。（2）文明施工费：是指施工现场文明施工所需要的各项费用。（3）安全施工费：是指施工现场安全施工所需要的各项费用。（4）临时设施费：是指施工企业为进行建设工程施工所必须搭设的生活和生产用的临时建筑物、构筑物和其他临时设施费用。包括临时设施的搭设、维修、拆除、清理费或摊销费等。各地区也有把临时设施费从安措费中拿出来单独列为一种措施项目费的做法。

问题的关键在于未完工程的临时设施费应该如何结算。首先需要考虑导致合同解除的原因在哪一方，导致合同解除的一方应该承担相应的损失和违约责任。《民法典》第566条第1款规定："合同解除后，尚未履行的，终止履行；已经履行的，根据履行情况和合同性质，当事人可以请求恢复原状或者采取其他补救措施，并有权请求赔偿损失。"比如一项房屋建设工程只完成了地基建设，如果在这个阶段解除了合同，施工方可以就已经完工部分的工程主张价款。根据第566

条的规定，已经履行的，根据履行情况和合同性质，当事人可以请求恢复原状或者采取其他补救措施。现在工程已经完成的部分肯定不能恢复原状，而业主接收已完工程后又会形成收益，在合同解除后也就形成了不当得利，从这个角度来说建设单位也应该支付已完工程的价款。因一方违约导致合同解除的，违约方应当赔偿因此而给对方造成的损失。即便是半拉子工程，发包人仍应支付合格的已完工程部分的价款。

问题中已经履行的所有临时设施是否都属于已完工程？《施工合同示范文本》第16.1.4条因发包人违约解除合同后的付款部分规定："承包人按照本款约定解除合同的，发包人应在解除合同后28天内支付下列款项，并解除履约担保：（1）合同解除前所完成工作的价款；（2）承包人为工程施工订购并已付款的材料、工程设备和其他物品的价款……"第16.2.4条因承包人违约解除合同后的处理规定："因承包人原因导致合同解除的，则合同当事人应在合同解除后28天内完成估价、付款和清算，并按以下约定执行：（1）合同解除后，按第4.4款［商定或确定］商定或确定承包人实际完成工作对应的合同价款，以及承包人已提供的材料、工程设备、施工设备和临时工程等的价值……"对比发包人和承包人违约时的责任承担方式，可以发现法律偏向保护的主体利益是不同的。本案因发包人原因导致合同解除，根据上述规定，对承包人已经完成的临时设施，发包人应当按照实际投入的金额结算。

但如果约定的措施项目费是80万元，施工方实际投入了100万元，这种情形下因发包人原因解除合同后是否还应按照100万元结算措施项目费？《造价鉴定规范》第5.10.6条规定："单价合同解除后的争议，按以下规定进行鉴定，供委托人判断使用：1. 合同中有约定的，按合同约定进行鉴定；2. 委托人认定承包人违约导致合同解除的，单价项目按已完工程量乘以约定的单价计算（其中，单价措施项目应考虑工程的形象进度），总价措施项目按与单价项目的关联度比例计算；3. 委托人认定发包人违约导致合同解除的，单价项目按已完工程量乘以约定的单价计算，其中剩余工程量超过15%的单价项目可适当增加企业管理费计算。总价措施项目已全部实施的，全额计算；未实施完的，按与单价项目的关联度比例计算。未完工程量与约定的单价计算后按工程所在地统计部门发布的建筑企业统计年报的利润率计算利润。"结合案例来理解这个条款，如果是承包人违约导致合同解除，承包人只能获得7万元的总价措施项目费；如果是发包人原因导致的合同解除，措施项目费应该按照100万元计算。但如果承包人只完成了措施项目80%

的工程量就已经支出了100万元，这时候不能僵化地根据条款又按照比例算出7万元的措施项目费，而是按照已经实际施工的总价措施项目，全额计算措施项目费。

247 合同解除不影响结算条款的效力

关于建设工程优先权问题，有双方签字的工程量确认单，但双方没有正式结算。2012年6月施工单位撤场，在建工程交付发包方；2017年9月26日中院判决双方施工合同解除，施工方赔偿发包方违约金，但是没有就工程款问题作出判决。2020年8月，施工方还能否主张建设工程价款优先受偿权？

关键词：优先受偿权、合同解除

这实际上是一个半拉子工程，法院在判定合同解除后没有明确发包人应当支付工程价款的义务，现在施工方还能否根据优先受偿权主张已经实际施工的工程价款？《民法典》第807条规定："发包人未按照约定支付价款的，承包人可以催告发包人在合理期限内支付价款。发包人逾期不支付的，除根据建设工程的性质不宜折价、拍卖外，承包人可以与发包人协议将该工程折价，也可以请求人民法院将该工程依法拍卖。建设工程的价款就该工程折价或者拍卖的价款优先受偿。"优先受偿权是民法规定的特别权利，其效力要优于普通的债权，对施工单位来说也是非常重要的权利。虽然这类权利是对施工单位的特别保护，超越了一般的债权，但是法律的保护也不是无限制的，在主张优先受偿权时需要特别关注是否超过了权利可主张的期限。《建设工程司法解释一》第41条规定："承包人应当在合理期限内行使建设工程价款优先受偿权，但最长不得超过十八个月，自发包人应当给付建设工程价款之日起算。"实践中，建设工程合同的纠纷的时间跨度都很长，一般不建议起诉。本案中2012年6月施工单位就撤场了，2017年才被法院判决合同解除。在这期间，建设单位很有可能已经完成了所有的后期施工甚至已经出售交付商品房了，这时再来保护施工单位的优先受偿权已经不太现实，而且对于买受人和其他债权人来说也不公平。

这个问题的核心在于优先受偿权的起算点应该从哪一天开始。《民法典》第806条规定："承包人将建设工程转包、违法分包的，发包人可以解除合同。发包人提供的主要建筑材料、建筑构配件和设备不符合强制性标准或者不履行协助义务，致使承包人无法施工，经催告后在合理期限内仍未履行相应义务的，承包人可以解除合同。合同解除后，已经完成的建设工程质量合格的，发包人应当按照约定支付相应的工程价款；已经完成的建设工程质量不合格的，参照本法第七百九十三条的规定处理。”由于已经完成的施工无法恢复原状，所以即使是合同解除了，施工单位也可以根据《民法典》第122条的规定来让发包人返还不当得利。

关于合同解除以后的付款时间，《民法典》第567条规定：“合同的权利义务关系终止，不影响合同中结算和清理条款的效力。”本案施工合同应该是根据《施工合同示范文本》签订的，其中关于付款时间的约定在合同解除后仍具有约束力。根据《施工合同示范文本》第16.1.4条因发包人违约解除合同后的付款规定，承包人按照本款约定解除合同的，发包人应在解除合同后28天内支付合同解除前所完成工作的价款，并解除履约担保。根据第16.2.4条因承包人违约解除合同后的处理规定，因承包人原因导致合同解除的，则合同当事人应在合同解除后28天内完成估价、付款和清算，并在合同解除后，按第4.4款［商定或确定］商定或确定承包人实际完成工作对应的合同价款，以及承包人已提供的材料、工程设备、施工设备和临时工程等的价值。法院在判决中没有明确合同解除的时间，所以仅根据题干信息无法判断具体的付款时间。

如果双方当事人在合同中对合同解除后的付款没有约定或约定不明，根据《建设工程司法解释一》第27条的规定，“利息从应付工程价款之日开始计付。当事人对付款时间没有约定或者约定不明的，下列时间视为应付款时间：（一）建设工程已实际交付的，为交付之日；（二）建设工程没有交付的，为提交竣工结算文件之日；（三）建设工程未交付，工程价款也未结算的，为当事人起诉之日”。本案中2012年6月施工单位撤场的时间是很明确的，这时候发包人已经可以掌控整个施工现场了，因此施工单位的优先受偿权最晚也应该从这一天起算。到2020年8月已经超过了施工单位可以主张优先受偿权的期限了，但施工单位仍然可以主张建设单位支付相应的工程价款。

248 对未完工程的结算应视违约方进行扣减

案例一：一个总价项目中标金额是3000万元，清单含土建安装和消防。后因甲方原因中止施工，土建施工已完成，消防施工完成一部分。结算时，施工方按合同金额报送，甲方一审扣除消防未施工部分，组价按实际定额扣减。施工方不服，认为应该按照清单价扣除，双方争议金额相差500万元，争议一直未能妥善处理。请问应该按什么单价扣除？（甲方认为中标清单不属于合同附件，清单只是模拟清单）

案例二：某钢结构厂房，甲方采用邀请招标方式，发布工程量清单进行招标。中标施工单位的投标文件，在钢结构防火涂料清单项报价为0，在施工过程中，施工单位拒不施工钢结构防火涂料项目，为了保证工程进度，甲方重新找了一家施工单位并签订施工合同，来完成钢结构防火涂料项目。目前工程已到结算阶段，中标施工单位防火涂料报价为0，且未施工。甲方扣除中标施工单位防火涂料工程款应按何种价款扣除？是以重新找的施工单位合同价扣除，还是以定额组价扣除？因中标施工单位违约不施工防火涂料项目，甲方是否可以追究中标单位的违约责任？

关键词：未完工程、工程结算

案例一中是一个采用清单招标形成的总价合同，包含土建安装和消防两部分。已完成的土建施工有两种结算方法，一种是按照土建的投标价直接结算，另一种是用合同总价扣减未完工程的价款。其中未完工程的价款又有两种计算方法，一种是按照清单投标价计算，另一种是按照定额价进行计算。问题就是如果用扣减法计算土建工程的价款，应该扣减哪个价格。案例二中，施工单位未施工报价为0的工程项目，建设单位是应该按照清单价扣减工程价款还是应该按照定额组价扣减工程价款？

先看案例二中的问题，简单依据清单价格来扣减未完工程的价格显然是不合理的，实践中也应该分情况进行考虑。这是一个总价合同。《造价鉴定规范》第5.10.7条规定：“总价合同解除后的争议，按以下规定进行鉴定，供委托人判断使用：1. 合同中有约定的，按合同约定进行鉴定；2. 委托人认定承包人违约导致合同解除的，鉴定人可参照工程所在地同时期适用的计价依据计算出未完工程价款，再用合同约定的总价款减去未完工程价款计算；3. 委托人认定发包人违约导致合同解除的，承包人请求按照工程所在地同时期适用的计价依据计算已完工程价款，鉴定人可采用这一方式鉴定，供委托人判断使用。”第二个案例是施工单位违约，如果按照清单价不予扣减工程价款显然是不合理的，因此这个案例中扣除价款的标准应该是按照定额重组的价格。

案例一是甲方违约，根据《造价鉴定规范》，已完成的土建工程价款应当按照定额进行结算，而无须再采用扣减法。关于案例二，《造价鉴定规范》第5.10.7条体现的理念主要就是惩罚违约方。因此，甲方可以追究中标单位的违约责任。

249 合同解除后已完工程部分可按合同约定或定额结算

厂房项目暂定价1.1亿元，清单计价。施工至7000万元左右工程量时，业主调整战略决定不再按图施工，取消接下来的工程量，不再组织竣工验收，按现状交付并据实结算工程款。现施工单位提出要求：（1）虽然合同约定清单计价，但实际系按照定额下浮6%换算而来。施工单位愿意下浮6%是基于1.1亿元的造价，工程量大幅减少后不同意再下浮6%。（2）施工单位已按照1.1亿元的造价投入临时措施费，现工程量虽大幅减少，但仍应按1.1亿元计算临时措施费。（3）投标所报综合单价不平衡，土建部分无利润，利润都在装修部分，现取消装修部分，应当补偿相关利润。上述三点要求在法律上能否成立？

关键词：工程结算、合同解除

业主调整战略决定不再按图施工，取消接下来的工程量，这种情况属于发包人违约导致的合同解除。《民法典》第563条第1款规定："有下列情形之一的，当事人可以解除合同：……（二）在履行期限届满前，当事人一方明确表示或者以自己的行为表明不履行主要债务……"根据《施工合同示范文本》第16.1.4条规定，承包人按照本款约定解除合同的，发包人应在解除合同后28天内支付合同解除前所完成工作的价款，并解除履约担保。关于已完工程价款的确定，《造价鉴定规范》第5.10.6条第3款规定："委托人认定发包人违约导致合同解除的，单价项目按已完工程量乘以约定的单价计算，其中剩余工程量超过15%的单价项目可适当增加企业管理费计算。总价措施项目已全部实施的，全额计算；未实施完的，按与单价项目的关联度比例计算。未完工程量与约定的单价计算后按工程所在地统计部门发布的建筑企业统计年报的利润率计算利润。"因此，对于已完工程部分应该按合同约定价格进行结算。

关于第一点，如果基于 1.1 亿元的造价下浮 6% 的比例计算已完工程价款，由于初始部分工程的高成本低利润率的固有特点，会导致施工单位的利益严重受损。《民法典》第 566 条第 2 款规定："合同因违约解除的，解除权人可以请求违约方承担违约责任，但是当事人另有约定的除外。"发包人作为违约方不应该因为自己的违约行为而获益，综合考虑，不能简单适用约定的下浮比例计算已完工程价款。在青海方升建筑安装工程有限责任公司与青海隆豪置业有限公司建设工程施工合同纠纷案中，最高院公报案例（2014）民一终字第 69 号二审民事判决书对此有详细的论证解释，这种情况下比较公平合理的计价方法是按照定额计算已完工程价款。

关于第二点，根据《施工合同示范文本》第 16.1.4 条规定，承包人按照本款约定解除合同的，发包人应在解除合同后 28 天内支付合同解除前所完成工作的价款，并解除履约担保。因此本案已经实际投入的临时措施费可以全额计价。

关于第三点，《施工合同示范文本》第 16.1.3 条规定："除专用合同条款另有约定外，承包人按第 16.1.1 项［发包人违约的情形］约定暂停施工满 28 天后，发包人仍不纠正其违约行为并致使合同目的不能实现的，或出现第 16.1.1 项［发包人违约的情形］第（7）目约定的违约情况，承包人有权解除合同，发包人应承担由此增加的费用，并支付承包人合理的利润。"《造价鉴定规范》中也有类似的规定，发包人删减部分工作后应当支付承包人合理的利润。

250 合同解除后对未完工程的结算要视违约方而定

某一住宅项目为 2500 元/平方米（建筑面积）的全费用固定单价承包方式。工程施工至主体封顶，双方因对进度款支付存在争议，协商一致解除合同。施工方主张对已完工程按施工同期政府发布的计价标准计算工程造价，开发商主张对未完成的工程按施工同期政府发布的计价标准计算工程造价，即已完程工程造价 = 固定总价 - 未完成工程造价。该案固定总价合同计价依据方式如何确定？

关键词： 合同解除、工程结算

案例中合同的解除不是由于一方违约导致的，而是双方产生争议后协商解除的。对于合同解除后的计价方式，施工单位主张直接按定额计算已完工程价款，建设单位则主张运用扣减法计算，显然两种计算方式的结果不同。一般合同解除后，首先需要判断导致合同解除的违约主体是哪一方，再根据违约方的不同确定计算已完工程价款的方式。在本案中，由于双方协商解除合同，看起来并没有确认违约责任的承担主体，但是否就可以免除实际违约一方的违约责任？

根据《民法典》第562条第1款的规定，当事人协商一致，可以解除合同。无论因为何种事由，只要双方当事人形成一致的意思表示，就可以解除合同。另外《民法典》第787条规定："定作人在承揽人完成工作前可以随时解除合同，造成承揽人损失的，应当赔偿损失。"这是民法赋予定作人随时解除合同的任意解除权，而承揽人也就是施工单位是没有这样的解除权的。《民法典》第933条规定："委托人或者受托人可以随时解除委托合同。因解除合同造成对方损失的，除不可归责于该当事人的事由外，无偿委托合同的解除方应当赔偿因解除时间不当造成的直接损失，有偿委托合同的解除方应当赔偿对方的直接损失和合同履行后可以获得的利益。"由于委托合同更加依赖于当事人之间的信任关系，因此合同双方都有随时解除合同的权利。

关于承揽合同与委托合同区别的问题在实务中的应用非常重要。例如监理合同的本质是属于委托合同还是承揽合同？造价咨询合同又是属于哪一类合同？一般来说，监理合同属于委托合同的结论是比较明确的，而关于造价咨询合同的性质却存在一些争议。在最高院的观点中，咨询合同被认为是属于承揽合同的，因为造价咨询单位所出具的报告属于己方要求交付的工作成果，从这一点来说更符合承揽合同的要件。对比《民法典》第787条和第933条的规定，定作人解除承揽合同后只需要向承揽人赔偿损失；而解除有偿委托合同后，解除方不仅需要赔偿损失，还需要赔偿对方的预期可得利益，这是两类合同解除后的重要区别。

如果在施工合同中约定建设单位可以随时解除合同，那么当建设单位在合同履行过程中行使解除权时，法院是否会认可该解除权的效力？从合法性角度来说，由于该约定没有违反法律法规的强制性规定，因而可以认定是合法有效的。但从维护市场交易秩序和合同履行的经济效益原则来考虑，当事人约定的这种甲方随时解除权是非常不合理的。在施工单位已经完成大部分工程的情况下，建设单位以履约超期10天为由主张因施工单位违约而解除合同，这种情况下如果进入诉讼程序，再由法院委托鉴定机构进行鉴定，鉴定结论会对施工单位非常不利。《全国法院民商事审判工作会议纪要》第47条规定："合同约定的解除条件成就时，守约方以此为由请求解除合同的，人民法院应当审查违约方的违约程度是否显著轻微，是否影响守约方合同目的实现，根据诚实信用原则，确定合同应否解除。违约方的违约程度显著轻微，不影响守约方合同目的实现，守约方请求解除合同的，人民法院不予支持；反之，则依法予以支持。”所以，在实践中为了保护和促进交易，即便合同中约定建设单位享有任意解除权，如果施工单位的违约程度比较轻微，法院通常也不会轻易判定合同解除。

本案双方协商一致解除了合同，根据《民法典》第566条的规定，合同解除后，尚未履行的，终止履行；已经履行的，根据履行情况和合同性质，当事人可以请求恢复原状或者采取其他补救措施，并有权请求赔偿损失。合同因违约解除的，解除权人可以请求违约方承担违约责任，但是当事人另有约定的除外。根据第1款的规定，即便是双方协商解除合同的情况下，无论合同解除的原因是不是当事人违约，根据合同的履行情况都可以要求对方赔偿损失。第2款则明确说明，如果是由于违约导致的合同解除，当事人应该承担违约责任。问题中提到双方因对进度款支付存在争议才协商解除合同，假设是建设单位存在违约情形，双方协商解除了合同，根据上述条款的规定，协商解除合同的行为不能免除建设单位的违约责任。民事权利的放弃必须以明示的方式作出，所以虽然双方协商解除了合同，但并未明确表示放弃主张损害赔偿的权利。

总结来说，这个问题的答案还是需要分析合同解除的原因以及合同解除前双方履行合同的情况，最后根据对当事人过错的评判和认定来最终确定已完工程造价。

251 单价合同的解除首先应当确认违约方，以此采用不同鉴定方法

一个鉴定项目的鉴定内容是为实际施工人施工的工程造价。分包单位与实际施工人签订劳务合同包括砌砖、构造柱、过梁等二次混凝土构件，内墙抹灰、外墙抹灰等内容的人工费包干单价为按建筑面积计算100元每平方米。实际因为各种原因停工了，工程完成了三分之一，并且每层楼的施工都未按合同施工完整，某层楼可能只抹了一部分抹灰，砌墙一部分。笔者准备按实际施工的量套取施工期适用的定额得出造价。如果法院工作人员提醒我们要根据合同单价折算出一个单价再得出一个供其参考的造价，是否合理？

譬如某层楼施工内容完成了一半，那大概按面积乘以一半再乘以合同单价。笔者觉得这样不合理，不应该有这个备选项，应该就一种意见按定额实际套取得出造价供法院判断使用。请问到底怎样做好呢？在鉴定中对于有争议的单独列出来的前提是鉴定人认为那是合理有必要列出的，而不是法院或者某方人员要求列出的？

关键词：司法鉴定、单价合同、合同解除

这个问题关于未完工程的鉴定。首先确定一下鉴定人员和人民法院之间的关系。《建设工程司法解释一》第33条规定："人民法院准许当事人的鉴定申请后，应当根据当事人申请及查明案件事实的需要，确定委托鉴定的事项、范围、鉴定期限等，并组织双方当事人对争议的鉴定材料进行质证。"法院和鉴定机构是委托和被委托的关系，鉴定机构应该根据委托人的要求来完成工作。在之前的案例分析中也提到过，委托鉴定的合同关系实质上是承揽合同关系，因为受托人按照委托人的要求完成工作，并且以鉴定结论作为工作成果来收取费用。所以即使名称上是委托合同，实质上也属于承揽合同，鉴定机构应该根据法院的要求完成鉴定工作。

《造价鉴定规范》第3.3.2条规定："鉴定机构接受鉴定委托，对案件争议的事实初步了解后，当对委托鉴定的范围、事项和鉴定要求有不同意见时，应向委托人释明，释明后按委托人的决定进行鉴定。"本案例中，鉴定人员认为只能按照定额来套取造价，而且只有鉴定人认为合理且必要的争议项才会列出，这其实是不对的。就法院和鉴定机构之间的关系而言，鉴定机构应该根据法院的要求和指示完成鉴定。《造价鉴定规范》第5.1.3条规定："根据案情需要，鉴定人应当按照委托人的要求，根据当事人的争议事项列出鉴定意见，便于委托人判断使用。"所以在鉴定中出现争议时，鉴定机构应该列明争议，并交由法院进行判断决策。

《造价鉴定规范》第5.10.6条规定："单价合同解除后的争议，按以下规定进行鉴定，供委托人判断使用：1. 合同中有约定的，按合同约定进行鉴定；2. 委托人认定承包人违约导致合同解除的，单价项目按已完工程量乘以约定的单价计算（其中，单价措施项目应考虑工程的形象进度），总价措施项目按与单价项目的关联度比例计算；3. 委托人认定发包人违约导致合同解除的，单价项目按已完工程量乘以约定的单价计算，其中剩余工程量超过15%的单价项目可适当

增加企业管理费计算。总价措施项目已全部实施的，全额计算；未实施完的，按与单价项目的关联度比例计算。未完工程量与约定的单价计算后按工程所在地统计部门发布的建筑企业统计年报的利润率计算利润。”可见，解决单价合同解除后的争议，首先要区分是哪一方的违约造成了合同的解除，根据违约方的不同，鉴定方法也有所不同。工程鉴定不仅是造价问题，也是法律问题。《造价鉴定规范》区分了不同当事人违约情况下的单方计价方法，其中提到，单价项目按已完工程量乘以约定的单价计算，这里更多的是用清单计价的模式，根据项目特征、工程量和单价来计算。像案例中砌砖、构造柱、过梁等都综合在一起按照每平方米计算，其实是无法直接按已完成工程量乘以约定的单价计算的。《最高人民法院公报》2015 年第 12 期（2014）民一终字第 69 号民事判决书中写道：“政府部门发布的定额属于政府指导价，依据政府部门发布的定额计算已完工程价款亦符合《合同法》第六十二条第二项‘价款或者报酬不明确的，按照订立合同时履行地的市场价格履行；依法应当执行政府定价或者政府指导价的，按照规定履行’以及《民法通则》第八十八条第四项‘价格约定不明确，按照国家规定的价格履行；没有国家规定价格的，参照市场价格或者同类物品的价格或者同类劳务的报酬标准履行’等相关规定，审理此类案件，除应当综合考虑案件实际履行情况外，还特别应当注重双方当事人的过错和司法判决的价值取向等因素，以此确定已完工程的价款。一审判决没有分清哪一方违约，仅仅依据合同与预算相比下浮的 76.6% 确定本案工程价款，然而，该比例既非定额规定的比例，也不是当事人约定的比例，一审判决以此种方法确定工程价款不当，应予纠正；方升公司提出的以政府部门发布的预算定额价结算本案已完工工程价款的上诉理由成立，应予支持。”可见，并没有一个放之四海而皆准的鉴定方法能够解决这个问题，比如这个案件，首先就需要区分到底是哪一方违约，再根据违约方的情况采用不同的方法进行鉴定。

252 合同解除后不影响原合同结算条款效力及违约责任承担

湖南湘潭某项目清场，因涉及农民工工资由当地建设局委托第四方进行计算，目前工程造价约 1.27 亿元，已付工程款 1 亿多元。现建设单位主张措施费中全部的脚手架费用、垂直运输费、安全文明施工费，虽主体施工完成，但主体内砌筑未完成，楼板未封顶，脚手架及机械设备未拆除，且总承包服务费未发生，预算包干费按合同建筑面积计取等不妥。请问，如何处理？

关键词：合同解除、工程结算

这是一个未完工的半拉子工程，通常未完工程价款的结算需要看导致合同解除的原因在哪一方，因为违约方是需要承担相应的违约责任的。现在案例中的造价咨询单位按照建筑面积和当地定额算出了工程造价，但是建设单位提出应该扣减一部分费用。

根据《造价鉴定规范》第5.10.6条的规定，单价合同解除后的争议，按以下规定进行鉴定，供委托人判断使用：(1）合同中有约定的，按合同约定进行鉴定。(2）委托人认定承包人违约导致合同解除的，单价项目按已完工程量乘以约定的单价计算（其中，单价措施项目应考虑工程的形象进度)，比如垂直运输费的费用可以按照施工天数也可以按照建筑面积来计算，但是案例中因为主体施工已经完成，如果按照建筑面积来计算，垂直运输费应该是全部计取的。由于工程未完全施工完毕，全部计取垂直运输费肯定不合理，所以这里应该考虑工程的形象进度。总价措施项目按与单价项目的关联度比例计算，比如安措费里包含了临时设施费，施工单位一进场可能就已经将大部分临时设施施工完毕了，如果是在承包人违约的情形下，发包人只需要按关联单价项目的完工比例来计算这笔工程价款即可。(3）委托人认定发包人违约导致合同解除的，单价项目按已完工程量乘以约定的单价计算，其中剩余工程量超过15%的单价项目可适当增加企业管理费计算。总价措施项目已全部实施的，全额计算；未实施完的，按与单价项目的关联度比例计算。未完工程量与约定的单价计算后按工程所在地统计部门发布的建筑企业统计年报的利润率计算利润。如果是发包人违约，单价项目和总价措施项目的计价就要遵循另一套规则了。

至于总包服务费，根据《清单计价规范》第11.2.4条的规定，总承包服务费应依据已标价工程量清单金额计算，发生调整的，应以发承包双方确认调整的金额计算。由于这个案例中总包服务费没有发生，因此是不应该结算的。

关于合同解除的法律后果，《民法典》第566条第1、2款规定："合同解除后，尚未履行的，终止履行；已经履行的，根据履行情况和合同性质，当事人可以请求恢复原状或者采取其他补救措施，并有权请求赔偿损失。合同因违约解除的，解除权人可以请求违约方承担违约责任，但是当事人另有约定的除外。”从这个条款中也可以看出，合同解除后总承包服务费没有发生的也不应该再履行了，而合同解除后原合同中的结算和清理条款也还是具有法律效力的。

总结来说，还是需要先考虑是哪一方违约导致的合同解除，合同解除后单价项目的结算需要考虑工程的形象进度，总价措施项目可能要考虑按比例来计算或全额计算。

253 合同解除后未完工程的扣减费用要视违约方而定

一个司法鉴定项目：轻包起诉总包，合同签订的500元/平方米，现在工程烂尾，只剩下抹灰和屋面没有做。鉴定扣抹灰屋面费用时能否采用定额套价扣人工费？现在定额抹灰人工费是24元/平方米，市场价是15元左右，请问，应该怎样处理才合理合法？

关键词：合同解除、扣减法

在这里，扣减法是最简单也是最合理的价款计算方法，但扣减的金额应当如何确定？是根据投标人的报价还是按照定额或市场价来确定？

首先，需要考虑工程未完工情况下合同解除的原因在哪一方。问题中按平方米单价签订的合同本质上是总价合同，根据《造价鉴定规范》第5.10.7条的规定，总价合同解除后的争议，按以下规定进行鉴定，供委托人判断使用：(1) 合同中有约定的，按合同约定进行鉴定；(2) 委托人认定承包人违约导致合同解除的，鉴定人可参照工程所在地同时期适用的计价依据计算出未完工程价款，再用合同约定的总价款减去未完工程价款计算；(3) 委托人认定发包人违约导致合同解除的，承包人请求按照工程所在地同时期适用的计价依据计算已完工程价款，鉴定人可采用这一方式鉴定，供委托人判断使用。从这一条款的内容可以看出，通常定额的价格显然是高于市场价的，因此采用哪一标准扣减，需要看违约导致合同解除的主体是哪一方，再尽量做到保护守约方的利益。而关于违约责任主体判断的问题，鉴定机构应该交由法院决定。其次，关于市场价的确认，需要当事人或鉴定机构提供给法院足够的依据，否则法官难以确定如何扣减市场价以及市场价的标准。

第十五章 Chapter 15 法律责任

一、优先受偿权

254 优先受偿权自工程价款应付之日起算，不损害他人利益时可协议延长应付款时间

《建设工程司法解释一》第41条规定："承包人应当在合理期限内行使建设工程价款优先受偿权，但最长不得超过十八个月，自发包人应当给付建设工程价款之日起算。"某建设工程施工合同约定自结算后一个月内支付，双方2018年12月结算。因甲方资金困难，双方于2019年5月签订补充协议，约定：先支付500万元，余下的3500万元另行协商支付时间。之后甲方再没有支付工程款，双方也未再对剩余工程款的支付进行协商。本案中，工程款优先权18个月的时间可以从乙方催款之日起算吗？如何理解本案的优先权问题？

关键词： 优先受偿权、起算点、合同变更

这个问题关于优先受偿权的起算点。承包人完成施工以后有权要求发包人支付工程款，优先受偿权是指承包人对发包人要求偿付工程款的债权优先于其他的债权，这是由法律予以特别保护的债权。优先受偿权是一种法定权利，而且具有排他性，因此法律对优先权的行使期限也有所限制。《建设工程司法解释一》第41条规定："承包人应当在合理期限内行使建设工程价款优先受偿权，但最长不得超过十八个月，自发包人应当给付建设工程价款之日起算。"按照规定，优先受偿权的行使期限只有18个月，这18个月的规定不同于诉讼时效，没有中止、中断或延长的规定，是一个绝对期间，法律上又叫作"除斥期间"。承包人必须

在除斥期间内行使优先受偿权，否则其请求权不能得到支持。

优先受偿权自发包人应当给付建设工程价款之日起算，也就是竣工结算款或者未完工程的结算款的应付之日。工程项目中一般会约定办理竣工结算的日期，如案例中提到的建设工程施工合同约定自结算后一个月内支付价款，双方在2018年12月结算，案例没有给出更加具体的时间，这里假设2019年1月1日就是工程价款的应付之日，那么优先受偿权就是从这个时间点开始计算18个月。2019年5月双方签订了补充协议，约定先支付500万元，剩余的3500万元另行协商支付时间，之后双方没有再在补充协议中确定3500万元的支付时间。《民法典》第544条规定："当事人对合同变更的内容约定不明确的，推定为未变更。"由于双方对剩余3500万元的支付时间并没有具体明确的约定，所以推定双方支付价款的合同并未发生变更的效力，应当支付工程价款的起算点仍应从2019年1月1日起计算。

假设双方在2019年5月签订协议，约定剩下的3500万元在2019年12月31日支付，这个补充协议能不能改变优先受偿权的起算点？《最高人民法院建设工程施工合同司法解释（二）理解与适用》中提到，建设工程价款优先受偿权的应付时间能否由发包人与承包人协议协商延长，法官需要审查发包人的主观意愿，如果确实是因为发包人缺少资金，导致付款条件不能成就，在双方协商一致另行确定付款时间，不存在恶意损害其他人利益的情形时，应该认定延长付款时间的约定有效。这里的关键在于是否影响到或者损害到其他人的利益，如果不存在这个问题，那么就可以认为约定是有效的，优先受偿权的起算日期也可以相应推后。

二、发包人违约责任

255 合同履行过程中发包人另行指定供应商的，承包人有权拒绝

某工程使用财政资金，安装工程的主材、设备等招标时未指定品牌。若施工过程中，甲方指定品牌，是否可以按照品牌价格调整材料价格？若可以，如何完善调整程序？

关键词：合同变更、价格调整

这是一个关于指定供应商品牌的案例，结论是可以按照品牌价格调整材料价格。《民法典》第774条规定："承揽人提供材料的，应当按照约定选用材料，并接受定作人检验。"一般来说，承包人是可以包工包料的，同时也可以通过这种方式赚取材料费。关于发包人指定材料品牌，《建设工程司法解释一》第13条第1款规定："发包人具有下列情形之一，造成建设工程质量缺陷，应当承担过错责任：……（二）提供或者指定购买的建筑材料、建筑构配件、设备不符合强制性标准……"这是发包人指定材料造成工程质量缺陷的法律后果，但是没有规定变更估价的条款。《施工合同示范文本》第8.2条有关承包人采购材料与工程设备规定："承包人负责采购材料、工程设备的，应按照设计和有关标准要求采购，并提供产品合格证明及出厂证明，对材料、工程设备质量负责。合同约定由承包人采购的材料、工程设备，发包人不得指定生产厂家或供应商，发包人违反本款约定指定生产厂家或供应商的，承包人有权拒绝，并由发包人承担相应责任。"也就是说，如果在招标时，材料不是暂估价项目也没有指定品牌，承包人在履行过程中是可以拒绝发包人另外再指定材料或指定品牌的，承包人拒绝也就意味着双方要经过协商一致才可以变更合同，如果承包人不同意自然可以不变更合同，仍按照原合同约定的方式进行采购。只是实践中一般承包人也不敢拒绝，所以就只能根据《民法典》第543条的规定，双方协商一致变更合同，通过签证执行变更估价程序。

总结来说，如果没有在招标工程量清单中表明指定材料品牌，实际履行过程中发包人再要求指定品牌，施工单位是有权拒绝的。本来承包人在投标时就考虑到所选择材料的价格因素，并在此基础上进行投标报价，这是承包人的盈利所在。所以，如果在履行过程中，发包人指定品牌，这对承包人来说是非常不利的，除非发承包方达成一致意见，否则施工单位有权拒绝购买发包人指定的材料品牌。

256 发包人负责提供施工所需的条件，否则要承担必要的费用

招标时，到现场勘察发现原有场地红线内（紧贴建筑物外墙处）有高压线，施工单位认为此高压线在工程开工之前会移走（所有参与投标单位都未答疑），故未考虑高压线防护费用。工程中标以后，原有高压线虽然移走了，但是移到建筑红线外5米，在塔吊的旋转半径范围内。建设方要求施工单位

搭设高压线防护架，施工单位申请建设方承担此高压线防护架费用。请问施工单位的诉求是否合理？

关键词：现场踏勘、施工条件

《招标投标法》第21条规定：“招标人根据招标项目的具体情况，可以组织潜在投标人踏勘项目现场。”《招标投标法实施条例》第28条规定：“招标人不得组织单个或者部分潜在投标人踏勘项目现场。”这主要是防止串通投标的禁止性规定。

在实务中，关于现场踏勘产生的纠纷，如（2018）渝0105民初5442号民事判决书中写道：“根据双方在合同中的约定，原告在投标前应先到工地踏勘以确认其投标的单价，即原告所投标的单价本应为其在对涉案工程工地探查后所得出的结果，即使原告确在施工过程中发现工程地质与招标时的地质勘查报告上所载明的地质不一致，也只能是由于其未进行充分的现场踏勘所造成，故，本院对原告该抗辩意见不予采纳，由此确认路基土石方开挖（含起运1km）的综合单价应为8.84元/m^3。”这里法院的判决存在不合理之处，因为实践中地质勘察报告的文件非常厚，内容也非常全面，因此施工单位很难在简单的现场探勘以后就对地质勘察报告内容的真实性作出判断。

在（2019）最高法民申4619号案例中，广西钢铁公司主张广州航道局可通过现场踏勘等方式对地质数据提出异议，但根据《邀请招标文件》中的规定，现场踏勘仅指投标人对工程现场及周围环境进行踏勘，并未包括对吹填区域地形水深的测量，因此广西钢铁公司主张广州航道局应在踏勘阶段测量地形水深，缺乏合同依据。现场踏勘的内容和地质报告中记载的内容并不是完全一致的。

（2019）苏1323民初282号民事判决书中说道：“《投标须知》第8页3.2.4规定：投标单位应对施工现场进行详细的踏勘，了解工程的具体位置，工程施工的具体范围、施工车辆的行进路线、施工便道、运输、储存空间、装卸限制、垃圾清理外运及一切可能影响到正常施工的因素，并将之考虑计入投标报价中。对‘措施项目清单与计价表’所列的措施项目，投标人可根据工程实际与施工组织设计进行增补（尤其是清淤、排水、降水等应将之考虑计入‘措施项目清单与计价表’投标报价中），中标后，中标人不得以任何理由对是否列入措施项目清单与计价表中内容要求增加与调整（一切在投标时没有计入报价内的项目、均被视作包括在报价或其他项目单价内)。……原告主张其为施工需要，实施清除障碍在黄码河抽水、拦坝，并于2015年1月1日向被告三祥公司出具《情况说明》，且经过被告三祥公司同意和认可。原告为证明其主张，向本院提供了有胡某签署内容为‘黄码河两头拦坝和抽水一事属实，具体费用应按合同和招标清单予以认定’的上述《情况说明》一份和抽水现场照片一张。被告辩称，原告抽水60天是事实，但该工程未在招投标文件中载明，属于施工方在施工过程中自行根据施工需要来实施的行为，其费用应由施工方自行负担。本院认为，原告因施工需要而实施的抽水和拦坝工程未计入其投标文件的‘措施施目清单与计价表’，现要求增加，与《投标须知》第8页3.2.4规定不符。”从这个案例中也可以看出，法院也支持现场踏勘的目的主要在于了解施工现场的环境这一观点。回到本案例，如果甲方能在招标文件做到像(2019)苏1323民初282号案例中《投标须知》列明的条款一样，写明现场踏勘的要求有哪些，显然是最为稳妥的。

《清单计价规范》第4.1.5条规定：“编制招标工程量清单应依据：1. 本规范和相关工程的国家计量规范；2. 国家或省级、行业建设主管部门颁发的计价定额和办法；3. 建设工程设计文件及相关资料；4. 与建设工程有关的标准、规范、技术资料；5. 拟定的招标文件；6. 施工现场情况、地勘水文资料、工程特点及常规施工方案；7. 其他相关资料。”可见，招标人在编制招标文件时，就应该将施工现场情况也就是高压线事项列在招标文件中。

《施工合同示范文本》第2.4.2条规定：“除专用合同条款另有约定外，发包人应负责提供施工所需要的条件，包括：(1) 将施工用水、电力、通信线路等施工所必需的条件接至施工现场内；(2) 保证向承包人提供正常施工所需要的进入施工现场的交通条件；(3) 协调处理施工现场周围地下管线和邻近建筑物、构筑物、古树名木的保护工作，并承担相关费用；(4) 按照专用合同条款约定应提供的其他设施和条件。”这个条例规定了发包人应该负责提供施工所需的条件，所以在现场，高压线阻碍了施工时，应该由发包人协调处理并承担相应的费用。

总结来说，提供施工条件是甲方的义务。在本案中，甲方没有要求施工单位在投标时要充分考虑现场关于高压线防护的工程，而且施工单位的投标报价中也没有包含关于高压电线的防护费用。因此，这里可以用清单漏项的逻辑来解释，应该由甲方来承担高压线防护工程部分增加的费用。

257 只有守约方可以解除合同，请求违约方承担责任

施工方为尽快办理施工许可证要求建设方签署了空白的2017版《施工合同示范文本》，建设方配合签署盖章，但施工方未办理施工许可证即进场实施了少许前期工作（主要是活动板房和围护，成本在20万元左右）。后期双方对于主要合同条款未达成共识，建设方不同意施工方继续施工，施工方制作了500万元的损失清单称，如建设方解除合同则要求建设方赔偿。请问，施工合同成立或生效了吗？建设方需要赔偿施工方的具体范围是什么？

关键词：合同效力、合同解除、违约责任

这是关于合同成立与否的问题。建设方与施工方签订了一个空白合同。《民法典》第789条规定："建设工程合同应当采用书面形式。"第490条规定："当事人采用合同书形式订立合同的，自当事人均签名、盖章或者按指印时合同成立。在签名、盖章或者按指印之前，当事人一方已经履行主要义务，对方接受时，该合同成立。法律、行政法规规定或者当事人约定合同应当采用书面形式订立，当事人未采用书面形式但是一方已经履行主要义务，对方接受时，该合同成立。"虽然双方签订的是空白合同，但施工方已经进场施工并且建设方也接受了，这种情况下应该理解为一方履行了主要义务对方接受了，合同已经成立。

通常，判断成立后的合同是否有效，主要看是否具有导致合同无效的情形。根据《民法典》第502条第1款的规定，依法成立的合同，自成立时生效，但是法律另有规定或者当事人另有约定的除外。所以如果不存在导致合同无效的情形，通常合同自成立时生效。本案没有取得施工许可证，这种情况是否会导致合同无效？北京市高院《关于审理建设工程施工合同纠纷案件若干疑难问题的解答》第1问："未取得建设审批手续的施工合同的效力如何认定？"北京市高院解答："发包人就尚未取得建设用地规划许可证、建设工程规划许可证等行政审批手续的工程，与承包人签订的建设工程施工合同无效。但在一审法庭辩论终结前发包人取得相应审批手续或者经主管部门批准建设的，应当认定合同有效。"所以发包人未取得建筑工程施工许可证的，不影响施工合同的效力。但如果是建设用地规划和工程规划没有取得工程规划许可证，根据《建设工程司法解释一》第

3 条的规定，合同应该是无效的。

另外，在本案例中，施工方仅完成了 20 万元左右的工程，却要求建设方赔偿 500 万元的损失。我们先来看关于合同解除的法律后果，《民法典》第 566 条规定："合同解除后，尚未履行的，终止履行；已经履行的，根据履行情况和合同性质，当事人可以请求恢复原状或者采取其他补救措施，并有权请求赔偿损失。合同因违约解除的，解除权人可以请求违约方承担违约责任，但是当事人另有约定的除外。主合同解除后，担保人对债务人应当承担的民事责任仍应当承担担保责任，但是担保合同另有约定的除外。"即便合同因一方当事人违约而解除，其中的违约责任条款仍对双方具有法律约束力。现在建设方提出解除合同需要承担违约责任，根据《施工合同示范文本》第 16.1.4 条规定，承包人按照本款约定解除合同的，发包人应在解除合同后 28 天内支付下列款项，并解除履约担保：(1) 合同解除前所完成工作的价款；(2) 承包人为工程施工订购并已付款的材料、工程设备和其他物品的价款；(3) 承包人撤离施工现场以及遣散承包人人员的款项；(4) 按照合同约定在合同解除前应支付的违约金；(5) 按照合同约定应当支付给承包人的其他款项；(6) 按照合同约定应退还的质量保证金；(7) 因解除合同给承包人造成的损失。所以当发包人违约导致合同解除，解除前已完工程的价款以及施工单位的实际投入，包括订购和已经付款的所有材料和设备，即使未运送到现场，发包人也应该全部予以据实结算并承担这部分费用，同时发包人还应该承担承包人撤场的费用以及合同中约定的违约金等款项。

关于合同解除后价款结算的问题，一定要考虑是哪一方的原因导致的合同解除。只有守约方才可以解除合同，同时可以要求违约方承担违约责任。

258 利息约定不明，可以参照同期同类贷款利率

某工程造价约 4000 万元，已施工完成约 1000 万元，因发包方未按合同约定支付工程款，导致工程停工 1 年。现施工单位提出解除合同。请问，对于合同未施工部分的 3000 万元，能要求发包方利润补偿的比例是多少？

关键词：违约责任、利润

如果是发包人原因导致合同解除的，承包人可以要求发包人支付关于未完工

程的利润。《民法典》第566条第2款规定："合同因违约解除的，解除权人可以请求违约方承担违约责任，但是当事人另有约定的除外。"第806条第2款又规定："合同解除后，已经完成的建设工程质量合格的，发包人应当按照约定支付相应的工程价款；已经完成的建设工程质量不合格的，参照本法第七百九十三条的规定处理。"案例中已施工完成的1000万元工程价款，毫无疑问建设单位是应该支付的；而对于未完工程部分，由于是发包人违约导致的合同解除，所以也应该承担相应的违约责任。

《施工合同示范文本》第16.1.3条规定："除专用合同条款另有约定外，承包人按第16.1.1项［发包人违约的情形］约定暂停施工满28天后，发包人仍不纠正其违约行为并致使合同目的不能实现的，或出现第16.1.1项［发包人违约的情形］第（7）目约定的违约情况，承包人有权解除合同，发包人应承担由此增加的费用，并支付承包人合理的利润。"所以对于未施工的3000万元部分，建设单位虽无须全额支付，但应该支付承包人合理的利润。

《造价鉴定规范》第5.10.6条规定："单价合同解除后的争议，按以下规定进行鉴定，供委托人判断使用：……3. 委托人认定发包人违约导致合同解除的，单价项目按已完工程量乘以约定的单价计算，其中剩余工程量超过15%的单价项目可适当增加企业管理费计算。总价措施项目已全部实施的，全额计算；未实施完的，按与单价项目的关联度比例计算。未完工程量与约定的单价计算后按工程所在地统计部门发布的建筑企业统计年报的利润率计算利润。"也就是说，在发包人违约的情形下，承包人可以根据上一年统计局发布的统计年报中载明的利润率计算利润，以此要求发包人予以赔偿。《造价鉴定规范》第5.10.7条还规定："总价合同解除后的争议，按以下规定进行鉴定，供委托人判断使用：……3. 委托人认定发包人违约导致合同解除的，承包人请求按照工程所在地同时期适用的计价依据计算已完工程价款，鉴定人可采用这一方式鉴定，供委托人判断使用。"在总价合同的履行过程中，如果发包人违约，已完工程应该按照定额计算，因为定额价会高出实际价格，而这一部分的差价就可以作为对承包人利润的补偿，无须另行计算利润。本案中对于发包人应当支付承包人的合理利润，可以按照《造价鉴定规范》中的规定进行计算。

关于发包人违反合同后应当支付的利息部分，《建设工程司法解释一》第26条规定："当事人对欠付工程价款利息计付标准有约定的，按照约定处理。没有约定的，按照同期同类贷款利率或者同期贷款市场报价利率计息。"《施工合同示范文本》对于利息的约定则是按照中国人民银行发布的同期同类贷款基准利率计算，且超过56天的要支付双倍利息。

下面先来看几个法院判决。(2020)最高法民终153号民事判决书中写道："一、关于违约金标准应否调整的问题。《退场补充协议》明确了工程款给付、逾期付款责任等权利义务，是各方真实的意思表示。当事人应当按照约定全面履行自己的义务，一方不履行合同义务或者履行合同义务不符合约定的，应当承担继续履行、采取补救措施或者赔偿损失等违约责任。《最高人民法院关于审理建设工程施工合同纠纷案件适用法律问题的解释》第十七条规定：'当事人对欠付工程价款利息计付标准有约定的，按照约定处理；没有约定的，按照中国人民银行发布的同期同类贷款利率计息。'苏商公司未提交证据证明约定的违约金过分高于姚志祥的损失，一审法院判决调整违约金的依据不足，应予纠正。"因此，法院最终判决，"变更宁夏回族自治区高级人民法院(2018)宁民初91号民事判决第一项为：宁夏苏商置业股份有限公司于本判决生效后十五日内向姚志祥支付工程款38,569,385元并支付利息（计算至2018年8月2日为5,907,090元，并以欠付工程款为基数按同期银行同类贷款利率的四倍自2018年8月3日起计算至款项付清之日止）"。双方在合同中约定按照贷款利率的4倍来计算迟延支付工程款的利息，这个案例中法院最后也是支持了双方的约定，没有对利息的数额进行调整。

(2019)最高法民终1588号民事判决书中写道："淮南市重点局违反通用条款第26.4条约定逾期支付工程进度款，应每天按本期应付工程总价款的千分之一向太平洋公司支付违约赔偿金……因太平洋公司主张的按日千分之一计算逾期付款违约金，年利率为36.5%，明显过高，一审判决酌定按中国人民银行同期同类贷款基准利率计算违约金，并认定该部分违约金数额为355,855.04元，并无不当。太平洋公司上诉主张一审判决酌定计算的违约金数额远低于其实际损失。一方面，太平洋公司未提交充分证据证明其因淮南市重点局逾期支付工程进度款而产生对外融资实际支付月利率2分到5分利息损失，其在一审期间提交的几份另案民事判决和民事调解书，借款人均是通祥公司，不足以证明系太平洋公司对外进行融资；另一方面，从已查明的淮南市重点局支付工程进度款时间和金额相关事实来看，淮南市重点局虽然在多次工程进度款结算后存在未按时足额支付相应款项的情形，但间隔时间不长，且在下一次结算时基本上已将上一次结算款项支付完毕，另外淮南市重点局还在第三次结算、第五次结算和第六次结算期间均有一定超额支付。该节事实表明淮南市重点局逾期向太平洋公司支付工程进度款，并未造成太平洋公司过高损失，一审判决酌定按中国人民银行同期贷款利率计算违约金，基本符合本案事实，因此对太平洋公司提出应按银行同期同类贷款利率四倍计算违约金的主张，本院不予支持。”在这个案例中，法院认为当事人约定的违约赔偿金的利息过高，因此按照中国人民银行同期贷款利率重新计算了违约金。一方面，施工单位没有证据证明实际损失达到了约定的违约金数额；另一方面，建设单位在结算过程中也有一定超额支付的情形，因此法院没有支持按日千分之一计算的过高逾期付款违约金。关于利息约定的部分，法院会综合考虑各种因素，也完全有可能对双方的自由约定中存在的不合理之处进行调整。

259 发包人原因导致工期延误，应向承包人赔偿损失

某总承包施工合同，合同约定“因非承包人原因造成的工期延误，工期予以顺延”，没有明确是否可以提出经济补偿。现因发包人原因工期延误180天，请问承包人是否可以提出经济补偿？

关键词：工期延误、违约责任

虽然合同没有约定工期延误是否应当提供经济补偿，但这一约定的缺少并不免除违约方的违约责任。无论是违反合同义务还是违反法律规定，当事人都应该承担相应的法律责任。

《民法典》第803条规定：“发包人未按照约定的时间和要求提供原材料、设备、场地、资金、技术资料的，承包人可以顺延工程日期，并有权请求赔偿停工、窝工等损失。”这一条在建设工程领域主要指的是，在甲供材料不及时的情况下承包人可以顺延工期。

《民法典》第804条规定：“因发包人的原因致使工程中途停建、缓建的，发包人应当采取措施弥补或者减少损失，赔偿承包人因此造成的停工、窝工、倒运、机械设备调迁、材料和构件积压等损失和实际费用。”这一条规定了甲方的减损义务和损失赔偿责任。

关于发包人原因导致的工期延误，根据上述规定，发包人应该赔偿相应的损失。但如果是第三人原因造成的工期延误，损害赔偿的责任应该如何分配？比如

施工现场有外来车辆造成事故而停工，施工单位因此延误的工期和产生的损失能否向建设单位索赔？

第一，施工单位没有在约定的工期内完工，因此应当承担相应的违约责任。第二，关于第三人原因导致的施工单位违约，根据《民法典》第593条的规定，当事人一方因第三人的原因造成违约的，应当依法向对方承担违约责任。当事人一方和第三人之间的纠纷，依照法律规定或者按照约定处理。因此，施工单位向建设单位承担违约责任的同时，可以向第三人追偿。

三、承包人违约责任

260 以模拟清单计价的总价合同，也要考虑总价对应的范围

合同为模拟工程量清单，合同图纸暂无，固定单价暂定总价合同。在施工过程中总包单位拒不承接部分施工项目，包括原合同工程量清单中已有的项目。甲方只能安排其他单位完成，因此甲方签署了多个单项工程承包合同，且部分单签合同单价高于与总包的合同价。

此种情况是否可以视为总包违约行为，扣除总包服务费，以及就同一项目甲方单签的专业承包合同单价高出总包单价的部分，对总包进行反索赔。

总包单位拒不承接部分工程应认定为违约行为。这里可以同时参考另外一个案例，如果甲方另外签订的分包合同比定额价要低很多，总包单位是按照定额价进行赔偿，还是按照甲方实际签订的分包合同价款进行赔偿？

关键词：模拟清单

首先可以确定这是一个用到模拟工程量清单计价的合同。模拟清单的项目特征和工程量都是不确定的，也无法遵守《清单计价规范》的规定，因此，在实践中适用的并不多。近年来福建省开始推广这种计价模式，《关于房屋建筑和市政基础设施项目工程总承包招标投标活动有关事项的通知》第3条计价模式规定："工程总承包项目推行模拟清单计价模式。模拟清单列出项目实施过程中实际要发生的和可能要发生的各类项目清单，包括项目名称、项目特征与工程内容、计量单位及综合单价等，招标人不提供工程量，投标人根据招标要求填报工程量与

综合单价。省厅组织编制工程总承包模拟清单计价与计量规则，并另行发布。”模拟清单招标以后，建设单位不应再按照《清单计价规范》的逻辑审核投标人的报价。如果建设单位只审核价格，显然施工单位可以通过调低工程量为自己创造不平衡报价的条件。在模拟清单的计价模式下，建设单位既要审价款也要审工程量。

（2017）粤0402民初4517号民事判决书中写道：“甲、丙双方权利义务条款约定如下：本工程为模拟清单单价招标，在本合同签订之日起甲丙双方最迟应于2012年4月1日前完成承包范围内图纸部分的工程量核对及图纸部分的工程结算，确定图纸部分最终的合同承包价，图纸外的变更、签证以工程签证单方式结算。……关于模拟项目工程量清单外措施费，原、被告对‘除模板外的所有措施费实行总价包干’的条款理解不同。原告认为应理解为仅是模拟清单内的工程包干，不应包含模拟清单外工程；被告认为是全部工程包干，包含模拟清单外工程。本院认为，诚如鉴定报告中的陈述‘模拟清单中仅提供了部分清单，不是全部工程的模拟清单，根据图纸核实，模拟清单外部分的措施项目费均未报价，且该模拟清单由被告提供，原告实际施工中又确实需要发生该费用’，原告依据被告的模拟清单而计算出合同中约定的包干措施费，对于清单外的部分措施费，在签订合同时，原告是无法确定和报价的，故从双方在合同签订时的本意来看，措施费包干应是仅依据模拟清单内工程而计算，并不能包含模拟清单外的工程。故该条款理解为模拟清单内工程措施费包干更符合双方签订合同时的本意，亦更符合公平原则。”即便是模拟清单的总价合同，也一定要考虑总价对应的范围。

案例中总包单位拒不承接部分工作，根据《民法典》第577条的规定，当事人一方不履行合同义务或者履行合同义务不符合约定的，应当承担继续履行、采取补救措施或者赔偿损失等违约责任。根据《民法典》第801条的规定，因施工人的原因致使建设工程质量不符合约定的，发包人有权请求施工人在合理期限内无偿修理或者返工、改建。经过修理或者返工、改建后，造成逾期交付的，施工人应当承担违约责任。当事人可以要求违约方承担继续履行的违约责任，但有些情况下无法强制施工的，根据《民法典》第581条的规定，当事人一方不履行债务或者履行债务不符合约定，根据债务的性质不得强制履行的，对方可以请求其负担由第三人替代履行的费用。这个条款又叫作第三人替代履行。

因此，对于总包单位拒不履行的部分，建设单位委托其他单位完成后可以要求总包单位承担另外支付的合同价款。如果甲方另行签订的合同远远低于定额价，其要求总包单位赔偿的费用是以合同价还是以定额价为标准呢？《民法典》第584条规定："当事人一方不履行合同义务或者履行合同义务不符合约定，造成对方损失的，损失赔偿额应当相当于因违约所造成的损失，包括合同履行后可以获得的利益；但是，不得超过违约一方订立合同时预见到或者应当预见到的因违约可能造成的损失。"可见，计算总包单位应当赔偿的数额应该考虑建设单位所承受的损失，民法中更加注重的是填补性规则而非惩罚性规则，所以如果建设单位另行签订的合同金额较低，总包单位只需按照合同价进行赔偿，因为即便是守约方也不能因为对方的违约行为而获利。如果签订的合同价格高于定额价，除了《民法典》第584条的规定以外，还应考虑到民法中的诚信原则。总包单位应当赔偿的金额不应超过预期违约可能造成的损失，同时守约方也不能趁机对总包方敲竹杠，因此总包单位应按照定额的标准进行赔偿。

总结来说，首先，模拟清单的适用在实践中并不成熟，比较容易产生纠纷；其次，建设单位在总包单位拒绝施工部分项目时，可以要求总包单位承担第三人代为履行的费用。总包单位赔偿费用的金额应当遵守民法中的填补规则、可预见规则等。

261 施工合同中约定的罚款应当视为违约金条款

施工合同条款约定：由于承包人责任导致出现较小安全隐患，由政府质监部门、行业主管部门、发包人等发现需立即整改的，承包人应及时整改并满足要求，及时消除不良影响，该类安全问题属于首次出现并及时完成整改的，发包人不予处罚；未及时整改完成的，每延误一天，发包人将对承包人进行10万元人民币的处罚，罚金在当月计量予以扣除；若再出现同样的安全问题，发包人将对承包人每次进行10万元人民币处罚，罚金在当月计量予以扣除。这样的约定是否有效？发包人是否有处罚权？

关键词：违约责任

这里所谓的处罚权，不同于行政管理法规中的罚款，而是民事法律关系中约定的一种违约责任。江苏省高院《关于审理建设工程施工合同纠纷案件若干问题的意见》第27条规定："建设工程施工合同约定发包人可以因工期、质量、转包或违法分包等情形对承包人处以罚款的，该约定应当视为当事人在合同中约定的违约金条款，当事人要求按照《中华人民共和国合同法》第一百一十四条的规定予以调整的，人民法院应予支持。”北京市高院《关于审理建设工程施工合同纠纷案件若干疑难问题的解答》第 37 问：“施工合同约定对承包人违约行为处以‘罚款’的条款的性质如何认定?”北京市高院解答说：“建设工程施工合同约定承包人存在工期迟延、质量缺陷、转包或违法分包等违约行为，发包人可对承包人处以罚款的，该约定可以视为当事人在合同中约定的违约金条款，应依据《中华人民共和国合同法》第一百一十四条的规定予以处理。”所以问题中关于罚款的约定可以视为违约条款，通常情况下属于有效的约定，但违约金条款约定不能过高。根据《民法典》第 585 条第 2 款的规定，约定的违约金低于造成的损失的，人民法院或者仲裁机构可以根据当事人的请求予以增加；约定的违约金过分高于造成的损失的，人民法院或者仲裁机构可以根据当事人的请求予以适当减少。

262 合同终止不影响结算条款的效力

业主与总包签订了施工合同，施工范围 6~11#，17#、18#，总工程价款 2500 万元左右。合同约定如承包方因非业主原因无故停工 10 天，则视为承包方放弃施工权，合同自行终止，承包方自愿按已完成合格工程价款 60% 结算。现 6~11#已完工并单独结算了；剩下的 17#、18#未竣工，且承包方不做了。6~11#及 17#、18#是两个不同实际施工人施工，可以一起主张 6~11#及 17#、18#的 60% 工程量结算吗?

关键词：诚信原则、合同终止

17#、18#未竣工承包方就不做了，现在甲方要求按照已完合格工程的 60% 结算。先从价值判断的角度分析，6~11#已经完工，现在因为合同约定而对已完工的部分也只支付 60% 的价款，显然这种做法对施工单位来说极其不公平。基于这种理念再来看相关的法条：《建设工程司法解释一》第 29 条规定：“当事人在诉讼前已经对建设工程价款结算达成协议，诉讼中一方当事人申请对工程造价进行鉴定的，人民法院不予准许。”本案中 6~11#已经完工并单独结算了，法院在处理这个问题时一定会据实结算，根据上条规定判定应该把全部价款都结算给承包人。《民法典》第 142 条第 1 款也规定："有相对人的意思表示的解释，应当按照所使用的词句，结合相关条款、行为的性质和目的、习惯以及诚信原则，确定意思表示的含义。"诚信原则是解释合同条款要秉持的基本立场，这里可以对合同条款中约定"按照已完合格工程价款的 60%"中的"已完合格工程"基于诚信原则作限缩解释，解释为是剩下的未完工程的 17#、18# 中已完成合格工程部分的 60%。无论如何，这种情况下法院都会基于价值判断和据实结算的原则，通过合适的法律规定来平衡双方当事人的利益。

再来看关于合同终止的规定，《民法典》第 557 条规定："有下列情形之一的，债权债务终止：（一）债务已经履行；（二）债务相互抵销；（三）债务人依法将标的物提存；（四）债权人免除债务；（五）债权债务同归于一人；（六）法律规定或者当事人约定终止的其他情形。合同解除的，该合同的权利义务关系终止。"本案中，双方约定承包人非因业主原因无故停工 10 天，视为承包人放弃施工权，合同自行终止。这是双方约定的合同终止情形，依据本条款合同是可以终止的。至于合同终止后的效果，根据《民法典》第 567 条规定，合同的权利义务关系终止，不影响合同中结算和清理条款的效力。可见，双方约定按照已完合格工程价款的 60% 结算工程价款，不因合同终止而不继续履行。所以，这个条款依然具有约束力，法院应当据此执行。

另外，双方约定合同自行终止后，承包方自愿按已完成合格工程价款 60% 结算，也可以理解为双方约定以已完合同合格工程 40% 的价款作为承包人违约时应当承担的赔偿责任。《民法典》第 584 条规定："当事人一方不履行合同义务或者履行合同义务不符合约定，造成对方损失的，损失赔偿额应当相当于因违约所造成的损失，包括合同履行后可以获得的利益；但是，不得超过违约一方订立合同时预见到或者应当预见到的因违约可能造成的损失。"施工单位非因业主原因无故停工 10 天，需要按照约定赔偿甲方相应的损失。但赔偿已完工程价款的 40% 显然远远超过甲方的损失，停工 10 天的工期违约金，也远远低于已完工程的 40% 即 1000 万元。《民法典》第 585 条第 1、2 款规定："当事人可以约定一方违约时应当根据违约情况向对方支付一定数额的违约金，也可以约定因违约产生的损失赔偿额的计算方法。约定的违约金低于造成的损失的，人民法院或者仲裁机构可以根据当事人的请求予以增加；约定的违约金过分高于造成的损失的，人民法院或者仲裁机构可以根据当事人的请求予以适当减少。"以扣除已完工程价款的 40% 作为违约金的约定明显过高，对于施工单位来说太不公平了，法院可以依据本条款的内容根据当事人的请求予以调整。即使作为甲方代理人，在这种情况下也不能过分维护甲方的利益。在极度不公平的情形下，法院要维护双方当事人之间的利益平衡。

263 施工单位不能擅自变更施工方式

按照江苏省造价定额总站的解释，植筋如果没有设计变更的，应属施工单位失误造成的，因为采用了植筋，施工单位减少了模板损耗，不应该计取植筋费用。施工单位起诉并申请司法鉴定，鉴定单位在实测记录时问现场是否采用植筋，甲乙双方均予以确认。但在庭审中，甲方辩称其签字只是对现场采用植筋的不否认，并未同意给予植筋费用。这样的解释合理吗？

关键词：合同变更、施工方式

植筋是一种施工方法，先在墙上打洞，然后注入高强植筋胶，把钢筋插进去，这是一种非常牢固的建筑工程技术。本案中原合同设计应该采用的是把钢筋预留在墙体里，再去浇筑混凝土的预留法。施工单位在施工过程中既没有经过甲方同意也没有执行设计变更，直接采用了植筋的施工方法。施工单位可能考虑到时间长了，合同设计方法容易老化，也可能是因为植筋更好操作一些，也有说法认为是因为施工单位失误造成钢筋搭接的长度不够等问题，所以才采用植筋的方式。按照江苏省造价定额总站的解释，施工采用植筋的话会减少模板的消耗，因为采用预留的拼接方式，它的防渗漏比较容易消耗模板。

无论何种原因，按照《建筑法》第 58 条的规定，建筑施工企业对工程的施工质量负责。建筑施工企业必须按照工程设计图纸和施工技术标准施工，不得偷工减料。工程设计的修改由原设计单位负责，建筑施工企业不得擅自修改工程设计。现在施工单位擅自改变了施工方式，对于施工过程中设计变更的问题，《施工合同示范文本》的规定体现了一个很重要的原则，承揽合同的本质是承揽人按照定作人的要求完成工作，定作人可以中途变更要求，而承包人并没有这样的变更权。《施工合同示范文本》第 10. 3. 1 条规定的是发包人提出变更的情形，第 10. 3. 2 条规定监理人提出变更建议的，要以书面形式向发包人提出变更计划，发包人同意才会发出变更的指示。而第 10. 5 条只规定了承包人的合理化建议。所以承包人只有提出合理化建议的权利，发包人才可以提出变更，承包人不可以单方提出变更。如果允许承包人单方变更，那承包人就能随心所欲根据更容易施工的内容和方法，只做最能赚钱的部分了。既然承包人没有变更权利，就应该按照合同内容完成施工，对于其擅自变更的部分，根据《民法典》第 781 条的规定，承揽人交付的工作成果不符合质量要求的，定作人可以合理选择请求承揽人承担修理、重作、减少报酬、赔偿损失等违约责任。

所以这个案件中，施工单位没有经过甲方的同意，也没有执行设计变更，单方错误地做了植筋，显然承包人不能因为这样一种违约行为而获得额外的利益。所以问题前半段的结论是，承包人不能直接要求按照植筋来计取价款，不能因为违约行为而获得更多利益。

问题后半段，甲乙双方都确认了现场植筋的操作，如何理解甲方的确认行为？如果法官不懂植筋和预留的区别，按照鉴定机构的鉴定结论可能直接就判甲方胜诉了。实际上，在这种情况下鉴定机构应该把鉴定结论中关于植筋费用的争议向法官请示，由法官最终判断如何解决争议。《民法典》第 142 条第 1 款规定："有相对人的意思表示的解释，应当按照所使用的词句，结合相关条款、行为的性质和目的、习惯以及诚信原则，确定意思表示的含义。"对法官和律师而言，遵循诚信原则解释某个条款是应该秉持的最基本的价值。根据现场签字的文件，虽然能够推定确实采用了植筋的施工方法，但这并不意味着甲方就同意按照植筋的价格来计算。

264 合同履行过程中可以更换项目经理但最好不要轻易更换

投标人在中标后，未签订合同之前提出要更换项目经理，是否构成违约？日后会不会存在审计隐患？

关键词：项目经理、合同变更

关于第一个问题，施工单位显然是可以更换项目经理的。根据《施工合同示范文本》第 3.2.3 条的规定，承包人需要更换项目经理的，应提前 14 天书面通知发包人和监理人，并征得发包人书面同意。第 3.2.4 条规定，发包人有权书面通知承包人更换其认为不称职的项目经理，通知中应当载明要求更换的理由。承包人应在接到更换通知后 14 天内向发包人提出书面的改进报告。发包人收到改进报告后仍要求更换的，承包人应在接到第二次更换通知的 28 天内进行更换。所以无论是在合同履行中还是在合同签订前，双方都可以提出更换项目经理。

《招标投标法》第 46 条第 1 款规定："招标人和中标人应当自中标通知书发出之日起三十日内，按照招标文件和中标人的投标文件订立书面合同。招标人和中标人不得再行订立背离合同实质性内容的其他协议。"如果双方改变了合同的实质性内容，比如改变了工程价款、工期和施工范围等，显然违反了《招标投标法》的规定，属于另行签订背离原合同实质性内容的协议。如果只是更换项目经理，双方协商一致以后是可以变更的。

招标人在签订合同时坚决不同意更换项目经理，这也是其正当权利。《民法典》第 136 条规定："民事法律行为自成立时生效，但是法律另有规定或者当事人另有约定的除外。行为人非依法律规定或者未经对方同意，不得擅自变更或者解除民事法律行为。"所以建设单位如果拒绝变更项目经理，而施工单位一定要换，实际上就构成了预期违约。根据《民法典》第 578 条规定，当事人一方明确表示或者以自己的行为表明不履行合同义务的，对方可以在履行期限届满前请求其承担违约责任。对于施工单位的违约行为，建设单位可以要求其承担违约责任，当然这种违约责任是否会达到解除合同的程度，要看双方在合同当中关于项目经理的约定。如果建设单位就是因为信任特定的项目经理才签订的合同，施工单位的违约行为严重到将导致合同目的不能实现，那么根据《民法典》关于解除权的规定，建设单位是可以解除合同的。

最新的《招标投标法（修订草案公开征求意见稿）》第 52 条第 2 款规定："中标通知书对招标人和中标人具有法律效力。中标通知书到达中标人后，招标人改变中标结果的，或者中标人放弃中标项目的，应当依法承担违约法律责任。"在这之前关于中标通知书发出后，当事人承担的到底应当是缔约过失责任还是违约责任争论多年。因为违约责任是一种比较严厉的责任，所以实践中对违约责任的认定也是比较慎重的。当然严厉的违约责任也反映了这是一种比较能够维持市场秩序的法律责任，所以征求意见稿中非常明确地表明，中标通知书到达中标人后，招标人再改变中标结果，承担的应是违约责任。

所以从法律上来说，虽然可以更换项目经理，但是最好不要轻易更换。

265 造价咨询单位只需审核甲方提供的材料，真实性由监理人负责

财政委托咨询中介审核的项目，要求咨询公司在现场对图纸明确，监理也已经对确认的事项再次确认。譬如铝合金窗图纸明确要求 1.4mm 的铝厚，财政要求咨询公司用卡尺量是否只有 1.4mm 厚，请问这是咨询公司的义务吗？咨询公司认为自己没有义务把图纸明确、监理确认的事项再予确认。假设咨询公司没有一项项核实，后期审计查到施工单位没有按图施工，窗铝确实只有 1.2mm 厚，这个责任是由甲方现场代表和监理承担，还是咨询公司也有责任？

关键词：造价咨询、监理合同

关于质量方面的问题应当由监理单位来负责。《民法典》第 796 条规定："建设工程实行监理的，发包人应当与监理人采用书面形式订立委托监理合同。发包人与监理人的权利和义务以及法律责任，应当依照本编委托合同以及其他有关法律、行政法规的规定。"监理合同并不是建设工程合同，建设工程合同只包含施工、勘察和设计等合同，监理合同在本质上属于委托合同，因而应当适用委托合同的相关法律规定。

监理单位应当履行对施工进行管理以及对工程质量进行监督的合同义务，题目中施工图纸要求做 1.4mm 的铝合金窗而实际只做了 1.2mm，对此应当由监理单位负责，而非由造价咨询单位承担审查责任。《建设工程造价咨询合同（示范文本)》中关于委托人的义务明确规定，委托人应当在专用条件约定的时间内，按照附录 C 的约定无偿向咨询人提供与本合同咨询业务有关的资料。在本合同履行过程中，委托人应及时向咨询人提供最新的与本合同咨询业务有关的资料。委托人应对所提供资料的真实性、准确性、合法性与完整性负责。也就是说，造价咨询单位只需要按照委托单位提供的材料进行审核，至于委托人提供的材料与实际情况是否相符，应当由建设单位以及监理单位负责。

图纸明确铝合金窗铝厚按 1.4mm 施工，施工单位没有按图施工只做了 1.2mm 厚，这是典型的工程质量不达标的问题。根据《建设工程司法解释一》第 16 条的规定，发包人在承包人提起的建设工程施工合同纠纷案件中，以建设

工程质量不符合合同约定或者法律规定为由，就承包人支付违约金或者赔偿修理、返工、改建的合理费用等损失提出反诉的，人民法院可以合并审理。也就是在承包人提起的施工合同纠纷案件中，发包人并不能以工程质量不合格作为抗辩理由，法院不会支持发包人的抗辩。关于工程质量的问题，发包人只能另行起诉或者提出反诉，法院可以将两个诉合并审理。

总结来说，造价咨询单位的义务只需审核甲方提供的材料，但对于一些明显与实际情况不符的签证，咨询单位也应当实地确认后审核。提供给造价咨询单位资料的真实性、准确性、合法性与完整性最终仍应由委托人负责。

266 施工单位未按图施工，应依具体情况判断属合同变更还是违约行为

合同约定的是防火窗，实际施工采用的是铝合金窗。在竣工验收合格之后是否可以要求承担拆除费及由此造成的其他损失？

关键词： 竣工验收、违约责任、合同变更

《建筑法》第58条规定："建筑施工企业对工程的施工质量负责。建筑施工企业必须按照工程设计图纸和施工技术标准施工，不得偷工减料。工程设计的修改由原设计单位负责，建筑施工企业不得擅自修改工程设计。"在之前分享过的一个最高院公报案例中，南通二建在竣工验收合格后被发现在施工过程中存在偷工减料的情况，在这种情形下发包人仍然可以追究其违约责任。一般来说，竣工验收是发包人的义务，但即便工程已经竣工验收合格，也不能就此免除施工单位没有按图施工的违约责任。

最高人民法院（2014）民提字第00015号民事判决书中写道：工程竣工验收合格并不当然导致修复责任的免除。本案中，案涉工程虽然已经竣工验收合格，但根据一审法院委托司法鉴定机构作出的鉴定结论，四项隐蔽工程存在与设计图纸不符合的问题，星星公司亦未能就此提供经永信公司和监理机构同意或者确认变更的相关证据，故星星公司应当对上述四项隐蔽工程承担与设计图纸不符的修复义务。从这个案例中也能看出，竣工验收合格并不能免除施工单位的违约责任。

题目中已经施工完毕的铝合金窗能否被要求拆除并重新安装防火窗或者要求

施工单位赔偿没有按图施工的违约金？第一，《民法典》第580条规定：“当事人一方不履行非金钱债务或者履行非金钱债务不符合约定的，对方可以请求履行，但是有下列情形之一的除外：（一）法律上或者事实上不能履行；（二）债务的标的不适于强制履行或者履行费用过高；（三）债权人在合理期限内未请求履行。有前款规定的除外情形之一，致使不能实现合同目的的，人民法院或者仲裁机构可以根据当事人的请求终止合同权利义务关系，但是不影响违约责任的承担。”现在工程已经竣工验收合格了，如果再拆除门窗重新施工花费的成本将会非常高，从某种程度上来说可以认为是履行不能的情形。第二，《建设工程司法解释一》第12条规定：“因承包人的原因造成建设工程质量不符合约定，承包人拒绝修理、返工或者改建，发包人请求减少支付工程价款的，人民法院应予支持。”在承包人违约的情形下，发包人可以选择承包人承担违约责任的方式，承包人拒绝修复时发包人可以主张减少工程价款。

（2019）最高法民申5865号民事裁定书中写到，关于防火窗工程应否从总工程款中扣除的问题。合同约定安装防火窗，经鉴定机构现场踏勘，实际安装的为铝合金窗，双方均未提供相关设计变更资料。由于铝合金窗安装已完成，且工程通过了竣工验收，鼎晟昌公司无证据证明其重新聘请第三方对铝合金窗进行拆除更换，其现主张防火窗安装不符合合同约定，应按投标文件中防火窗报价180,751.88元的两倍予以扣减工程款无事实依据。故二审法院未予扣减并无不当。这个案例在施工单位没有按图施工且没有设计变更的相关证据时，未予支持发包人扣减工程价款的请求，这主要是因为工程完成且验收合格，施工单位安装的铝合窗是发包人明知且已经认可的行为，所以验收后就不能再主张扣减价款了。

问题中的情形也可以理解成双方协商一致的变更合同行为，因为在验收过程中建设单位能够轻易看出所安装的铝合金窗与施工图不符，而建设单位并没有提出异议还验收合格了，因此这个行为可以视为发包人与承包人以实际行动变更了原合同的约定。《民法典》第543条规定：“当事人协商一致，可以变更合同。”原《合同法》（现已废止）第77条第2款还规定：“法律、行政法规规定变更合同应当办理批准、登记等手续的，依照其规定。”《民法典》第490条规定：“当事人采用合同书形式订立合同的，自当事人均签名、盖章或者按指印时合同成立。在签名、盖章或者按指印之前，当事人一方已经履行主要义务，对方接受时，该合同成立。法律、行政法规规定或者当事人约定合同应当采用书面形式订立，当事人未采用书面形式但是一方已经履行主要义务，对方接受时，该合同成立。”这个条文背后的含义就是当事人可以通过实际履行的行为作为协商一致变更合同的意思表示。所以案例中，如果建设单位对铝合金窗有异议，应该在工程验收时就及时提出，无论重新施工还是扣减价款都是可以的，但在工程验收合格后再要求施工单位拆除重做，并且要求赔偿向小业主迟延交付的损失，这显然是不合理的。

总结来说，这个问题中建设单位验收时未提出对安装铝合金窗的异议，可以认为是对该工程成果的接受，应该视为双方以实际行为变更了原合同。当然如果是肉眼难以发现的隐蔽工程，那么在验收合格后再发现其存在未按图施工的情形，施工单位还是应该承担违约责任的。

267 安措费通常按合同约定结算，而不再据实计算

某道路工程，结算时咨询单位扣减50%的安全文明施工费，理由是道路工程采取的安全文明措施比较少，结算审计要据实评审，没有证据证明发生的就不能给，否则就是给施工单位白送利润了。请问这样审减合理吗？依据是什么？

关键词：安措费、工程结算

这个问题是关于安措费的。如果仅仅因为项目采取的安全文明施工措施较少，就要求结算时据实评审，核减安全文明施工费，这种做法显然不合理。《清单计价规范》第6.2.4条规定：“措施项目中的总价项目金额应根据招标文件及投标时拟定的施工组织设计或施工方案，按本规范第3.1.4条的规定自主确定。其中安全文明施工费应按照本规范第3.1.5条的规定确定。”第3.1.5条规定：“措施项目中的安全文明施工费必须按国家或省级、行业建设主管部门的规定计算，不得作为竞争性费用。”“不得作为竞争性费用”里的“竞争”指的是投标人之间的竞争。通常来说，投标人的安措费都是统一按照招标人给定的费率或者金额报价，不能以此作为竞争性费用。

安措费体现的合同权利和义务，在于甲方支付安全文明施工费用，而承包人负担安全文明施工的义务。如果承包人没有适当履行合同义务，甲方自然可

以扣除相应的价款。根据《清单计价规范》第 11.2.3 条的规定，措施项目中的总价项目应依据已标价工程量清单的项目和金额计算。措施项目费中的总价项目包含安措费，安措费应当按照投标人的已标价工程量清单中的安措项目和金额来计算，在发生调整时有其自己的调整规则。但是原则上来看，措施项目费中的总价项目不需要按实计量。一般来说，措施项目费中的单价项目、分部分项工程中的单价项目等都是按实际发生的工程量计算的，但是总价项目的计价原则就是按照投标人的投标价格计算。所以案例中审计单位据实评审，按照实际发生的工程量计价，在计价原则方面就是不正确的，而是应该按照合同约定的总价计算。

根据《建筑工程安全防护、文明施工措施费用及使用管理规定》（建办〔2005〕89 号）第 10 条的规定，监理单位发现施工单位未落实施工组织设计及专项施工方案中安全防护和文明施工措施的，有权责令其立即整改；对施工单位拒不整改或未按期限要求完成整改的，工程监理单位应当及时向建设单位和建设行政主管部门报告，必要时责令其暂停施工。可知甲方及甲方的代理人监理单位，对施工单位不合规的行为要求其整改甚至责令暂停施工都是合法的。但如果施工单位拒不恰当地履行合同义务，根据《民法典》第 577 条的规定，当事人一方不履行合同义务或者履行合同义务不符合约定的，应当承担继续履行、采取补救措施或者赔偿损失等违约责任。本案例中，审计机构认为安全措施没有实际发生因而不应支付相应费用，实际上是在主张承包人没有按照合同约定履行合同义务，应扣减部分安全措施费。《民法典》第 582 条规定："履行不符合约定的，应当按照当事人的约定承担违约责任。对违约责任没有约定或者约定不明确，依据本法第五百一十条的规定仍不能确定的，受损害方根据标的的性质以及损失的大小，可以合理选择请求对方承担修理、重作、更换、退货、减少价款或者报酬等违约责任。"举一个比较易懂的例子，如果造价咨询单位在做竣工结算时，看到几张施工现场工作人员没有戴安全帽作业的照片，咨询单位能否据此核减工程结算价款？显然是不能的。当然如果施工过程中有因此而导致业主被罚款或其他被处罚的记录则可以主张扣除相应价款，否则不能随意扣减。如果承包人没有按照合同约定履行义务，结合合同性质再考虑《民法典》第 781 条"承揽人交付的工作成果不符合质量要求的，定作人可以合理选择请求承揽人承担修理、重作、减少报酬、赔偿损失等违约责任"和第 801 条"因施工人的原因致使建设工程质量不符合约定的，发包人有权请求施工人在合理期限内无偿修理或者返工、改建……”的规定，对于建设工程合同而言，最重要的部分是施工单位交付的工作成果。本案中咨询单位据实核算安全措施费用的方法本身就存在问题，如果咨询单位坚持认为施工单位未充分履行合同义务应当扣减价款，咨询单位需要承担相应的举证责任。既然已经交付的工程质量是合格的，那么施工单位也无须再因细微的瑕疵而承担减少价款的违约责任。

268 建设单位的验收并不能免除施工单位的违约责任

一项目为固定总价合同，在竣工结算时，发现项目工程量没达到设计要求，是否可以扣除没做的工程量？比如苗木，规格没达到要求是否可以重新组价？

关键词： 价格调整、工程验收、违约责任

《建设工程司法解释一》第28条规定：“当事人约定按照固定价结算工程价款，一方当事人请求对建设工程造价进行鉴定的，人民法院不予支持。”由此可知，如果约定了固定总价，法院一般是不予鉴定的，这是指绝对固定价的情况。在实践中，也有很多可以突破这个条文的情形，施工单位肯定也希望能够突破合同固定价，尽量往上调整价格。

现在案例中的工程量没有达到设计要求，根据《民法典》第799条第1款的规定，建设工程竣工后，发包人应当根据施工图纸及说明书、国家颁发的施工验收规范和质量检验标准及时进行验收。验收合格的，发包人应当按照约定支付价款，并接收该建设工程。现在的问题在于，工程已经验收合格了，在竣工结算时发现工程量没有达标，甲方还能否扣除没有完成的工程量？验收是甲方的义务，但验收的行为并不能免除施工单位的违约责任。前面分析过的最高院一个案例，南通二建的工程验收之后房屋漏水，导致现场很多设备的损坏。最后法院判决施工单位没有按图施工而需要承担违约责任。可见，建设单位的验收并不能免除施工单位的违约责任，即便是在保修期之内发现施工单位没有按时施工的情况，也还是需要追究其违约责任。

由于《民法典》建设工程合同部分没有规定工程验收不合格之后应该怎么处理，也没有特别规定承包人违反合同约定应该承担怎样的法律责任，可以参照其

他部分的相关规定。《民法典》第799条第2款规定："建设工程竣工经验收合格后，方可交付使用；未经验收或者验收不合格的，不得交付使用。"另外关于验收不合格的违约责任，《民法典》第781条规定："承揽人交付的工作成果不符合质量要求的，定作人可以合理选择请求承揽人承担修理、重作、减少报酬、赔偿损失等违约责任。"所以建设单位可以依照本条规定要求减少施工单位的报酬。本案中对于承包人没有完成的工程量也可以扣除相应的合同价款；另外，对于没有达到规格要求的苗木，应该按照实际栽种苗木的单价来结算而不用再按照原投标的单价结算，所以本题的结论是可以重新组价。

269 施工人未按要求施工应承担违约责任

装修工程，业主总价控制，采用单平方米价发包，施工范围和内容为施工图内容。发包前未做招标控制价和工程量清单，完工后最终验收发现施工内容与图纸不一致，有未施工内容。结算时如何进行扣减？

关键词：违约责任、工程结算

这是一个按照平方米计价的装修工程，验收时发现有一些具体的子目项目没有完成。由于未做招标控制价和工程量清单，像一面墙如果只做了粉刷但是没有贴墙纸，这种情况下再按照每平方米的单价扣减价款显然不合适，那么对于扣减方式产生的争议应当如何解决？如果是因为施工人的原因导致工程质量不符合约定，根据《民法典》第801条的规定，发包人可以直接要求施工人无偿修理或返工、改建，这就不涉及如何结算的问题。《建设工程司法解释一》第19条第3款规定："建设工程施工合同有效，但建设工程经竣工验收不合格的，依照民法典第五百七十七条规定处理。"也就是施工人要承担违约责任。《民法典》第793条第2款规定："建设工程施工合同无效，且建设工程经验收不合格的，按照以下情形处理：（一）修复后的建设工程经验收合格的，发包人可以请求承包人承担修复费用；（二）修复后的建设工程经验收不合格的，承包人无权请求参照合同关于工程价款的约定折价补偿。"也就是说，当发现施工内容和图纸不一致时，应该先根据违约责任的规定要求承包人承担修复责任。如果施工单位拒绝修复，甲方可以让第三方完成修复工作，对于第三方修复完工产生的费用，可以从原发承包合同的结算价款中相应扣除。那如果甲方不要求修复能否直接扣减工程价款？根据《民法典》第781条的规定，承揽人交付的工作成果不符合质量要求的，定作人可以合理选择请求承揽人承担修理、重作、减少报酬、赔偿损失等违约责任。作为守约方，甲方可以选择让违约方承担什么样的违约责任。

至于结算时如何扣减价款，既可以按定额算，也可以按照定额的下浮比例算。如果让第三方继续修复完工，可以从价款中扣减支付给第三方的费用。当然扣减支付给第三方的费用不能过分高于承包人完成该部分施工的预期可得收益。《民法典》第584条规定："当事人一方不履行合同义务或者履行合同义务不符合约定，造成对方损失的，损失赔偿额应当相当于因违约所造成的损失，包括合同履行后可以获得的利益；但是，不得超过违约一方订立合同时预见到或者应当预见到的因违约可能造成的损失。"还有人提出，可以先计算出未施工部分的比例，再按比例扣减相应的价款。这里还有个最简单的方法，就是将未施工的内容全部按照定额和信息价套出来，然后再用合同总价减去套出的定额价，就是最后实际结算的价款。这种方法对发包人比较有利，可以保证发包人的投资不超过概算。

270 材料档次过低不能实现合同目的时需要承担违约责任

精装修总价合同，合同约定了材料价格品牌，投标报价中也有品牌材料价格，实际施工中施工方用的是同品牌低档次、低价格的材料，结算时能调整吗？

关键词：总价合同、违约责任

《民法典》第774条规定："承揽人提供材料的，应当按照约定选用材料，并接受定作人检验。"在装修工程施工过程中，承揽人应该按图施工，不能偷工减料，其中按照约定选用材料也是施工单位的合同义务。《施工合同示范文本》第8.2条规定："承包人负责采购材料、工程设备的，应按照设计和有关标准要求采购，并提供产品合格证明及出厂证明，对材料、工程设备质量负责……"第8.3.2条规定："承包人采购的材料和工程设备，应保证产品质量合格，承包人应在材料和工程设备到货前24小时通知监理人检验。承包人进行永久设备、材料的制造和生产的，应符合相关质量标准，并向监理人提交材料的样本以及有关资料，并应在使用该材料或工程设备之前获得监理人同意。承包人采购的材料和工程设备不符合设计或有关标准要求时，承包人应在监理人要求的合理期限内将不符合设计或有关标准要求的材料、工程设备运出施工现场，并重新采购符合要求的材料、工程设备，由此增加的费用和（或）延误的工期，由承包人承担。”第 8.4.2 条规定：“……发包人或监理人发现承包人使用不符合设计或有关标准要求的材料和工程设备时，有权要求承包人进行修复、拆除或重新采购，由此增加的费用和（或）延误的工期，由承包人承担。”承包人没有按照约定采购材料，包括违反合同约定采购和使用不合格材料，都属于违约行为，应当承担相应的违约责任。

一般来说，发承包人会在合同中约定材料的品牌或价格，题中问到能否约定材料的档次。由于材料的档次并没有一个非常明确的标准，所以即便承包人购买的是较低档次的产品，但只要满足工程质量的要求，结算时都很难再予以调整。比如安装空调，如果甲方要求的是一级能效，施工方安装的却是二级能效，但如果在合同中没有明确约定，就不能轻易认定甲方存在违约。根据《民法典》第 511 条有关质量的漏洞填补规则的规定，质量要求不明确的，按照强制性国家标准履行；没有强制性国家标准的，按照推荐性国家标准履行；没有推荐性国家标准的，按照行业标准履行；没有国家标准、行业标准的，按照通常标准或者符合合同目的的特定标准履行。比如一个国外的 EPC 项目，投标人报价时按照国内一般空调的价格进行投标，安装的空调只能在国内 40 摄氏度以下的室外环境中使用，在该国室外温度高达四五十摄氏度的环境下无法正常运转，这种情况由于施工单位最后完成的工程不能实现合同目的，显然未能完成合同义务，应承担相应的违约责任。

在精装修的工程项目中，购买材料报建设单位或监理人检验是必经的程序，如果报验时发现不符合要求，可以及时要求重新购买。这类项目中，通常甲方在进行招标管理时就应该考虑到，精装修项目不适合固定总价的合同模式，因为一旦约定固定总价，在满足国家标准和符合合同目的的要求下，承包人一定会采用低档次的材料施工以提高利润。所以在精装修工程中，甲方做好事前管控十分重要。如果承包人采用的低档次材料确实不符合合同约定，根据《民法典》第 582 条的规定，履行不符合约定的，应当按照当事人的约定承担违约责任。对违约责任没有约定或者约定不明确，依据《民法典》第 510 条的规定仍不能确定的，受损害方根据标的的性质以及损失的大小，可以合理选择请求对方承担修理、重作、更换、退货、减少价款或者报酬等违约责任。或者根据第781条规定，承揽人交付的工作成果不符合质量要求的，定作人可以合理选择请求承揽人承担修理、重作、减少报酬、赔偿损失等违约责任。

271 工程质量不合格而产生的修复费用由施工单位承担

工程质量不合格，修复费用鉴定时应采取何种方法？是成本+利润，还是定额计价？如果采用定额计价，应选用合同中约定的2003版定额？还是选用鉴定时实行的2013版定额？

关键词：修复费用

这是一个关于修复费用的问题。《民法典》第801条规定："因施工人的原因致使建设工程质量不符合约定的，发包人有权请求施工人在合理期限内无偿修理或者返工、改建。经过修理或者返工、改建后，造成逾期交付的，施工人应当承担违约责任。"所以如果是因为工程质量不合格而产生工程修复费用，应该都由施工方承担。

但如果建设单位在竣工后发现工程质量不合格，能否另行选择修复单位并要求减少原施工单位的报酬？《民法典》第781条规定："承揽人交付的工作成果不符合质量要求的，定作人可以合理选择请求承揽人承担修理、重作、减少报酬、赔偿损失等违约责任。"《建设工程司法解释一》第12条规定："因承包人的原因造成建设工程质量不符合约定，承包人拒绝修理、返工或者改建，发包人请求减少支付工程价款的，人民法院应予支持。"工程质量不合格显然属于施工方的违约行为，根据《民法典》第781条的规定，建设单位可以选择减少支付工程价款。但是《建设工程司法解释一》第12条却限定了只有在承包人拒绝修理、返工或者改建时，发包人才可以请求减少支付工程价款。司法实践中有很多建设单位自行找人修复工程再向施工单位主张实际修复费用，但施工单位却主张修复费用过高而拒绝支付多出的部分费用。针对这种情况，《建设工程司法解释一》也考虑到施工单位修复的成本相对低于其他单位的修复成本，所以规定以原施工单位完成工程修复优先。

关于修复费用的问题，不仅要看责任承担的主体，还要看承担费用的数额是否合理。从发包人的角度来看，因承包人违约导致工程质量不合格，工程修复所产生的费用都属于承包人违约导致的损失。在不存在恶意串通的情形下，承包人应该承担全部的修复费用。《民法典》第584条规定："当事人一方不履行合同义务或者履行合同义务不符合约定，造成对方损失的，损失赔偿额应当相当于因违约所造成的损失，包括合同履行后可以获得的利益；但是，不得超过违约一方订立合同时预见到或者应当预见到的因违约可能造成的损失。"从承包人的角度来说，签订合同时依据的是2003版定额，承包人可预见的损失是依据2003版定额应当承担的损失；如果按照新版定额来计算修复费用，承包人需要承担的损失赔偿数额就超过了原来可预见的范围。

北京市高院《关于审理建设工程施工合同纠纷案件若干疑难问题的解答》第30问："发包人以工程质量不符合合同约定为由，要求承包人承担修复费用的，如何处理?"北京市高院的解答为："因承包人原因致使工程质量不符合合同约定，承包人拒绝修复、在合理期限内不能修复或者发包人有正当理由拒绝承包人修复，发包人另行委托他人修复后要求承包人承担合理修复费用的，应予支持。发包人未通知承包人或无正当理由拒绝由承包人修复，并另行委托他人修复的，承包人承担的修复费用以由其自行修复所需的合理费用为限。"根据北京市高院的解答，如果发包人另行委托他人修复工程的费用没有通知承包人或无正当理由拒绝由承包人修复的，以承包人自行修复所需的合理费用为限。

总结来说，修复费用的多少主要从两个方面来考虑，一是全面赔偿损失原则，二是可预见性规则。

四、违约金调整

272 合同约定违约金过高时，当事人可以请求调整

电梯施工合同约定，承包人原因每延迟一天扣3000元，但在施工过程中需多方配合才可以完成的工作除外。项目结算时，因工期延迟扣款，共安装两台电梯就扣掉了一台电梯设备款，安装费就几万元，导致结算无法进行，应该如何处理?

关键词：违约金、可预见性、与有过失

第一，关于违约金调整的问题，《民法典》第 585 条第 1、2 款规定："当事人可以约定一方违约时应当根据违约情况向对方支付一定数额的违约金，也可以约定因违约产生的损失赔偿额的计算方法。约定的违约金低于造成的损失的，人民法院或者仲裁机构可以根据当事人的请求予以增加；约定的违约金过分高于造成的损失的，人民法院或者仲裁机构可以根据当事人的请求予以适当减少。"《最高人民法院关于适用〈中华人民共和国合同法〉若干问题的解释（二）》（现已废止）第 29 条第 2 款规定："当事人约定的违约金超过造成损失的百分之三十的，一般可以认定为合同法第一百一十四条第二款规定的'过分高于造成的损失'。"由此可见，当事人在合同中约定的违约金数额未必就是具有最终效力的。根据本案中的描述，很有可能是合同中约定的违约金数额过高，可以根据上述两个条文对过高的违约金加以调整。至于违约金数额是否过分高于实际造成的损失，这一事实应该由承包人进行举证。

第二，从可预见性规则来考虑，《民法典》第 584 条规定："当事人一方不履行合同义务或者履行合同义务不符合约定，造成对方损失的，损失赔偿额应当相当于因违约所造成的损失，包括合同履行后可以获得的利益；但是，不得超过违约一方订立合同时预见到或者应当预见到的因违约可能造成的损失。"合同虽然约定迟延履行合同每天扣除 3000 元，但不会预想到迟延几天安装电梯所扣的款项甚至达到了电梯的设备费用，施工单位可以利用这一条款主张调整违约金。

第三，关于与有过失规则，《民法典》第 592 条规定："当事人都违反合同的，应当各自承担相应的责任。当事人一方违约造成对方损失，对方对损失的发生有过错的，可以减少相应的损失赔偿额。"如果施工需要多方配合才能完成，而建设单位又没有适当履行协助配合的义务，这种情况最终导致了工期延长。即便施工单位需要承担工期违约责任，也应当考虑到建设单位的过错减少施工单位的损失赔偿额。

综上所述，本案施工单位可以从以上几个角度主张减少违约金的数额。需要注意的是，违约金条款是当事人可以在合同中自由约定的内容，但在公平原则的平衡下，如果违约金的数额与违约造成的损失差异巨大，法院通常会予以调整。另外，关于合同中约定违约金上限的情形，一般情况下，该约定是合法有效的，但在一方的违约行为过于严重，符合《民法典》中有关免责条款无效的情形，该违约金的上限也是可以被突破的。

273 合同可以约定逾期竣工违约金的上限，与民间借贷利率无关

施工合同延误赔偿金一般计算为该合同预算的万分之一至万分之五每天。请问，法院对计算延误赔偿金怎样判定？如纯属取比例、计算每天可能真实损失（往往比取每天万分之五高）、总金额赔偿上限等。

关键词：逾期竣工、赔偿损失

根据《民法典》第584条规定，当事人一方不履行合同义务或者履行合同义务不符合约定，造成对方损失的，损失赔偿额应当相当于因违约所造成的损失，包括合同履行后可以获得的利益。承包人逾期竣工产生的损失，包括建设单位因为逾期竣工导致的逾期交房产生的实际损失，也包括合同履行之后可以获得的利益，也就是在承包人按合同约定期限完工的情况下，建设单位可以获得的利益部分，都可以要求承包人予以赔偿。

关于赔偿损失的数额，《民法典》第585条第1款规定："当事人可以约定一方违约时应当根据违约情况向对方支付一定数额的违约金，也可以约定因违约产生的损失赔偿额的计算方法。"所以施工合同延误赔偿金约定每天按照合同预算的万分之一到万分之五来计算，是没有问题的。但是《民法典》第584条最后一句提到，损失赔偿额不得超过违约一方订立合同时预见到或者应当预见到的因违约可能造成的损失。假设双方约定逾期竣工违约金的上限是100万元，如果这是承包人逾期造成损失的可预见的损失范围，那么这个违约金的上限是合法有效并且能够对当事人产生约束力的。在实践中还有一种情况，承包人提交了履约保证金，也有法院会以履约保证金的数额，作为签订合同时双方能够预见的违约行为可能导致建设单位产生损失的上限。

至于按照合同预算的万分之五计算施工合同延误赔偿金是否过高？《民法典》第585条第2款规定："约定的违约金低于造成的损失的，人民法院或者仲裁机构可以根据当事人的请求予以增加；约定的违约金过分高于造成的损失的，人民法院或者仲裁机构可以根据当事人的请求予以适当减少。"所以如果约定的违约金过分高于实际造成的损失，人民法院可以根据当事人的请求予以调整。至于"过分高于"的标准，《最高人民法院关于适用〈中华人民共和国合同法〉若干

问题的解释（二）》（现已废止）第 29 条第 2 款规定："当事人约定的违约金超过造成损失的百分之三十的，一般可以认定为合同法第一百一十四条第二款规定的'过分高于造成的损失'。"比如能够计算出因施工单位迟延履行产生的损失是 100 万元，而按照约定的违约金计算方法计算得到的赔偿金额是 200 万元，超过 130 万元部分的赔偿法院不予支持。

另外，《全国法院民商事审判工作会议纪要》中关于违约金过高标准提到，除借款合同外的双务合同，作为对价的价款或者报酬给付之债，并非借款合同项下的还款义务，不能以受法律保护的民间借贷利率上限作为判断违约金是否过高的标准，而应当兼顾合同履行情况、当事人过错程度以及预期利益等因素综合确定。民间借贷利率的最高标准是 4 倍的贷款市场报价利率（Loan Prime Rate，LPR），但施工合同延误赔偿金并不能够以是否超过 4 倍的 LPR 的标准判断是否过高，延误赔偿金还是需要综合考虑当事人过错、合同履行情况、预期利益和其他因素来判断。

总结来说，施工合同延误赔偿金约定按合同预算的百分之一至万分之五每天来计算是可以的，同时也可以约定赔偿的上限数额。需要注意的是，逾期竣工违约金的计算标准和借款合同的利率没有关系，不能以民间借贷利率的最高标准来衡量施工合同延误赔偿金是否过高。

274 施工单位应当赔偿因违约给建设单位造成的损失并承担继续履行义务

因施工方挪用工程款导致工期延误 3 年，后续工程很多都是由甲方分包，合同里只是说到了延误工期最多赔偿 100 万元。请问，因乙方的原因导致工期延误致使甲方延期交房，赔偿小业主的违约金及甲方在银行借款的利息是否可以索赔？另外甲方还可主张哪些利益？

关键词：违约责任、损害赔偿

第一，《民法典》第 563 条第 1 款规定："有下列情形之一的，当事人可以解除合同：……（三）当事人一方迟延履行主要债务，经催告后在合理期限内仍未履行；（四）当事人一方迟延履行债务或者有其他违约行为致使不能实现合同目的……"本案施工单位挪用工程款导致工期延误，存在迟延履行的违约行为，建设单位可以根据第563条的规定要求解除合同。

第二，关于违约责任问题，根据《民法典》第585条第3款的规定，当事人就迟延履行约定违约金的，违约方支付违约金后，还应当履行债务。如果合同中约定了迟延履行的违约金条款，施工单位支付违约金以后，仍应按照合同约定完成合同义务。也就是说，延迟履行违约金和强制履行是可以同时主张的。如果施工单位迟延履行合同义务，之后再发生不可抗力的情形，根据《民法典》第590条第2款的规定，当事人迟延履行后发生不可抗力的，不免除其违约责任。比如本该2018年竣工的项目，因施工单位原因导致工期持续延误，即便2020年暴发新冠肺炎疫情，也不能免除施工单位的违约责任。

总结来说，施工单位原因导致工期延误，不仅应该支付违约金，还应当继续履行合同义务。建设单位在后续施工中将部分工程进行分包，由于存在施工单位工期延误的情形，该分包行为并非属于删减原承包人部分工作的违约行为，而是具有一定的正当性。现在建设单位将部分原来应该由承包人完成的工作分包给第三方完成，能否由原承包人承担该部分费用?《民法典》第581条规定："当事人一方不履行债务或者履行债务不符合约定，根据债务的性质不得强制履行的，对方可以请求其负担由第三人替代履行的费用。"根据本规定，建设单位可以要求承包人承担第三人代为履行的费用，即便第三人履行的费用高于原发承包的合同约定，施工单位也应该承担，这是施工单位承担违约责任的一种方式。

第三，因工期延误导致建设单位向小业主延迟交房的违约金及建设单位欠付银行的利息能否由施工单位承担?《民法典》第584条规定："当事人一方不履行合同义务或者履行合同义务不符合约定，造成对方损失的，损失赔偿额应当相当于因违约所造成的损失，包括合同履行后可以获得的利益；但是，不得超过违约一方订立合同时预见到或者应当预见到的因违约可能造成的损失。"我国民法规定的违约损害赔偿遵循的是全面赔偿原则，对于因施工单位违约造成的甲方所有实际发生的损失，都应该予以赔偿。因此，本案中因施工单位迟延履行导致的向小业主承担的违约金等也应当由施工单位承担。

另外，再分析一下损失赔偿额应当如何计算的问题。在民法中，"损失"的含义采用差额说的标准，也就是依照财产前后所发生的变化进行计算，违约方应当赔偿的是守约方实际发生的损失数额。《民法典》第584条采用的是全面赔偿原则，其中但书部分还提到了"合理预见规则"。合理预见规则是指违约方承担的违约责任，不应超过一个理性人在签订合同时能够预见到的，因违约导致的损害后果。这是对于损害赔偿数额的限制性规定，本案中如果在签订施工合同时，甲方就在合同中明确说明工期延误会造成建设单位需要向小业主支付 2 万元每天的逾期交房违约金的后果，并且说明甲方在该项目中在银行贷款的资金总额及利息，显然施工单位在违约后应该承担因工期延误造成的建设单位上述损失。

现本案合同约定延误工期最多赔偿 100 万元，言外之意就是对于超过 100 万元的建设单位的损失不予赔偿，这实质上是一种免责条款。根据《民法典》第 506 条的规定，合同中的下列免责条款无效：（1）造成对方人身损害的；（2）因故意或者重大过失造成对方财产损失的。本案施工单位挪用工程款导致工期延误，具有主观上的故意，因此造成的建设单位财产损失的后果不应予以免责。根据本案的具体情形，合同中约定延误工期最多赔偿 100 万元的限额能够被突破，施工单位应当赔偿因工期延误造成的建设单位全部损失。

五、双方责任

275 因双方原因导致竣工结算未完成，应各自承担相应的责任

某住宅工程于 2017 年完成竣工验收，总包方预算与审计之间长时间未能达成一致（两方都存在人员更替/现场资料不全等诸多原因），后总包方重新更换预算团队，于 2020 年 8 月底与甲方完成审计结算。请问该工程可否按《建设工程司法解释一》第 27 条的约定，利息从应付工程价款之日计付。当事人对付款时间没有约定或者约定不明的，建设工程已实际交付的，交付之日视为应付款时间，向甲方主张自工程交付之日起支付未付工程款的利息？

关键词：利息、竣工结算

在一个案件中，一方主张从工程造价结论出具之日起算利息，而另一方则根据《建设工程司法解释一》第 27 条主张从起诉之日就起算利息，法院最后判决从鉴定结论出具之日起算利息。由于诉讼持续了 4 年之久，两种不同的利息计算方法差额高达 600 多万元。《建设工程司法解释一》第 27 条是关于利息的规定，而本案是因甲乙双方的原因才导致结算长时间未能达成一致，因此不能直接适用

这一条款。

根据《施工合同示范文本》第 14.1 条的规定，除专用合同条款另有约定外，承包人应在工程竣工验收合格后 28 天内向发包人和监理人提交竣工结算申请单，并提交完整的结算资料。竣工结算的步骤：第一步先由承包人提交竣工结算申请且需要保证提交资料的完整性，这是承包人在先的合同义务。第二步是发包人对承包人提交的资料进行审批。《施工合同示范文本》第 14.2 条规定："除专用合同条款另有约定外，监理人应在收到竣工结算申请单后 14 天内完成核查并报送发包人。发包人应在收到监理人提交的经审核的竣工结算申请单后 14 天内完成审批，并由监理人向承包人签发经发包人签认的竣工付款证书。监理人或发包人对竣工结算申请单有异议的，有权要求承包人进行修正和提供补充资料，承包人应提交修正后的竣工结算申请单。发包人在收到承包人提交竣工结算申请书后 28 天内未完成审批且未提出异议的，视为发包人认可承包人提交的竣工结算申请单，并自发包人收到承包人提交的竣工结算申请单后第 29 天起视为已签发竣工付款证书。"第三步就是由发包人向承包人颁发竣工付款证书。

以上是《施工合同示范文本》中关于竣工结算流程的规定，可以看到整个过程的每个步骤都是有先后顺序的。《民法典》第 526 条规定："当事人互负债务，有先后履行顺序，应当先履行债务一方未履行的，后履行一方有权拒绝其履行请求。先履行一方履行债务不符合约定的，后履行一方有权拒绝其相应的履行请求。"所以当施工单位报送的结算资料不完整时，是无法直接确定发包人的应付价款时间的。

《建设工程司法解释一》第 26 条规定："当事人对欠付工程价款利息计付标准有约定的，按照约定处理。没有约定的，按照同期同类贷款利率或者同期贷款市场报价利率计息。"另外，《施工合同示范文本》第 14.2 条规定："除专用合同条款另有约定外，发包人应在签发竣工付款证书后的 14 天内，完成对承包人的竣工付款。发包人逾期支付的，按照中国人民银行发布的同期同类贷款基准利率支付违约金；逾期支付超过 56 天的，按照中国人民银行发布的同期同类贷款基准利率的两倍支付违约金。"上述的逾期付款利息与逾期支付价款的违约金能否同时主张？一种观点认为，利息属于法定孳息，根据《建设工程司法解释一》第 26 条的规定应该予以支付；而违约金作为当事人在合同中约定的惩罚性条款，在一方当事人违约时守约方也是可以主张的。另一种观点则认为，利息和违约金都是针对逾期付款行为主张的损失赔偿，二者的性质在本质上是相同的，因而不能同时主张。如果同时主张，承包人甚至能够主张三倍利息的赔偿额，这个金额非常高，因此二者同时主张不具备合理性。

关于利息起算点的认定，《建设工程司法解释一》第 27 条规定："利息从应付工程价款之日开始计付。当事人对付款时间没有约定或者约定不明的，下列时间视为应付款时间：（一）建设工程已实际交付的，为交付之日；（二）建设工程没有交付的，为提交竣工结算文件之日；（三）建设工程未交付，工程价款也未结算的，为当事人起诉之日。"这里"应付工程价款之日"就是根据《施工合同示范文本》中的结算步骤所确定的付款时间，本条款还规定了在双方对付款时间没有约定或约定不明的情形下如何确定利息起算点的规则。

但是本案的当事人已经按照合同约定完成了竣工结算，只是由于双方都存在一定的过错，导致结算审计没有按照合同约定的时间及时完成。根据《民法典》第 592 条的规定，当事人都违反合同的，应当各自承担相应的责任。当事人一方违约造成对方损失，对方对损失的发生有过错的，可以减少相应的损失赔偿额。案例中承包人没有提交完整竣工资料，发包人拖延履行支付义务，双方应各自承担相应的责任。

六、第三方责任

276 民扰问题导致的损失要视其形成原因及当事人约定来判断责任归属

住宅小区项目施工期间，周边居民对施工所用市政道路及施工大门进行封堵。封堵期间，应建设单位要求，施工单位两次强制施工，导致混凝土罐车进场浇筑完成后无法撤出施工场地，在施工场地滞留数日。导致在围护排桩浇筑过程中，第二辆混凝土罐车无法进入施工场地，且居民当日未曾撤离，已浇筑的第一车混凝土已经初凝，致使围护排桩桩项上部部分范围为空桩。为保证工程围护闭合，施工单位对围护排桩进行了断桩修复。按施工合同，"民扰"为开办费项目，属包干性质，施工单位如何较大机会获得费用补偿？（以超出开办费项目范围、改变施工方法导致变更，还是直接定义为情势变更）

关键词：民扰问题、风险承担

这个问题的关键在于找一个理由，让甲方赔偿这笔费用。《民法典》第1193条规定："承揽人在完成工作过程中造成第三人损害或者自己损害的，定作人不承担侵权责任。但是，定作人对定作、指示或者选任有过错的，应当承担相应的责任。"在本案中，现场发生了封堵，但建设单位要求施工单位强制施工，显然建设单位是存在过错的，至少也应该把现场的封堵问题解决，等消除施工环境中的所有障碍后才能要求施工方继续施工。根据《民法典》第1193条的规定，施工单位应该承担一定的责任。《民法典》"建设工程合同"章明确规定建设工程合同可以适用关于承揽合同的规定，但是"承揽合同"章并不包含第1193条，第1193条内容规定在"侵权责任"一节，所以可以把"承揽合同"一章和第1193条放在一起结合施工合同的条款来看。

另外，《民法典》第804条规定："因发包人的原因致使工程中途停建、缓建的，发包人应当采取措施弥补或者减少损失，赔偿承包人因此造成的停工、窝工、倒运、机械设备调迁、材料和构件积压等损失和实际费用。"本案中至少混凝土罐车的停滞费用应该由发包人赔偿，断桩修复的费用也可以类推适用要求发包人承担损失赔偿。

在（2017）京02民终2874号民事判决书中，一审法院认定事实："……《备案合同》'专用条款'第13.1条第（7）项第④小项约定：发包人委托承包人负责解决民扰/扰民问题，费用已含在合同总价中。承包人有责任采取必要的措施，协商并解决扰民及民扰问题。承包人必须主动协调同周围居民及有关单位的关系，以免造成窝工、停工、延误工期的现象发生。承包人应代表招标单位直接负责处理扰民、民扰的工作。承包人须直接承担扰民或民扰问题的工作。承包人不能以扰民或民扰问题处理为由，向发包人提出索赔或工期延长的要求。"如果合同约定把扰民和民扰问题的责任和后果转嫁给施工单位，这样的约定是否有效？虽然有点不公平，但作为民事合同中的约定，一般来说是有效的。对于这个案件，最终一审法院认为，关于中建第五公司要求海晟公司赔偿工期延误损失1,855,769.41元的诉讼请求，就其中中建第五公司所称的因海晟公司原因产生民扰事件造成工期延期，致使中建第五公司遭受经济损失问题，海晟公司发布的《招标文件》及《备案合同》均明确约定，中建第五公司负责解决在施工中发生的扰民及民扰问题并承担相应费用，不能以扰民或民扰问题处理为由，向海晟公司提出索赔或工期延长的要求。显然，中建第五公司要求海晟公司赔偿因民扰事件所遭受的经济损失，没有依据。所以，如果按照这个案子的说法，民扰为开办费的项目，那么根据约定承包人收了开办费，民扰的问题就应该由承包人自行解决。如果双方没有约定，又完全是第三方干扰施工现场不让施工，这就是一种违法行为，根据《治安管理处罚法》第26条的规定，处5日以上10日以下拘留，可以并处500元以下罚款；情节较重的，处10日以上15日以下拘留，可以并处1000元以下罚款。这时案例中损失的费用应该由谁来承担?《民法典》第593条规定，当事人一方因第三人的原因造成违约的，应当依法向对方承担违约责任。当事人一方和第三人之间的纠纷，依照法律规定或者按照约定处理。现在施工单位在现场的维护桩只做了一半，因浇灌不及时导致工程质量不合格，所以施工单位应该向建设单位承担违约责任。至于施工单位和第三人的责任纠纷，可以依据《民法典》第1165条的规定来处理。如果民扰是由甲方原因造成的，显然应该由甲方进行赔偿；如果民扰是施工方原因造成的，应该由施工单位自己承担，所以这个问题没有标准答案，需要区分民扰产生的原因并结合当事人之间关于风险分担的约定进行判断。当然这里也存在合同自由原则和公平原则之间的冲突，公权力介入判断时一定会权衡各种利益，所以这也要结合具体的案件进行分析。关于民扰的问题，不能一概而论，笔者建议双方在合同中对这一部分的内容进行约定，最好还能对不同原因造成的民扰问题区分不同情况处理。

277 造价咨询单位履行咨询合同无过错时，无须承担违约责任

咨询公司如何规避业主未尽施工合同中约定的义务而产生的风险？咨询公司已向业主提示风险，但业主无反应。

关键词：提示义务、委托关系、过错责任

这个问题关于造价咨询企业的谨慎和注意义务。在建设工程施工合同中，业主方和施工方都有很多的义务。业主方的义务，比如《民法典》第803条规定：“发包人未按照约定的时间和要求提供原材料、设备、场地、资金、技术资料的，承包人可以顺延工程日期，并有权请求赔偿停工、窝工等损失。”第804条规定：“因发包人的原因致使工程中途停建、缓建的，发包人应当采取措施弥补或者减少损失，赔偿承包人因此造成的停工、窝工、倒运、机械设备调迁、材料和构件积压等损失和实际费用。”业主在施工合同中约定的义务，还包含进度款的支付、

变更估价的批准等，当然还包括发包人存在违约行为时该承担的违约责任，即承包人可以申请顺延工期，并有权要求赔偿损失。

咨询单位如何规避业主方未尽合同义务而产生的风险？这里先看造价咨询单位和建设单位之间的法律关系，首先需要比较《民法典》规定的委托合同和承揽合同的相关内容。通俗地讲，承揽合同要求成功做事，而委托合同要求受托人努力做事就可以了。造价咨询合同是一种典型的委托合同，由业主方委托造价咨询单位，主要希望造价咨询单位能够努力做事。根据《民法典》第 929 条的规定，有偿的委托合同，因受托人的过错造成委托人损失的，委托人可以请求赔偿损失。造价咨询企业承担损害赔偿的归责原则就在于是否存在过错。过错包含一般过失、重大过失和故意。比如合同中约定发包人在某个时间点提供施工图纸，咨询企业在该时间点过后应当提示发包人提供图纸。但如果业主方选择忽视受托人提示的风险，或者就决定以违约的方式退出项目，这是业主方自己的选择。对于受托方而言，已经按照委托人的指示处理事务，也尽到了提示义务，就不需要再承担过错责任了。根据《民法典》第 929 条的规定，只有造价咨询单位存在过错时，才需要赔偿损失。所以如果造价咨询单位履行了提示义务，只需要考虑如何保全好证据，包括保留微信、短信、邮件记录或者保存电话录音，也可以通过发函件等方式保留证据。如果咨询单位尽到谨慎注意义务，不存在任何过错，自然可以规避风险。

造价咨询单位和业主之间是一种委托关系。《建设工程司法解释一》中提到的甲乙双方共同委托造价咨询单位出具成果文件，这时甲乙双方和造价咨询单位之间其实是一种承揽关系，这里就不展开论述了。

七、免责条款

278 故意或重大过失造成对方财产损失的免责条款无效

合同约定停工半年内不索赔，承包人是否可以随时索赔？

关键词：暂停施工、免责条款

关于暂停施工，《施工合同示范文本》第 7.8.1 条规定：“因发包人原因引起暂停施工的，监理人经发包人同意后，应及时下达暂停施工指示。情况紧急且监理人未及时下达暂停施工指示的，按照第 7. 8. 4 项［紧急情况下的暂停施工］执行。因发包人原因引起的暂停施工，发包人应承担由此增加的费用和（或）延误的工期，并支付承包人合理的利润。”发包人原因导致的停工，应当支付承包人合理的费用和利润，但如果是承包人原因导致的停工，则不应再主张另外的利润。根据《施工合同示范文本》第 16. 1. 1 条的规定，在合同履行过程中因发包人违反合同约定造成暂停施工的，属于发包人违约。根据第 16. 1. 2 条发包人违约的责任规定，发包人应承担因其违约给承包人增加的费用和（或）延误的工期，并支付承包人合理的利润。

《民法典》第 804 条规定：“因发包人的原因致使工程中途停建、缓建的，发包人应当采取措施弥补或者减少损失，赔偿承包人因此造成的停工、窝工、倒运、机械设备调迁、材料和构件积压等损失和实际费用。”综合上述条款可知，发包人原因导致的工程暂停施工，应该由发包人承担相应的违约责任。现在问题中双方约定免除承包人的违约责任是否有效？《民法典》第 153 条第 1 款规定：“违反法律、行政法规的强制性规定的民事法律行为无效。但是，该强制性规定不导致该民事法律行为无效的除外。”第 506 条规定：“合同中的下列免责条款无效：（一）造成对方人身损害的；（二）因故意或者重大过失造成对方财产损失的。”通过以下案例了解什么是“因故意或者重大过失造成对方财产损失”。

（2017）冀 09 民终 3770 号民事判决书写到，被告方在《招标文件》第 7. 3 项规定，“投标人获取招标文件后，应仔细检查施工图纸及招标文件的所有内容，如有残缺或工程量清单中漏项、工程数量有误、清单描述等问题应在获得招标文件 3 日内向招标人提出，否则，由此引起的损失由投标人自己承担。投标人同时应认真审阅招标文件中所有的事项、格式、条款和规范要求，若投标人的投标文件没有按照招标文件要求提交全部资料，或投标文件没有对招标文件做出实质性响应，其风险由投标人自行承担，并根据有关规定，该投标有可能被拒绝”。但根据河北省工程建设标准《建设工程工程量清单编制与计价规程》DB13（J）/T85－2009 中第 5 部分工程量清单编制 5. 0. 4 工程量清单是工程量清单计价的基础，是编制最高限价（招标控制价）或标底、投标报价、签订合同价、支付工程进度款、调整工程量、价款调整、办理竣工结算以及索赔的主要依据。第 5. 0. 2 条采用工程量清单方式招标，工程量清单必须作为招标文件的组成部分，其准确性和完整性由招标人负责。本条为强制性条款，规定招标人对编制的工程量清单的准确性和完整性负责；故作为原、被告《施工合同》组成部分的被告方出具的《招标文件》第7.3项“要求投标人对有残缺或工程量清单中漏项、工程数量有误、清单描述等问题应在获得招标文件3日内向招标人提出，否则，由此引起的损失由投标人自己承担”的规定，根据《合同法》第53条规定，对于造成对方人身伤害的或因故意或者重大过失造成对方财产损失的免责条款无效。在国家强制性标准条文明确要求招标人向投标人提供准确完整的工程量清单的情况下，如果招标人在招标文件提供不准确和完整的工程量清单并让投标人据此投标报价，且要求投标人对法律规定必须由其承担责任的免责条款属于故意或重大过失造成承包人承担损失的条款，故根据《合同法》第53条规定被告方出具的《招标文件》第7.3项应认定无效。

对于本应由发包人承担的违约责任，即便在合同中约定免责或转移风险，如果属于故意或重大过失造成承包人财产损失的条款，根据原《合同法》第53条（《民法典》第506条）的规定，该条款应被认定为无效。因此问题中约定停工半年之内不索赔，如果是因发包人原因导致的停工，进而给施工单位造成了严重的损失，这种情形下合同中即便约定了发包人的免责条款，也应该被认定为无效。总结来说，合同约定停工半年内不索赔的免责条款无效，承包人仍然可以及时索赔。

279 合同中因故意或重大过失造成对方财产损失的免责条款无效

《施工合同示范文件》中专用条款第12.1.1条规定，单价合同中综合单价包含的风险范围，执行专用合同条款第11.1款第二种方式。风险费用的计算方法：无。风险范围以外合同价格的调整方法：(1) 市场价格波动执行专用合同条款第11.1条；(2) 法律变化执行通用合同条款第11.2条；(3) 由政府定价和管理的原材料，按政府指导价；(4) 不可抗力执行通用合同条款第17.3条。以上约定是否合理?

关键词： 风险费用、免责条款

《清单计价规范》第2.0.9条规定：“风险费用是指隐含于已标价工程量清单综合单价中，用于化解发承包双方在工程合同中约定内容和范围内的市场价格波动风险的费用。”《房屋建筑和市政基础设施项目工程总承包管理办法》第15条规定："建设单位和工程总承包单位应当加强风险管理，合理分担风险。建设单位承担的风险主要包括：(一) 主要工程材料、设备、人工价格与招标时基期价相比，波动幅度超过合同约定幅度的部分；(二) 因国家法律法规政策变化引起的合同价格的变化；(三) 不可预见的地质条件造成的工程费用和工期的变化；(四) 因建设单位原因产生的工程费用和工期的变化；(五) 不可抗力造成的工程费用和工期的变化。具体风险分担内容由双方在合同中约定。鼓励建设单位和工程总承包单位运用保险手段增强防范风险能力。"

值得注意的是关于风险和责任的区分。如果建设单位改变发包人要求，对设计文件作出了较大的修改，这种情况下调整工程价款是发包人应当承担的合同义务和责任，而不属于风险。风险通常是指不可归责于合同当事人的情形导致了损失的发生。例如，《民法典》中规定的不可抗力就是典型的不可归责于合同当事人的一种风险，对于这种风险产生的损失，法律规定了相应的免责条款。比如《民法典》第 590 条规定，当事人一方因不可抗力不能履行合同的，根据不可抗力的影响，部分或者全部免除责任，但是法律另有规定的除外。因不可抗力不能履行合同的，应当及时通知对方，以减轻可能给对方造成的损失，并应当在合理期限内提供证明。不可抗力就是一种法定的免责条件。《民法典》第 591 条规定："当事人一方违约后，对方应当采取适当措施防止损失的扩大；没有采取适当措施致使损失扩大的，不得就扩大的损失请求赔偿。当事人因防止损失扩大而支出的合理费用，由违约方负担。"如果由于建设单位没有支付工程款而停工，施工单位应当及时撤走部分设备和人员，否则对扩大损失部分建设单位是可以免责的。这在学理上被称为因"债权人过错"而免责。《民法典》第 592 条规定："当事人都违反合同的，应当各自承担相应的责任。当事人一方违约造成对方损失，对方对损失的发生有过错的，可以减少相应的损失赔偿额。"这是双方存在违约和有过失情形下的免责。

另外，《民法典》第 506 条规定："合同中的下列免责条款无效：(一) 造成对方人身损害的；(二) 因故意或者重大过失造成对方财产损失的。"针对第一项，如果合同中约定对于施工现场发生的造成施工人员人身损害的事故，建设单位不承担任何责任，这一约定的免责条款是无效的。针对第二项，"因故意或者重大过失造成对方财产损失的"可以从以下几个案例来理解。

(2018) 辽 02 民终 6836 号民事判决书中写到，被告称《建设工程施工合同》中关于发包人不按时支付工程结算款应承担的违约责任约定为不采用，其不应当承担违约责任，但原告提供的合同中没有该约定，且原告提供的合同双方均盖章。被告提供的合同原告盖章处所盖公章为复印章，合同从第36页起所用纸张与第35页之前所用纸张不一致，文字大小也不同，明显不是合同原件，该合同无法证明双方签订合同时作出了被告所述的约定，故对被告的该辩解理由不予采纳。即便双方在签订合同时约定发包人不按时支付工程结算款应承担的违约责任为“不采用”，根据《中华人民共和国合同法》第53条第2项的规定，该免责条款无效，被告应当承担逾期给付工程款的利息。不及时支付工程款是发包人过错导致的承包人财产上的损失，因此该合同中的免责条款属于无效条款，不能免除发包人的赔偿责任。

（2017）冀09民终3770号民事判决书中写到，作为原、被告《施工合同》组成部分的被告方出具的《招标文件》第7.3项“要求投标人对有残缺或工程量清单中漏项、工程数量有误、清单描述等问题应在获得招标文件3日内向招标人提出，否则，由此引起的损失由投标人自己承担”的规定，根据《合同法》第53条规定，对于造成对方人身伤害的或因故意或者重大过失造成对方财产损失的免责条款无效。在国家强制性标准条文明确要求招标人向投标人提供准确完整的工程量清单的情况下，如果招标人在招标文件提供不准确和完整的工程量清单并让投标人据此投标报价，且要求投标人对法律规定必须由其承担责任的免责条款属于故意或重大过失造成承包人承担损失的条款，故根据《合同法》第53条的规定，被告方出具的《招标文件》第7.3项应认定无效。清单错、漏项的法律责任应由发包人承担，这是国家强制性标准条文的要求，并且清单错、漏项的结果是由于发包人的重大过错产生，由此导致的承包人在工程价款方面的损失不能够通过合同约定免除发包人的责任。

（2014）浙温民终字第327号民事判决书中也提到，关于被告庄明鑫、恒业监理公司抗辩其承担责任的限额问题。依照《中华人民共和国合同法》第53条“合同中的下列免责条款无效：（一）造成对方人身伤害的，（二）因故意或者重大过失造成对方财产损失的”之规定，虽然原告与被告恒业监理公司在合同中约定监理人的赔偿损失的总额不得超过收取的监理报酬总数，原告与中城公司签订的合同约定赔偿总额不超过工程总造价的3%，但其实质是不管被告的过错程度和对方损失的大小，只要在限额范围内予以赔偿，对其余损失就可以免责。因庄明鑫、恒业监理公司在本案均存在重大过失，故该免责条款应当无效，被告庄明鑫、恒业监理公司应当以原告的实际损失为限承担相应的损害赔偿责任，被告庄明鑫、恒业监理公司关于该方面的抗辩理由不能成立，不予支持。对于监理单位故意或重大过失造成的建设单位财产损失，即便合同约定了赔偿上限，也不能免除超过上限部分的赔偿责任。

另外，《民法典》第506条第2项规定的“故意”包括“直接故意”和“间接故意”，“重大过失”指的是没有尽到一个普通人的注意义务，由此造成对方财产损失的免责条款无效。

关于无效的免责条款，在建设工程领域还是应该多加关注的，在实践中可以以此为依据防止建设单位逃避其应当承担的法律责任。

280 勘察责任一般由勘察人承担，合同另有约定的除外

总包合同约定勘察资料的准确性和完整性由承包人自行复核，且风险由承包人承担。勘察资料是招标人提供的而且投标时间很短，无法进行复核。这一约定合理吗？

关键词： 勘察责任、风险承担

这个问题关于勘察责任。一般来说，勘察责任是业主的责任，不应该由承包人来承担。从法律的角度来分析，《建筑法》第56条第1句规定：“建筑工程的勘察、设计单位必须对其勘察、设计的质量负责。”《民法典》第800条规定：“勘察、设计的质量不符合要求或者未按照期限提交勘察、设计文件拖延工期，造成发包人损失的，勘察人、设计人应当继续完善勘察、设计，减收或者免收勘察、设计费并赔偿损失。”在建设单位和勘察单位之间，如果勘察质量不符合约定，应该由勘察人来承担责任。

本案中，甲方把勘察文件不准确性的责任通过合同约定转移给施工单位。《施工合同示范文本》第2.4.3条规定：“发包人应当在移交施工现场前向承包人提供施工现场及工程施工所必需的毗邻区域内供水、排水、供电、供气、供热、通信、广播电视等地下管线资料，气象和水文观测资料，地质勘察资料，相邻建筑物、构筑物和地下工程等有关基础资料，并对所提供资料的真实性、准确性和完整性负责。”提供地质资料的风险应该由建设单位来承担，这是非常公平合理的规定。现在本案中的合同约定与通常认为的公平原则发生了冲突，是否可以据

此认定合同约定无效？由于没有法律明确规定建设单位和施工单位之间应该如何分配勘察资料的风险责任，也没有相关的禁止性规定，所以本合同的约定并不能因为违反法律和行政法规的禁止性规定而无效。

《房屋建筑和市政基础设施项目工程总承包管理办法》第3条规定："本办法所称工程总承包，是指承包单位按照与建设单位签订的合同，对工程设计、采购、施工或者设计、施工等阶段实行总承包，并对工程的质量、安全、工期和造价等全面负责的工程建设组织实施方式。"这里也没有把勘察纳入总承包的范围，默认了勘察应该是建设单位的责任。所以这里的问题就在于双方约定的具体条款和法律的公平原则发生冲突应该如何处理？（2015）粤高法民终字第12号民事判决书中写道："采用工程量清单计价作为招标方式属现行招标的主要形式，鉴于建设工程清单确定的复杂性和专业性，招标人确定的工程量清单难免会出现漏项漏量的情形，招标人和投标人可以对这种漏项漏量的风险通过合同的方式进行分配。但这种漏项漏量应控制在合理范围之内，发包人和承包人在招投标过程中应本着诚信原则，尽量减少漏项漏量的发生，以维护建筑市场的正常交易秩序。发包人未履行其作为招标人编制工程量清单的审慎义务，将超过合理范围之外的漏项漏量责任全部归由承包人承担，不仅有违《建设工程工程量清单计价规范》的规定，也有违诚信原则。承包人作为专业的建筑公司，亦应审慎核实招标人编制的工程量清单，及时指出工程量清单中的漏项漏量情况，如果对于超过合理范围之外的漏项漏量未能发现和指出，不仅与其专业建筑公司的能力水平不符，也有违诚信原则。本案中，工程量清单漏项漏量达到56.55%，显然已超出了建设项目漏项漏量的合理范围，表明双方在涉案工程招标中不仅存在过错，也未遵循诚信原则参与招投标。因此，一审判令黄冈中学广州学校向广州二建公司补偿工程量清单漏项漏量差价12,306,000元，既考虑了双方的过错程度，又有利于弘扬诚信原则，本院予以维持。黄冈中学广州学校上诉主张其不应补偿工程量清单漏项漏量差价和广州二建公司上诉主张其应获得工程量清单漏项漏量的全部差价均缺乏法律依据，本院不予支持。"这份判决非常精彩的部分在于对诚信原则和当事人具体约定冲突时的分析，在当事人之间的约定与诚信原则和公平原则相违背时，法院应该主动介入来维持当事人之间的利益平衡。民法上诚信原则的意义，也包含着任何人不能以伤害他人作为自己获得利益的方式的内涵。所以本案中用合同条款推卸本应该由己方承担的责任显然是不符合诚信原则要求的。

总结来说，本案中约定勘察责任由承包人来承担并未因违反法律或行政法规的强制性规定而无效，因而只能是基于法律原则对这种明显不公平的约定进行纠偏来实现利益平衡。

八、政府行为

281 政府行为是否构成不可抗力视当事人有无在合同中作特别约定而定

某项目位于世界园艺博览会（以下简称世园会）周边，世园会开幕式及闭幕式期间，政府相关部门要求项目停工，并要求拆除部分临建，待闭幕式后重新搭建。请问，此次政府行为是否属于不可抗力？施工方可否对于以上事件造成的损失向建设单位提出经济补偿？还有庆祝中华人民共和国成立70周年期间项目停工，是否也属于不可抗力？

关键词：不可抗力、政府行为

根据《民法典》第180条第2款的规定，不可抗力是不能预见、不能避免且不能克服的客观情况。问题中的政府行为是否属于不可抗力？（2015）浙温民终字第2261号民事判决书中写道：本院认为，根据由温州市城市道路桥梁建设处、浙江锐信建设工程公司及监理单位三方确认的002号工程联系单，涉案工程系因城市建设管理体制改革，延缓施工。后因建设方未按期支付工程款，导致工程无法正常施工。虽然对该联系单进行确认的是温州市城市道路桥梁建设处，但是其系涉案工程建设主体变更之前的原建设单位，该工程联系单记载内容经其确认后，应当对之后承接工程的建设单位具有约束力。双方在合同中约定，“发包人不按合同约定支付工程款（进度款），双方又未达成延期付款协议，导致施工无法进行，承包人可停止施工，由发包人承担违约责任。”因此，温州市城市基础设施建设投资有限公司存在违约行为。对此，温州市城市基础设施建设投资有限公司以城建体制改革系政府行为，属于不可抗力为由，主张其无须承担违约责任。但是，双方已在合同中对不可抗力的外延作出约定，“不可抗力包括因战争、动乱、空中飞行物坠落或其他非发包人承包人责任造成的爆炸、火灾，以及专用条款约定的风、雨、雪、洪、震等自然灾害。”可见，除自然灾害的情形外，其他均以穷尽的方式进行列举，并不包括政府行为。而且，本案中温州市政府进行城市建设体制改革的政府行为，不具有不可预见的特征，与法律规定的不可抗力的内涵不符。同时，该改制行为亦不必然在客观上导致工程款延迟支付。因此，温州市城市基础设施建设投资有限公司以前述政府行为属于不可抗力作为抗辩理由，认为其无须承担责任的辩解，与合同约定不符，亦无法律依据，本院不予支持。可见浙江省温州市中院认为政府行为不属于不可抗力。

《上海法院民事办案要件指南》第46条规定："以发生不可抗力为由要求解除合同的，须举证证明不可抗力客观存在，并致合同目的无法实现的要件事实。不可抗力是指不能预见、不能避免并不能克服的客观情况，一般理解应包括自然灾害、战争、政府行为、社会异常现象等。如果当事人在合同中对不可抗力的范围作了约定，则应按照其特别约定考察是否构成不可抗力。"结合上述案例和通知的内容来看，政府行为是否属于不可抗力需要参考当事人在合同中的具体约定。

282 合同可以约定将政府行为纳入不可抗力的范畴

因蓝天行动及其他政府职能部门指令而暂停施工，造成工期延误，除工期顺延外，由此产生的费用损失（含租赁材料、租赁设备的租赁费），是由发包人承担，还是由承包人承担，或采取其他方式分摊？

所谓蓝天行动就是风土行动，现在各地都在采取扬尘治理的管控措施。政府在下发这类指令时一般不会发布红头文件，而是建个微信群直接在群里通知各个项目经理什么时候开始一律停工。这种政府要求的停工是否属于不可抗力？造成的损失又应该由谁承担？

关键词： 不可抗力、政府行为

在合同履行过程中，承包人应该采取合理措施保护施工现场的环境，包括施工过程中可能引起的大气、水、噪声及固体废弃物的污染等，施工单位应该采取具体可行的保护措施，这是施工单位的义务。如果是施工单位没有完成好施工组织设计中关于环境保护的具体措施，则应该自行承担因环境污染导致的侵权损害赔偿责任，同时因环境污染引起纠纷导致暂停施工的，由此增加的费用和延误的工期也应该由承包人承担。

关于针对不特定对象的政府行为，在实践中，对于是否应该将其认定为不可抗力存在一些争议。如果当事人在合同中明确约定将政府行为纳入不可抗力的范围，显然这个问题在个案中是能够予以明确的。但如果合同中没有约定，不同法院的判决中可能存在不同的观点，实务中可以根据自己的需要选择有利的判决支持己方的观点。政府行为导致一方违约时一般很容易误用《民法典》第593条的规定："当事人一方因第三人的原因造成违约的，应当依法向对方承担违约责任。当事人一方和第三人之间的纠纷，依照法律规定或者按照约定处理。"政府行为并不能理解为是导致施工单位违约的第三人过错，如果认定施工单位违约，在施工单位赔偿建设单位的损失以后，肯定不能再向政府主张进一步赔偿，因此对于这一条款的理解和适用应该更准确。"第三人"指的是与合同当事人存在紧密协助义务关系的第三人，而不是没有任何关联的第三人。比如买卖合同履约过程中发生车祸，导致买受人没能及时拿到货物损失200万元，显然这200万元不能要求造成车祸的第三人再来承担，否则对第三人的要求太过苛刻。因此，《民法典》第593条中的"第三人"应该指的是对合同履行具有一定协助义务的第三人。

如果在合同中约定政府行为为不可抗力，关于不可抗力导致的损失分担，《民法典》第590条第1款规定："当事人一方因不可抗力不能履行合同的，根据不可抗力的影响，部分或者全部免除责任，但是法律另有规定的除外。因不可抗力不能履行合同的，应当及时通知对方，以减轻可能给对方造成的损失，并应当在合理期限内提供证明。"根据《施工合同示范文本》第17.3.2条的规定，因不可抗力影响承包人履行合同约定的义务，已经引起或将引起工期延误的，应当顺延工期，由此导致承包人停工的费用损失由发包人和承包人合理分担，停工期间必须支付的工人工资由发包人承担。《清单计价规范》中关于不可抗力风险分担的规定与这里的"合理分担"有所不同，《清单计价规范》中规定发包人和承包人各自损失的后果由各自承担。

九、不可抗力

283 临时设施所有权归施工人，发生不可抗力时风险由其承担

2019年夏天受台风影响，基坑以及总包的一些临时建筑和部分设备受到损坏，保险公司现场勘查后予以理赔。2020年，总包方和基坑单位向甲方进行索

赔，甲方是否应当赔偿其损失？甲方能否以超过索赔期限不予赔偿？工程一切险为甲方购买，受益人也为甲方，公估公司勘验时总包提供现场协助，总包方还向保险公司提交了书面材料。甲方与总包方签订的是2017版《施工合同示范文本》，通用条款采用模板条款，专用条款对不可抗力未作其他约定。

关键词：临时设施、风险承担

在这个问题中有三个关键：一是不可抗力如何分担风险；二是保险理赔，应该由谁来赔给谁；三是保险款能否分割。首先关于不可抗力的部分，应当明确的一点是，总包单位和基坑单位在现场做的临时建筑和运来的设备应该属于总包所有。《建筑安装工程费用项目组成（按造价形成划分）》中提到，措施项目费是指为完成建设工程施工，发生于该工程施工前和施工过程中的技术、生活、安全、环境保护等方面的费用。内容包括安全文明施工费等。其中安全文明施工费又包括环境保护费、文明施工费、安全施工费、临时设施费。临时设施费是指施工企业为进行建设工程施工所必须搭设的生活和生产用的临时建筑物、构筑物等。总包单位进入现场后搭建的临时板房等，并不构成永久工程，还是归属于施工单位的。当然如果是永久工程，显然应当属于甲方所有。

《施工合同示范文本》第1.1.3.8条对“临时设施”进行了定义，是指为完成合同约定的各项工作所服务的临时性生产和生活设施。第8.8.1条关于承包人提供的施工设备和临时设施规定，承包人应按合同进度计划的要求，及时配置施工设备和修建临时设施。所谓施工设备也就是脚手架和塔吊等一些施工用的大型生产型工具，施工单位提供的在现场的施工设备和临时设施的所有权都属于施工单位。施工单位也会把所修建的临时板房，在工程结束之后周转出去用到其他项目中。但比如现场的电梯如果是甲方买来用于项目建成之后生产的，显然该生产设备属于甲方所有。根据《施工合同示范文本》第8.8.1条的规定，除专用合同条款另有约定外，承包人应自行承担修建临时设施的费用，需要临时占地的，应由发包人办理申请手续并承担相应费用。第8.9条关于材料与设备专用要求规定：“承包人运入施工现场的材料、工程设备、施工设备以及在施工场地建设的临时设施，包括备品备件、安装工具与资料，必须专用于工程。未经发包人批准，承包人不得运出施工现场或挪作他用；经发包人批准，承包人可以根据施工进度计划撤走闲置的施工设备和其他物品。”也就是说，现场的施工设施、临时设施和施工设备是有专用要求的，虽然属于施工单位所有，但是必须用于现场。

从所有权的角度来看，临时建筑和部分设备属于基坑单位和总包单位所有，那么关于不可抗力造成损失的风险承担，根据《施工合同示范文本》第 17.3.2 条的规定，简单概括就是，根据所有权的归属，谁所有的物品就由谁来承担风险。比如永久工程、已运至施工现场的材料和工程设备等属于甲方所有，其受损的损失应该由甲方承担；像承包人所有的施工设备的损坏就应该由承包人承担损失。本案例中现场的临时设施费用应该由承包人承担，基坑单位和总包单位对这一部分临时的建筑以及部分设备的毁坏，也应该自行承担设备毁坏的损失。所以，基于不可抗力的相关规定，总包和基坑单位是不能向甲方进行索赔的，甲方更无须以索赔期限为由拒绝赔偿。

再来看关于工程一切险的规定。《施工合同示范文本》第 18.1 条规定："除专用合同条款另有约定外，发包人应投保建筑工程一切险或安装工程一切险；发包人委托承包人投保的，因投保产生的保险费和其他相关费用由发包人承担。"也就是说，除专用条款另有约定外，原则上发包人的投保，也都是由发包人来享有保险利益的。如果双方对于现场的设备都有各自的保险利益，那么可以双方各自买保险或者双方作为共同投保人和被保险人来投保，实践中也有很多保险合同明确约定由双方共同享受保险利益的例子。本案中保险公司勘察现场后已经予以理赔，这里能了解的情况有限，并不能判断保险公司理赔的范围是多少，所以这笔款项具体应该给谁还需要基于保险合同的约定来最终决定。至于甲方拿到保险款后能否分割以及如何分割保险款，也要看双方对于保险的内容是如何约定的。如果所有设备还有临时设施的损失都由基坑单位和总包单位承担，那么甲方用别人的所有物获得的保险利益，会存在不当得利的风险。

所以解决这个问题的关键在于厘清分析的思路，首先考虑的是临时建筑的所有权归属，再基于所有权考虑不可抗力情形下的设备损失承担问题。另外关于保险的理赔，应该根据保险合同的被保险人分析保险款的最终分配。如果工程一切险中明确了施工单位是被保险人，那么施工单位也应该拥有获得部分保险赔偿款的权利。

284 因不可抗力导致工期顺延的停工损失应由双方合理分担

基础打桩施工，由于甲方原因工期滞后 1 个月，甲方同意承担费用和工期顺延。紧接着由于新冠肺炎疫情的原因，又停工 4 个月，甲方只同意工期顺延，租赁进场设备费用施工方自己承担。施工方不同意，提出因为前期甲方原因工期的滞后才造成工程没有完成，否则在疫情之前就如期完成，不会产生疫情期间的设备租赁费。请问疫情期间进场设备租赁费该由谁承担？

关键词：不可抗力、风险承担

关于不可抗力情形下的风险承担，有一个非常关键的所有者原则，即财产的所有者是谁，损失就由谁来承担。《施工合同示范文本》第 17.3.2 条规定：“不可抗力导致的人员伤亡、财产损失、费用增加和（或）工期延误等后果，由合同当事人按以下原则承担：（1）永久工程、已运至施工现场的材料和工程设备的损坏，以及因工程损坏造成的第三人人员伤亡和财产损失由发包人承担；（2）承包人施工设备的损坏由承包人承担；（3）发包人和承包人承担各自人员伤亡和财产的损失；（4）因不可抗力影响承包人履行合同约定的义务，已经引起或将引起工期延误的，应当顺延工期，由此导致承包人停工的费用损失由发包人和承包人合理分担，停工期间必须支付的工人工资由发包人承担……”可见，因不可抗力导致工期顺延的停工损失应由双方合理分担。显然案例中租赁进场的设备也属于停窝工损失，是应该由双方共同合理分担的部分。

现在的问题在于，甲方原因导致的工期延至疫情期间造成的停窝工损失，是否应该全部由甲方承担？根据《清单计价规范》第 9.8.3 条的规定，发生合同工程工期延误的，应按照下列规定确定合同履行期的价格调整：因非承包人原因导致工期延误的，计划进度日期后续工程的价格，应采用计划进度日期与实际进度日期两者的较高者作为合同履行期的价格。这个条款其实体现的是违约者不受益的原则。《施工合同示范文本》第 19.1 条关于承包人的索赔规定，根据合同约定，承包人认为有权得到追加付款和（或）延长工期的，应在知道或应当知道索赔事件发生后 28 天内，向监理人递交索赔意向通知书，并说明发生索赔事件的事由；承包人未在前述 28 天内发出索赔意向通知书的，丧失要求追加付款和（或）延长工期的权利。《建设工程司法解释一》第 10 条第 2 款规定：“当事人约定承包人未在约定期限内提出工期顺延申请视为工期不顺延的，按照约定处理，但发包人在约定期限后同意工期顺延或者承包人提出合理抗辩的除外。”可知，关于工期和索赔部分，承包人需要承担的风险相对较大。

本案例中不可抗力的损失究竟应该如何分担？《民法典》第 590 条第 2 款规定：“当事人迟延履行后发生不可抗力的，不免除其违约责任。”这里的重点在于违约责任，本案中虽然发包人存在一定的违约行为，但这种违约行为产生的后果是合同订立时难以预见的。因此，基于公平原则，最终应该由双方合理地分担损失。法院在案件审理的过程中，很多时候都会考虑如何进行利益衡量。综合来看，关于本案件，法院的判决结果，应该是由双方当事人共同、合理分担损失。

285 发生不可抗力时，双方都应采取措施避免损失扩大

2017 版《施工合同示范文本》第 17.3 条规定，“不可抗力发生后，合同当事人均应采取措施尽量避免和减少损失的扩大，任何一方当事人没有采取有效措施导致损失扩大的，应对扩大的损失承担责任。”

问题：(1) 其中，“尽量”到底是指什么程度？(2) 因“合同当事人均应”，那么施工单位“采取措施尽量避免和减少损失”的费用由谁承担？

关键词：法律解释

第一个问题中的“尽量”其实是一个“不确定法律概念”，这个问题的关键在于明确“不确定法律概念”。在我国这样的成文法国家，用文字固定下来的法律文本是有其固有局限性的。由于语言无法穷尽全部的范围，因此成文法中不可避免地存有漏洞或者语言表述相对模糊的地方。像“尽量”“合理”这类较为宽泛的表述，比较常见的一种明确其含义的方法就是借助法律解释，比如最高院的司法解释。《民法典》第 496 条第 2 款（原《合同法》第 39 条）规定：“采用格式条款订立合同的，提供格式条款的一方应当遵循公平原则确定当事人之间的权利和义务，并采取合理的方式提请对方注意免除或者限制其责任的条款，按照对方的要求，对该条款予以说明。”对于条文中“合理的方式”，最高院《关于适用〈中华人民共和国合同法〉若干问题的解释（二）》（现已废止）第 6 条第 1 款规定：“提供格式条款的一方对格式条款中免除或者限制其责任的内容，在合同订立时采用足以引起对方注意的文字、符号、字体等特别标识，并按照对方的要求对该格式条款予以说明的，人民法院应当认定符合合同法第三十九条所称‘采取合理的方式’。”另外，《民法典》第 563 条（原《合同法》第 94 条）规定：“有下列情形之一的，当事人可以解除合同：……（三）当事人一方迟延履行主要债务，经催告后在合理期限内仍未履行……”《最高人民法院关于审理技

术合同纠纷案件适用法律若干问题的解释》第15条第1款规定："技术合同当事人一方迟延履行主要债务，经催告后在30日内仍未履行，另一方依据合同法第九十四条第（三）项的规定主张解除合同的，人民法院应当予以支持。"这是一种常见的通过司法解释的方式明确"不确定的法律概念"。

法律规定当发生不可抗力之后，当事人应该采取措施尽量避免和减少损失的扩大，任何一方当事人没有采取有效措施导致损失扩大的，应对扩大的损失承担责任。(2019）最高法民申3542号民事判决书中写道：当发包方违约后，承包方亦应根据减损原则，对施工现场可能发生的材料损耗、人工费用、设备租赁支出等采取必要措施，防止停工窝工损失扩大。承包方没有采取适当措施致使损失扩大的，不得就扩大的损失要求赔偿。原审法院认为，在案涉合同已经解除，河南建设公司完成施工现场清理清点，且另案已认定该公司相应期间的停工损失后，河南建设公司再次主张后续停工损失，系该公司未采取适当措施防止而发生的损失，不予支持，并无不当，亦较为公允。所以当一方违约后，另一方当事人应当及时采取措施避免损失继续扩大，否则对于扩大的损失不能主张赔偿。

286 因不可抗力不能履行合同的，承包人应采取合理措施减少损失

根据贵州省相关文件规定，需将防疫成本计入工程价款；疫情按不可抗力合同条款约定，因不可抗力影响工期延误的，应当顺延工期，由此导致承包人停工的费用损失由发包人和承包人合理分担，停工期间必须支付的工人工资由发包人承担。

问题：(1）停工期间必须支付的工人工资，请问工人的范围是指项目所有管理人员工资还是指停工期间工程照管人员工资？(2）停工的费用损失由发包人和承包人合理分担，分担内容具体是什么？周转材料租赁费、机械设备停置费、降效施工增加费等都应该如何分担？

关键词：不可抗力、风险承担

关于第一个问题，停工期间必须支付的工人工资是工程照管人员的工资，还是所有管理人员的工资？通常情况下，不可抗力的风险所导致的损失应该按照"所有者原则"承担。《施工合同示范文本》第17.3.2条规定："不可抗力导致

的人员伤亡、财产损失、费用增加和（或）工期延误等后果，由合同当事人按以下原则承担：(1) 永久工程、已运至施工现场的材料和工程设备的损坏，以及因工程损坏造成的第三人人员伤亡和财产损失由发包人承担；(2) 承包人施工设备的损坏由承包人承担；(3) 发包人和承包人承担各自人员伤亡和财产的损失；(4) 因不可抗力影响承包人履行合同约定的义务，已经引起或将引起工期延误的，应当顺延工期，由此导致承包人停工的费用损失由发包人和承包人合理分担，停工期间必须支付的工人工资由发包人承担；(5) 因不可抗力引起或将引起工期延误，发包人要求赶工的，由此增加的赶工费用由发包人承担；(6) 承包人在停工期间按照发包人要求照管、清理和修复工程的费用由发包人承担。不可抗力发生后，合同当事人均应采取措施尽量避免和减少损失的扩大，任何一方当事人没有采取有效措施导致损失扩大的，应对扩大的损失承担责任。因合同一方迟延履行合同义务，在迟延履行期间遭遇不可抗力的，不免除其违约责任。"其中第（4）项规定"必须支付的工人工资由发包人承担"。

另外，《清单计价规范》第 9. 10. 1 条规定："因不可抗力事件导致的人员伤亡、财产损失及其费用增加，发承包双方应按下列原则分别承担并调整合同价款和工期：1. 合同工程本身的损害、因工程损害导致第三方人员伤亡和财产损失以及运至施工场地用于施工的材料和待安装的设备的损害，应由发包人承担；2. 发包人、承包人人员伤亡应由其所在单位负责，并应承担相应费用；3. 承包人的施工机械设备损坏及停工损失，应由承包人承担；4. 停工期间，承包人应发包人要求留在施工场地的必要的管理人员及保卫人员的费用应由发包人承担；5. 工程所需清理、修复费用，应由发包人承担。"

《民法典》第 590 条规定："当事人一方因不可抗力不能履行合同的，根据不可抗力的影响，部分或者全部免除责任，但是法律另有规定的除外。因不可抗力不能履行合同的，应当及时通知对方，以减轻可能给对方造成的损失，并应当在合理期限内提供证明。当事人迟延履行后发生不可抗力的，不免除其违约责任。"第 591 条规定："当事人一方违约后，对方应当采取适当措施防止损失的扩大；没有采取适当措施致使损失扩大的，不得就扩大的损失请求赔偿。当事人因防止损失扩大而支出的合理费用，由违约方负担。"

结合《施工合同示范文本》第 17. 3. 2 条第（4）项"停工期间必须支付的工人工资由发包人承担"，再根据《民法典》第 590 条及第 591 条关于不可抗力的责任分担及减损规则，在不可抗力事项发生后，留在现场的承包方工作人员应该控制在必要的最小限度内。本着这样的原则来判断问题中应当支付的工人工资的范围，应该是留在现场的必要的工作人员，当然也包括照管工程的工作人员和现场的管理人员。

第二个问题“停工的费用损失由发包人和承包人合理分担”中，应该由双方“合理分担”的损失范围如何界定？《施工合同示范文本》第 17.3.2 条第（4）项规定“导致承包人停工的费用损失由发包人和承包人合理分担”；《清单计价规范》第 9.10.1 条规定“承包人的施工机械设备损坏及停工损失，应由承包人承担”。两个文件中关于停工期间周转材料租赁费、机械设备停置费、降效施工增加费的承担主体约定是有差异的，但依据民法中关于不可抗力风险承担的原则，建设单位对属于自己的工程和设备损失承担损毁的风险，因此对于周转材料和设备等属于施工单位所有物的损失应该由施工单位承担。

287 承包人自行放弃部分承包内容应承担违约责任

承包方因疫情原因放弃了一部分承包内容，这部分内容经甲方同意已经由其他施工队施工完毕。请问，承包方放弃的这部分施工内容需要重新组价吗？还是继续使用中标单价即可？

关键词：合同变更

疫情属于不可抗力是没有争议的。根据《民法典》第 180 条的规定，因不可抗力不能履行民事义务的，不承担民事责任。如果没有疫情，施工单位直接表明不履行合同义务，应该承担违约责任。现在因为疫情不能履行合同的义务，基于不可抗力不履行合同义务是没有问题的，但疫情过后仍然具备条件的应该继续履行合同义务。这个案子的特殊之处在于，甲方同意承包方放弃部分承包内容，双方协商一致后也变更了合同，在这种情况下，如何扣除承包人不做部分的价格？比如原来承包方做这部分工作是 100 万元，现在甲方交给其他人来做需要 120 万元，这时甲方应该扣除承包人 100 万元还是 120 万元的工程款？

第一种情况也就是案例中的情形，双方达成一致意见同意取消部分工作，这显然构成了合同的变更。既然是变更就可以采变更估价三原则，其中第一个原则就是有相同按相同来认定，所以取消部分工作应该按照双方约定的价格进行调整，这时甲方应该扣除的价款是合同原价。第二种情况是施工单位单方取消部分工作，甲方要求施工单位继续履行，根据《民法典》第584条的规定，当事人一方不履行合同义务或者履行合同义务不符合约定，造成对方损失的，损失赔偿额应当相当于因违约所造成的损失，包括合同履行后可以获得的利益；但是，不得超过违约一方订立合同时预见到或者应当预见到的因违约可能造成的损失。所以施工单位违约的，甲方可以主张预期可得利益的损失。未来100万元就可以完成的工作，由于施工方的违约需要120万元才能完成，多出的20万元差额应该由违约方来承担，这里新的结算价减去原来中标的合同价，就属于合同履行后可以获得的利益。当然如果没有新的施工人加入，也可以考虑用定额价减去原来的合同价。也就是说，如果承包人违约导致合同未完成，可以用未完成部分的定额价和原合同价进行比较，这对发包人来说也是比较公平的。所以承包人放弃部分承包内容后，甲方如何扣减价款，要区分减少工作的原因是一方违约导致还是双方协商一致的结果。

还有一个问题，原承包人放弃部分工作后，新承包该部分工作的承包人能否直接适用原合同价款约定？显然不可以。根据《民法典》第465条第2款的规定，依法成立的合同，仅对当事人具有法律约束力，所以原承包合同的价款对新承包人没有法律约束力，甲方和新承包人之间的合同价款应该另行计价。

第十六章 Chapter 16 造价鉴定

一、鉴定机构

288 从事工程造价司法鉴定，必须取得工程造价咨询资质

在一个建筑工程施工合同纠纷案件中，原告作为实际施工人提出工程造价鉴定，法院通过摇号确定了一家鉴定机构进行评估，结果出具的是《价格评估结论书》。建设单位提出异议，认为根据《建设工程司法解释二》《建设工程造价鉴定规范》的规定，应当进行工程造价鉴定，而不是价格评估，该《价格评估结论书》依法不能作为本案的定案依据。但该鉴定机构回复“工程造价鉴定可以由从事工程造价鉴定的工程造价咨询企业进行鉴定，但不是只有该类公司才能进行工程造价鉴定，且其也具备从事工程造价鉴定的资质”，而且其系由法院摇号选定的，合法有效。请问，申请人申请的是工程造价鉴定，而法院选定的鉴定机构出具的却是《价格评估结论书》，法院至今仍未给出明确答复。如何处理为妥？

关键词：司法鉴定

建设部办公厅《关于对工程造价司法鉴定有关问题的复函》中写明：“一、从事工程造价司法鉴定，必须取得工程造价咨询资质，并在其资质许可范围内从事工程造价咨询活动。工程造价成果文件，应当由造价工程师签字，加盖执业专用章和单位公章后有效。二、从事工程造价司法鉴定的人员，必须具备注册造价工程师执业资格，并只得在其注册的机构从事工程造价司法鉴定工作，否则不具有在该机构的工程造价成果文件上签字的权力。”在实践中，确实也有很多地方委托价格评估机构做造价鉴定，法院也认可这种评估得出的结论。

根据最高院《关于人民法院民事诉讼中委托鉴定审查工作若干问题的规定》的规定，人民法院选择鉴定机构，应当根据法律、司法解释等规定，审查鉴定机构的资质、执业范围等事项。人民法院委托鉴定机构指定鉴定人的，应当严格依照法律、司法解释等规定，对鉴定人的专业能力、从业经验、业内评价、执业范围、鉴定资格、资质证书有效期以及是否有依法回避的情形等进行审查。鉴定机构、鉴定人超范围鉴定、虚假鉴定、无正当理由拖延鉴定、拒不出庭作证、违规收费以及有其他违法违规情形的，人民法院可以根据情节轻重，对鉴定机构、鉴定人予以暂停委托、责令退还鉴定费用、从人民法院委托鉴定专业机构、专业人员备选名单中除名等惩戒，并向行政主管部门或者行业协会发出司法建议。鉴定机构、鉴定人存在违法犯罪情形的，人民法院应当将有关线索材料移送公安、检察机关处理。人民法院建立鉴定人黑名单制度。鉴定机构、鉴定人有前款情形的，可列入鉴定人黑名单。鉴定机构、鉴定人被列入黑名单期间，不得进入人民法院委托鉴定专业机构、专业人员备选名单和相关信息平台。

某地一鉴定机构，在做鉴定时不认真负责，导致最终的鉴定结论也没有足够充分的依据，法院向行政主管部门发送了司法建议，该建议给到当地的建设部门，最终责令该鉴定机构退回了鉴定费用，对该鉴定机构的声誉也产生了很大影响。可见，当前的司法环境对鉴定机构的要求也是越来越严格，从事司法鉴定的人员应该认真负责。

289 鉴定机构应区分法院审判和鉴定人员鉴定

某项目有2000米市政排水管线，施工单位（分包）做了190米砼包封，但无有效签证，只有递交签证单给总包单位的签收单及总包单位与建设单位的工作联系单（工作联系单只有建设单位签字无盖章）。司法鉴定中鉴定单位予以计量工程造价是否正确？

关键词：鉴定机构、签证

这是一个关于签证的问题。无论是以什么名义做的签证文件，其性质无非就两种，一种是证据，一种是补充协议。作为证据的签证，主要分析其是否具有证明力以及证明力的大小如何；作为补充协议的签证，则主要分析其是否具有合同效力。

《建设工程司法解释一》第10条规定："当事人约定顺延工期应当经发包人或者监理人签证等方式确认，承包人虽未取得工期顺延的确认，但能够证明在合同约定的期限内向发包人或者监理人申请过工期顺延且顺延事由符合合同约定，承包人以此为由主张工期顺延的，人民法院应予支持。"根据民法类推适用的规则，即使发包人或监理人没有对签证的内容予以确认，但如果承包人能够证明提交过签证且签证内容属实，法院也会认可签证内容的有效性，进而将其作为结算的依据之一。民事诉讼中要求的证据证明力只需达到高度盖然性的标准即可，即使签证从形式上看并不具有完备性，但如果其内容能够和其他的证据相互佐证形成完整的证据链，则该签证所反映的事实也会被法院所采纳。

对于鉴定机构来说，如果鉴定中遇到存在异议的签收单，根据《造价鉴定规范》第2.0.13条的规定，鉴定依据是指鉴定项目适用的法律、法规、规章、专业标准规范、计价依据；当事人提交经过质证并经委托人认定或当事人一致认可后用作鉴定的证据。第4.4.1条规定："鉴定过程中，鉴定人可根据鉴定需要提请委托人通知当事人补充证据，对委托人组织质证并认定的补充证据，鉴定人可直接作为鉴定依据；对委托人转交，但未经质证的证据，鉴定人应提请委托人组织质证并确认证据的证明力。"鉴定机构应当将判断签证有效性的问题交由法院决定，或者在鉴定意见中将该签证的内容作为争议项向法院表明。

《造价鉴定规范》第4.7.3条规定："当事人对证据的真实性提出异议，或证据本身彼此矛盾，鉴定人应及时提请委托人认定并按照委托人认定的证据作为鉴定依据。如委托人未及时认定，或认为需要鉴定人按照争议的证据出具多种鉴定意见的，鉴定人应在征求当事人对于有争议的证据的意见并书面记录后，将该部分有争议的证据分别鉴定并将鉴定意见单列，供委托人判断使用。"第4.7.4条规定："当事人对证据的异议，鉴定人认为可以通过现场勘验解决的，应提请委托人组织现场勘验。"可惜，实践中很多的鉴定流程与案件的审判流程是相互割裂的，在简单地进行法庭质证之后，法院就把当事人的鉴定申请交由法院的技术处处理，由技术处进行摇号委托选中的鉴定机构进行鉴定。由于鉴定机构无法从审判庭或技术处获知完整的质证情况，其作为鉴定依据的材料往往具有极大的不确定性，加上鉴定机构本身不具有组织质证的权力和能力，其鉴定意见的可靠性也存在很大的问题。实践中在建设工程类案件里，律师和当事人应当注重对司法鉴定过程的把控，在鉴定过程中也要确保鉴定依据符合证据的真实性、合法性、关联性，鉴定的流程合理等。

关于鉴定资料的质证，《建设工程司法解释一》第 34 条规定：“人民法院应当组织当事人对鉴定意见进行质证。鉴定人将当事人有争议且未经质证的材料作为鉴定依据的，人民法院应当组织当事人就该部分材料进行质证。经质证认为不能作为鉴定依据的，根据该材料作出的鉴定意见不得作为认定案件事实的依据。”

总结来说，鉴定机构应该注意区分人民法院审判权和鉴定人员运用科学技术或专业知识鉴定事实的不同。本案中的签证本身虽然不具有完备的形式要素，但其作为证据来说符合法律规定的真实性、关联性和合法性的，因此可以作为证据使用。鉴定机构在面临这类问题时不应该自行判断，而应及时提交法院由法院决定并根据法院的判断决定能否作为鉴定依据。

二、共同委托

290 双方共同委托鉴定，一方当事人可以申请重新鉴定，有单独约定的除外

双方约定由第三方鉴定工程造价，不得反悔。价格出来后，承包方认为与其实际施工的成本差距太大，可以反悔吗？第三方鉴定报告可以被推翻吗？

关键词：司法鉴定

《建设工程司法解释一》第30条规定：“当事人在诉讼前共同委托有关机构、人员对建设工程造价出具咨询意见，诉讼中一方当事人不认可该咨询意见申请鉴定的，人民法院应予准许，但双方当事人明确表示受该咨询意见约束的除外。”如果是单方委托造价咨询机构出具的结算意见，对方当然可以不认可。如果是双方共同委托出的结算报告，一方当事人不认可申请重新鉴定的，法院也应当准许。一般来说，造价咨询机构出具的结算文件属于承揽合同关系中产生的成果，所以即使当事人不认可该成果，法院也应该重新鉴定。但第 30 条也规定了，双方当事人明确表示受该咨询意见约束的除外。这个案例中当事人的表现就很直白，约定接受第三方的鉴定结果，不得反悔。这其实就是明确地表示，即使事后有一方当事人不认可鉴定结果，也应该受事前约定的约束。

关于明确表示的含义，（2019）最高法民终956号民事裁定书中写道：根据《最高人民法院关于审理建设工程施工合同纠纷案件适用法律问题的解释（二）》第13条的规定："当事人在诉讼前共同委托有关机构、人员对建设工程造价出具咨询意见，诉讼中一方当事人不认可该咨询意见申请鉴定的，人民法院应予准许，但双方当事人明确表示受该咨询意见约束的除外。"本案一审审理过程中，许荣明已明确提出对工程价款、材料设备损失及停窝工损失进行司法鉴定的申请，但一审法院未予准许。一审法院依据建设管理中心单方委托新疆驰远天合工程造价咨询有限公司作出的新驰天价字〔2015〕361号土建工程的工程结算审查书，新驰天价字〔2015〕454号钢结构工程结算审查书、新驰天价字〔2015〕454号钢结构（签证变更部分）工程结算审查书确认已完工工程造价。上述三份工程结算审查书并未经许荣明确认，许荣明亦未曾表示其愿意受上述工程结算审查书约束。一审法院以"鉴定过程中由建设管理中心、中关村建设公司与许荣明共同参与审价机构的工程结算审核工作的事实。"推定上述工程结算审查书体现了建设管理中心、中关村建设公司、许荣明共同意思表示，对许荣明的司法鉴定申请不予准许，显然与司法解释规定不符。所以"明确表示"，至少应该有白纸黑字证明或者清楚明白地表述出来。一审法院推定得出当事人表示接受鉴定结果的结论，理应基于更为严谨的法律逻辑，比如《民法典》第544条规定："当事人对合同变更的内容约定不明确的，推定为未变更。"也就是说，只要当事人对合同变更的内容约定不明确，就可以认为合同未发生变更。这里的逻辑关系是只要A成立，B就一定成立，这样从A到B的过程才是正确的推定。

所以这个问题中，既然双方事前已经明确约定好了对第三方出具的结果不得反悔，显然就不能再推翻第三方出具的鉴定报告。

291 承包人对自己主张的建设工程价款承担举证责任

因发包人不结算，承包人在一审诉前单方委托鉴定机作出鉴定报告，发包人在一审明确放弃申请重新鉴定，主张以双方签证计价表为结算依据，但其提交的计价表，双方负责人都标注"暂计"，且有漏项，计价表与承包人提交签证原件记载也对应不上，一审法院依据单方委托鉴定报告作出判决，发包人上诉。根据最高院《关于民事诉讼证据的若干规定》第41条规定，应该由发包人申请重新鉴定。二审法院认为承包人负有在一审时申请鉴定的义务，将案件发回，请问这样做对吗？

关键词：司法鉴定、举证责任

最高院《关于民事诉讼证据的若干规定》第41条规定："对于一方当事人就专门性问题自行委托有关机构或者人员出具的意见，另一方当事人有证据或者理由足以反驳并申请鉴定的，人民法院应予准许。"提问者通过这个条款推论出鉴定的举证责任应由发包人承担，在承包人自行委托鉴定的情况下，如果对方不申请重新鉴定，应该承担不利的举证后果。2001版最高院《关于民事诉讼证据的若干规定》第28条规定："一方当事人自行委托有关部门作出的鉴定结论，另一方当事人有证据足以反驳并申请重新鉴定的，人民法院应予准许。"2019年修订的《关于民事诉讼证据的若干规定》将"鉴定结论"改成了"鉴定意见"，即一方当事人自行委托有关机构或人员针对专门问题出具的鉴定结果只能视为是一方提供的鉴定意见，另一方当事人有证据或理由足以反驳并申请鉴定的，人民法院应予准许。这里准许的是另一方当事人可以申请鉴定的权利，但并不意味着另一方当事人不申请鉴定时，单方委托鉴定出具的鉴定意见就可以作为定案依据。

在主张建设工程价款的案件中，承包人对涉案工程价款的数额应承担举证责任。本案一审时发包人提交了自行制作的汇总表，承包人没有按照约定提交结算资料，也不能够和建设单位就工程造价达成一致意见，因此应该由承包人向法院申请委托鉴定。最高院《关于民事诉讼证据的若干规定》第41条并不能推导出承包人单方委托的鉴定结果就是有效的。《最高人民法院新民事诉讼证据规定理解与适用》一书中也提到，如果反驳证据和理由充分，当事人自行委托形成的意见存在问题，那该专业意见作为证据的效力将被削弱，在提出意见的一方为负举证责任之人的情况下，反驳该意见的一方则无须再行申请法院进行鉴定，因为此时提出专业意见的一方，尚未尽到其举证之责，或者说其主张的事实尚未得到证明。当然，若此时反驳的一方负举证责任，其反驳成功后，仍然要举证证明其事实主张，为此，就有必要申请法院委托鉴定。《建设工程司法解释一》第32条规定："当事人对工程造价、质量、修复费用等专门性问题有争议，人民法院认为需要鉴定的，应当向负有举证责任的当事人释明。当事人经释明未申请鉴定，虽申请鉴定但未支付鉴定费用或者拒不提供相关材料的，应当承担举证不能的法律后果。一审诉讼中负有举证责任的当事人未申请鉴定，虽申请鉴定但未支付鉴定费用或者拒不提供相关材料，二审诉讼中申请鉴定，人民法院认为确有必要的，应当依照民事诉讼法第一百七十条第一款第三项的规定处理。”也就是说，如果负有举证责任的当事人在一审中未申请鉴定，二审法院应该发回重审。本案当事人在二审中仍然坚持以自己单方的鉴定意见来结算，显然法院不会轻易作出认定。最后法院应该将案件发回重审，承包人需要鉴定的，应该重新申请一审法院委托鉴定。

三、鉴定申请

292 工程造价鉴定既有量的鉴定也有价的鉴定

装修工程可以同时申请装修工程量和工程造价鉴定吗？

关键词：造价鉴定

工程造价的鉴定既有工程量的鉴定也有价的鉴定。工程造价鉴定的结论意见，是按照分部分项工程费、措施项目费、其他项目费、规费、税金价格这样的逻辑做出的，而且一般是按照《清单计价规范》所规定的项目编码、项目名称、项目特征、项目数量、项目单价还有单位这些基本规则进行编排。所以只要进行了工程造价的鉴定，结论中一定会有工程量的内容。至于要单独申请工程量的鉴定，这里推测是因为出现了《建设工程司法解释一》第 19 条第 2 款规定的情形，即因设计变更导致建设工程的工程量或者质量标准发生变化，当事人对该部分工程价款不能协商一致的，可以参照签订建设工程施工合同时当地建设行政主管部门发布的计价方法或者计价标准结算工程价款。也就是因为设计变更导致双方对工程量产生了争议。一般来说法院不会单独出一个对工程量的鉴定。根据《建设工程司法解释一》第 20 条的规定，当事人对工程量有争议的，按照施工过程中形成的签证等书面文件确认。承包人能够证明发包人同意其施工，但未能提供签证文件证明工程量发生的，可以按照当事人提供的其他证据确认实际发生的工程量。所以如果对综合单价非常明确，仅仅出现了工程量的争议，可以依据《建设工程司法解释一》第 31 条的规定，当事人对部分案件事实有争议的，仅对有争议的事实进行鉴定。

但在实务中，并不是当事人申请鉴定什么，法院就一定会允许。《建设工程司法解释一》第 33 条规定："人民法院准许当事人的鉴定申请后，应当根据当事人申请及查明案件事实的需要，确定委托鉴定的事项、范围、鉴定期限等，并组织当事人对争议的鉴定材料进行质证。"所以，法院交给造价鉴定机构的委托书中的内容范围，最终是由法院来决定的。法院的技术中心会把当事人的申请鉴定的全部内容照搬到委托书当中，也有很多情况是当事人申请鉴定很多项目，但法院最终只允许将其中的几项委托给鉴定机构进行鉴定。笔者曾接办一个山西的案件，同时申请了几个项目的鉴定，包含人工费调整、打桩接桩的数量、纱窗的数量和造价以及工程量的鉴定，但法院最终只许可了对接桩和纱窗的数量和造价的鉴定，这与申请鉴定的范围的差距是非常大的，因为人工费的交易达到了 292 万元，而接桩和纱窗的费用仅有 50 万元左右，所以这个案子从一审、二审再到发回重审再到二审历时非常久，很大原因在于技术中心不懂鉴定而法官又不懂造价，这其实对查明案件客观事实来说是有很大障碍的。所以笔者认为应该对审理建设工程案件的法官进行造价方面知识的培训。实践中以鉴代审的乱象严重，很大程度上也是因为法官不了解造价。《建设工程司法解释一》规定了大量的法律条文来规范法院，管理法官的具体职权，所以法官可以通过委托造价咨询公司进行鉴定，以规避其本应承担的法定职责，案件的当事人常常要蒙受相当大的损失。所以在工程造价相关的纠纷中，有一个非常专业的律师是很重要的。

回到问题本身，如果争议的内容只是工程量，完全可以只申请对工程量的鉴定，至于最终能不能准许还是由法院来决定。法院可以委托鉴定的内容，参考 2017 年 8 月 31 日发布的《建设工程造价鉴定规范》，比如第 5.5 条关于计量争议的鉴定：当鉴定项目图纸完备，当事人就计量依据发生争议时，鉴定人应以现行国家相关工程计量规范规定的工程量计算规则计量。有很多专业工程的计量规范都规定了计算工程量的基本规则。但是如果遇到新的结构缺少国家的计量标准，也可以按照行业标准和地方标准来进行计量。还有第 5.6 条关于计价争议的鉴定，包括第 5.6.1 条是工程变更导致工程量的数量发生变化，从而要求调整综合单价，也就是说，关于工程量偏差的问题是可以委托鉴定的；第 5.6.2 条是物价波动的鉴定；第 5.6.3 条是人工费的鉴定，政府住建厅发布了人工费调整文件之后，合同金额应该进行调整，如何鉴定人工费也是法院委托的内容；第 5.6.4 条是当事人因材料价格发生争议时，对购买的材料没有经过认价或者发生替换的材料如何进行计价，这都是人民法院可以对外委托鉴定确定的内容范围。《造价鉴定规范》中罗列的都是人民法院准许鉴定的事项。建议遇到工程量和工程造价的鉴定问题时，最好能联合项目当地的造价工程咨询单位一起做。造价争议的案件一般可以由律师主导，由律师和当事人签订合同，再由律师去联系造价咨询单位来提供协助；也可以由当事人自己联系造价咨询单位来跟律师合作。当然还有一种方式，就是造价咨询单位和律师事务所一起承接这种工程案件，可以采用风险代理的方式去办理一些工程索赔等。所以在这里，笔者建议，可以根据《民事诉讼法》第79条的规定，聘请1~2名具有专门知识的人，作为专家来对鉴定报告发表专业意见或进行质证，这也是一种非常有用的做法。

293 施工单位存在工程质量违约，建设单位可以请求质量鉴定

合同约定选用A产品，施工方使用B产品，已交工验收，但直到诉讼阶段才发现。开始法院认为保修期已过，不同意建设单位提起反诉并申请鉴定，后建设单位说服法院认为这属于“合同履行问题”而非“质量问题”，法院最后同意反诉请求但是又找不到鉴定机构（鉴定两种防火卷帘门属于不同产品）。建设单位寻遍本地鉴定机构，没有一家可以做。建设单位初步理解不属于“造价”范围，应该还是属于“工程质量”鉴定范围，这种理解是否正确？

关键词： 工程质量、司法鉴定

这是一个典型的关于工程质量的问题。《民法典》第781条规定：“承揽人交付的工作成果不符合质量要求的，定作人可以合理选择请求承揽人承担修理、重作、减少报酬、赔偿损失等违约责任。”本案的合同中约定使用A产品，施工方实际使用的却是B产品，显然不符合工程的质量要求。这是典型的施工方没有按图施工的违约行为，可以适用《民法典》第781条的规定，要求施工单位减少报酬。至于能否要求施工单位承担修理或重做的违约责任，由于防火密闭门大多是和建筑框架整体浇筑完成的，重做的履约成本会非常高，可以判断是属于履约不能的情形，因此只能通过减少支付报酬等其他方式承担违约责任。

从反诉请求来看，造价咨询单位只需要对两种防火卷帘门进行市场询价，再把价差提交给法院即可。至于如何认定两种防火卷帘门是不同产品，无论是通过

肉眼观察还是通过产品合格证等文件内容对比，都应该是比较容易区分的。

简单梳理一下关于鉴定机构的知识。全国人民代表大会常务委员会《关于司法鉴定管理问题的决定》第 2 条规定："国家对从事下列司法鉴定业务的鉴定人和鉴定机构实行登记管理制度：（一）法医类鉴定；（二）物证类鉴定；（三）声像资料鉴定；（四）根据诉讼需要由国务院司法行政部门商最高人民法院、最高人民检察院确定的其他应当对鉴定人和鉴定机构实行登记管理的鉴定事项。法律对前款规定事项的鉴定人和鉴定机构的管理另有规定的，从其规定。"最高院、最高检、司法部《关于将环境损害司法鉴定纳入统一登记管理范围的通知》中写道："为满足环境损害诉讼需要，加强环境发展、环境保护和环境修复工作，推进生态文明建设，根据《全国人民代表大会常务委员会关于司法鉴定管理问题的决定》和《最高人民法院、最高人民检察院关于办理环境污染刑事案件适用法律若干问题的解释》等有关规定，经研究，决定将环境损害司法鉴定纳入统一登记管理范围。"目前，需要在司法行政管理部门登记的司法鉴定机构只有法医类、物证类、声像资料以及环境损害鉴定四类，其他类别的司法鉴定机构都不需要通过司法行政管理部门的许可。

2020 年司法部办公厅发布的《关于开展司法鉴定机构和鉴定人清理整顿工作的通知》规定，对明确属于从事"四类外"鉴定业务的鉴定机构和鉴定人，依法坚决注销登记；对已登记的"四类外"鉴定机构中所从事的鉴定业务确属"四大类"鉴定类别的，依法变更登记。除了"四大类"外其他的鉴定机构，司法部门是不予登记的。黑龙江省住建厅在 2010 年发布的《关于公布建设工程质量鉴定机构备案结果的通知》中写道："根据黑龙江省住房和城乡建设厅《关于加强建设工程质量鉴定工作管理的通知》（黑建质〔2009〕11 号）的文件要求，经各市（地）工程质量监督机构推荐，并经黑龙江省建设工程质量监督管理总站考察，全省 26 家鉴定机构达到了黑建质〔2009〕11 号的文件要求，现予以备案。"后 2015 年黑龙江省住建厅又取消了备案，在《关于取消工程质量鉴定机构和人员备案管理的通知》中说道："根据《黑龙江省人民政府关于取消、调整和保留行政审批事项的决定》（省政府 2014 年 3 号令），按照'多取消、审一次、真备案'的原则，省政府确定了我厅 32 项行政审批事项。我厅经研究决定，从发文之日起取消对工程质量鉴定机构和人员备案管理事项。"

《人民法院对外委托司法鉴定管理规定》第 3 条规定："人民法院司法鉴定机构建立社会鉴定机构和鉴定人（以下简称鉴定人）名册，根据鉴定对象对专业技术的要求，随机选择和委托鉴定人进行司法鉴定。”人民法院会有自己的鉴定机构和鉴定人名册，这与司法部门的登记名册不同，属于法院内部自用的名册。《最高人民法院对外委托鉴定、评估、拍卖等工作管理规定》第5条规定：“对外委托鉴定、评估、拍卖等工作按照公开、公平、择优的原则，实行对外委托名册制度，最高人民法院司法辅助工作部门负责《最高人民法院司法技术专业机构、专家名册》（以下简称《名册》）的编制和对入册专业机构、专家的工作情况进行监督和协调。”人民法院的对外委托名册制度可以方便法院的管理，在需要鉴定时能够及时选择合适的鉴定机构。作为社会上的造价咨询机构应该争取能被纳入法院的名册当中。当然最高院的规定中也明确了，如果法院名册上的鉴定机构无法完成法院所需要的鉴定工作，法院也可以在社会上寻找未被纳入名册的鉴定机构来完成鉴定工作。

质量鉴定的鉴定机构不属于依法需要登记的“四大类”鉴定机构，如果法院名册中也没有合适的鉴定机构，那么只能从社会上选择其他合适的鉴定机构进行鉴定。这个案例主要是关于造价扣减的问题，需要的其实就是造价咨询机构所做的市场询价结果，选择一家做造价咨询的机构就可以完成了。

四、证据材料

294 证据材料能否作为鉴定依据，应该由法院来决定

司法鉴定（工程造价鉴定）业务中，在双方当事人质证过程中，一方当事人不认可的证据能否作为鉴定材料？复印件能否作为鉴定材料？如确因证据缺失，一方又不愿配合的情况下，能否依据实际施工情况作出鉴定结论？

关键词： 司法鉴定、鉴定依据、证据

这几个问题都涉及了民事诉讼的证据规则。首先看《建设工程司法解释一》第33条规定：“人民法院准许当事人的鉴定申请后，应当根据当事人申请及查明案件事实的需要，确定委托鉴定的事项、范围、鉴定期限等，并组织当事人对争议的鉴定材料进行质证。”《建设工程司法解释一》中很多条款都是关于鉴定的。从规范对象上来说，规范人民法院审判行为的都属于裁判规范。所以对于鉴定哪

些内容，比如人工费要不要进行鉴定，工程量要不要进行鉴定，都是由人民法院来决定的。但是，由于人民法院有时不具备这种能力，所以实践中以鉴代审的司法乱象非常严重。即使法官缺乏足够的造价知识，也不应该迷信鉴定意见，审查鉴定意见的准确与否应该是法官的法定职责。

第一个问题问到双方质证过程中一方不认可的证据材料能否作为鉴定依据处理。这个不是由鉴定机构来决定，而是应该由人民法院根据相应的证据规则来决定。《民诉解释》第389条规定："当事人对原判决、裁定认定事实的主要证据在原审中拒绝发表质证意见或者质证中未对证据发表质证意见的，不属于民事诉讼法第二百条第四项规定的未经质证的情形。"如果在诉讼过程中，存在以未经质证的证据定案的情形，那么案件是可以发回重审的。但法院组织双方当事人进行质证，一方当事人拒绝质证或者没发表质证意见直接跳过的，根据最高院《关于民事诉讼证据的若干规定》第4条的规定，一方当事人对于另一方当事人主张的于己不利的事实既不承认也不否认，经审判人员说明并询问后，其仍然不明确表示肯定或者否定的，视为对该事实的承认。这时法官可以认定当事人放弃了自己的质证权利。

最高院《关于民事诉讼证据的若干规定》第85条规定："人民法院应当以证据能够证明的案件事实为根据依法作出裁判。审判人员应当依照法定程序，全面、客观地审查证据，依据法律的规定，遵循法官职业道德，运用逻辑推理和日常生活经验，对证据有无证明力和证明力大小进行判断，并公开判断的理由和结果。"所以本案当中一方当事人不认可的证据材料，应该交给法院，由法院来判断证据的证明力。法院会根据证据规则来认定该材料是否能够作为鉴定依据，而不应该简单地因为当事人拒绝发表意见就否定证据的证明力。所以第一个问题的结论就是，对方当事人不认可的证据也可以作为鉴定的依据，但是能否作为鉴定依据的决定权，应该交给法院来判断。

第二个问题是复印件能否作为鉴定依据？根据最高院《关于民事诉讼证据的若干规定》第61条的规定，对书证、物证、视听资料进行质证时，当事人应当出示证据的原件或者原物。例外情形包括出示原件或者原物确有困难并经人民法院准许出示复制件或者复制品的情况。比如某份唯一的原件，有关部门拒绝提供原件在法庭上出示，那么人民法院可以委托律师或者机构到现场出一个原件和复印件一致的盖章材料。再如原件或原物不存在，但有证据证明复印件与原件或原物一致，像公证处出具的与原件一致的公证书就可以具有原件证据的效力。至于复印件究竟能不能作为鉴定意见，也是要交给法院来判断的，由法院根据证据规则决定。

第三个问题，如果因证据缺失，一方又不愿配合，能否根据实际情况作出鉴定结论呢？我们国家的民事诉讼是重实体轻程序的，所以如果某一个现场的工程量，真的没有任何证据可以证明了，人民法院一定会组织当事人进行现场勘验。在《造价鉴定规范》当中，当事人要求鉴定人对鉴定项目进行现场勘验的，鉴定人应当告知当事人向法院提出书面申请，法院同意后组织现场勘验，鉴定人应当参加。所以这个问题的答案也是应该交给法院决定并由法院来委托。一般来说，法院都会准许进行现场勘验的；而且人民法院为了查清事实，本身也有权力直接作出进行现场勘验的决定。

295 缺乏书证时，实物证据、视听资料、勘验笔录等也可以作为证据

建设工程合同纠纷中，作为起诉发包方索要工程款的劳务分包人（违法分包，劳务进行了再分包），在施工过程中没有可以鉴定的原件资料，如何进行工程量鉴定？

关键词： 工程鉴定、勘验、证据

这是关于工程量鉴定的问题。在施工过程中如果没有可以鉴定的原件资料，也就是在缺乏证据证明工程量的情况下应该如何进行鉴定。根据《建设工程司法解释一》第 20 条的规定，当事人对工程量有争议的，按照施工过程中形成的签证等书面文件确认。笔者曾经承办的一个案件，施工单位向监理方提供了变更之后的单据，单据上有量也有价，监理方在单据上签字盖章，这时就可以认为这份书面文件能够证明工程量。虽然监理单位批准的价格未必能代表建设单位对价格的认可，但并不影响对工程量的确认，因为一般来说监理单位有工程量的签字确认权。《建设工程司法解释一》第 20 条还规定，承包人能够证明发包人同意其施工，但未能提供签证文件证明工程量发生的，可以按照当事人提供的其他证据确认实际发生的工程量。所以如果工程完成，也不是说一定要有书证材料才能证明工程量，实物证据和视听资料等材料也可以证明。

实践中很多小包工头真的是什么证明文件都没有，笔者代理过的一个案件就

是这种情况。当事人连最起码的合同都没有，也没有价格文件和收方量等，只有现场挖的一个坑。好在这个案件有施工现场，笔者申请到现场进行现场查勘。《造价鉴定规范》第4.6.1条规定：“当事人（一方或多方）要求鉴定人对鉴定项目标的物进行现场勘验的，鉴定人应告知当事人向委托人提交书面申请，经委托人同意后并组织现场勘验，鉴定人应当参加。”所以申请现场勘验，通过现场勘验形成的勘验笔录可以作为证据。关于现场勘验的问题，《民诉解释》第124条规定：“人民法院认为有必要的，可以根据当事人的申请或者依职权对物证或者现场进行勘验。人民法院可以要求鉴定人参与勘验。必要时，可以要求鉴定人在勘验中进行鉴定。”人民法院可以依职权进行勘验，也可以根据当事人提出的申请进行勘验。另外，最高院《关于民事诉讼证据的若干规定》第43条也规定了关于勘验的规则。第一，人民法院应当在勘验前将勘验的时间和地点通知当事人。当事人不参加的，不影响勘验进行。人民法院在勘验前是有通知义务的，通知以后当事人不参加勘验也不影响勘验进行。如果一方不配合，可能需要承担不利的举证后果。第二，当事人可以就勘验事项向人民法院进行解释和说明，可以请求人民法院注意勘验中的重要事项。这一步也是非常重要的，法院可能对工程基本的概念不是很清楚，所以帮助法官梳理并解释说明这些基本概念，在案件事实查明过程中也是非常重要的。第三，人民法院勘验物证或者现场，应当制作笔录，记录勘验的时间、地点、勘验人、在场人、勘验的经过、结果，由勘验人、在场人签名或者盖章。对于绘制的现场图应当注明绘制的时间、方位、测绘人姓名、身份等内容。勘验形成的最终成果——勘验笔录，也是《民事诉讼法》规定的证据材料的一种，要由双方当事人质证过后才能作为定案证据，如果有足够的理由认为勘验笔录记录的内容不真实，也是可以要求重新勘验的。

最高法在（2016）最高法民申3162号的民事判决书中写到，为查清四方公司的施工范围，一审法院要求四方公司提供了施工图纸，但鑫通公司对施工图纸既不认可，又不提供其他相反证据对四方公司提出的施工量主张予以反驳。在此情况下，一审法院于2015年12月16日进行现场勘验，制作了勘验笔录。勘验过程中，鑫通公司仍然不认可并拒绝签字，但始终未提供充分证据证明其在第二标段亦有施工。二审判决依据双方签订的《路沿石承包施工合同》及勘验笔录确定四方公司施工工程量，有明确的事实与法律依据。通过该案例的判决也可以回答这个问题，如果劳务分包人没有可以证明工程量的原件材料，可以申请现场勘验，以勘验笔录作为认定工程量的依据。

296 证据应当依法提供，不得擅自修改

双方确认的签证只有一份原件（原件已拍照，照片在施工单位手里），且在甲方手里，施工单位只有复印件。但是结算过程中，甲方把原件给改了，施工单位该怎么办？利用施工单位手里的照片能否证明复印件是有效的？如果不能的话，施工单位还可以采取什么弥补措施？

关键词：签证、司法鉴定

这个问题关于签证。《民事诉讼法》第70条第1款规定："书证应当提交原件。物证应当提交原物。提交原件或者原物确有困难的，可以提交复制品、照片、副本、节录本。"关于提交原件确有困难，《民诉解释》第111条规定："民事诉讼法第七十条规定的提交书证原件确有困难，包括下列情形：（一）书证原件遗失、灭失或者毁损的；（二）原件在对方当事人控制之下，经合法通知提交而拒不提交的；（三）原件在他人控制之下，而其有权不提交的；（四）原件因篇幅或者体积过大而不便提交的；（五）承担举证证明责任的当事人通过申请人民法院调查收集或者其他方式无法获得书证原件的。前款规定情形，人民法院应当结合其他证据和案件具体情况，审查判断书证复制品等能否作为认定案件事实的根据。"

在本案中，如果对方掌握原件但是拒不提供，根据最高院《关于民事诉讼证据的若干规定》第48条第1款的规定，控制书证的当事人无正当理由拒不提交书证的，人民法院可以认定对方当事人所主张的书证内容为真实。但是本案例的特殊之处在于，甲方修改了原件内容，当然这个问题可以通过司法鉴定来解决。全国人民代表大会常务委员会《关于司法鉴定管理问题的决定》第2条规定了四类纳入司法鉴定业务登记管理制度，包括法医类鉴定、物证类鉴定、声像资料鉴定和其他，其中物证就包含了文书鉴定。根据2020年颁布的《文件物证类司法鉴定执业分类规定》第4条的规定，文书鉴定是指鉴定人运用文件检验学的理论、方法和专门知识，对可疑文件（检材）的书写人、制作工具、制作材料、制作方法、内容、性质、状态、形成过程、制作时间等问题进行检验检测、分析鉴别和判断并提供鉴定意见的活动。文书鉴定包括笔迹鉴定、印章印文鉴定、印刷文件鉴定、篡改（污损）文件鉴定、文件形成方式鉴定、特种文件鉴定、朱墨时

序鉴定、文件材料鉴定、基于痕迹特征的文件形成时间鉴定、基于材料特性的文件形成时间鉴定、文本内容鉴定等。第 8 条规定："篡改（污损）文件鉴定。包括依据变造文件鉴定标准判断检材是否存在添改、刮擦、拼凑、掩盖、换页、密封、消退、伪老化等变造现象；依据污损文件鉴定标准对破损、烧毁、浸损等污损检材进行清洁整理、整复固定、显现和辨识原始内容等；依据模糊记载鉴定标准对检材褪色记载、无色记载等模糊记载内容进行显现和辨识；依据压痕鉴定标准对检材压痕内容进行显现和辨识等。"

根据上述两个条文，如果甲方擅自更改签证的内容，可以通过司法鉴定来鉴别。所以当事人只需提交所拍照片和复印件即可，如果对方提交更改后的原件，鉴定后一定会承担相应的不利后果，甚至可能构成伪造证据罪。

297 只有以一般人的思维都能了解的事实才属免证事实

一个项目的工程签证单签证内容为：新增 300 米的双壁波纹管。并未详细写出挖土方和回填，鉴定报告中只计入管道费用，其他并未考虑。这样合理吗？（挖土方和回填土是必定要发生的项目，即使没写准确的工程量，是否也应该考虑常规做法？）

关键词： 司法鉴定、免证事实

安装双壁波纹管，挖土方和回填土都是必定要发生的项目。现在签证中没有详细写出挖土方和回填项目，造价鉴定人员也只在鉴定报告中计入了管道的费用。造价咨询人员实际上是站在专业、客户的视角认为，300 米的波纹管自然就包含了挖土方和回填部分。但从法官的角度，或者说从一般人的理解来看，就不会这样认为。

《建设工程司法解释一》第 20 条规定："当事人对工程量有争议的，按照施工过程中形成的签证等书面文件确认。承包人能够证明发包人同意其施工，但未能提供签证文件证明工程量发生的，可以按照当事人提供的其他证据确认实际发生的工程量。"本案中的签证没有关于挖土方和回填工程内容，当事人可以通过其他的方式来证明实际完成了施工，如申请现场勘查等。关于免证事实，最高院《关于民事诉讼证据的若干规定》第 10 条规定："下列事实，当事人无须举证证明：（一）自然规律以及定理、定律；（二）众所周知的事实；（三）根据法律规定推定的事实；（四）根据已知的事实和日常生活经验法则推定出的另一事实；（五）已为仲裁机构的生效裁决所确认的事实；（六）已为人民法院发生法律效力的裁判所确认的基本事实；（七）已为有效公证文书所证明的事实。前款第二项至第五项事实，当事人有相反证据足以反驳的除外；第六项、第七项事实，当事人有相反证据足以推翻的除外。”众所周知的事实是要以一般人的思维来评判，案例中的情形只有专业的造价工程师才会了解，非专业人士并不会轻易想到。所以这种情形不属于法定的免证事实，而是需要当事人提供证据证明的。

本案监理人和造价咨询人员都以为这是免证的事实，但从法官的角度来看，这个事实是需要举证证明的，也就是需要向法官展示证据，表明300米的双壁波纹管的安装项目对应着挖土方和回填的工作内容，且应该计入工程价款。

298 委托人就同一委托鉴定事项补充了新的证据材料，应补充鉴定

已经出具了造价鉴定报告，但当事人又提出新证据，该新证据是对与已出鉴定报告有关的原证据的补充。现在法院要求做补充鉴定，补充鉴定是否需要再收费？

关键词：补充鉴定

关于补充鉴定的收费问题，可以协商确定。通过这个问题可以介绍几个相关的规则：第一，关于证据补充的规则。《造价鉴定规范》第4.4.1条规定：“鉴定过程中，鉴定人可根据鉴定需要提请委托人通知当事人补充证据，对委托人组织质证并认定的补充证据，鉴定人可直接作为鉴定依据；对委托人转交，但未经质证的证据，鉴定人应提请委托人组织质证并确认证据的证明力。”《建设工程司法解释一》第33条也规定：“人民法院准许当事人的鉴定申请后，应当根据当事人申请及查明案件事实的需要，确定委托鉴定的事项、范围、鉴定期限等，并组织双方当事人对争议的鉴定材料进行质证。”虽然第33条只强调了法院需要组织对当事人有争议的材料进行质证，但没有争议的材料肯定是经过双方当事人一致认可的，显然也是经过质证的。由此可见，诉讼过程中所有的证据材料都必须经过法院组织的质证，质证以后的证据材料才能作为鉴定的依据。

第二，关于补充鉴定的规则。《造价鉴定规范》第5.12.1条规定：“有下列

情形之一的，鉴定机构应进行补充鉴定：1. 委托人增加新的鉴定要求的；2. 委托人发现委托的鉴定事项有遗漏的；3. 委托人就同一委托鉴定事项又提供或者补充了新的证据材料；4. 鉴定人通过出庭作证，或自行发现有缺陷的；5. 其他需要补充鉴定的情形。”第5.12.2条规定：“补充鉴定是原委托鉴定的组成部分。补充鉴定意见书中应注明与原委托鉴定事项相关联的鉴定事项；补充鉴定意见与原鉴定意见明显不一致的，应说明理由，并注明应采用的鉴定意见。”问题中当事人补充材料的，属于第5.12.1条的第三种情形，是应该补充鉴定的。另外，最高院《关于民事诉讼证据的若干规定》第40条规定：“当事人申请重新鉴定，存在下列情形之一的，人民法院应当准许：（一）鉴定人不具备相应资格的；（二）鉴定程序严重违法的；（三）鉴定意见明显依据不足的；（四）鉴定意见不能作为证据使用的其他情形……对鉴定意见的瑕疵，可以通过补正、补充鉴定或者补充质证、重新质证等方法解决的，人民法院不予准许重新鉴定的申请。重新鉴定的，原鉴定意见不得作为认定案件事实的根据。”

第三，关于重新鉴定的规则。重新鉴定能否在原鉴定机构由原鉴定人完成？《造价鉴定规范》第5.13.1条规定：“接受重新鉴定委托的鉴定机构，指派的鉴定人应具有相应专业的注册造价工程师执业资格。”第5.13.2条规定：“进行重新鉴定时，鉴定人有下列情形之一的，必须回避：1. 有本规范第3.5.3条规定情形的；2. 参加过同一鉴定事项的初次鉴定的；3. 在同一鉴定事项的初次鉴定过程中作为专家提供过咨询意见的。”根据《造价鉴定规范》的规定，涉及原鉴定事项的鉴定人及提供过咨询意见的专家是不能够参与重新鉴定过程的。

允许重新鉴定的要求非常严格，如果只是存在一般的瑕疵，法院通常不会同意重新鉴定的申请。但由于工程领域很多的鉴定，其结论依照市场价和依照定额价计算的价格差异巨大，有的时候也是有必要进行重新鉴定的。

五、现场勘验

299 当事人不配合勘验，不影响勘验的进行

2010年签订某BT总包合同，同年施工总承包方将工程分包给建筑公司，建筑公司替总包单位进行前期临建搭设，建立指挥部、搅拌站等，投入

实际费用后，项目至今未正式启动。建筑公司申请造价鉴定，由于年限较长、部分资料缺失、现场风化等多种综合因素，需要勘查现场，核实一些材料设备数据、临建房屋尺寸等。在造价鉴定过程中，造价咨询机构申请勘验现场程序，因施工总承包方为湖北武汉企业人员，不配合到当地进行核酸检测，导致无法勘验现场，造价鉴定工作停滞不前。请问，这种情况下，怎么继续推进勘查现场流程？或者可以采用其他什么方法继续进行造价鉴定工作？

关键词：现场勘验

最高院《关于民事诉讼证据的若干规定》第34条规定："人民法院应当组织当事人对鉴定材料进行质证。未经质证的材料，不得作为鉴定的根据。经人民法院准许，鉴定人可以调取证据、勘验物证和现场、询问当事人或者证人。"启动鉴定的权限在法院，一般启动勘验程序有两种方法：第一种是由当事人向法院提出书面的申请；第二种是根据《造价鉴定规范》第4.6.1条的规定，当事人（一方或多方）要求鉴定人对鉴定项目标的物进行现场勘验的，鉴定人应告知当事人向委托人提交书面申请，经委托人同意后并组织现场勘验，鉴定人应当参加。第4.6.2条规定："鉴定人认为根据鉴定工作需要进行现场勘验时，鉴定机构应提请委托人同意并由委托人组织现场勘验。"

现在施工总承包方拒不到场配合勘验，应该怎么办？《民事诉讼法》第80条第1款规定："勘验物证或者现场，勘验人必须出示人民法院的证件，并邀请当地基层组织或者当事人所在单位派人参加。当事人或者当事人的成年家属应当到场，拒不到场的，不影响勘验的进行。"所以总包单位负责人以自己是武汉人不做核酸检测拒绝到场配合勘验，并不影响鉴定人的现场勘验工作，当然总包单位也必须承担因此可能产生的对自己不利的后果。《民事诉讼法》第80条第3款还规定："勘验人应当将勘验情况和结果制作笔录，由勘验人、当事人和被邀参加人签名或者盖章。"当事人在勘验笔录上的签字，只能表示对现场情况的陈述和确认，并不表示接受对原设计的施工方法以及价款等其他内容的变更，所以勘验笔录只是对现场情况的记录。

《民事诉讼法》第13条第1款规定："民事诉讼应当遵循诚实信用原则。"当事人如果违背诚信原则，不主动配合进行鉴定应该承担举证不利的后果。根据《建设工程司法解释一》第32条第1款的规定，当事人经释明未申请鉴定，虽申请鉴定但未支付鉴定费用或者拒不提供相关材料的，应当承担举证不能的法律后果。所以在本案中，想推进现场勘察的进度，可以请求法院直接指定现场勘验的时间。通常，我们在没有有力证据证明确定工程量的情况下，申请现场勘验是一种比较好的做法，尤其是当事人不具备竣工图纸，现场很多资料又已丢失，这时候现场勘察还是能够提供大量具体数据的。因为这个项目是由分包单位替总包单位完成的，临时设施费这一块可以根据现场实际的情况测量出来。

之前笔者承办的一个案件情况更严重。当时笔者代表的是施工单位，对方建设单位要求对质量是否合格进行现场勘验。建设单位委托监理单位，要求其必须在一天之内对工程检验出多少个问题。最后出具的质量检验报告非常细致：现场台阶的踏步有一点点倾斜不符合设计规范；走进室内后看到门框上有个钢筋接头露在外面，不符合质量规范等。现场的勘验记录写得非常完整和详细，后来整个工程的质量修复费用达到了600多万元，工程款也就6000多万元，给施工单位造成了很大的负担。进行质量勘验时，可以邀请监理单位来配合完成。

六、鉴定程序

300 鉴定机构认为无法鉴定时，当事人可以另行委托

装修施工方给被告业主进行二次装修，装修到70%时，由于被告未给付任何工程款而停工，原告也因被告强行换锁而退出了装修现场。原告与被告无任何书面的装修合同，也无预算单、决算单等代表双方合意的证明材料，仅有原告与被告的聊天记录显示：装修工程都交给你做了。中途也有原告发纸质合同，但被告并没有明确表示同意，还有讨论预算单上的个别价款，关于个别材料价款的讨论，但都没有定论；再有，被告答应给工程款，但又没具体金额。在原告退场后，被告曾给付过10万元。现原告提请法院申请鉴定，但鉴定机构以无鉴定材料为由出具了无法鉴定的报告书，导致鉴定陷入僵局。原告仅有装修图纸（未经对方签字确认）以及装修前开发商的施工图纸、自行出具的结算书。这种情况下原告应该如何应对？

关键词：司法鉴定

施工方除了装修图纸和自行出具的结算书没有任何其他的书面材料，鉴定机

构以无鉴定材料为由出具了无法鉴定的报告书，这种情形下是否还有必要委托其他鉴定机构启动二次鉴定？（2019）最高法民终1219号民事判决书中写道："（四）关于案涉工程是否存在质量问题以及相关质量问题修复费用的问题。一审法院认为，翔鹭石化公司虽提供证据主张案涉工程存在质量问题，其已自行修复并产生费用，但均未得到中交烟台公司的确认。翔鹭石化公司为此申请对部分工程发生质量问题原因及修复费用进行司法鉴定。一审法院对外委托司法鉴定管理办公室对质量问题原因依法对外委托鉴定，但选定的鉴定机构均答复无法进行质量原因鉴定，福建省闽咨造价咨询有限公司亦据此函复无法进行修复费用鉴定。因翔鹭石化公司提供的证据不能证明案涉工程存在质量问题，即便存在质量问题，亦无法确定质量问题原因及修复费用，应承担举证不能的后果，故一审法院对翔鹭石化公司主张的质量修复费用不予支持。"所以在无法鉴定的情况下，一般只能根据"谁主张，谁举证"的规则，由负有举证义务的当事人承担举证不能的不利责任。

（2018）最高法民申2134号民事裁定书中写道："本案一审时，广通公司十堰分公司即申请对西采区爆破方量进行鉴定，但因其提供的资料不完整且施工现场已经渣山治理，鉴定机构两次无法鉴定并作出终止鉴定的意见。……鉴于广通公司十堰分公司所举证据不能证明其主张的西采区爆破方量，原审法院依据双方都认可的广通公司十堰分公司使用炸药总量为619.148吨以及海西煤业公司中铁矿区作业流程显示爆破每立方米需使用0.34千克~0.4千克炸药量的标准，计算出东、西采区总爆破总量应在1,821,023.53立方米~1,547,870立方米之间。原审判决经比较认为，江涛公司自认的西采区1,339,634.3立方米爆破方量和双方无争议的东采区爆破方量500,334.7立方米之和为1,839,969立方米，且该方量数与上述根据619.148吨炸药计算出的东、西采区总爆破方量接近，从而认定江涛公司所认可的西采区爆破方量数符合客观实际即广通公司十堰分公司西采区爆破方量应为1,339,634.3立方米。原审判决这一认定并不缺乏证据证明。"在这个案例中，法院在无法鉴定的情形下，根据经验法则或者说是按照生活常理作出了判断，最终支持了未充分举证一方的主张。所以法院作出裁决通常是综合考虑证据和常理等各种因素的。最高院《关于民事诉讼证据的若干规定》第85条规定："人民法院应当以证据能够证明的案件事实为根据依法作出裁判。审判人员应当依照法定程序，全面、客观地审核证据，依据法律的规定，遵循法官职业道德，运用逻辑推理和日常生活经验，对证据有无证明力和证明力大小独立进行判断，并公开判断的理由和结果。”在无法鉴定的情况下，如果能够通过逻辑推理判断出结论，法院也会采纳。

（2019）最高法民再167号民事裁定书中写道：“一般来讲，建设工程施工合同纠纷涉及的事实问题专业性较强，需要由鉴定机构就相关问题提出意见。经当事人申请鉴定后，在选定的鉴定机构无法鉴定的情况下，若当事人对鉴定机构无法鉴定持有异议，为充分保障当事人权利，人民法院可另行委托具备资质的鉴定机构，或者依据举证责任的分配原则和双方当事人的过错程度对全案证据进行分析，进而对案件事实作出认定。……一审法院依据中建宁夏分公司申请委托宁夏农林科学院园艺研究所对中建宁夏分公司实际完成的工程量和工程造价进行鉴定，后宁夏农林科学院园艺研究所于2016年12月23日以‘鉴定标的物中工程施工方较多，鉴定范围无法明确；提供检材中缺乏有力依据支持实际发生工程量和工程造价的评估的进行’为由，依据《司法鉴定程序通则》（已于2016年5月1日废止）第二十七条第一款第三项、第四项的规定终止鉴定。在宁夏农林科学院园艺研究所明确表示完成鉴定所需的技术要求超出其技术条件和鉴定能力的情况下，一审法院可再行委托具有相应技术条件和鉴定能力的鉴定机构对本案相关专业性问题进行鉴定。或者在认为不需要再次鉴定的情况下，按照举证责任分配，结合案涉证据，作出事实认定。据此，原判决以无法鉴定为由认定中建宁夏分公司承担举证不能的法律责任并判决驳回其诉讼请求，属认定基本事实不清。”

笔者之前承办过一个发生火灾后追偿损失的案件。顾问单位的仓库里存放了很多电缆线和集装箱，箱子里装有电表等设备和仪器。仓库旁边堆放了很多废旧电瓶车，现场有个师傅用电切割的时候点燃了电瓶车，烧毁了顾问单位所有的材料。申请鉴定火灾损失的时候，由于现场已经全部烧毁只剩下灰烬，鉴定机构给出的结论就是无法鉴定。最后法院根据当时估算的金额判定对方赔偿的数额，法院在没有证据支持的情况下直接支持了当事人起诉时主张的金额，这个结果虽然意外，但也是法院在综合评估了各项事实并结合当事人的主张作出的判决。回到本案例，当事人可以先对鉴定机构无法作出鉴定的报告提出异议，再另行申请委托鉴定机构进行鉴定。如果实在无法鉴定，只能由举证方承担不利责任，但仍可收集其他证据以证明实际完成的装修工程。